家庭教育指导师

美国的发展与经验

吕 博 编著

中国妇女出版社

图书在版编目（CIP）数据

家庭教育指导师 ：美国的发展与经验 / 吕博编著
. -- 北京 ：中国妇女出版社，2023.5
ISBN 978-7-5127-2269-9

Ⅰ.①家… Ⅱ.①吕… Ⅲ.①家庭教育-经验-美国
Ⅳ.①G789.712

中国国家版本馆CIP数据核字(2023)第026138号

项目统筹：万立正
责任编辑：陈　元
封面设计：李　甦
责任印制：李志国

出版发行：中国妇女出版社
地　　址：北京市东城区史家胡同甲24号　　邮政编码：100010
电　　话：（010）65133160（发行部）　　65133161（邮购）
网　　址：www.womenbooks.cn
邮　　箱：zgfncbs@womenbooks.cn
法律顾问：北京市道可特律师事务所
经　　销：各地新华书店
印　　刷：北京中科印刷有限公司

开　　本：170mm×240mm　1/16
印　　张：27.5
字　　数：422千字
版　　次：2023年5月第1版　　2023年5月第1次印刷
定　　价：88.00元

如有印装错误，请与发行部联系

他山之石，可以攻玉

写在《家庭教育指导师：美国的发展与经验》出版之际

赵　刚*

人类以组建家庭的形式展开生活是文明与进步的标志，因而，家庭这个最小的社会组织也具备了情感抚慰、安全互助、生命延续、两性生活、经济建设等多种功能，而生儿育女、优化生命就成为其中更为重要的职能，赋予了家庭中长辈教育后代的职责。尽管工业革命后出现了大规模的学校教育，但家庭特有的教育功能仍然不是学校所能替代的。家庭文化、家人关系与家长言行的潜移默化、耳濡目染，直接影响到孩子一生的处世方式与生活态度，决定了后代的人生质量。人类教育发展到现在，一个被证明了的经验与教训就是：缺少家庭生活教育的教育体系造就不出幸福的、高素质的国民。

家庭教育学在当今发达国家已成为一个重要的学术领域，并成为具有广阔社会需求的教育事业与产业，其功效是为每一个家庭成员认知家庭、建设幸福家庭

---

* 赵刚，东北师范大学家庭教育研究院名誉院长，并担任中国国际民间组织合作促进会理事兼家长与教师合作管理委员会（CPTA）理事长、中国教育学会学术委员会委员兼家庭教育专业委员会副理事长。

生活提供必要的知识与技能，其内涵包括亲职教育、子职教育、婚姻教育、家庭伦理、家政能力、家庭管理等。植根于农耕文明的家文化观念与我们偏低的国际化程度，使我国的家庭教育内涵、研究水平还处于逼仄与起始阶段。

2022 年 1 月 1 日，《中华人民共和国家庭教育促进法》正式实施，使家庭教育这个长期不被重视的教育空间有了法的支持与发展依据。2022 年，人力资源和社会保障部将“家庭教育指导师”纳入新版《中华人民共和国职业分类大典》中，标志着我国家庭教育事业正式进入专业化与职业化。家庭教育指导师作为一个职业，需要具备全面的家庭教育与儿童心理发展的相关知识，在面对成年的家长时，指导师还需要掌握成人教育的基本规律以及课程与教学的基本原理。家庭教育指导师的职业素养是决定我国家庭教育指导水平的关键，因此我国目前亟须构建家庭教育指导师的培养与认证体系，促进家庭教育指导师队伍的高质量发展。

在先进国家中，美国是较早进行家庭教育专业化、职业化的国家，在家庭生活教育与家庭教育指导方面的研究、实施和制度建设上比较完整。美国的家庭教育指导师培养体系已成功运行近百年，培养了大批的家庭教育指导专业化人才，极大地推动了美国的家庭教育发展。虽然中美在国情与文化上存在较大差异，但是亲子关系、两性教育、家庭资源管理等基础领域已经被证明具有跨文化的一致性，美国的大量经验可为我国家庭教育的发展提供有益的借鉴。

美国的家庭发展理论及相应的学科应用，从 20 世纪 30 年代建立至 80 年代，已进入成熟和精练期，已有数十所高校授予家庭科学方面的博士、硕士学位。职业化是一个学科发展水平的标准之一，随着专业化水平的提高，在美国出现了家庭治疗师、家庭生命教育者、家庭推广专家等与家庭相关的职业，一些新的研究、治疗策略、职业组织、工作坊等陆续出现，不断丰富和完善着家庭教育的专业指导水平。美国家庭关系协会、美国家庭与消费科学学会是美国家庭教育专业组织中最具影响的两个机构，其专业认证具有相当高的社会认同与公信力。近几十年，美国产生了不少具有国际影响的家庭教育专业研究机构与指导组织。我 20 年前曾访问过位于科罗拉多州的爱家协会（英文名称叫“Focus on the Family”），该协会由杜布森、雪莉夫妇于20世纪70年代创建，致力于美国家庭建设指导与亲密关系、亲子关系指导和修复。经过30多年的发展，在全美拥有上千万的家庭会员，2010年被联合国授权，成为在全世界几十个国家开展家庭服务的国际组织。总部内设邮政系统，可以把全世界各个家庭需求的产品流水般地发送出去，我当时颇为震惊。作为一个拥有4亿多家庭数量的国度，随着我国社会的迅速发展，以及家庭结构的多元化、家庭教育问题的复杂化，对家庭教育的专业化、职业化需求愈发旺盛。对于我们来说，可以说机遇与挑战并存，需要我们每位有志于家庭教育指导的同人提升认知水平，开阔视野，做好适应时代选择的准备。

吕博老师是年轻一代的家庭教育研究者，他具备了从学士到博士后的教育学、心理学的完整学习经历，2021年又入选“香江学者计划”，在香港开展合作研究，与国际同行建立学术联系，展开相关课题研究，掌握了国际上家庭教育的前沿成果。这本书的出版，是对他学历、经历、职业精神的一次完整检验。从他身上，我看到了东北师范大学家庭教育学科的未来，更看到了中国家庭教育专业化、职业化发展的希望。这一代人的崛起，从另一个侧面肯定了我们几十年来致力于中国家庭教育学科建设的价值所在，值得我们举杯共贺。借用吕博老师这本书，抒发一下我的感奋之情，期待他在这条道路上步履坚实，走出精彩。

前言

《中华人民共和国家庭教育促进法》于 2022 年 1 月 1 日正式实施，随后在 2022 年 6 月 14 日，人力资源和社会保障部将“家庭教育指导师”纳入新版《中华人民共和国职业分类大典》中，标志着我国家庭教育事业正式进入专业化与职业化进程。如何促进我国家庭教育事业的科学发展，借鉴、学习先进国家和地区的经验，从而构建符合中国国情的家庭教育职业培训体系，是我们应有的态度与做法。

美国家庭教育的专业化、职业化发展与建设起步较早，早在 1938 年，美国就成立了全国家庭关系委员会（National Council on Family Relations，NCFR），发展至今，美国家庭教育指导师培养体系已经运行 80 多年，培养了一大批高素质的家庭教育指导师，对美国的家庭教育指导发展起到了巨大的推动作用。该委员会先后发布了《家庭生活教育项目、原则、计划、程序：家庭生活教育框架》《学院 / 大学家庭生活教育课程纲要》《家庭生活教育从业者认证标准》《家庭生活教育内容概述：生命周期规划项目框架》以及《生命全程家庭生活教育框架》等一系列指导性文件，构建了家庭教育指导师的课程体系与认证体系。我国虽然与美国在国情、制度、文化等方面有着较大的差异，但是家庭作为人类生活的基本单元，是人类社会进化和发展的最终产物，具有很多普适性的特征。比如，在一些媒体的宣传下，人们常认为溺爱孩子是中国家长的专属特征，殊不知，在美国溺爱孩子也是当前亲职教育面临的一个亟待解决的迫切问题。人们也可能经验式地认为美国较为开放的性文化可以让性教育得以顺利开展，但经过我们的调查发现，美国的性教育发展同样面临层层阻力，一些私立学院会担心课程涵盖的主题，要求学校官员对讲授的性知识负责。在教材的设计中也存在较大争议，一些学生甚至表示他们不敢把书带回家交给父母看。诸如此类的问题不胜枚举，这就意味着美国的大量经验与教训可以为我国的家庭教育指导师培养提供参考和借鉴。

本书共分六章，前三章侧重于理念和理论，后三章侧重于实践，旨在对美国家庭教育指导体系进行全面、系统的阐述和分析。第一章主要介绍美国家庭教育指导的基本理念，其中重点介绍美国家庭教育发展的历程、家庭教育的相关模型以及家庭教育指导师培养的体系。第二章主要介绍家庭教育及相关学科的基本理论，美国的家庭教育指导非常重视理论和实践的结合，因此本章中的理论会结合具体案例进行介绍，以便让读者最大程度地理解这些理论。第三章主要介绍美国家庭教育的具体内容领域，根据NCFR的界定，家庭教育共分成十大领域，考虑到文化和制度的差异性，其中法律政策与伦理两个内容领域对我国借鉴价值不大，所以不做具体介绍；其中家庭教育指导的方法论这一内容领域，我们将其融入第四章中进行介绍，因此，第三章最终包含七大内容领域，分别包括社会中的个体与家庭、家庭内部动力、生命全程中的人类发展、人类的性、人际关系、家庭资源管理和亲职教育与指导。第四章主要介绍家庭教育指导的具体实施。美国的家庭教育指导十分注重系统化与课程化，本章从家庭教育指导项目的设计、执行与评估三个方面系统阐述美国家庭教育指导的具体实践，另外增加一节介绍基于网络的家庭教育指导。第五章主要介绍家庭教育指导师应具备的专业素养。第六章对美国的农村家庭教育指导、隔代家庭教育指导、强制性家庭教育指导与弱势族群家庭教育指导进行介绍，以期对我国不同家庭类型的家庭教育指导提供具体的、可借鉴的经验。

家庭教育指导师培训体系的构建事关家庭教育指导师这一职业的整体水平、发展走向，最终关乎千家万户的福祉。我国的家庭教育指导尚处于起步阶段，家庭教育指导师培训体系的构建不可能一蹴而就，需要在实践中反复验证与完善。对成熟的国际经验进行借鉴、学习，取长补短，会起到事半功倍的作用。在笔者掌握的资料中，系统介绍美国家庭教育指导师培养体系的相关研究著述并不多见，希望通过本书可以展示美国家庭教育指导的真实样态，供我国的家庭教育指导人士参考使用，从而推动我国家庭教育指导事业的发展，走出一条适合中国国情的家庭教育专业化、职业化发展之路。

吕 博

2022 年 12 月于香港教育大学

目录

第一章 家庭教育指导理念：美国发展概述

第二章 家庭教育指导：理论基础

第三章

家庭教育指导的领域：美国的架构

第四章

家庭教育指导的实施：美国的实践

第五章

家庭教育指导师的专业素养：美国的基准

第六章

不同类型的家庭教育指导：美国的多样化家庭

附 录

第一章

家庭教育指导理念：美国发展概述

家庭是社会的细胞，是社会生活最基本的组织单位，家庭的发展模式在世界范围内存在一定的普遍规律。到了 21 世纪，随着人类科技的进步，家庭所面临的挑战并未随之减少，包括家庭关系紧张、离婚率攀升、家庭价值取向混乱、家庭生态环境恶化、家庭教育职能弱化等一系列问题往往成为家庭和社会发展的严重阻力。世界范围内众多国家都试图通过家庭教育的专业化实现破局。早在 19 世纪初，美国就已经开始兴起了自发性质的家庭教育运动，并随着美国家庭关系协会的建立，开启了家庭教育的专业化之路。本章将会对美国家庭教育的概念和历史发展脉络进行系统的梳理。

第一节　家庭教育指导的定义与历史发展

家庭教育，在美国通常称为家庭生活教育。20 世纪 60 年代的美国学者大都认为，青少年家庭教育就是青少年家庭内部的事情，是对家庭成员进行家庭中的角色与责任的教育，以使每个人承担自己的义务，保证家庭的和睦。70 年代之后，美国有的学者强调青少年家庭教育应当增进人际关系，如莱温（Levin）认为，青少年家庭教育是“增进家庭生活并协助个人更加了解各种人际关系中的自己的一种教育方案”。80 年代后期，美国学者更倾向于把青少年家庭生活教育当成全面提升人的生活水平与生活质量的手段。

一、家庭教育的概念

“家庭生活教育”的定义是过去 60 年来众多研究者讨论的焦点。在内容、目的、受众、重点、时机等方面一直存在分歧，但是在家庭生活教育的目标和核心概念上取得了一些共识，阿库斯（Arcus）等人将家庭生活教育的目标或基本原理简化为三个主要目标：(1) 处理影响家庭的问题，(2) 预防问题，(3) 开发个人和家庭的潜力[①]。换言之，家庭生活教育是一个旨在“加强和丰富个人和家庭福祉”的过程。为了对家庭生活教育进行可操作的定义，阿库斯等人在广泛查阅文献后得出结论，家庭生活教育一般包括以下特征：

- 在整个生命周期中与个人和家庭密切相关；
- 基于个人和家庭的需要；

① Arcus M E, Schvaneveldt J D, Moss J. *Handbook of family life education, Vol. 1: Foundations of family life education* [M]. Sage Publications, Inc., 1993.

- 是一个多学科的研究领域，在实践中具有多重的专业性；
- 在许多不同场域中提供服务；
- 采取教育取向而不是治疗取向；
- 尊重不同的家庭价值观；
- 需要专门的从业人员。

此外，阿库斯和托马斯（Thomas）确定了与家庭生活教育实践相关的各种目标[①]。最常见的是：(1) 了解自我和他人，(2) 了解个人在家庭环境中生命周期的发展，(3) 了解婚姻和家庭模式，(4) 获得家庭生活所必需的技能，(5) 开发个人当前和未来的潜力，(6) 建立家庭优势。虽然很难对家庭生活教育确切定义，但全国家庭关系委员会（NCFR）对于家庭生活教育的目的、内容和目标给出了一个较为全面的概述：

家庭生活教育侧重于从家庭系统的角度看待健康的家庭运作，并提供预防为主的方法。一个家庭的健康运作需要大量的知识和技能：沟通的技能、人类发展的知识、良好的决策技能、积极的自尊和健康的人际关系等。家庭生活教育的目标是教授和培养这些知识和技能，使个人和家庭能够以最佳状态发挥作用。

家庭生活教育的专业人士将经济、教育、工作和家庭问题、育儿、性、性别等社会问题纳入家庭范畴。只有把个人和家庭视为社会的一部分，诸如滥用药物、家庭暴力、失业、债务和虐待儿童等社会问题才能得到更有效的解决。健康的家庭功能可以很大程度预防或减少诸如此类问题的发生。

表 1-1　家庭教育定义的发展[②]

时间（年）	定义
1962、1963、1964	家庭生活教育包括教师有意地使用任何学校经验，以帮助学生发展个性，以发挥其作为现在和未来的家庭成员的最大潜能。

① Arcus M E，Schvaneveldt J D，Moss J. *Handbook of family life education*，*Vol. 2: The practice of family life education* [M]. Sage Publications, Inc., 1993.

② Darling C A, Cassidy D, Ballard S M. *Family life education: Working with families across the lifespan* [M]. Waveland Press, 2022.

续表

时间（年）	定义
1964	家庭生活教育包括与约会、婚姻和为人父母有关的事实、态度和技能……在整个家庭生活教育的概念中，包含了各种各样的关系概念——亲子、夫妻、同胞等。
1967	家庭生活教育是研究作为家庭成员的个体的行为……深化学生对配偶、父母、孝道、兄弟姐妹和祖父母角色的理解。
1968	家庭生活教育旨在指导和发展家庭中的个体目前以及未来的潜能，它的核心概念是人际关系，通过这种关系，个性得以发展，个体得以做出决定，学会对这种关系做出承诺，并在这种关系中获得自我价值的信念。
1968	家庭生活教育的主要目的是帮助个人和家庭了解人类整个生命周期的成长和发展。提供学习经验以发展个人在目前和未来家庭角色中的潜力。其中核心概念是人际关系，通过这种关系，个性得以发展，个人得以作出决定，学会对这种关系做出承诺，并发展自尊。
1971	为传播关于家庭关系的信息并提供机会让人们更深入地了解他们目前和未来的家庭关系而进行的任何活动。
1973	家庭生活教育项目旨在帮助个体理解有效的人际互动，核心是个体之间和家庭内部的多重互动，以及影响人际关系质量的诸多个人特征。
1973	家庭生活教育的本质是人的关系……身体的、心理的和情感的。
1974	家庭生活教育是一门研究个人角色、人际关系、家庭模式、生活方式、情感需求以及性（包括生理、心理和社会层面）的学科。
1975	一种旨在丰富家庭生活并帮助个人在与他人的关系中更好地了解自己的教育项目。
1984	旨在深化不同年龄群体对身体、心理、情感、社会、经济和心理方面的人际关系的理解。
1985	家庭生活教育……建立在个人优势的基础上，扩展他们关于人格发展、人际关系和环境因素对行为的影响的知识。
1985	家庭生活教育是一个专业的过程，向所有年龄的个体提供关于各种生活问题的信息。
1987	通过研究个人和家庭与其多方环境中的资源相互作用来改善人类生活质量。
1989	家庭生活教育……致力于使成年人在日常生活中提高技能的有效性，即在与他人交往、处理生活事件和实现个人潜力方面。
1995	家庭生活教育的目标是通过正式的教育计划来帮助家庭和家庭成员履行其家庭角色和任务，作为改善家庭生活和减少与家庭有关的社会问题的一种手段。
2001	家庭生活教育整合了家庭问题的预防和教育方法。家庭生活教育包括沟通技巧、解决冲突、关系技巧、育儿教育、婚姻教育、决策和其他帮助家庭应对日常生活压力的技能和知识。
2005	家庭生活教育是指在传统学校课堂之外开展的教育活动，通常有成年人参与，旨在加强家庭关系，促进个人、夫妇和家庭的积极发展。
2011	基于预防和家庭系统的角度，利用家庭健康发展的相关信息，以传授知识和培养技能，使个人和家庭能够以最佳水平发挥作用。

全国家庭关系委员会（NCFR）曾用一个故事说明家庭生活教育的内涵：从前有一个村庄建在河边，河水汹涌。在河边有警示危险的标志，但人们经常忽视这些标志而掉进河里。他们经常被淹死，或者顺流而下流下瀑布，再也没有出现过。村民们想出了一个办法。在河的下游放了一张网来接掉在河里的人，并且雇用了一名全职工作人员，观察落水村民顺流而下的情况，把他们从河里拖出来，擦干身体，然后送到救护车上。在靠近河边的地方建了一所新医院。所有这些努力都提高了落水者的存活率，但仍有许多人受伤或溺水。一对搬到村子里的夫妇看到了发生的事情，询问是否可以做更多的事情来拯救人们（合作）。村民们表示反对，他们解释说，他们建立了一个很好的制度，虽然不能拯救所有人，但他们觉得情况已经改善了。这对夫妇不满足于此，决定自己动手，他们在河面不平的地方建了一个大栅栏（预防），提供游泳课程，教人们如何在岩石周围操纵船只（预防和教育），并告诉村民们不穿救生衣下水的危险（预防和教育）。很快，落水的人越来越少，而那些落水的人也有了更好的自救装备。

家庭生活教育类似这对夫妇所做的工作，家庭生活教育不是等到问题出现、个人和家庭遭受痛苦时才采取行动，而是针对个人和家庭问题采取预防、教育和合作的方法。这种主动的方法可以预防问题的出现，增强家庭和个人潜力。它可以发生在不同的场景中，针对不同的受众，处理各种各样的问题。

二、家庭教育的发展历程

（一）早期发展历程

许多学科对家庭生活教育的发展作出了贡献：传统的家庭经济学、家庭社会学、社会工作、婚姻和家庭治疗、社会心理学、教育学等。这就决定了家庭生活教育多学科以及跨专业的属性。

早在公元前 4 世纪，亚里士多德就将“教育父母养育子女”列为他的教育目的之一。哲学家赫伯特 · 斯宾塞列出了构成人类生活的五种类型活动，其中就包括养育和管教子女的活动。斯宾塞呼吁公立学校应该在其课程设置中加入此类课程，因为他观察到正规教育在很大程度上忽视了“养育子女”这一普遍任务。

在美国，家庭生活教育的实施最早可以追溯到教会和政府之间的合作，当时的目的是确保儿童可以按照《圣经》当中的标准成长。相关的家庭教育指导书籍在19世纪50年代开始出现，同时，儿童和母亲学习小组也随之发展起来，这是后来的家长教师协会（PTA）的前身。早期家庭教育经验的交流往往是在学习型团体当中以非正式讨论的形式进行的，例如，在19世纪20年代，一些民间机构自发组织了母亲研究小组来讨论育儿方法，随后《母亲助手》和《母亲》杂志也在这一时期正式创刊，是最早的育儿期刊。在20世纪之初，美国社会经历了一系列的重大变革，包括工业化、城市化以及妇女角色的改变等，随之而来的是这一时期青少年犯罪率的上升以及离婚率的上升。为了应对这些变化，家庭生活教育受到越来越多的重视，家庭生活教育的专业化课程正是在这样的社会背景中产生的，其最初的定位即为：帮助家庭在“复杂多变的社会”中应对这些新的变化，减少与家庭有关的社会问题。

（二）赠地学院时期

更加正规的家庭生活教育运动起源于美国赠地学院运动。华盛顿领导美国人民取得了独立战争的胜利，实现了国家的独立。但由于工农业发展水平远远落后于同期的西欧各国，掌握实用技术的工农业人才严重短缺。社会迫切需要具有实践性专业技能的人才推动社会发展，而当时美国以培养少数人为主的旧式学院不仅数量少、规模小，而且发展滞后，无论是办学形式，还是教学内容等都已无法适应新形势的需要。1862年，美国《莫雷尔法案》由林肯总统签署生效，它要求政府按照各州在国会的议员人数，以每位议员三万英亩的标准向各州拨赠土地，用于建立大学以促进实践性教育的发展。这就是著名的美国赠地学院运动。在这样的背景下，家庭经济学/人类生态学在20世纪初成为主导的理论范式①。从人类生态学的

① Lerner R M. *America's Youth in Crisis: Challenges and Options for Programs and Policies* [M]. Sage Publications, 1994.

角度来看，家庭影响着整个社会的福祉，如果家庭环境得到改善，那么整个社区也可以得到改善。

《莫雷尔法案》也为早期的教育递送系统奠定了基础，教育递送系统旨在将家庭的知识传递给大众，随着发展，这一系统后来被称之为合作推广系统（Cooperative Extension System），伍德罗·威尔逊总统对合作推广系统高度重视，他称其为“政府所采取的最重要、影响最深远的成人教育措施之一”。在这个时期，家庭和家庭运动的领导者开始以一种相对正式的方式将关于家庭的科学知识传播给大众，其底层哲学是将大学带到大家身边，促进科学知识的传播。在《莫雷尔法案》签署 10 年后，马萨诸塞州立法机构通过了一项法案，将家庭科学用于教育年轻女性，从而成为第一个承认并支持在公立学校进行家庭生活教育的州。其他州很快效仿，在 1875 年至 1890 年间，全美公立学校的家政学课程在全国范围内激增。1884 年，哥伦比亚大学开设了第一门将课程内容与教学方法相结合的大学课程。到 1895 年，16 所大学开设了家政课程。在 19 世纪最后几年，在普莱西德湖召开的九次年会进一步讨论了家庭教育和家庭资源管理专业的发展方向。“家政学”正式成为家庭生活教育在公立学校系统的名称。这些会议的另一个成果是在 1909 年 1 月 1 日正式成立了美国家政协会（AHEA）。该协会的目标是“改善家庭和社区的生活条件”。此外，AHEA 在同一年开始出版期刊。第一次关于儿童福利的白宫会议也在 1909 年举行，并在 1914 年出版了一份关于父母婴儿护理的出版物。接下来的 20 年（1910—1930）是美国对于家庭大力支持和研究的时期。1914 年，合作推广服务依托各个州的赠地学院开始迅速发展，据报道，在服务开始的第一年，家政专家就访问了 5500 个家庭，培训了 6000 名女性。

赠地学院的目标是将科学应用于家庭的实际问题。通过开展以社区为基础的家庭生活教育项目，聘请相关的家政推广代理人，作为向当地社区传播家庭生活信息的主要渠道。时至今日，在美国超过 3000 个县中都有一个县代理，这些代理经常与其他领域的专业人员合作，从而更好地促进居民的家庭生活质量提高。家庭生活教育项目的开展通常会通过课程、公告、发布小册子、视频、报纸、在线学习等多种手段来完成，旨在传播与农业和家庭经济相关的实用信息，并鼓励人们应用这些信息。

（三）社会团体主导时期

除了赠地学院体系内的发展外，当代家长教育志愿者团体和社区组织的扩大也促进家庭生活教育的发展。在家庭生活教育当中，亲职教育的发展最早。例如，全国母亲大会成立于1897年，在1908年更名为家长教师协会（PTA），该组织后成为推广亲职教育和家校合作最重要的组织。此外，儿童天性研究会也发展成几个分会，到1908年合并为儿童研究联合会。这一时期该组织履行了大量家庭生活教育指导的职能，例如，分发关于儿童的资料、举办讲座和会议，以及与其他相关团体的合作。1924年，儿童研究协会召开了一次会议，邀请了13个较小的组织参加，这次会议最大的贡献是建立了全国家长教育委员会。其目标之一就是为家长培训提出指导方针以及培训的标准。到1924年，有75个主要组织开展了家长教育项目。在斯皮尔曼基金的支持下，美国儿童研究协会随之建立，其主要目的是开发家长教育教材以及监督这些教材的使用。到1930年，该协会约有6000名成员担任亲职教育指导师。20世纪30年代，随着经济大萧条的到来，整个社会的注意力都转移到了经济与生存，对于家庭的关注有所下降。正是在这一时期，政府拨款被严重削减，斯皮尔曼基金会和其他类似机构停止运营。直到20世纪40年代，家庭教育的热度开始回升，但更多的是作为一种干预手段，预防儿童的心理疾病。

家庭教育补救功能在这一时期逐渐成为主流取向[①]。甚至一些项目本身就是基于用户的需求设计的，其补救属性更加明显。近几十年来，父母、教堂、法院和社区心理健康专家也都将家长教育作为一种补救措施。例如，离婚夫妇被要求接受离婚教育，以减少离婚对孩子的伤害。有虐待倾向的父母被法庭勒令参加亲职教育课程等。医生也一直是家庭生活教育运动的积极贡献者，由专业的儿科医生编著的育儿书籍往往广受欢迎。美国儿科学会更是一个备受尊敬的专业团体，它定期发布新闻，向父母提出具体的建议。

在20世纪70年代，家庭支持运动开始兴起，这一时期人们呼吁家庭

---

① Brock G W. Ethical guidelines for the practice of family life education [J]. *Family Relations*, 1993: 124-127.

教育指导应该更侧重于预防，而不是传统的危机干预。家庭支持运动的宗旨是通过强化家庭和社区的教育能力，从而促进儿童、青少年以及成年家庭成员以最佳的模式发展。家庭支持运动遵循以下基本原则：

1. 家庭指导最有效的方法是从健康和福祉的角度出发。
2. 父母养育子女的能力受其自身发展的影响。
3. 养育子女的技能和价值观受到文化、社区价值观和风俗习惯的影响。
4. 社会支持网络对家庭福祉至关重要。
5. 掌握儿童发展的信息可以帮助父母对孩子作出适当反应。
6. 得到支持的家庭有权为自己的立场发声。

（四）专业化时期

1938 年，全国家庭关系委员会（NCFR）成立，标志着美国家庭教育指导的发展进入了专业化进程。NCFR 作为专门从事家庭研究和实践专业组织，其主要任务之一是促进家庭生活教育各个领域的发展。1968 年，NCFR 组织成立了下设机构——家庭生活教育专业化委员会，并发布其第一份报告《家庭生活教育项目、原则、计划、程序：家庭生活教育框架》，以期更具体地落实专业化进程。1978 年，NCFR 向所有会员发表了家庭教育专业化准则，在白宫家庭会议的推动下，NCFR 的家庭生活教育专业化标准于 1981 年获得理事会通过，并于当年开始全面推动。1984 年，《学院 / 大学家庭生活教育课程纲要》《家庭生活教育从业者认证标准》和《家庭生活教育内容概述：生命周期规划项目框架》同时发布，为家庭生活教育指导师的认证制定了权威的指导方针和相关标准。《生命全程家庭生活教育框架》也于 1984 年首次发布，并于 1997 年和 2011 年进行了两次修订，为家庭生活教育实践中可以解决的许多问题提供了背景。《家庭生活教育课程纲要》在 1993 年首次发布，并于 1995 年进行修订。至 1985 年，全美有 16 所大学开设了以训练家庭生活教育为主的家政课程。发展至今，NCFR 管理着一个国际公认的证书——认证家庭生活教育指导师（Certified Family Life Educator）。在美国和加拿大，大约有 100 所学院和大学的家庭科学学位课程使用 NCFR 家庭生活教育课程标准作为本科生和研究生的指导方针。具体内容会在第四节详细介绍。

第二节　家庭教育指导师的职业界定

“职业”一词可以被定义为“一种需要专业知识和长期密集的学术准备的召唤”①。易事特（East）认为一个专业的发展涉及八个标准②。根据易事特的框架，一个领域必须具备某些标准，才能被认为是一种职业。将易事特的标准应用于家庭生活教育的实践，表明家庭生活教育在美国作为一种职业已经取得一定的进展。表 1-2 提供了调查结果的摘要。

表 1-2　家庭生活教育的专业界定

标准　1= 没有进展　5= 已完全达标			
标准	取得的进展	成长的空间	分值
1. 活动成为全职有偿职业	许多专业人员从事家长教育、性教育、婚姻教育等活动。	家庭生活教育往往只是家庭生活教育者工作职责的一部分，因为专门从事家庭生活教育的工作可能只是兼职的。	4
2. 建立了培训学校和课程	自 20 世纪 60 年代以来，与家庭有关的学位一直在提供。从 1996 年开始，NCFR 开始承认那些符合 CFLE③称号所需标准的学术项目。目前有 127 个被批准的项目。	很少有学位被称为家庭生活教育，而是称为儿童和家庭研究、人类发展和家庭研究、人类服务、家庭研究、家庭和儿童研究。	4
3. 建立专业协会	自 20 世纪初以来，许多与家庭有关的协会已经存在，包括 NCFR 和 AAFCS。还成立了专门关注育儿（NPEN）和婚姻教育（NARME）的协会。	有许多与家庭有关的协会和组织，这可能造成身份的分裂。	4

① Dictionary M W. *The Merriam-webster dictionary* [M]. Merriam-Webster, Incorporated, 2006.

② East M. *Home economics, past, present, and future* [M]. Allyn and Bacon, 1979.

③ CFLE 指家庭教育指导师。

续表

标准　1= 没有进展　5= 已完全达标			
标准	取得的进展	成长的空间	分值
4. 制定名称、准入标准、核心知识体系和实践能力标准	1984 年，NCFR 制定了大学和学院课程指南以及家庭生活教育者认证标准。		5
5. 团队内部的冲突和来自其他行业的外部冲突导致了独特的角色定义	众多的组织和证书存在一些重叠的内容，但 NCFR 课程指南和 CFLE 标准的发展界定了家庭生活的内容领域。家庭实践模式的领域有助于阐明家庭生活教育的独特作用。	雇主和公众仍然不清楚什么是家庭生活教育，家庭生活教育者与社会工作者、治疗师、咨询师有什么不同。	4
6. 大众在一定程度上接受从业人员的专业知识	在整个美国，育儿、婚姻和性教育项目越来越受欢迎，反映了公众对与家庭问题有关的教育的接受程度提高。	公众往往不知道家庭生活教育者拥有特定的证书。	3
7. 认证和许可是法律上的标志，表明这是可以自我监管的团体，并且其为社会提供的特定服务是得到认可的	CFLE 号称其发展是为了规范家庭生活教育提供者的资格。CFLE 必须满足继续教育的要求，以保持这一称号。		5
8. 制定道德准则以消除不道德的行为并保护公众	1995 年，NCFR 的家庭科学部制定了道德原则和准则。2009 年，NCFR 正式采用明尼苏达州家庭关系委员会的道德准则程序中的原则，作为 CFLE 的官方道德准则。		5
改编自 Bredehoft, D., &Walcheski, M. （2009）《家庭生活教育：整合理论与实践》。			

一、活动成为全职的有偿职业

虽然“家庭生活指导师”的头衔并不总是专门使用，但家庭生活教育是由世界各地的专业人员实施的，包括初中和高中、军队、社区教育、卫生保健和高等教育等。在许多情况下，家庭生活教育是一个全职职位，但在更注重干预的环境中，兼职的家庭生活教育也是常见的。许多家庭生活教育者的指导对象包括那些被认定为有风险的家庭或在养育子女、金钱管理或关系技能方面有困难的家庭。在这些家庭中，专业人员的大部分时间可能花在干预的活动上，教育所占的比重较小。另外一些专业人员本身虽然从事着与家庭教育相关的工作，但是由于其本身的工作性质，导致其家庭指导的工作只能以兼职形式开展，例如，学校的班主任将大部分时间集中在班级的管理上，但他们也可能负责开展家长教育活动。

二、建立培训学校和课程

1917 年，芝加哥大学开设了第一门有记载的家庭课程。但直到 20 世纪 60 年代，以家庭为重点的学位才更为普遍地出现。NCFR 先后颁布了《学院 / 大学家庭生活教育课程纲要》《家庭生活教育从业者认证标准》以及《家庭生活教育内容概述：生命周期规划项目框架》。1985 年，NCFR 批准了第一批认证家庭生活教育指导师。

1996 年，NCFR 引入了学术课程审查制度，并开始审查大学和学院的家庭学位课程是否符合 CFLE 规定的标准和规范。家庭科学的学位课程清单可在 NCFR 网站上找到，其中包括 300 多个家庭相关特定学位课程的信息，其中超过 127 个符合 CFLE 标准。

三、建立专业协会

专业协会可以通过建立实践标准对行业的发展产生重大影响。此外，协会可以为成员提供机会，通过网络和信息共享来提高会员的实践水平。目前，美国已经建立了一些与家庭相关的专业组织，包括美国家庭和消费科学协会（前身为美国家政学协会）以及国家家庭关系委员会等。专业协会的发展可以维系专业人员之间共享的知识体系和共同利益。专业家庭协会提供了多个级别的会员资格，并提供继续教育和与家庭领域其他从业者建立联系的机会。

四、制定名称、准入标准、核心知识体系和实践能力标准

如前所述，NCFR 通过从 20 世纪 60 年代末到 80 年代初的一些工作，确定了准入标准、核心知识体系和实践能力标准，并最终创建了“家庭教育指导师”证书。CFLE 标准和准则最初包括九个家庭生活内容领域，被认为代表了家庭生活教育的核心，分别为：社会中的家庭、家庭的内部动力、人类的成长和发展、人类的性行为、人际关系、家庭资源管理、家长教育和指导、家庭法律和公共政策以及道德。1991 年，家庭生活教育方法论被增加为第 10 个内容领域。从 1984 年到 2007 年，想申请认证的专业人员需要提供 10 个内容领域的学术准备、专业发展和工作经验的证明文件。2007 年之后，NCFR 用一个全国性的标准化考试取代了组合申请程序。而随着 1996 年学术项目审查程序的发展，NCFR 开始批准大学和学院的家庭学位课程。一旦高校中的课程被认定为符合 CFLE 的课程标准，则完成课程的毕业生就可以免考，而直接申请成为“家庭教育指导师”。

五、行业内部的冲突和来自其他行业的外部冲突导致了独特的角色定义

正如我们所讨论的，全国家庭关系委员会自 20 世纪 60 年代初以来一直积极定义和开发家庭生活教育课程和认证标准。此外，美国家政学协会（AHEA）（后更名为家庭和消费者科学联合会，AAFCS）在 1974 年确定了家政学的能力和标准，并在 1987 年建立了注册家政学家（CHE）的称号。

NCFR 和 AAFCS 的认证项目之间有相似之处，也存在差别。两者都要求申请者在人类成长和发展、家庭系统和动态以及家庭资源管理等领域掌握相关知识。2004 年，AAFCS 认证项目的重新设计和扩展，产生了三个独立的认证机制，每个认证机制都有一个基于能力的资格考试。AAFCS 保留了原来一般的 CFCS（Certified in Family and Consumer Sciences）证书，但也创建了单独的证书，侧重于不同的领域，例如人类发展和家庭研究

（CFCS-HDFS）以及酒店、营养和食品科学（CFCS-HNFS），最近还创建了个人和家庭金融教育师（CPFFE）。人类发展和家庭研究证书比原来的复合 CFCS 证书更接近于 CFLE 证书，然而，总体上关注的重点比 CFLE 更广泛，更具体地关注人类发展背景下的主题。CFLE 证书也包含与人类发展相关的问题，但是从生命周期和家庭系统的角度出发，在人际关系的背景下处理这些问题。此外，CFLE 的标准包括更加强调与人类性行为、养育子女以及与家庭生活教育相关的教育方法和技巧有关的知识和技能。虽然 CFLE 和 CFCS-HDFS 都在政府和服务机构工作，但持有 CFCS-HDFS 证书的专业人员更倾向于在涉及早期儿童和中学及中学后课程的环境中工作，而 CFLE 则在更广泛的环境中工作，包括宗教团体、军队、医疗保健以及在私营部门担任顾问，提供一系列与育儿、关系技能、金钱管理等相关的家庭生活教育服务。

许多其他组织也涉及与家庭生活教育相关的主题。例如，参与性教育的专业人员可以加入美国性教育者、顾问和治疗师协会（AASECT）或性科学研究协会（SSSS），而亲职教育指导师可以成为国家育儿教育网络（NPEN）的成员。积极从事夫妻和婚姻教育的教育工作者可以加入全国关系和婚姻教育协会（NARME），或参与婚姻、家庭和夫妻教育联盟（CMFCE）。大量的相关组织反映了家庭生活教育的多学科性质。最近，生活和家长“教练”的激增，极大地促进了该领域的发展，但是家庭教育指导仍然是一个相对没有明确定义的新兴领域。在互联网上搜索“生活教练”一词，会发现有大量的公司和组织提供认证和培训。然而，似乎并没有一个确定的国家标准来指导实践。这导致公众并不清楚家庭生活教育的概念，以及家庭生活教育指导师与社会工作者、家庭治疗师、咨询师有何不同。

六、大众对从业人员的专业知识表示了一定程度的接受

随着社会面临越来越多与家庭有关的危机和挑战（例如，离婚、单亲家庭、混合家庭、经济衰退、犯罪和虐待等），人们更加认识到预防和教育的价值。越来越多的企业也认识到，个人和家庭问题是导致生产力和出

勤率下降的原因[①]。

当团体或组织提供家庭生活教育计划时，他们通常会寻找家庭教育相关的专业人员的参与和指导。获得家庭相关的学位以及相关的工作经历也确实可以一定程度提升个人作为家庭领域专家的可信度与影响力。但是寻求帮助的家庭往往发现自己可以从很多不同类型的服务提供者中进行选择。在过去的几年里，人们对婚姻教育的兴趣不断增加，导致了婚姻教育课程的激增，类似的现象也存在于亲子教育方面，从家长们的博客和专门讨论亲子教育的网站的爆炸式增长中可以看出端倪。与婚姻教育领域一样，市场上存在着各种各样的亲子教育项目，以满足不同父母的需要。针对这些现象，那些在家庭教育方面受过专门训练的人士和那些没有受过专门教育的人员之间存在一些分歧和矛盾。有些人认为，通过特定的课程或方法，遵循规定的指导方针，也有可能成为一个有效的婚姻教育指导者；而另一些人则认为，最有效的家庭教育指导者是那些在家庭系统和家庭动态、性、人际关系、人类发展和育儿方面接受过正式培训的人，此外还必须具有项目开发和项目实施的相关技能。

有些人认为，经过正式培训的家庭生活教育者能够更好地从各种方法和技巧中汲取营养，从而更好地适应受众。而事实上，只接受过特定方法或课程培训的人员在指导家庭教育工作时也可能非常有效，但他们不会被视为“专业人士”，因为他们的专业知识只限于一种特定的领域或环境。如果按照他们设定的剧本发展，则可能发挥良好的教育效果，一旦出现超出他们知识领域的问题，则需要专业家庭教育指导人员的介入。

七、认证和执照作为合法的标志，表明一个团体为社会提供特定的服务并受到自我监管

正如前文讨论过的，国家家庭关系委员会为个人提供了一个认证项目，美国家庭和消费者科学协会也是如此。美国家庭和消费者科学协会还对家庭科学的大学学位课程进行认证。全国家庭关系委员会为遵守 CFLE

---

① Bond J T, Galinsky E, Hill E J. *When work works-Flexibility: A critical ingredient in creating an effective workplace* [M]. New York, NY: Family and Work Institute, 2004.

标准的学位课程提供批准，但不提供认证，因为这也涉及对课程设施和师资的审查。

CFLE 计划是由 NCFR 制定的，目的是规范家庭生活教育指导师的资格，并间接地规范家庭教育指导师所提供材料的质量。目前，美国还没有对家庭生活教育者统一的执照要求，但自 1989 年以来，明尼苏达州要求幼儿和家长教育者获得执照，以便通过早期儿童家庭教育（ECFE）计划提供家庭教育指导。最近，一些教育机构，包括北卡罗来纳州立大学、惠洛克学院、普利茅斯州立大学、绿河学院、明尼苏达大学和北得克萨斯大学丹顿分校已经开始提供亲职教育的研究生证书课程。同样，在家庭生活教育的重点领域也有具体的认证，包括性教育（通过 AASECT），以及个人和家庭财务（通过 AAFCS）。这些努力反映了对建立有效实践最低标准正式认可的重要性的认识。

八、制定道德准则以消除不道德的做法并保护公众

1995 年，全国家庭关系委员会的家庭科学部门批准了供家庭科学家使用的道德原则和准则。这些指导原则主要包括在社区环境中教学和研究中涉及的道德问题。两年后，明尼苏达家庭关系委员会出版了《父母和家庭教育者的道德思考和实践》。2009 年，NCFR 正式采用这一道德准则中确定的原则作为认证家庭生活教育指导师的官方道德准则。

通过对易事特定义职业标准的逐步讨论可以发现，家庭生活教育确实是一个不断发展的职业，虽有不完善，但是正在走向成熟。通过无数家庭教育领域研究者与实践工作者的不懈努力，该专业将继续朝着与婚姻和家庭治疗、咨询和社会工作同等水平的认可与参与度的目标迈进。

第三节 家庭教育指导的模型

多年来，人们一直试图通过模型来进一步概念化和澄清家庭生活教育。在这个过程中，不同模型也得到了发展与改进。在家庭教育指导发展的早期阶段，人们一般使用不同的模型来解释家庭教育的不同侧面，其中以家庭参与水平模型（LFI）和家庭实践领域模型（DFP）影响力最大[①]。时至今日，美国家庭关系委员会已经完善并提出了自己完整的理论模型，即家庭生活教育基础模型。

一、经典模型

（一）家庭参与水平模型

家庭参与水平模型（LFI）阐述了家庭生活教育与家庭治疗之间的关系，并构建了五级水平来澄清二者之间的专业界限。五级水平包括：(1) 对家庭的低度关注，(2) 信息和建议，(3) 感受和支持，(4) 简单的干预，(5) 家庭治疗（见图 1-1）。LFI 模型可以避免家庭教育指导者跨界进入家庭治疗领域。

LFI 模型的前三个层次适合于家庭生活教育，但是一些高级家庭教育指导师也会偶尔进入第四级的水平，如果家庭教育指导师能在家庭治疗师协助下进行有效干预，则可以避免进入第五级的治疗阶段。但是 LFI 模型也存在一些争议：首先，虽然没有特殊说明，但这个模型意味着家庭治疗师能够在所有五个水平进行专业实践，教育工作者不具备治疗师的知识和

---

① Darling C A, Cassidy D, Ballard S M. *Family life education: Working with families across the lifespan* [M]. Waveland Press, 2022.

技能，但治疗师也不一定具备提供教育经验的知识和技能，因此二者应该具有相对明确的分工。其次，一些家庭问题属于哪个领域需要根据具体情境来判断。例如，一般来说，愤怒管理属于第四级中的家庭教育指导师的工作范畴，但是如果配偶之间长期处于一种愤怒状态，则需要家庭治疗的介入。也有一些情况，夫妻可能会从家庭生活教育课程和家庭治疗中均有所受益，尽管方法有所不同。

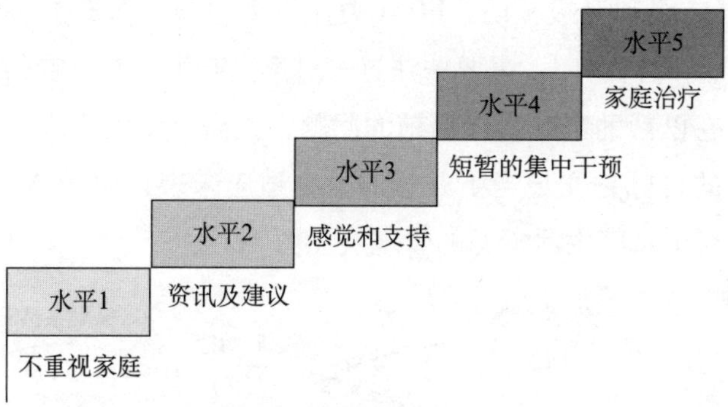

图 1-1　家庭参与水平模型

（二）家庭实践领域模型

为了进一步理解家庭生活教育的领域和边界，家庭实践领域模型（DFP）融合了家庭生活教育（FLE）、家庭治疗（FT）和家庭案例管理（FCM）。为了区分这三种职业的领域和边界，该模型以问题的形式进行表述：为什么（why）、是什么（what）、何时（when）、为谁（who）、如何（how）。

模型中“为什么”维度关注的问题是这些职业的目的，这三种职业都希望提升家庭的福祉，促进家庭的健康发展，但是侧重点有所差异，家庭生活教育（FLE）试图帮助家庭获得知识和技能，家庭治疗（FT）帮助家庭修复问题，家庭案例管理（FCM）则聚焦于帮助家庭遵守法律和政策并合理利用资源。

模型中的“什么”维度指的是家庭专业人员在家庭工作中的内容或研究基础。美国家庭生活教育包括 10 个核心领域，家庭治疗包括 6 个领域，家庭案例管理的领域同样是多来源和多维度的，不同的家庭专业人员工作的领域既有不同，也存在重合。

“何时”维度关注的是不同角色的家庭从业者何时提供服务以及这些服务的时机。提供服务的时间存在差异，可以是基于初级预防（在某些事情发生之前保护健康的人免受伤害）、二级预防（在问题、冲突或风险发生后提供保护，以便尽早停止或减缓问题的进展）和三级预防（帮助人们管理复杂的、长期的问题，防止进一步的伤害）。FLE 包括一级和二级预防，FT 包括二级和三级预防，FCM 关注三级预防。在提供服务的时机方面，FT 关注的时机最广，需要关注过去对家庭产生重要影响的家庭背景因素；关注现在以帮助家庭管理目前的问题；也需要预测未来，对未来做好准备。FLE 的目标是立足当下并帮助家庭适应未来，而 FCM 的目标则更关注于当前对于家庭生活资源的管理（见图 1-2）。

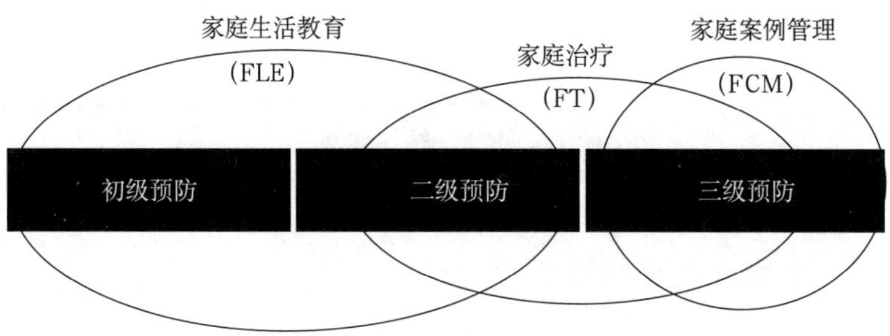

图 1-2 不同服务的定位

“为谁”维度关注的是三种职业的服务对象是谁，在决定向谁提供服务时涉及两个主要因素——资格和动机。资格是由提供服务的专业机构所确定的，通常是一种从上至下的，往往基于研究和理论。动机则是从下至上的，来自参与的家庭或用户的感知，基于个人的经验。FLE 和 FT 的服务对象既由资格决定也由需求决定，而 FCM 往往是由资格所决定。例如，想提升父母的教养能力，新手父母可能会参加关于育儿的家庭生活教育课程，或者自愿寻求家庭治疗师的帮助；而触犯法律的青少年的家长则会被强制要求接受家庭治疗（FT）和家庭案例管理（FCM）的干预。

“如何”维度关注的是三种职业的技术和策略，而技术和策略高度依赖目标（why）、内容（what）、服务对象（whom）以及何时（when）等维度。一个家庭工作从业者必须了解用户的需求是什么，如何评估这些需求，相关的服务如何递送到用户，需要使用何种课程方案或者治疗方案，实施项目的最佳场所在哪里（社区、学校或私立教育机构），最佳的项目执行方式是什么（线上、小组学习或者是个体咨询）。三种家庭相关的职业中没有一种职业比其他职业更好，因为这三种职业是协同互补的。它们都有不同的目的、方法、提供服务的时间，受益的个人和家庭也各不相同。

二、家庭生活教育基础模型

虽然家庭参与水平模型（LFI）、家庭实践领域模型（DFP）为家庭生活教育提供了可供参考的框架，但是二者均聚焦于家庭教育指导的某一个或某一些侧面。因此，达令（Darling）等人在 2020 年提出了一个可视化的、概括性更强的家庭生活教育基础模型。该模型包括家庭生活教育的基本原则、背景、内容和实践，并且纳入了文化和时间维度的影响①（见图 1-3）。

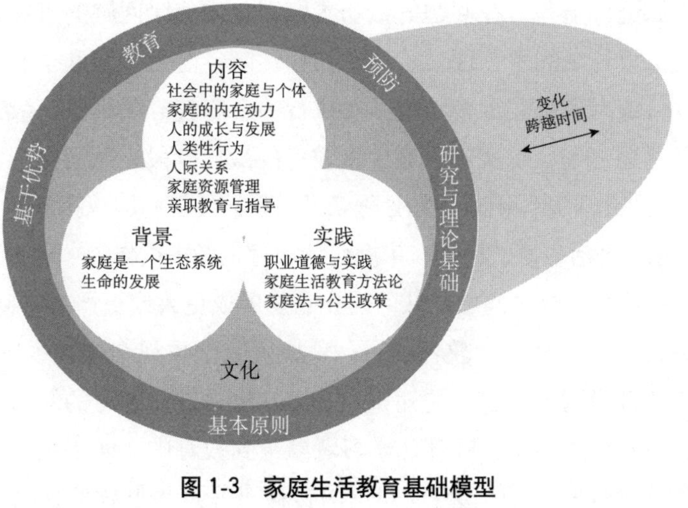

图 1-3 家庭生活教育基础模型

① Darling C A, Cassidy D, Rehm M. The foundations of family life education model: Understanding the field [J]. *Family relations*, 2020, 69(3): 427-441.

（一）基本原则

家庭生活教育的基础原则包括：教育、预防、优势视角和基于研究与理论。

教育。家庭生活教育既包含传授知识，也包含培养技能和技术，旨在使每个家庭成员都能够以最佳水平发挥作用。多年来，家庭教育指导的模式和递送的方法已经发生巨大变化，从传统的师生课堂转变为包括小组工作、个人指导和在线学习等多样化的学习模式。家庭生活教育背后的基本动因是，家庭面临的许多问题是由于在个体发展、养育子女、人际关系、目标设定、决策和资源管理（包括时间、金钱和精力）方面的知识和技能不足造成的。提供关于这些问题的教育不仅可以增强家庭功能，还有助于最小化或避免问题。例如，如果孩子在一个支持性的环境中长大，包括父母的温情、自主性的支持、良好的亲子关系等，他们就有最大的机会发挥自己的潜力。相反，不良童年经历往往会对孩子终身发展产生长期影响。

预防。预防是家庭生活教育的另一项重要的基本原则。家庭生活教育主要涉及初级预防（在事情发生之前对人们进行保护）和二级预防（在事情发生后进行干预，在问题的最初阶段制止或减缓问题的进展）。例如，为新生儿父母开设的育儿课被认为是初级预防，而为长期逃学的学生父母开设的课，或因虐待儿童被法院强制执行的亲职教育课程是二级预防。在出现任何问题之前，是实施家庭生活教育的最佳阶段。然而在现实中，个人和家庭往往出于某些困难，如处理亲子关系、经济问题或孩子的行为问题等而选择家庭生活教育。因此，家庭生活教育也经常被作为一种干预手段来实施，目的是尽早解决问题，从而防止它发展成更大或更严重的问题。

优势视角。家庭生活教育的另一项原则就是重视个体和家庭的潜能，家庭生活教育强调个人固有的知识和能力，重视这些固有的能力在个人学习和成长中发挥的作用，呼吁让学习者参与到教育中，而不是把教育当作教师向学生灌输知识的机会。“知识的转移应该是共享式的，而不是由指导者来领导”[①]。家庭生活教育指导师与家庭合作，帮助他们学习，促进他

---

① Weis J, ZoffmannV, Egerod I. Improved nurse–parent communication in neonatal intensive care unit: evaluation and adjustment of an implementation strategy [J]. *Journal of clinical nursing,* 2014, 23(23-24): 3478-3489.

们的健康和福祉。家庭生活教育指导师往往扮演合作者或促进者的角色，而不是传统的教师，并将学习者视为过程中的伙伴，共同发现自身和家庭的内在潜能，促使家庭功能发挥最佳的作用。

基于研究与理论。互联网时代，人们可以在几秒钟之内获得几乎任何有关育儿问题的答案，此外很多人会通过社交媒体和书籍等分享自己在育儿和人际关系方面的成功经验。尽管这些信息在一些情况下可能是有效的，但是因其主观性，很难适用于每个家庭，也很难保证信息的正确性。家庭生活教育的一个基本原则就是基于研究与理论，关于人类发展、育儿技巧、人际关系等信息都是经过实证研究的严格检验，其中大量实验研究和纵向追踪研究被用来检验不同变量之间的因果关系和持续效应。同时，家庭生活教育也非常重视理论的指引，通过理论可以对个人和家庭的发展做出合理的预测与解释。没有单一的理论可以解释所有复杂的家庭行为，因此，需要多个学科的理论来理解家庭结构和功能。家庭生活教育涉及的理论既包括家庭功能相关理论（例如，家庭系统理论、家庭生态理论、家庭发展理论、家庭压力理论等），以及与育儿、关系、沟通、人类发展和性相关的理论（例如，社会交换、社会学习、符号互动、依恋、冲突、女权主义、埃里克森的人格发展、皮亚杰的认知发展、精神分析、社会生物学等）。此外，家庭生活教育还整合了适用于学习、项目规划和实施的相关理论（例如，行为主义、建构主义、体验学习、多元智能、成人学习等）。

（二）背景

背景是影响家庭生活教育项目发展与实施的重要因素。生态理论和生命全程发展理论相结合可以很好地解释家庭生活教育的背景。家庭生态系统框架认为人类所处的环境可以分成三类：(1) 自然环境（NE），包括时空、物理和生物元素；(2) 人造的环境（HCE），由人类改变或创造的，包括社会文化、社会物理和社会生物因素；(3) 人类行为环境（HBE），它由社会化的人类及其心理、生物物理和社会维度的行为组成。NE、HCE 和 HBE 涵盖了环境的各个层面，包括家庭、社区和国家。家庭和家庭生活教育指导者需要与环境相互作用，以适应周围不断变化的社会、经济、政治和生物因素。生命周期发展理论则强调了时间发展的维度，既包含个体在生命全程中的发展，也包含家庭在不同时期的发展状态。因为家庭是由相互作用的个体组成的群体，所以个体和家庭的发展是深深交织在一起的。在生命周期的不同阶段，个体和家庭都有特定的发展任务。家庭是多代人组成的单元，其中的个体正在处理不同的个人发展任务，但是却又同时处在相同的家庭发展阶段当中，所以家庭成员需要协调不同的欲望、需求和发展任务以实现家庭的和谐。将生命周期发展与生态理论结合有助于理解不同家庭成员所面临的问题，以及他们所处的自然环境、人造环境与人类行为环境所起的作用，例如，学习者的特征是什么（年龄、性别、种族、环境），应该在什么时间、什么场所提供指导（自然环境），由什么样的机构提供指导最为合适：学校、宗教组织还是保健中心（人造环境），如何考虑参与者的情绪互动以及提供什么样的支持等（人类行为环境）。在制定和实施一项家庭教育项目之前充分考虑到这些背景因素，可以有效提升项目的成功率。

（三）内容

NCFR 的生活教育框架确定了家庭生活教育的内容，包括 10 个特定的领域：

1. 社会中的个体与家庭；
2. 家庭内部动力；
3. 生命全程中的人类发展；
4. 生命全程中人类的性；
5. 人际关系；
6. 家庭资源管理；
7. 亲职教育与指导；
8. 家庭法律与公共政策；
9. 职业道德与实践；
10. 家庭生活教育方法论。

一项研究调查了 420 名家庭教育指导师对于家庭生活教育 10 个领域的看法，包含未执行程度（受访者未利用这种能力的程度）以及重要性程度。表 1-3 显示了 420 名受访者关于 10 个内容领域的总体结果，未执行程度最低和重要性程度最低的两个内容领域是性教育和家庭法律与公共政策。说明即使在性开放程度较高的美国，性教育的开展仍然是家庭教育的薄弱环节，这反映了性教育的特殊性，性教育工作需要更加具体的培训，例如，认识到人类性行为的生物学和心理学基础，以及医药技术对于生殖的影响等。家庭法律与公共政策可能也是如此，家庭生活教育指导师可能不完全理解政策制定、政策执行或政策评价的具体过程，从而阻碍了对于这一领域的应用实践。表中执行程度最高的领域是职业道德与实践，这表明在进行家庭教育指导时，尊重不同个体的需求和学习风格的重要性。

家庭生活教育的独特之处在于要求家庭教育指导师具备一定的知识广度，必须在 10 个领域都接受过培训。虽然一些家庭生活教育指导师可能专注于某一个领域，但是也一定对其他领域有所涉猎。即使家庭生活教育指导师不直接教授特定的内容领域，但是对于多领域的了解也会对实践产生积极影响。这种全面性也是家庭教育指导师不同于其他家庭相关职业的显著特点。

表 1-3　基于 420 名家庭教育指导师的调查结果

	未执行程度		重要性程度	
	M	SD	M	SD
1. 社会脉络中的个人与家庭	6.8	1.6	4.1	0.9
2. 家庭的内在动力	7.4	2.6	4.2	0.1
3. 生命全程中的人类发展	6.4	1.1	4.1	0.8
4. 生命全程中人类的性	25.9	3.7	3.7	1.1
5. 人际关系	8.7	2.8	4.1	0.9
6. 家庭资源管理	10.2	3.0	4.1	0.9
7. 亲职教育与指导	10.8	3.3	4.3	0.8
8. 家庭法律与公共政策	24.1	5.0	3.5	1.0
9. 职业道德与实践	5.5	2.0	4.4	0.8
10. 家庭生活教育方法论	7.3	2.8	4.3	0.9

（四）实践

家庭生活教育方法论、职业道德与实践以及家庭法律与公共政策三个领域虽然被包含在家庭生活教育的内容当中，但实际上这三个领域属于家庭教育实践的范畴。

1. 家庭生活教育方法论

一个完整的家庭生活教育项目整合了目标设定、教学策略使用以及学习效果的评估等，这就要求家庭教育指导师掌握一套完整的方法论。从教育设计的大视角出发，家庭生活教育指导师需要关注许多情境和结构因素，如项目类型（非正式或正式）、形式（传统、在线或混合）、环境（学校、商业场所、监狱、在线）、学习者和社会特征（文化、年龄、性别）、指导师的特征（经验、知识、个性）和班级规模等。

一个合格的教育工作者需要根据自身的经验"确定哪些干预措施是最有助于产生积极结果的"[①]。例如，向被监禁的成年人教授生活技能的项目与政府帮助军人家庭应对压力和焦虑的项目有很大不同。对于不同学习风格的个体，项目中提供的材料也存在差异，例如，语言智能强的个体通过阅读、写作和讨论的学习效果最好，而视觉学习者则更喜欢通过视频媒体、图表等进行学习。

家庭教育指导师必须会使用多种方法将他们的设计落地实践，这些方法既包括针对年轻人的教学方法（例如，社区参与项目，结合社交媒体的课程），也包括针对成年人和终身学习者的教育方法（例如，针对年轻人的职业规划，针对父母的沟通角色扮演，针对老年人的退休规划讲习班）。积极的教学策略可以刺激更高层次的认知学习。学生的社会经济阶层、性别和种族等也是与教学过程密切相关的变量，要求家庭教育指导师必须具备对于个体差异的高度敏感性。此外，为了证明教育设计和方法的有效性，家庭教育指导师还需要掌握项目评价的能力，形成性和总结性评价都可用于确认最有效的教育方法和教学内容。

---

① Spoth R. Translating family-focused prevention science into effective practice: Toward a translational impact paradigm [J]. *Current Directions in Psychological Science*, 2008, 17(6): 415-421.

2. 职业道德与实践

由于家庭教育指导师在实践中需要应对一些敏感和隐私问题，所以经常面对伦理困境。因此，CFLE 在 2009 年制定了家庭教育指导师的职业标准，并在 2018 年进一步更新。家庭教育指导师必须在首次获得认证和续签时阅读职业道德准则并签字同意遵守这些伦理原则。与个人、专业界限、保密性等相关的问题必须作为日常实践的一部分加以训练，这要求家庭生活教育指导师在日常工作中应用各种更高层次的认知技能，包括识别核心问题或需求的能力，获取信息的能力，确定备选方案以及评估备选方案的能力等。

3. 家庭法律与公共政策

虽然在美国一些高校的家庭教育指导课程中包含家庭法律与公共政策方面的内容，但这些内容由于不能直接应用于实践而受到忽视。然而，家庭法律与公共政策往往渗透到家庭生活教育的方方面面，它影响到家庭生活教育指导发生的场所、资金的来源等。此外，在家庭生活教育的某些实践领域（例如离婚后的亲职教育），以及指导人员的资格认证等方面都是国家政策的直接结果。家庭生活教育基础模型一个关键性贡献就是将家庭法律与公共政策视作实践领域而不是内容领域。从另一个角度，家庭教育指导师有时也会为家庭问题的立法者和政治家提供建议。从业经历丰富的家庭教育指导师有能力就家庭面临的社会问题提供基于研究的证据，并促进形成有效的议案。

（五）文化与时间维度

文化是家庭生活教育基础模型的一个重要组成部分，文化是人们的全部生活方式——习俗、信仰、价值观、态度和沟通模式，文化表征了一个群体，并提供了一种共同的身份感。文化必须融入家庭生活教育的情境、内容和实践中。例如，在新加坡，社会和家庭发展部（2017 年）采取了一种全面的方式来支持家庭，与企业、社区和学校合作制定政策与法规、提供服务，并鼓励资助家庭相关的项目。自从德国颁布法律禁止在家庭中实施身体或心理暴力以来，相关的育儿项目大幅度增加。瑞典的同居率很高，因此所有学校都有关于性和同居的必修课。家庭教育的项目在不同的文化中有不同的形式，并根据社会内部的动态和条件而变化。文化理解对于家庭生活教育指导者来说是至关重要的，因为他们经常在不同文化的家庭中开展工作。只有对文化的差异性高度敏感，家庭生活教育指导者才可以创设出有效满足客户需求的课程。

家庭生活教育基础模型认为，随着时间的变化，模型中重要概念也随之发生变化。作为家庭教育指导师，应该时刻提醒自己：家庭教育是动态的，家庭教育的原则也并非一成不变。尽管家庭生活教育中的基本原则一直保持相对的一致性，但是随着时间的推移，这些原则中的一些概念已经发生了变化，并纳入了一些新的理论和教育方法。例如，由 NCFR 主办的《婚姻与家庭杂志》80 多年来一直致力于推广家庭有关的研究。但是近年来，杂志刊登的主题已经发生了转变，例如性别平等、种族多样性、家庭暴力和移民家庭等问题受到越来越多的关注，婚姻和离婚的各个方面也逐渐成为教育工作者和研究人员关注的焦点，此类文章的发表比例也逐渐升高。

随着时间的推移，教学方法以及研究方法都发生了变化。近年来，随着在线课程、网络会议、电子化社区教育以及大规模在线开放课程（MOOCs）的出现，导致教学和评估的方法发生了显著的变化。这些技术的使用打破了地域的限制，并且可以帮助人们利用碎片时间，从而极大提高了大众的参与度和学习热情。随着在线调查、在线评估小组以及更复杂的统计技术的加入，评估和研究方法也得到了飞速的改进。实践领域中另一个明显变化就是家庭相关的专业人员之间的合作变得越发紧密，例如，家庭教育指导师可能会认识到夫妻关系中的一个主要冲突来源是无法有效地管理金钱，因此会建议夫妻参加社区中有关家庭预算的在线课程。当一个家庭教育工作者发现孩子正遭受虐待时，可以把他介绍给当地的社会工作者以帮助其摆脱这种状况。

第四节　家庭教育指导师的培养与认证

家庭生活教育指导师认证是全国家庭关系委员会（NCFR）对符合特定资格的个人给予认可的一个过程。合格的家庭生活教育指导师是家庭教育项目得以成功的关键。他们不仅负责项目设计、开发、实施和评估，还需要经常与项目参与者直接互动。专业训练和个人经验都是发展一个合格的家庭生活教育师必不可少的。除了工作经验和知识，职业道德和尊重他人是家庭生活教育指导师的基本个人特征，其中包括群体社交的能力、在一对一的基础上与他人建立良好关系的能力、自信、情绪稳定、灵活性、成熟、同理心、理解和欣赏文化多样性、能够意识到自己的价值观——特别是在性别歧视、性取向、种族主义、年龄歧视和宗教等方面。

一、家庭教育指导师认证体系概述

CFLE 资格证书的申请人必须至少在被认可的学院 / 大学获得学士学位。在美国以外获得学位的申请人必须提供与在美国获得学位相当的证据，并且由国际证书评估协会（AICE）成员的官方证书评估服务机构进行评估。认证的证书分为临时证书和正式证书两种形式，当申请人已经掌握 10 个家庭生活教育内容领域的知识，但未获得足够的工作经验时，可以申请家庭生活教育指导师临时证书。临时证书最长可保持 5 年，在 5 年之内只要获得足够的工作经验即可提交材料申请转为正式证书。具备家庭生活教育相关知识和工作经验的申请人可获得正式证书。

全国家庭关系委员会（NCFR）对于申请人的工作经验有着严格的要求，对于家庭相关专业的毕业生，本科生须有 3200 小时工作经历，家庭教育专业硕士、博士毕业须有 1600 小时工作经历，非家庭教育专业毕业须有 4800 小时工作经历。所谓家庭专业学位，通常在学位名称中包含“家庭”一词，并在家庭科学系或以家庭为背景的课程中学习过。如果可以证明该学位包含了针对 10 个内容领域的具体课程，并达到 30 个学分，那么学位名称中没有“家庭”字样的学位也可以被接受。对于非家庭专业的毕业生，无论学历高低均要有 4800 小时的工作经历。

家庭生活教育可以在各种各样的场景中发生。总的来说，NCFR 认为家庭生活教育是一项专业活动，涉及对个人和家庭的预防和教育，从而提升家庭的福祉。家庭生活教育工作经验可以包括各种专业活动（有偿或无偿），如项目开发、项目协调 / 管理、项目评估、需求评估、家庭生活教育材料和项目的营销、课程或资源开发、出版、演讲和社区协作等。将工作经验判定为家庭生活教育，需要满足以下标准：

- 这项工作的性质是教育和预防，而不是治疗。
- 工作至少与 10 个家庭生活内容领域中的一个相关。
- 工作考虑到整个家庭，即使只涉及个人（即家庭系统视角）。
- 工作反映了一个生命周期的视角——童年、青春期、成年、成年晚期。
- 工作包括确定的内容或有计划的课程。

具体的工作经验可以包括课程和材料开发以及涉及生活技能的讲习班，如亲子沟通、育儿、财务管理以及性等内容。家庭咨询、治疗和家庭个案管理通常不被认为是家庭生活教育。然而，如果咨询师、治疗师和案例管理 / 社会工作者能够记录其工作的预防和教育性质，也可以获得 CFLE 证书。在记录工作经验时，拟申请认证的申请人需要提供工作描述、课程描述或所教课程的教学大纲，包括课程表或课程目录等。对于书籍或文章的作者，申请人需要提供文章的摘要或者书的目录。

获得证书有两种途径。一种是申请制，毕业于 CFLE 认可的项目的申请人可以不用参加考试直接申请，免考需要满足三个条件：(1) 在被 NCFR 认定的高校就读，(2) 就读于家庭相关专业，(3) 毕业两年之内。第二种是参加考试，不满足申请条件的人员也可以通过参加考试获得认证资格，参加考试前需要申请人提交 CFLE 签署的职业道德准则，并提交官方成绩单原件以证明在认证的学院 / 大学完成学位（至少学士学位）。

NCFR 所发正式证书有效期为 5 年，超过 5 年需依照一定手续提出延长申请。5 年内至少 100 小时继续教育证明，才能继续维持其资格。

二、家庭生活教育指导面临的挑战

家庭生活教育作为一种职业，在美国取得了巨大的成就；但在家庭生活教育完全规范之前，仍然会面临一些挑战。这些挑战包括：缺乏专业的身份认同，家庭生活教育发生的环境的多样性，以及家庭生活教育项目的资金不稳定。

（一）缺少专业的身份认同

家庭生活教育者所面临的最大困难也许是公众对他们的身份和工作缺乏认识和理解。例如，目前为止还很少有学位课程被专门命名为“家庭生活教育”。相反，与家庭有关的学位课程有很多名称，包括家庭科学、家庭研究、个人和家庭研究、家庭和消费者科学、家庭和儿童发展、人类生态学、人类发展和家庭研究，以及家庭、青年和社区科学、家庭和儿童科学、儿童、青少年和家庭研究以及家庭关系等。

多年来，家庭生活教育一直在与身份认同问题作斗争，最直观的现状就是现存大约 300 个家庭领域的学术项目和 100 多个与家庭有关的专业名称[①]。核心知识体系和实践标准的建立，有助于为家庭生活教育建立一个更清晰的身份，但需要进一步规范家庭相关专业的学位，提供一致的名称。这将使雇主和大众更容易识别有资格的专业人士。

（二）家庭生活教育发生的环境的多样性

家庭生活教育者工作的环境非常多样，包括医疗保健环境、社区教育、宗教场所、初中和高中、学院和大学、社会服务机构、企业环境、政府机构、惩戒所以及军队。家庭生活教育的多学科性质和它所处的各种环境，既是一种优势，但同时也是一种负担。因为多种多样的环境使得相关

① Hans, J. (Ed.). (2013). Degree programs in family science. Minneapolis, MN: National Council on Family Relations. Retrieved from www. ncfr. org/degree-programs.

人员在寻找工作时难以有的放矢。家庭生活教育环境的多样性要求家庭生活教育者必须成为自己的代言人。他们必须能够阐明家庭生活教育者的工作和他们所能提供的技能。

美国劳工部劳工统计局的2012—2013年《职业展望手册》（www. bls. gov/ooh）并没有将“家庭生活教育指导师”作为一种职业。事实上，所列出的标题中带有“家庭”的职业包括家庭和消费科学教授、家庭和普通医生、家庭儿童护理员、家庭服务社会工作者和家庭治疗师。家庭服务社会工作者的职业只包括社会工作方面的信息，没有提到任何其他与家庭有关的职位。而只有当家庭教育指导师这个职位名称被频繁使用时，劳工部才有更大的概率将其纳入《职业展望手册》。

（三）家庭生活教育项目的资金不稳定

在美国，许多家庭生活教育项目是通过联邦和私人拨款资助的。在大多数情况下，这种资助是在特定时期内提供的。因此，受资助者往往发现自己的工作重点是如何维持现有的资助和获得新的资金，而不是开展项目。通常情况下，家庭生活教育项目都会因为资助期的结束而中止。此外，通过赠款为家庭生活教育项目提供资金，通常涉及通过政府和非营利机构管理这些项目。这可能会给参加这些项目的人带来心理压力，因为这会让他们认为家庭生活教育只针对有困难的人和家庭。

第二章

家庭教育指导：理论基础

美国的家庭教育指导非常重视理论的应用，理论往往是对于现实的一种简化模型，理论需要具有概括性、简约性以及相对的稳定性。理论往往都是通过大量的实证研究或逻辑推导而得出的，相比生活经验往往更具有普遍意义，并且更加严谨。一个好的理论还具有较强的预测能力。不同的理论可以为不同的情境以及不同的事件提供框架，在理论框架内，家庭教育从业者才有可能对千变万化的家庭生活做出理性的判断和长期的预测。理论的价值主要体现在以下三个具体方面：

1. 积累。理论有助于研究成果的积累和传承。很多对知识的追求都涉及通过研究人员的视角对经验事实的收集和分析。然而，如果不能有效地组织，那么大量研究发现也只能成为一堆零散的观点。理论则可以告诉我们如何对研究结果进行有意义的归纳与分类。如果现有的理论无法达到这一目的，则可以通过探索性的概括过程，从研究结果中构建新的理论。

2. 解释。理论提供了原因（why）和机制（how）的答案。解释是理论最重要的功能之一，也是一个理论运作的中心。没有理论，我们就无法确定事物发生的原因和方式。在日常生活中，我们可能会停留于讨论一个具体的事件，比如，家庭中亲子关系的恶化是因为某些重大事件。这样的推理虽然可以提供部分有价值的信息，但是往往也忽略了其他的重要内容，导致以偏概全。科学理论依靠演绎论证对具体事物之间的关系进行论证，并经过反复的验证，我们才能说这些事件和它们之间的联系已经被解释清楚了。

3. 预测。理论可以指出未来将发生或可能发生的事。一个好的理论不仅可以帮助我们理解过去发生的事或现在发生的事，而且可以对未来事件作出判断。这并不意味着任何理论都能准确地预测未来，只是说它应该对未来的事物发展提供相关的命题。只有我们知道一个理论预测了什么，才能使用这个理论来指导生活。

在本章中我们将介绍六种家庭教育领域中的基础理论。

第一节　家庭系统理论

结婚十年来，每年结婚纪念日杰克都会送给简一束黄玫瑰。简今年收到玫瑰花时，说了声谢谢，便把玫瑰放在一边。杰克对简的反应有些失望，他在结婚前就认为简很喜欢玫瑰，简却说自己一直对玫瑰花过敏。简希望杰克能够更加了解自己，她多次暗示杰克自己不喜欢玫瑰，希望杰克变换一下礼物的花样，但处在婚姻平淡期的对方并未察觉。该案例说明了一些沟通系统的一般原理。杰克根据简婚前的行为推断出她喜欢玫瑰，并对此深信不疑。一方面，简认为杰克不够了解自己，但除非杰克询问简对于花的喜好，或者有机会观察到她对玫瑰过敏，否则他不会怀疑自己的推断，他改变自身想法的唯一原因是接收到了新的信息。另一方面，简认为自己提供了足够的非语言暗示提醒杰克她不喜欢玫瑰花，但是杰克对这些信息不敏感。

配偶双方处在相互联系的系统中，其中一方的行为是另一方采取行动的信息来源。这种由配偶之间的行为以及对行为所蕴含信息的感知构成了婚姻互动系统的概念。

一、理论的历史渊源

20 世纪之前，两种驱动因素构成了系统理论的基础。第一种驱动因素是斯宾塞（Spencer）的社会有机体论与社会进化论，他认为整个宇宙以相同的基本过程运作，这使他设想了一套通用于生物学、心理学和社会学的原则。斯宾塞的研究成果是当代“涌现”论的主要来源之一，即整体可能以“超过部分之和”的形式聚集在一起。第二种驱动因素是新兴的信息与自动化科学。随着测量信息流的方法不断发展，出现了新的控制和制导技术，第二次世界大战期间的技术发展促使人们将制导系统和信息流等领域结合起来进行研究，促进了控制论和信息论的一系列学术发展。战后另一种发展是詹姆斯·米勒（James Miller）等社会科学家于1954年成立了一般系统研究协会（Society for General Systems Research），系统理论开始获得家庭研究学者的特别关注。

系统理论在进入社会学等更为成熟的领域之前就已应用于家庭研究[①]。贝特森（Bateson）等人将家庭视作一个沟通系统，如果系统中发生双重束缚，家庭成员可能会出现精神分裂症[②]。精神分裂症是家庭系统病理学而非个体病理学的症状，这种认识产生了功能失调家庭等术语，但双重束缚假说缺乏实证的支持。然而，家庭治疗界仍然坚持将家庭视作一个系统，如坎托尔（Kantor）等人认为家庭是一个自我调节的系统，家庭成员可以控制彼此对意义、权力和情感的获取[③]。

系统理论家布克莱（Buckley）指出，非生命系统遵循热力学第二定律，表现出随机性增加的状态（熵），生命系统则趋向于增加有序性（负熵）[④]。普里戈金（Prigogine）等也认为生物系统与物理系统并不遵循相同的模式：进化遵从由简单到复杂、从“低级”到“高级”、从无差别结构到有差别结构的一般规律[⑤]。生物学家布鲁克斯（Brooks）指出，阐明分析层次能够在很大程度上解决生命系统与非生命系统之间的矛盾，在整体分析层次上看似“有组织的”（负熵）东西，在微观分析层面上可能是“随机的”[⑥]。该主张表明，在系统理论中，生命和非生命系统的划分并非特别清晰明确，这种谨慎促使我们提出一般性系统理论的概念和命题，而非仅适用于生命系统的概念和命题。

---

① Buckley, W. *Sociology and modern systems theory* [M]. Englewood Cliffs, NJ: Prentice Hall, 1967.

② Bateson G, Jackson D D, Haley J, et al. Toward a theory of schizophrenia [J]. *Behavioral science*, 1956, 1(4): 251-264.

③ Kantor, D., Lehr, W. *Inside the family:Toward a theory of family process* [M]. San Francisco, CA:Jossey-Bass, 1975.

④ 同①。

⑤ Prigogine, I., Stengers, I. *Order out of chaos* [M]. New York: Bantam, 1984.

⑥ Brooks, D., Wiley, E. *Evolution as entropy: Toward a unified theory of biology* [M]. Chicago, IL:University of Chicago Press, 1986.

二、理论重点与假设

（一）系统中各部分相互联系

系统中各部分是相互联系的。伯尔（Burr）等人指出，“系统中一个部分的变化会影响其他所有部分，该发现应该引起人们的广泛关注”[①]。该假设是一个基本的认识论陈述，它表明系统理论不涉及把原因 A 和结果 B 从发生的环境中分离出来。从这层意义上讲，该假设是关于系统理论生态效度和包容性的陈述。

（二）从整体上理解系统

我们必须从整体上考察系统，它与第一个假设具有相似的认识论功能。该假设在很大程度上源于生命论，比如，把一些动物（如草履虫）分成两半时，它们会进行复制，长出新的一半，显然这些动物“大于各部分之和”。有研究者认为社会群体（如家庭）是“有机组合体”，它并非个体的简单聚集[②]。

（三）系统行为与环境相互影响

系统的某些输出会成为该系统的输入（反馈）。反馈的概念是双重的：它既是一个概念，也是一种认识论假设。最简单的系统可能不包含直接反馈回路，但它与环境相互影响，从这个意义上说，所有系统都有某种形式的反馈。在家庭研究中，我们通常关注反馈类型，即一个系统的某些输出成为该系统的输入，反馈代表一种可以被指定和测量的特定类型的系统操作。

（四）“系统”是启发式的，而非真实的事物

系统理论不是现实，而是一种对现实的认识方式，是对于现实的一种

---

① Burr, W. R., Leigh, G., Day, R., Constantine, J. *Symbolic interaction and the family* [C]. New York: Free Press, 1979:Vols. 2:98.

② White, J. M. Not the sum of its parts [J]. *Journal of Family Issues*, 1984(5):515-518.

模拟。将一个对象定义为由子系统、输入和输出组成的系统，只是研究该对象的多个方法之一，系统模型是帮助我们理解世界的启发式方法。知识不是客观现实的图像，而是组织经验的一种特定方式[①]。如果我们把家庭系统看作具体事物，就会犯通常所说的具体化错误。

三、核心概念

（一）系统

霍耳（Hall）和费根（Fagan）将系统定义为一组对象以及对象与属性之间的关系[②]。我们以一种更易于理解的方式来描述系统，系统是一个可以区别于环境并影响环境的单元。这是一个“最简单”的定义，通常我们会在此基础上补充一些内容，比如，系统会与所处环境进行交换，系统有内部元素等。系统最主要的特征是，它可以从环境中分离出来并对环境产生影响，这种影响可能是系统需要环境中的能量作为输入，或者系统的输出能够影响环境。

（二）界限（Boundaries）

所有系统都有某种形式的界限，即系统与环境之间的边界，它影响环境与系统之间的信息和能量流动。界限可以根据系统对环境的渗透性进行衡量，现实中不存在完全封闭的系统，同时一个完全开放的系统也会失去大部分系统特性，因为该系统很难与环境区分开，系统大多介于二者之间，这意味着大多数系统可以根据对环境的渗透程度进行分类。因此，家庭通常居住在有门和墙的小块土地上，不同家庭对外界的开放程度和维护隐私的能力有所差别，这种“隐私”包括物质层面和象征性层面。

---

① von Glasersfeld, E. *Constructivism: Wissen ohneerkenntnis and Declaration of the American Society for Cybernetics* [M]. Center for Systems Research, University of Alberta, Canada, 1987.

② Hall, A., Fagan, R., Definition of systems [J]. *General Systems,* 1956, 1:18-28.

（三）转换规则（Rules of Transformation）

所有系统都有内部的转换规则，它代表系统中两个元素之间的关系，其主要功能之一是将来自环境的系统输入转换为系统输出。比如，家里半夜着火了，响起了烟雾警报，这个信息会转换为输出，即家庭会采取某种行动。如果家庭规定在听到烟雾警报时，他们要根据消防知识离开房子，那么他们可能就会得救；相反，如果家庭规则缺乏条理性，那么他们可能会陷入危险之中。

（四）反馈

反馈指某些系统输出作为输入返回到系统中的循环回路，包括正反馈（偏差扩大）和负反馈（偏差抑制），正反馈不同于心理学中的正强化，正强化使目标行为更有可能实现，正反馈则会降低目标实现的可能性。为了对反馈进行分类，我们需要识别过去的输出或系统目标。对于能够监控目标错误的高阶系统，反馈有助于错误纠正；在缺乏错误纠正或监控的低阶系统中，反馈难以帮助个体准确调节自身行为。在家庭中，我们主要关注目标导向系统，负反馈会抑制目标偏离，正反馈会扩大目标偏离。

（五）多样性

所有系统都有不同程度的多样性，主要指系统拥有资源以满足新的环境需求或适应变化的程度。拥有大量不同资源的系统更能适应动态变化的环境。一些系统可能缺乏适应变化所需的多样性，比如，一个有着严苛规则的家庭可能缺乏适应变化的灵活性和多样性，进而因为无法适应动态变化导致家庭系统破裂。

（六）平衡性

平衡性是指输入和输出的平衡，又称稳态，系统通过反馈和控制来保持动态平衡。家庭可以使用各种家庭资源来维持规则和平衡性，比如，一个准备去露营的家庭可能会购买睡袋，保证每个人即使身处户外仍可以在晚上 8：30 前睡觉。平衡态没有本质上的好与坏，它只是描述一段时间内系统保持平衡的方式。

（七）系统层次

系统是有层次的。一阶系统仅由环境输入组成，环境输入通过转换规则过滤并作为输出进入系统，缺乏控制或错误纠正的方法。反馈来自系统输出，它会影响环境，然后作为输入重新进入系统。高阶系统有一个比较器，用于监控输出并将输出与系统目标进行比较，如果比较器发现错误，它会纠正一阶转换规则。一个简单示例是恒温器，温度设置在 26℃的恒温器感应到环境温度为 20℃时，应打开炉子进行温度的校正。

（八）子系统

系统包含各种子系统。以家庭系统为例，它包括兄弟子系统、婚姻子系统和父子子系统。子系统是系统的一部分，需要单独分析它与系统和其他子系统的交换。有些系统特性，如控制系统，只能在具有两个子系统的系统中出现，一个子系统包含转换规则，另一个子系统负责比对输出与系统目标。比如，恒温系统可以分解为一个执行加热的子系统，包括熔炉和管道等元素，另一个子系统负责感知空气温度，并在温度不在目标参数内时打开加热器。子系统和系统一样，是理解和分析世界的一种方式。有许多方法可以将子系统和系统概念化，但没有一种方法是“正确的”。它们具有启发式的价值，但没有“本体论”的现实性。

四、理论命题

家庭系统理论家将家庭概念化为一个拥有控制子系统（比较器）的目标导向系统。布罗德里克（Broderick）和史密斯（Smith）称之为二级或控制论系统[①]，大多数学者认为家庭拥有两个及以上控制层次，例如：

一对夫妻育有一个 3 岁的女儿，他们对女儿严格执行晚上 7 点睡觉的

① Broderick, C., Smith, J. *The general systems approach to the family* [C]. New York: Free Press, 1979: 112-129.

家庭规则。当女儿因不想睡觉大发脾气时，父亲努力想把她哄睡。父亲首先通过增加惩罚级别来管理违规行为，他威胁女儿说如果再不冷静下来就要关门；愤怒一直在持续，直到父亲意识到他应该继续“遵守规则”，自己的做法正在使冲突升级，这无法保证女儿良好的睡眠；于是他把女儿抱在怀里，唱歌给她听，很快小女孩就睡着了。

案例体现了系统理论中多样性、目标和控制等概念。系统的初级规则是由“晚上 7 点睡觉”的一级目标设定的，这个目标是从“确保女儿良好睡眠”的高阶目标中推导出来的，该目标又来自“成为好父母”这一更高层次的目标。父亲试图纠正负反馈（源于初始规则晚上 7 点睡觉的错误），但他通过强制执行规则产生了正反馈，导致了更多错误。最后父亲改变控制级别，发现了问题所在。对于一个疲劳的孩子来说，发脾气是正反馈循环，打破这些循环的方法是减少对一级规则的执行，即保证孩子良好睡眠的方法是不强制执行晚上 7 点睡觉的初级规则。此外，如果父亲缺乏必要的多样性来改变自身行为，他会陷入女儿的正反馈循环中。

在结构分化的生命系统中，处理信息的通道越多，子系统之间的压力和紧张关系越少；家庭系统的适应性和生存能力与系统的多样性正相关，与系统的冲突和紧张关系负相关。但这些命题没有关注到父亲通过参照高阶目标重新评估并纠正自身行为的过程。因此布罗德里克建议将家庭目标组织成不同层次：高层次目标确定了低层次目标之间的优先级。

系统多样性与系统层次数量正相关。这解释了为什么父亲以一组目标为指导，并表明他如何通过将低层次目标和输出与保证女儿睡眠这一高阶系统目标进行比较，重新评估低层次目标的效用。

图 2-1 表示了简化的比较器或二级控制系统。该图中信息被表示为信号量，当环境信号（Ie_1）进入系统后，经过接收器（r）的转换函数，信号变成系统输入（I_s）而非环境输入（Ie_1）。系统输入经过转换规则后成为系统输出（O_s），直到被发送器函数（s）发送到环境（Oe_1）中。同时系统输出被发送到比较器，将系统目标（g）与输出进行比较。所举案例中的输出指父亲将惩罚升级，试图让女儿上床睡觉但适得其反。再从保证儿童良好睡眠的目标信号（g）中减去该输出值，比较器的正负结果就是所采取行为产生的误差（e），误差信息用于改正系统输入或转换规则。生

成的信息再由特定通道的发送器函数（s）进行转换，作为系统输出（Oe_1）进入环境。环境将系统输出（Oe_1）转换为另一个量（Ie_1），并重复该序列，处于非理性状态的孩子认为父亲的行为是让自己感到不安的另一个原因。系统的环境转换输出与环境中的其他系统信号和随机因素相结合，构成返回系统的环境输入的整体（Ie_1），该案例中没有包含很多其他的系统信号（如家庭访客）和随机干扰，大部分环境输入（Ie_1）来自女儿的大发脾气。

为使用图 2-1 解释高阶目标，我们必须增加一个联系，误差信号（e）成为包含高阶目标的更高级别比较器的输入。案例中的高阶目标是保证孩子的良好睡眠，一级转换规则是晚上 7 点睡觉。当更高级别的比较器将错误与目标进行比较时，它可能会发送一个错误信息，以改变低阶转换规则甚至低阶目标，这个过程被称为重新校准。

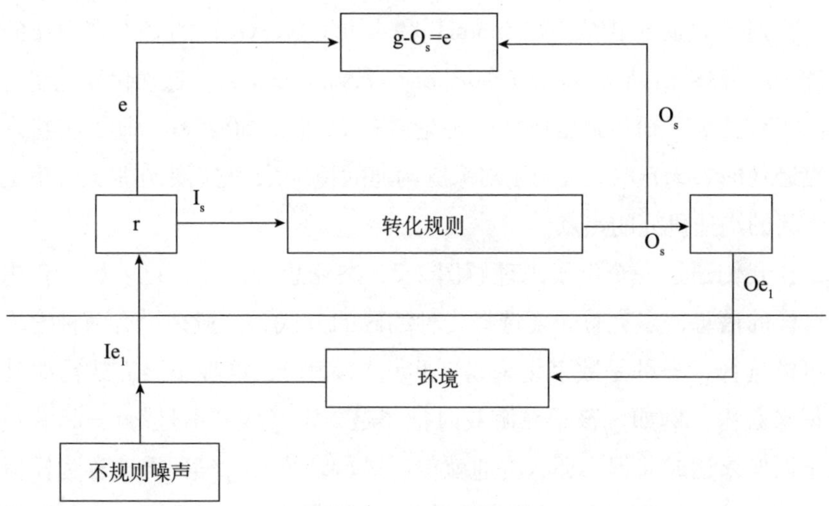

图 2-1 二级比较器系统

系统图示解决的是过程如何运作的问题，系统理论命题解决的是系统为何如此运作的问题。根据认识论，我们只需要知道如何操作，对于为什么的问题和因果关系的理解非常有限，将知识视为多种模式的建构主义观点符合操作主义认识论，这种建构主义认识论后来成为系统理论批评者的主要目标，他们认为系统理论只是一般模型而非一种理论。

五、理论的变体

以下主要介绍家庭系统理论的三个主要变体：一般系统理论、沟通理论与家庭过程理论。

（一）一般系统理论

布罗德里克和史密斯将家庭系统作为一个四级系统做了介绍分析。第一级具有一个环境反馈回路；第二级（控制论）具有用于错误检测和纠正的比较器；第三级（形态发生）具有更高级别的比较器，允许控制低层次的比较器；第四级（转换）是最高级别的目标系统[①]。更为详细的模型可能涵盖六个或七个层次。

（二）沟通理论

沟通理论源于山农（Shannon）和韦弗（Weaver）的著作《沟通的数学理论》（*The Mathematical Theory of Communication*），自动化和控制论领域的工作扩展了信号通信的数学理论。在 20 世纪 50 年代后期，贝特森和杰克逊（Jackson）等人提出了对家庭沟通的担忧[②]，它后来在很大程度上成为新兴的沟通研究的焦点。

让我们通过一个例子来理解图 2-2。杰克想告诉简自己爱她，若想传递这样的信息，杰克首先要选择一种编码的方式。一般来说有两种编码方式可供选择：一种是数字化编码（digital codes），这种编码方式需要基于共识来获得，例如，孩子在游戏时把“是”定义成“不是”，一起游戏的孩子们如果达成共识，那么沟通就得以进行。另一种编码方式称为模拟编码（analog codes），模拟编码与代表的对象或想法之间具有一定程度的同构性或相似性，例如，“苹果的图片”是一个真实苹果的模拟代码。

---

① Broderick, C., Smith, J. *The general systems approach to the family* [C]. New York: Free Press, 1979: 112-129.

② Bateson G, Jackson D D, Haley J, et al. Toward a theory of schizophrenia [J]. *Behavioral science*, 1956, 1(4): 251-264.

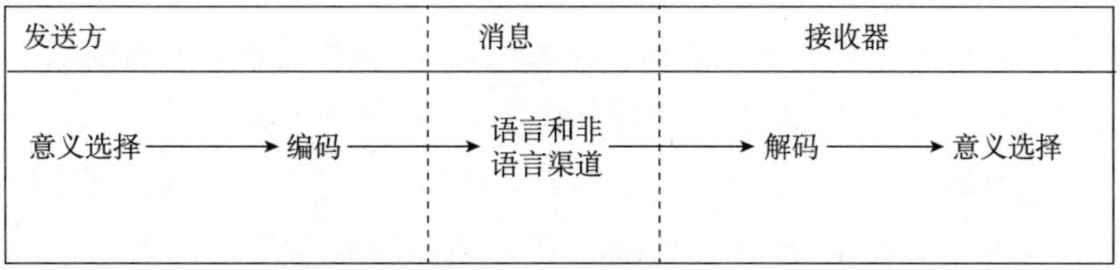

图 2-2　发送器—接收器沟通模型

回到上面的例子，如果杰克选择了数字化编码，它将携带非常准确的信息，但可能不会携带太多的情感。如果杰克是一个有效的沟通者，他会选择更富有情感的模拟编码，或者两种编码模式的组合。编码类型直接影响信息通道的选择。非语言通道最适合模拟编码，口头和书面渠道最适合数字编码。如果杰克给简写信说“我爱你”，他可能会使用隐喻等技巧进行修饰或者利用贺卡进行精美包装。如果杰克与简面对面的话，他可能会同时使用非语言和语言通道上的模拟和数字编码的组合。多元的沟通模式不仅可以携带情感和认知维度的信息，而且能够提供一定的信息冗余，如果噪声干扰了一个信息通道，信息仍可以通过另一个通道进行传递。比如，杰克拥抱着简，深情注视着简的眼睛，即使室外的噪声淹没了杰克说“我爱你”的声音，但是简仍然可以感知到这份爱意，没有导致信息的遗失。

简作为信息的接收者，必须以杰克编码信息的方式解码信息。解码错误的例子是，杰克本想让眼睛凝视带有“爱”的效果，简却解码为有东西进了杰克眼睛里，想寻求帮助。一旦解码发生，简必须在所有可能的“含义”中进行选择。婚姻互动中这种解码的能力非常重要，有研究发现，一个令人不满意的丈夫通常对妻子非语言信息的解读能力很差。

（三）家庭过程理论

家庭过程理论与实践者和治疗师联系紧密。贝特森和杰克逊等学者重点关注了精神分裂症的治疗，他们除了实践上的贡献以外，其理论贡献也不容忽视。

家庭过程系统致力于维持家庭内部以及家庭与环境之间的社会和空间

关系：在家庭中，必须管理两人组之间的社会和空间关系，保护个体免受彼此需求的影响，并使个体间相互联系；家庭与环境之间存在着交换，这些交换既保持家庭系统边界，又把家庭与外部系统联系起来。

波士（Boss）探索了家庭系统边界的模糊性，其研究将系统理论与家庭压力相联系。在系统理论中，家庭的压力可能是随机的或情境诱导的，而在发展理论中压力总是与基于社会的生活过程预期有关（比如先成家后立业的传统观念）。但是许多家庭过程理论家仅仅关注精神病理学的治疗，他们强调理论的实际应用和理论对治疗的"有效性"。所以他们构建的理论更多的是家庭治疗的理论而不是家庭的理论。

六、理论的应用

（一）环状模型（circumplex model）

奥尔森（Olson）开发了家庭系统环状模型。奥尔森通过研究确定了家庭功能的三个维度：亲密度、灵活性（适应性）和沟通[①]。亲密度和灵活性构成了该模型的基础，每个维度包括五个水平，位于 x 轴上的亲密度水平依次为不亲密、有些亲密、亲密、非常亲密和过度亲密；灵活性维度位于 y 轴上，也依次划分为五个水平。这两个维度的交集创建了 25 个家庭类型，处于中间的 9 个类型为"平衡型"，最极端的 4 个角表示"不平衡型"，其余 12 个类型为"中间型"。亲密度评估家庭表现出的身体和情感亲密程度；灵活性衡量家庭调整并适应不同角色和不断变化的家庭规范的能力；沟通维度促进了跨时间的变化。相较于建立理想型家庭，环状模型侧重避免极端家庭行为。奥尔森提出的假设是，平衡的亲密度和灵活性水平最有利于健康的家庭功能；相反，水平过低或过高则可能导致家庭功能问题[②]。

---

① Olson, D. H., Sprenkle, D. H., Russell, C. S. Circumplex model of marital and family systems: I. Cohesion and adaptability dimensions, family types, and clinical applications [J]. *Family Process*, 1979, 18:3-28.

② Olson, D. Faces IV and the circumplex model: Validation study [J]. *Journal of Marital and Family Therapy*, 2011, 37(1):64-80.

奥尔森的环状模型将研究与实践相结合，依据该模型开发了一个广泛使用的家庭系统方法应用程序。该程序使用环状模型帮助夫妻探索关系的强度和可成长的领域，通过强化倾听和冲突解决的培训来加强沟通技能。研究结果表明，该模型能够准确预测不良的夫妻关系，并且该模型已被证明能够适应文化差异[①]。

（二）家庭调节与适应性反应模型（The family adjustment and adaptation response model, FAAR）

麦库宾（McCubbin）和帕特森（Patterson）将反馈的概念融入希尔（Hill）的ABC-X模型中，提出了双重ABC-X模型[②③]。该模型包含多层次的分析水平，包含个人、家庭和社会等不同水平，它假设家庭经历了一个调整、危机和适应的周期性过程，周期性模型通常假设从一个阶段到下一阶段呈线性进展，但麦库宾和帕特森认为，家庭在成功应对压力源之前，可能会出现停滞或倒退的情况。家庭调节与适应性反应模型（FAAR）将家庭压力的关注点从家庭弱点转移到家庭优势，也正是这种转变让家庭互动成为家庭健康发展的基础[④]。

抗逆力模型（resiliency model of family stress）是FAAR模型的进一步发展[⑤]。家庭抗逆力的概念源于从关注家庭功能失调的消极方面转变为关注健康家庭功能的积极方面，积极的应对技能有助于缓冲变化和压力的负面影响，利于家庭健康的适应和调整。沃希（Walsh）开发了一种使家庭压力可操作化的工具，沃希家庭压力问卷包括信念系统、组织过程和沟通过程三个维度：信念系统衡量家庭对逆境的理解方式、对生活的积极态度以

---

① Asai, S. G., Olson, D. H. Culturally sensitive adaptation of prepare with Japanese premarital couples [J]. *Journal of Marital Family Therapy*, 2004, 30:411-426.

② McCubbin, H. I., Patterson, J. M. *Family stress, coping, and social support* [C]. Springfield, IL: Thomas, 1982: 26-47.

③ McCubbin, H. I., Patterson, J. M. The family stress process: The double ABC-X model of adjustment and adaptation [J]. *Marriage & Family Review*, 1983(6): 7-37.

④ Patterson, J. M. Integrating family resilience and family stress theory [J]. *Journal of Marriage and Family*, 2002, 64:349-360.

⑤ McCubbin, M. A., H. I. *Families coping with illness: The resiliency model of family stress, adjustment, and adaptation* [C]. New York: Mosby, 1993.

及家庭追求卓越的方式；组织过程衡量家庭灵活性、联结性以及社会和金融资本水平；沟通过程涉及沟通的清晰性、情感表达和问题解决方法[①]。

系统理论是一个广泛的概念，它以多种方式被概念化和操作化。家庭系统理论已被用于研究家庭和婚姻沟通以及压力与抗逆力，它将继续用于指导各学科研究。最近，它被应用于与癌症患者家庭的沟通研究以及家庭在重症护理中的作用[②]。

七、批判与讨论

关于系统理论最尖锐的批判在于，它实际上是一种“模型”或“流程图方法”，而不是一种理论。批判者指出，即使是系统理论中的概念，也不是理论性的，缺乏真正的实质性内容。批判者认为，使用数学模型的系统方法并不能成功地提供预测，这种预测不是指基于过去的记录，而是从一组实质性的理论命题中推导出结果，他们认为，几乎不存在可以推断婚姻结果的理论命题。

系统理论家认为，只有在人们对科学如何运作采取特定观点的情况下，对系统方法是一种模型的指控才成立。而根据建构主义立场，不同模型可能作用于不同目的。即使是解释相同现象的模型也可能阐明不同的方面，就像盲人摸象，没有一个描述是对整个大象的准确描述，但所有描述都是真实的。

第二种批判认为，系统理论过于笼统和抽象而没有多大意义。批判者声称，当系统理论应用于具体的实际情况时，其概念的普遍性会掩盖一些重要的区别。

系统理论家认为，在不同的情境中应用一般想法总是比应用特定想法更容易。特定学科的概念和理论无疑很重要，但能够适应不同环境的唯一方法是使用一组共同的、一般性的概念，这将有助于我们看到不同过程的联系和相似性。

---

① Walsh, F. *Strengthening family resilience (3rd ed)* [M]. New York: Guilford, 2016.

② Harris, J. N., Hay, J., Kuniyuki, A., et al. Using a family systems approach to investigate cancer risk communication within melanoma families [J]. *Psycho-Oncology*, 2010, 19:1102-1111.

第三种批判是，家庭系统理论家倾向于将系统的概念具体化，这种批评主要指向家庭过程理论。那些声称应用系统理论的家庭治疗师，简单地把家庭称为一个由相互关联的部分或相互作用的个体组成的系统，以下引文提供了一个案例，说明临床医生、学者和从业者如何陷入具体化和道德主义的困境中：

> 在回顾各种让家庭系统良好运作的尝试时，我惊讶于临床医生花费大量精力让家庭按照他们认为好的家庭系统应该运作的方式进行运作，即通过建立共同目标并监测目标的进展。简而言之，这些临床医生尽其所能，使家庭更具有可控制性[①]。

系统理论家提出的反驳是，具体化与建构主义认识论完全不一致，根据建构主义认识论，系统模型不是现实的模型，而是用于不同目的的启发式方法。与传统理论方法相比，建构主义认识论更能防止具体化的滥用。

八、结论

家庭系统理论在家庭研究的两个领域中是有价值的。一是家庭治疗领域，系统理论在指导干预和解释个人及其家庭之间的复杂关系方面是一个有用的隐喻。二是婚姻和家庭的沟通与互动：沟通理论是系统理论的一种形式，已被证明是家庭科学研究最有效的方法之一。

系统理论在家庭研究领域的前景如何？特德·特纳（Ted Turner）对此持悲观态度，他认为系统理论的概念和模型与社会现象不相符，例如，采用决策理论、博弈论、信息论等类似精确概念的努力从未被证明是有用的[②]。家庭研究学者持不同意见，认为系统理论具有重要的指导意义。虽然存在分歧，但是不能否认系统理论确实为家庭研究提供了新的视角，在家庭的各个领域都难以忽视系统理论的影响。

---

① Broderick, C. *Understanding family process* [M]. Newbury Park, CA: Sage, 1993.

② Ted Turner, J. *The structure of sociological theory (5th ed.)* [M]. Belmont, CA: Wadsworth, 1991.

第二节　符号互动理论

妮可、迈克尔和他们十几岁的儿子詹姆斯参加了一项关于家庭的调查，调查员金要求每个家庭成员独立填写一份调查问卷。完成后，金浏览了一下他们的问卷，然后惊呼："天哪，你们介意和我讨论一下吗？你们对于家庭是否传统的观点不太一样。"

问卷显示，詹姆斯和妮可认为他们的家庭相当传统，迈克尔则反之。妮可之所以认为家庭传统，是因为她比丈夫做的家务多。迈克尔认为他们的家庭并不传统，因为他的妻子赚的钱比他多。詹姆斯认为他们的家庭相当传统，是因为他的父母都没有离婚。最后，迈克尔问调查员金，调查中"传统"的含义是什么。在了解"传统"的含义后，金问他们是否会改变之前的答案，三名家庭成员都给予了肯定的回答，因为他们在调查中理解的"传统"的含义与他们在调查前所理解的"传统"含义是不同的。

当代社会科学在群体研究中（如家庭研究、社会科学研究）非常关注人的行为。在一个社会甚至在一个家庭中，个体的理解方式不同。例如，研究人员通常假设所有的受访者对于问卷上问题的理解是相同的，答案的差异应该是由受访者行为的不同，而不是对问题的理解不同所引起的。如果我们问一对夫妻在过去的一周吵了几次架，我们会假定他们把同一件事情标记为争吵。然而，即使夫妻双方吵架时都在场，我们也会发现他们的计数有所不同。由此得出结论：由于夫妻双方对争吵缘由的理解不同，或者是夫妻双方对争吵的记忆不同，又或是两者兼而有之，导致了计数结果的不同。从更广泛的角度来看理解的多样性，受访者的思维方式存在差异，他们的家庭情况、家庭成员的受教育水平和能力都是不同的。也许他们的回答不是基于对同一问题的不同反应，而是基于对同一问题的不同理解，那么，我们又怎么能假设他们会以同样的方式解释和理解我们的问题呢？符号互动理论，比任何其他的家庭理论，都更加呼吁关注事件和事情是如何被社会行动者解释和理解的。

社会科学家把人类行为事件划分为研究人格（心理学）、文化（语言学和人类学）和社会行为（社会学、经济学、家庭研究和政治学），这些划分都基于一个假设：文化是由共同的符号和象征组成的，行动者从这些符号和象征中构建出文化中的意义。许多社会科学家认为文化中的符号和标志的意义是相对统一的，所以受访者对于问卷中出现的词语理解是相同的。但部分社会科学家认为，除非我们知道情境和刺激对行动者有什么意义，否则我们无法理解行动者的反应（包括回答问卷）。从广义上讲，这些社会科学家认为，要理解社会行为，研究者必须理解行动者赋予情境和行动的意义。

一、理论的历史渊源

毫无疑问，对20世纪社会科学思维影响最大的是达尔文。达尔文提供了一种具体的、以生物学为基础的研究方法，与当时欧洲哲学界盛行的抽象的唯心主义形成了鲜明对比[①]。对北美的知识分子来说，达尔文这种更具体的方法强调了生物对环境的适应。三位北美学者的思想后来被纳入了符号互动主义，查尔斯·皮尔斯（Charles Pierce）发展了符号和象征理论，威廉·詹姆斯（William James）发展了自我与环境的概念，约翰·杜威（John Dewey）提出了心智概念[②]。正如《心灵、自我和社会》(*Mind, Self, and Society*）的序言中指出的那样，实用主义者认为科学和哲学之间没有明显的区别或冲突。这些学者代表了实用主义哲学流派的基础，符号互动理论由此产生[③]。

实用主义哲学家们认为知识并非中立，而是与人们的价值判断有关——人们根据有用性来判断知识的真假；世界并非直接展现在人们眼

① Darwin, C. *The descent of man* [M]. New York: D. Appleton, 1880.

② Dewey, J. *Experience and nature* [M]. LaSalle, IL: Open Court, 1925.

③ Mead, G. H. *Mind, Self, and Society (C. Morris, Introduction and Ed.)* [C]. Chicago, IL: University of Chicago Press, 1934.

前，而是人们根据自己的偏好和需要来建构的；人们也并非被动地对环境作出反应，而是根据自己的理解对环境作出判断和反应。实用主义哲学突出了人们的选择性与能动性。

20 世纪 20 年代的社会科学思维，奠定了符号互动理论的哲学基础。库利（Cooley）将威廉 · 詹姆斯关于自我的观点延伸为具体的社会科学概念——镜像自我，这一概念将我们反思自己的行为概念化为自我的一部分，并被纳入米德（Mead）的自我概念中[①]。尽管早期有这些重要思想的影响，但实际上米德的思想被大多数学者认为是符号互动理论的开端。米德的核心思想是，通过共享一套相同的符号，人类可以适应环境并生存下来。他对婴儿在社会中的适应性和学习常规惯习的过程特别感兴趣。

人类有能力在精神上形成固定的关联。例如，当事件 A 与事件 B 相关联时，我们可以说 A 是 B 的标志。因此，烟是火的标志，P 是停车的标志。标志是发展符号的必要成分，也可以说符号是约定俗成的任何标志。符号互动主义提出一个重要问题：我们是如何就（惯例）符号达成一致，从而把符号应用到日常生活的语言中去的呢？像“妈妈”这样的词代表着我们生命中某个特定的人，你和其他人对妈妈一词的理解都是相同的。

为了理解某个术语在社会语境中的含义，符号互动论者更为关注复杂的符号系统是如何被共享的。事实上，为了进行交流，符号必须被大家共享或认可。因此，米德和许多其他互动论者关注的焦点是初学者获得社会符号系统的过程。

文化中的符号内容是不断变化的。在语言领域，一些词汇被语言系统所舍弃，而一些新的词汇随之产生并广泛使用。此外，旧的单词和符号也会产生新的含义，比如在美国，# 不仅表示数字或井号，更常用于推特（Twitter）的话题标签。为了形成一致的惯例，符号系统必须是相对稳定的，但它有时候也会在一定的规则内产生变化。正如乔姆斯基（Chomsky）和其他语言学家指出的那样，理解符号系统及其意义的一个关键因素是，该系统的用户允许根据规则或句法生成新的有意义的语句。符号互动主义者注重个体与环境和其他人的互动来构建意义的过程。事实上，人类符号

① Cooley, C. H. *Human nature and the social order* [M]. New York: Scribner's, 1902.

系统大都是复杂的，以至于能够在特定背景和环境中产生新的意义。

符号互动论主要关注意义的获得和生成。在家庭和其他社会群体的相关研究中，我们假设行动者的思考方式和行为取决于他们对行动和背景的意义的认识。例如，一个3岁的孩子可能对某个特定的玩具娃娃不感兴趣，但当其兄弟姐妹玩这个娃娃时，孩子可能会对娃娃产生兴趣，两个兄弟姐妹之间的互动赋予了玩具娃娃新的互动和情境意义。

家庭中存在着密集的互动，也是创造和验证意义的关键场所。儿童对于事物意义的理解，通常是从其父母和其他家庭成员那里获得的，同样，父母在幼时也从长辈那里了解了事物的意义，因此，我们的语言至少有一部分是代代相传的。因此，无论是家庭内部还是家庭外部的有效关系，都依赖于培养一种可以共享的文化。

二、理论重点和假设

（一）人类行为的意义必须由参与者来理解

符号互动主义认为人类是通过符号而生活的，他们认为我们生活的世界具有象征性。语言构成了我们感知和思考的方式，像电脑和汽车这样的实物，不仅具有功能性（效用），而且在美学、宗教和社会上还具有象征意义。人类生活在一个象征性的世界里，我们的行为既具有物理意义又具有象征意义。例如，当描述一个人在森林里砍树时，如果没有提到行动者为什么砍树，那么你无法理解他的砍树行为（例如，他是伐木工人，或者他想得到一棵圣诞树，再或者他是一个破坏者）。要理解行为，我们必须理解行为对行动者的意义。

（二）行动者定义情境

如果人类生活在象征性的世界中，那么他会发现周围环境也将具有象征性。托马斯的格言——人类所定义为真实的东西会产生真实的后果，有助于我们理解这个假设。想象一下，一个酩酊大醉的人幻想着一群粉红色的大象朝他冲过去，这个人就会开始沿着街道奔跑以躲避幻觉中的大象。

不管现实生活中有没有大象，大醉的人已经认为当前的情况很危险，这有利于我们理解这个人为什么会跑到街上。我们定义情境的方式，能影响我们定义的问题，以及我们采取的行动和解决方案。

（三）社会优先于个人

符号互动论者假设人类生活在用头脑操纵和解释的符号世界中。那么这一切是从何时开始的呢？这一问题可能没有答案，因为习得符号是一个渐进的过程，没有特定的时间点。符号、社会组织或心智之间的关联十分密切。没有符号我们就无法概念化，而符号是共享的，因此，社会符号的概念化必须先于个人。要想理解米德的心智概念，最重要的一点是认识到个体的心智形成是社会的结果，而非个人的。

三、核心概念

（一）自我和心灵（Self and Mind）

米德认为人的自我不是一个固定结构，而是一个过程，可以分为主体我和客体我两个方面。主体我是自由的、主动的，它按照自己的意愿行事，主动地采取行动，对他人和社会产生一定的影响。客体我则不具有主动性，它被动地承受环境的影响，按照普遍化他者的要求行事。客体我扮演“他者的角色”，扮演他人角色的概念直接类似于库利所说的“镜中我”[①]。米德将这一概念从一个特定他者（比如，我父亲会如何看待我的行为？）扩展到“一般化的他者”（社会上的其他人会如何看待我的行为？）。因此，自我是由“我眼中的我”和“他人眼中的我”两个角度构建起来的。

（二）社会化（Socialization）

社会化是我们获得文化符号、信念和态度的过程，虽然社会化的概念

① Cooley, C. H. *Human nature and the social order* [M]. New York: Scribner’s, 1902.

是符号互动的核心，但是米德并没有把社会化仅仅当作一个概念。相反，米德把它说成是社会符号输入头脑的过程，作为“一般化他者”的一部分：“心灵只不过是将这个外部过程输入到个人的行为中，以解决产生的问题。”[①]对儿童来说，社会化的过程分为两个阶段。首先是扮演（play）阶段，儿童在游戏中扮演警察或母亲等角色。扮演阶段融合了米德扮演他人角色的理念。第二阶段是游戏（game）阶段，在游戏阶段中，儿童必须能够通过一般化他者将自己融入一个有组织的活动中。

正如米德所说，参与游戏的儿童要准备好接受游戏中其他人的态度，因此，扮演阶段有助于学习角色扮演；而游戏阶段则有助于完成更复杂的任务，即学习支配游戏中所有社会角色的规则，游戏阶段与我们成年后在社会中进行的社交活动最为相似。

（三）角色（Role）

角色的概念虽然不是源于符号互动主义，但它是符号互动主义中最基本的概念之一。这也是最难解释的概念，因为米德在他的作品把它的定义看成是不言自明的，因此并未给出过多的解释[②]。也许在米德的一个脚注中能够找到最接近角色的定义，他认为社会智能取决于个体在特定的社会情境中扮演与他有关联的他人角色或者“设身处地”的能力。扮演角色就是把自己放在演员的位置上，它包括演员应遵循的规则。这些提法的粗略性和定义的不明确性，后来引起了符号互动学家激烈的争论。

角色概念的维度划分对解释家庭现象具有重要意义。通常我们假设角色具有以下两个特征：一方面是角色的行为规则，那么我们就可以看到规则是如何为处于该位置的人提供期望的。例如，在捉迷藏游戏中，游戏的规则是闭上眼睛，在别人藏起来的时候数到10。如果没有做到这一点，那么就没有按照别人的期望完成这个角色。请注意，其他人的行为是基于对其行为的预期。因此，角色的一个重要维度是行动者和他人对角色表现的期望。

---

① Mead, G. H. *Mind, Self, and Society (C. Morris, Introduction and Ed.)* [C]. Chicago, IL: University of Chicago Press, 1934.

② 同①。

另一方面是角色期望的清晰性。如果行动者和他人没有共同的期望，行动者就不可能完成角色期望的行为，其他人也不知道他们要如何配合行动者。回到捉迷藏的游戏中，如果只数到 5，而其他人希望数到更大的数字，游戏就不能继续。

角色紧张和角色超载是角色的额外维度。角色紧张是指演员没有足够的精力来扮演一个或多个角色。当有多个角色时，不同角色之间的期望值的积累会很大，从而造成角色超载。角色紧张的必然结果是一个角色的期望与另一个角色的期望矛盾或冲突。这种冲突通常会产生角色紧张，因为演员不能同时扮演相反的角色。

（四）情境定义（Definition of the Situation）

情境定义的概念起源于托马斯[①]。情境定义引用了这样一条格言：我们定义为真实的事物将产生真实的后果，这使符号互动主义者对感知在行为形成中的作用十分关注。然而，米德似乎对以感知为导向、忽视人类在解决问题中与环境的互动持谨慎态度。他说“思考的过程在有机体内反复进行”，然而如果假设所有思想都存在于生物体中，或者可以放在头脑中，那就错了。一种食物的价值或危险性在于食物本身，而不是我们的头脑。

（五）镜中自我（Identity）

镜中自我最早由库利在 1902 年发表的《人类本性与社会秩序》一书中提出，他认为人的自我是一种社会产物，它形成于社会中人与人之间的互动过程中，与指向他人和指向自己的态度有关。库利写道：“社会性参照在一定程度上是明确的自我想象……想象特定他人对自己的印象，人的这种自我感觉源于对他人意识的理解。”这种社会自我可以被称为反射的自我或镜中自我：“每个人都是一面镜子 / 反射着从旁边路过的人。”

---

① Thomas, W. I., Thomas, D. S. *The child in America: Behavior problems and programs* [M]. New York: Knopf, 1928.

四、理论命题

许多学者在研究家庭关系时都运用了符号互动主义方法。在此，我们讨论几个对理解家庭关系最有利的命题。

（一）个体在角色扮演中的质量越好，自我对角色满意程度越高

虽然我们认为在婚姻等关系中的满意度是由对方决定的，但这个命题指出，当一个人（自我）在关系中对自我所做出的角色工作满意时，他或她在关系中的满意度会更高。例如，当妻子觉得自己在妻子这个角色上做得很好时，她会对自己的婚姻感到更满意。

（二）角色期望的清晰度越高，角色扮演的质量越高

角色被定义为依附于社会结构中特定位置的规范性期望。例如，母亲的角色是由社会规范来定义的。对任何一个处于母亲位置的人来说，这些定义越清晰，个体就越容易以一种社会可接受的方式扮演这个角色。很明显，当社会对母亲角色期望不明确，而这种不明确的期望又会通过社会化传递给母亲时，那么就会导致母亲角色模糊，其结果是年轻母亲对自身的角色定位产生偏差。例如，多年前，社会对婴儿的母乳喂养并不像今天这样被重视。现在对母乳喂养的规范性期望越来越强、越来越清晰，形成了母亲的角色期望。

（三）个体对他们所扮演的角色期望的共识越多，他们的角色压力就越小

米德认为所有的社会符号都是共识的结果。如果一个人察觉到社会对某一规范或期望有共识，那么作为行为指令就会更清晰。正如我们在第二个命题中所看到的，这种明确规定使得行动者产生相应行为。因此，如果一位年轻的母亲认为社会上有广泛的共识，认为母亲应该母乳喂养婴儿，她就不会觉得这种期望是模糊的。模糊的角色导致人们对规定是什么，以及他们是否能满足这些规定感到不确定。这就是角色紧张的体验。伯尔和利（Leigh）将角色紧张定义为当一个人难以满足角色的期望时产生的感觉

压力[①]。

当一个人扮演多种角色时，就会面临多种期望[②]。相互矛盾的期望会导致不同角色之间的冲突。例如，一个有孩子的职业女性会觉得，在卫生保健专家群体中，有一种共识是喜欢给婴儿喝母乳。在同事中，她可能会觉得也有一种共识，即在办公室里喂奶是不合适的，意味着对工作不负责任。对于此类职业女性，就可能没有达成不同角色之间的共识。有些人支持同事的观点，有些人支持卫生保健专家的观点。相反，全职妈妈（没有角色多样化）所产生共识的可能性则更大。

五、理论变体

米德去世后，符号互动理论产生了两大思想流派。其中一个被称为爱荷华学派，以库恩（Kuhn）为代表。另一个被称为芝加哥学派，以布卢默尔（Blumer）为代表。

与芝加哥学派相比，爱荷华学派在理论中假设了更多的结构和规范的因果关系，理论中包含较少的互动性因素。许多当代家庭学者没有时间去研究库恩和布卢默尔提出的形而上学问题，相反，今天的许多家庭学者已经回到符号互动理论的实用主义根源。区分符号互动主义者的一个核心问题是，人们之间的互动是（A）社会结构期望的产物，还是（B）每一次互动的参与者创造和协商的产物。我们以这个问题为主题，探讨符号互动主义三个变体的独特贡献。符号互动理论在家庭研究中有三个关联度较高的变体，我们将它们分别定义为结构性取向、互动式取向和微观互动取向。

（一）结构性取向（Structural Approach）

尽管许多家庭学者都认同这种取向，但最受到推崇的是斯特赖克

① Burr, W. R., Leigh, G., Day, R., Constantine, J. *Symbolic interaction and the family* [C]. New York: Free Press, 1979:Vols. 2:42-111.

② 同①。

(Stryker)[①]。这一取向中的三个最基本的概念是位置（position）、规范（norm）和角色（role）。一个位置被认为嵌入在一个相互关联的社会网络中。每个位置都有相关的社会规范或期望。比如，在我们的社会中，母亲这一角色被社会赋予了“养育性”期望。

一个人可以在任何时间或一生中担任多个角色。例如，年轻的母亲也可能是一名教师。结构主义者的许多研究重点都源于这样一个事实：一个人在同一时间要扮演多种角色，因此会面临角色压力和角色冲突。

结构主义者认为，角色的剧本是由社会传递给演员的，而社会是优先于个人的。根据这种观点，尽管几十年来都在讨论夫妻双方平等参与家务劳动，但家务劳动在很大程度上仍然是妻子来承担，因为这种规范深深植根于社会结构中，不受个体行动者一时冲动的强烈影响。

结构主义的观点受到了一些严厉的批评，特别是来自符号互动理论中“互动派”的批评。在这些批评中，最重要的是结构视角提供了一种决定论的观点，即人类是被注入社会系统的模具中的。这种“过度社会化”的自我几乎不能适应或改变环境。在结构符号互动的视角中，米德和杜威强调的人类主动解决问题和适应的天性似乎丢失了。因此，交互主义者指责结构主义者所支持的社会变革充其量是缓慢而无趣的。

（二）互动式取向（Interactional Approach）

符号互动的变体以特纳为代表。特纳关注的是个体家庭。他的工作不关注家庭或文化的总体模式，而专注于家庭作为一个小团体的模式化过程。特纳认为，社会结构和文化为行为提供了一个宽泛的轮廓，而不是将社会结构视为铁板一块的整体。个人不能简单地扮演一个定义明确的角色，而需要通过与他人和环境的互动来建构角色。每个人都能自由建构自己的角色，并将这些角色传递给他人。因此，他强调了结构主义者所忽视的角色的创造性。结构主义者强调人类是如何被他们的文化和社会所建构的，而交互主义者则强调文化和社会是如何被互动的参与者所创造的。

---

① Stryker, S. *The interactional and situational approaches* [C]. Chicago, IL:Rand McNally, 1964:125-170.

（三）微观互动取向（Microinteractional Approach）

微互动视角与其说是一个连贯的学派，不如说是集中在个人和自我上的互动主义的延伸。这种方法的主要创始人是戈夫曼（Goffman）。在戈夫曼的第一部作品《日常生活中的自我呈现》（*Presentation of Self in Everyday Life*）中，他阐述了戏剧隐喻作为他研究方法的中心[①]。

虽然戈夫曼没有直接将他的工作应用到家庭中，但他依然是影响研究家庭微观过程的家庭学者，例如，拉罗萨（LaRossa）研究了父母的角色过渡并发现，与母亲相比，父亲有更多可用的社交身份，成为不照顾孩子的借口[②]。

六、理论的应用

符号互动论很适合研究家庭与职业的平衡问题，对职场中父母的研究提出了两个简单的概念假设。一种观点被称为增强理论。增强理论是基于这样的假设：多重角色会导致某一个特定角色中的表现增强，并降低角色压力。多重角色可以让人获得更多的技能、经验和应对策略。这些技能可以让一个人从一个角色转移到另一个角色，从而提高胜任角色的能力。当人们在角色中获得更多的能力时，角色紧张就会减少。另一种观点称为角色超载，该命题指出“角色多样化与角色压力呈现正相关”。这一理论基于这样的假设：一个人扮演的角色越多，压力就越大。

这一领域主要的发现是，母亲是否感到工作压力与她报告的幸福感和其他家庭成员报告的幸福感以及工作、家庭和孩子特征有关，而父亲的角色压力只与家庭特征有关。拉德克利夫（Radcliffe）和卡塞尔（Cassell）发现，女性往往有更灵活的工作时间和环境，这使得她们承担起“组织者”的角色，并承担起平衡工作和家庭的主要责任，在这种情况下，她们的丈夫几乎没有角色压力。然而，当男性拥有更大的工作灵活性时，妻子并

① Goffman, E. *The Presentation of Self in Everyday Life* [M]. New York:Doubleday, 1959.

② LaRossa, R., LaRossa, M. *Transition to parenthood: How infants change families* [C]. Beverly Hills, CA: Sage, 1981.

没有免受角色压力的影响，仍然会意识到自己的工作与照顾家庭有冲突[①]。

沃伊丹诺夫（Voydanoff）提出，在研究职场和父母角色之间的关系时，采用更多的过程性和动态性方法是有必要的。她认为，家庭可以改变工作和家庭角色之间的关系，而且这些关系会随着时间的推移而变化。例如，当孩子对成人的需求很大时，往往会对父母的职业造成压力。当孩子变得更加自给自足时，对父母的职业就会产生积极影响。因此，沃伊丹诺夫认为时间维度应该被纳入。

由于父亲和养家糊口的责任之间的历史联系，父亲们也可能经历工作和父亲角色之间所特有的紧张关系。社会对于父亲的期望也一直在提高，包括对养育和亲密行为的期望，这往往与成为一个经济提供者的目标相冲突。这种社会期望变化在父亲作为一个主要的经济提供者的同时又赋予其额外的角色和责任。在许多双职工家庭中，减轻一个家庭成员的压力可能只是将其转移给另一个家庭成员。

七、批判与讨论

符号互动主义虽然在家庭研究者中颇受欢迎，但也不乏批评者。符号互动主义在结构性和互动性观点上一直存在争议，但随着时间的推移和学术的进步，我们相信这些流派之间的一些差异不能对符号互动理论产生有效的批评。社会行为是由社会结构规范创造的还是由角色之间的相互作用创造的？当代互动理论家已经开始在他们的理论中更多地包括了宏观结构元素，而宏观理论家见证了相对较新的社会结构互动的出现，比如同居。对大多数学者来说，每个社会中都有一些明确的规范和角色，因此角色的形成只能在小范围进行。还有许多其他的角色和规范没有明确的界定（例如，祖父母的角色、岳母的角色），这为个人创造角色提供了自由的空间。因此，我们认为这两种观点对于社会行为分析都是有效的和必要的补充。这场争论的两个主要论点是，结构主义者提出了一种过度社会化的人类概

① Radcliffe, L. S., Cassell, C. Flexible working, work-family conflict, and maternal gatekeeping: The daily experiences of dual-earner couples [J]. *Journal of Occupational and Organizational Psychology*, 2015, 88:835-855.

念，而交互主义者高估了行动者在创造角色方面的影响，而低估了结构的约束。

结构主义者认为，社会意义和行为期望应该被共享。然而互动主义者则更强调人们必须有自己的角色。角色的扮演可能更多地取决于独特的个性，而不是所有参与者都能使用的通用公式或剧本。例如，假设你的配偶在前一段婚姻中有未成年的孩子，你会在多大程度上觉得你已经提前知道如何在权力、情感或沟通方面扮演新孩子的继父母角色？如何确定彼此之间的互动能达到什么样的效果？很多家庭的情况没有明确的定义，因此参与者必须根据情况做出相应的行为。

这两种观点之间的另一个分歧是关于数据收集的定性与定量方法的争论，事实上，目前大多数研究人员可以达成共识，一些研究问题最好通过定性方法来解决，另一些则更适合定量方法来解决。如果我们对人们在特定情况下的感觉和体验感兴趣，那么定性方法是合适的；如果我们问有多少人以某种方式行事，或者“大多数”人做什么，那么量化方法是合适的。如果我们想知道为什么年轻人认为同居是通向婚姻的另一个步骤，我们就应该从深入的观察和交谈开始。但如果我们想知道大学毕业后同居的年轻人比例，我们会使用定量方法。很多时候，这两种方法可以结合使用。

八、结论

20 世纪以来，思想界先后出现了精神分析、结构主义、后结构主义等理论，这些理论往往否定了人的主体性和主观能动性，将人视为一种被动的存在。符号互动论则坚持人本主义传统，强调人的主观能动性，强调人在与他人和自我的、以符号为媒介的互动中形成主体身份，完成对所处境况的定义并采取相应的行动，这为研究社会中人与人之间的关系提供了另一种可能途径。

第三节　理性选择与社会交换理论

凯文和莎拉认真交往了6个月，彼此都感觉很好。于是在看完电影后他们回到男方家里，莎拉爱抚着凯文说："凯文，如果我们做（爱），我希望你戴套。"凯文说："你不相信我吗？我又不是得了艾滋病什么的。"莎拉有点儿吃惊，停顿了一会儿才说："凯文，我知道你对我的感觉，并且我也相信你，但避孕套对于防止感染性疾病很有意义，尤其是对于女性而言。我不想因为我的粗心大意而导致之后想要孩子却要不了。"凯文脱口而出："但这些东西都是塑料的，我戴上这种避孕套是不会有任何感觉的！"莎拉难过且愤怒地说道："凯文，我本来是想和你做爱的，但现在我觉得你只是为了自己的快乐，根本不在乎可能对我造成的后果。我要求必须采取避孕措施来保护我们双方。"凯文失望且生气地说："好吧，我送你回家。"

以上对话显示出两个人都在追求自身的利益，凯文的个人利益是使其性快感最大化，而莎拉的个人利益是避免无保护措施的性行为。从功利主义的立场来看，凯文和莎拉的价值观不同，但都是理性的。

功利主义对社会交换理论的影响较大，其本质是个人理性地权衡行为相关的回报和成本，最终选择能使其回报最大化的行为。交换理论的核心是动机，而人类的动机来源于个人利益。受功利主义思想的影响，社会科学理论家可以通过分析个人利益或价值观来理解其行为。因此，其基本主张是：理性行动者会选择利益最大化的行动方案。

交换理论学者借助个体自身利益诉求来解释群体的存在和延续。个体聚集在一起是为了获得最大的回报，为了实现收益最大化，社会群体成员可能需要做出妥协，但如果加入团队的成本超过了回报，那么加入团队就不再是个人理性的选择，因此，群体通常被定义为个体获得回报的来源。

一、理论的历史渊源

理性选择与社会交换理论起源于功利主义。功利主义衍生出了很多理论变体，代表性理论有伊壁鸠鲁派的伦理功利主义、功利主义、心理享乐主义及理想功利主义。

由于功利主义关注有价值的结果，所以多数社会科学理论都是唯意志论。该观点创始人之一——亚当·斯密持有一种经济学观点，即人们会理性地行动以实现利益或效用最大化，但当选择由外部控制时，行为主体便会受到外部限制而无法做出理性选择。

在当代社会科学中，家庭微观经济学理论、组织社会学、理性选择理论等功利主义思想较为突出，这些理论的本质都是个人的理性功利主义，但对于如何将个人动机与社会变革相结合的观点存在较大差异，其中一些并不具备其特质的理论也被称为交换理论，这就导致了理论之间的混淆[①②]。当然，我们也可以从宏观交换的角度出发，认为人类动机是社会结构形成的原因，社会结构反过来也可以调节动机，并构建制度约束个人选择，而这些选择最终又会追溯到动机。

二、理论重点和范围假设

（一）真实的个体

“个体是真实的”这个假设在学术上称为个人主义方法论，这意味着群体现象、社会结构和规范文化都是由个体行为构建而成。所以，如果我们理解了个体行为，也就理解了宏观社会现象。但这一假设在家庭中是复杂的，交换理论中的家庭被视为个体的集合，但选择配偶、养育子女等都受到正式规范和非正式规范的双重约束。功利主义理论的老问题是社会规范和秩序必须用个人利益来解释，科尔曼（Coleman）在其《社会理论的

---

① Becker, G. *A treatise on the family* [M]. Cambridge, MA: Belknap, 1981.

② Blau, P. M. *Exchange and power in social life* [M]. New York: Wiley, 1964.

基础》第一章中从理性选择的角度解决了这个问题[1]。

（二）预测和阐释均来自对个体行动者动机的理解

虽然并不是所有持个人主义方法论的理论家都试图通过动机来解释个人行为，但理性选择和微观交换视角通常认为个人动机是可以解释的。尽管这些理论家承认个体在选择过程中总会受到约束，但其仍认为，约束下的任何选择都可以被理解为基于动机的，从这个意义上来说，交换理论是一种唯意志论。由于家庭是一个相对持久的社会群体，唯意志假设导致交换理论家认为家庭对每个成员都有回报，但问题是孩子并非是自愿选择父母的。

（三）行动者受自身利益驱使

即使假设行动者的动机可以解释其行为，但理论者仍然可以假设动机是多维的或无意识的，又或是像弗洛伊德提出的动机是建立在固有驱动力上的。而微观交换理论的前提假设是个人受自身利益驱使，寻求对自己有益的事物和关系。此外，利他主义和一些道德功利主义的变体都是基于“我们的行为应使最多数人获得最大的利益”这一假设，对于家庭交换理论者来说，集体利益和利他主义是由个人的自我利益衍生和解释的[2]。因此，尽管利己主义不一定是所有形式功利主义思想的标志，但它是交换和选择理论的一个基本假设。

（四）理性的行动者

我们都认为自己是理性的，但我们并未思考过什么是理性。理性是一种计算成本与回报之比的分析能力，其关键维度是理性对于所有行动者都是一样的，即在相同的情况下，任何两个具有相同价值和信息的理性行动者必然会在他们的计算中得出相同的结果，从而选择相同的行为。

“理性行动者”这一概念是从启蒙时期的理性主义哲学发展来的。所

---

① Coleman, J. *The foundations of social theory* [M]. Cambridge, MA: Harvard University Press, 1990.

② Nye, F. I. *Choice, exchange, and the family* [C]. New York: Free Press, 1979.

谓理性，指的就是独立于经验或感觉的演绎或分析思维。此外，人们很容易将理性主义与其他词根相同但含义截然不同的词混淆。例如，理性和合理性是不可互换的。合理性是指在行为发生后试图为自己的行为提供理性辩护，这是事后创设而非事先选择。

三、理论的核心概念

（一）回报与成本

回报是指任何有益于行动者利益的东西，定义“成本”的一种简单方法是反向论述回报。但要注意，我们必须将因特定选择而放弃可能的回报作为成本。成本和回报并非功利主义理论独有的概念，行为主义亦强调奖励和惩罚，但其缺乏认知理性的假设，故与交换理论的本质存在不同。

如果把回报看作能够带来快乐、满足和喜悦的事物或关系，那么该定义就接近于一种衡量快乐与痛苦的简单享乐主义，但涉及决策复杂性时，该观点很快就会瓦解。例如，一个人爬山可能是因为它令人快乐，但同时也包含风险和困难；如果没有风险，登山者是否会觉得爬山令人快乐?

（二）利润或效用最大化

回报和成本的概念本身并不能解释行为。如果一个人试图解释行动者以某种方式行动是因为它是有回报的，那么对于结果的解释就过于简单了，无法解释行动者进行理性计算涉及的许多因素。正是利润或效用的概念，使该理论避免了这样的批评。利润被定义为任何决策的回报与成本之比。行动者理性地为一种情况下所有可能的选择计算这个比率，然后选择他们认为会带来最大回报或付出最小代价的行动。

因此，登山者在登山的回报（如其他登山者的社会认可和攀登的审美享受）与成本（如在岩崩或雪崩中死亡或受伤的风险）之间进行权衡。从这个例子中，你可以看到，是理性计算利润的概念使交换理论超越了简单的享乐主义。

（三）比较水平（CL）及供选择的比较水平（CL+）

在复杂情况下，对行动者的获利评估可分为两个比较层次。首先是与相同位置的人比较（CL），第二个是与所处位置之外的人比较（CL+）。它可用于研究生育、离婚等家庭现象。例如，丈夫可能会与其他丈夫比较婚姻中的利益，然后再比较未婚时自己的利益，若他认为单身时利益更大，他更有可能选择离婚。

对于家庭研究者来说，比较水平能用来解释如离婚之类的行为选择，也可用来解释行动者对结果的满意度。萨巴泰利（Sabatelli）认为“比较水平”这一概念能帮助解释为什么有孩子的年轻夫妇的婚姻满意度低于其他生活阶段的夫妇①。他们认为，前者处于婚姻满意度较高的早婚阶段之后，孩子出生后占用了双方的时间和精力，使其无法满足对婚姻的高期望。因此，将现在与以前的回报进行比较，便会导致他们对婚姻的不满。

（四）理性

“理性”是计算利益的必要假设，但回报的价值可能会随着时间和环境的变化而发生改变。此外，回报越多其价值可能越低。因此，要理解行动者的理性选择，我们需要知道回报和成本的定义以及每种回报和成本的价值。

接下来的例子能阐明该观点。假设你们全家人正在商量暑假去哪儿旅游，并且已经把选择范围缩小到了某个区域，接下来每个家庭成员必须权衡各个选择，是独自还是集体度假？若大家一致认为家庭度假更好，那么下一步就要决定目的地，想爬山还是海边漫步？想体验背包旅行的探险还是太平洋的平静？你会根据每一种方案的价值进行选择，而你的家庭作为一个整体可能会采取别的选择。

显然，交换理论因要详细计算每个人的回报和成本而显得过于烦琐，但该理论可以通过两个假设来化繁为简。第一个假设是理性的行动者之间可以互换，该假设意味着如果给予相同的回报、成本和权重，任何人都会

---

① Sabatelli, R. M., Shehan, C. L. *Exchange and resource theories* [C]. New York: Plenum, 1993.

做出相同的选择；第二个假设是同一个社会中回报、成本和权重是相对统一的。人们看待回报和成本的方式可能会有差异，但总体具有一致性并且很少发生系统性的变化。

（五）交换和公平

我们处于一个相互依赖的社会体系中，需要用自身低价值的东西换取对方高价值的东西。社会关系能够持续的主要原因是彼此之间能够交换利益，婚姻也是如此，由于人们仍对未来抱有期望或想获得长期回报，所以能够容忍一段时间内的不平等。

一些交换理论研究者将公平作为维持社会关系的核心。如夫妻结合遵循了公平的原则，而当婚姻变得不公平时就会希望离婚或分居。但是，婚姻中的双方并非一直完全平等，部分人可能过于投入其中而认为婚姻中的不平等并非问题。

以下两点可以解释这一现象：首先，关系不需要完全平等才能达到公平，特定时期和地点的社会规范要求可能并不平等，如人们希望女性为了家庭而放弃自身利益，即不平等的家庭劳动分工有可能被认为是公平的。其次，不同行动者的认知可能并不一致，若无充足的经验，个人无法知道某件事对其他人有多大的回报或代价，也无法知道其他人的比较水平。

（六）人力资本与社会资本

大多数交换理论者认为一项可获得利益的交易需要具备价值性和持续性，不仅交换网络中的个人拥有交换资本，而且交换网络本身就是一种资本。

社会资本这一概念最早由布尔迪厄（Bourdieu）提出，主要由北美学者科尔曼引入。他认为当人们之间的关系发生变化进而产生行动时，社会资本就产生了[①]。因此，社会资本即与他人的关系网络，这种网络促使人

① Coleman, J. *The foundations of social theory* [M]. Cambridge, MA: Harvard University Press, 1990.

们进行交换，从而获取更具体的资本：人力和金钱。怀特（White）指出，儿童不仅必须与成年人连接，成年人也必须具备儿童发展所需的人力资本①。因此，家庭中的人力资本和社会资本联系十分密切。

四、理论命题

（一）利益最大化

交换理论中最简单、最有力的命题是“行动者会选择成本最小、回报最大的行动方案”。该命题的潜在含义是若成本高于其他选择的成本，即使回报很大，那么参与者也未必做出选择。由此可见，在交换理论中行为的选择由利益决定而非回报。

（二）成本最小化

利润是回报除以成本的比率，当成本大于回报时利润就会变少。由此可见，成本在数学上等价于负回报，那么“利益最大化”的命题就隐含着“成本最小化”。然而，我们为了获得长期回报而放弃许多眼前回报的做法，使得长期、短期成本和回报的计算较为棘手。由于家庭的持续时间相对较长，对长期回报和成本的分析显得尤为重要。因此，我们依据奈（Nye）的论述得出以下两个主张②：

第一，当短期利益相等时，人们选择能长期提供最大利益的方案。

第二，当长期利益相等时，人们选择在短期内提供最大利益的方案。

这两个命题将时间作为一个复杂变量进行利益计算。然而，利益相等的情况极少出现，所以以上命题只能用以分析行为而非预测行为。科尔曼扩展了上述命题，指出行动者采取标准且规范的行为以使他们的边际效用最大化③。因此，社会组织（比如家庭）的维护提高了长期利益。

---

① White, J. M. *Advancing family theories* [M]. Thousand Oaks, CA: Sage, 2004.

② Nye, F. I. *Choice, exchange, and the family* [C]. New York: Free Press, 1979:6.

③ Coleman, J. *The foundations of social theory* [M]. Cambridge, MA: Harvard University Press, 1990.

（三）行动者将支持结构规范以增强结构的稳定性

该命题使交换理论家从微观层面转向宏观层面的分析。例如，家庭可以被视为一种维持父母与子女之间人力资本交换的社会制度，而促进这种交换的网络是一个变量。因此，一些家庭可能会阻碍资本的交换，另一些家庭则会促进这种交换。这就引出了科尔曼的命题：社会结构产生的社会资本数量取决于网络结构的属性（例如封闭性、成员关系）。科尔曼将以上命题应用于家庭领域时更加强调其封闭性和成员关系，成员较多的网络更能与其他网络联系，从而会带来更大的社会资本[①]。

如果我们知道行动者计算的所有值和显著性权重，那么就可以准确地预测行动者在任何情况下的行为选择。但精准预测同样面临着测量错误、社会群体及规范的动态变化等问题，也就是说，理论处理的是概率而非因果关系。然而，这在个体层面上的确是一种因果关系：行动者的感知、价值观和利润计算构成自变量，行动者的选择是效果变量。

如果人都是自私的，那社会秩序如何存在？家庭成员如何和睦相处？交换理论认为，个人通过增加他人利益的方式来增加自身利益，用双方都可以接受的成本回报对方，而这最终会形成“合同”或承诺。当一个群体有了稳定的交流模式且承诺、信任、利益都朝着共同的方向运行时，这个群体的代表就可以与其他群体的代表进行交换。

五、理论变体

我们根据微观和宏观这两个标准对许多理论变体进行了分类，微观社会理论假设个人是主要的分析单位，而宏观社会理论则假设社会群体或制度是其主要的分析单位。尽管所有的理论研究者都认为已经成功弥合了微观和宏观视角之间的鸿沟，实则不然：个人交换理论通常简单地将所有个人动机相加并称之为群体动机或发展一个“伟人”理论，即一个行动者对社会变革负责，因此只需关注个人的动机即可[②]。宏观交换理论主要研究群

---

① Coleman, J. *The foundations of social theory* [M]. Cambridge, MA: Harvard University Press, 1990.

② Homans, G. C. *The nature of social science* [M]. New York: Harcourt, Brace, World, 1967.

体之间的交换以及社会联盟的形成，几乎不涉及个体研究。

（一）微观交换理论

一些学者试图借助社会资本的概念发展家庭理论。社会资本源于诺贝尔经济学奖得主贝克（Becker）的早期研究，其著作《家庭论》提出了一种理性的家庭经济理论并在经济学文献中广泛传播，但因其过于关注经济动机又过于个人主义而遭受批评[①]。此外，卡尼曼（Kahneman）和特维尔斯基（Tversky）关于“人类的选择是非理性的”这一开创性观点提出之后，微观经济学和心理学中的“选择”和“合理性”的思想一直遭受批判性质疑[②]。此外，公平理论是交换理论在家庭领域中的一个重要变体。公平理论包含了公平交换比不公平交换对关系更有利的命题，也就是说，若 A 和 B 处于一种不公平的关系中，那么就无法维持互惠的社会规范，这种关系很可能会被一方终止。但已有结论表明，在多数情况下，公平对亲密关系的解释价值有限[③]。

（二）宏观交换理论

宏观社会交换理论以群体视角来研究家庭。大多数宏观交换理论家认为交换有两种类型：狭义交换和广义交换。狭义交换只发生在某个时间点上，几乎不涉及信任，例如，买东西时与售货员一手交钱一手交货。而广义交换则需要较长的时间和较多的信任，这种信任源于互惠规范。个人之所以维持家庭关系，是因为家庭群体与其他社会组织均保持着互惠交换，因而个人也可获得利益。由此可见，该观点的本质是群体交换比个人决策更重要。

法国结构主义者列维 - 斯特劳斯（Lévi-Straus）的家庭研究成果体现了宏观交换的思想[④]。他认为群体之间广义交换的规范构建了社会结构，其核心是亲属群体和宗族之间的交换，交换规范要求群体间通过交换配偶

① Becker, G. *A treatise on the family* [M]. Cambridge, MA: Belknap, 1981.

② Kahneman, D., Tversky, A. Prospect theory: An analysis of decision under risk [J]. *Econometrica*, 1979, 47:263-289.

③ Scanzoni, J. *Sexual bargaining* [M]. Chicago, IL: University of Chicago Press, 1972.

④ Lévi-Straus, C. *The elementary structures of kinship* [M]. Boston, MA: Beacon. 1969.

结成联盟。然而，由于宏观的社会功利主义理论通常应用于大规模亲属群体而非家庭，所以北美家庭学者倾向于推崇微观功利主义理论。值得注意的是，交流不一定是二元的（两个人之间的）。在有三个或更多成员的群体中，所有成员的利益都需要得到照顾，不让任何成员的个人利益占主导地位。此外，在有三个或更多成员的小组中，交流可能是间接的。例如，“我”可能会帮助“我”的妻子，妻子帮助她的母亲，然后她的母亲可能会为“我”做一些好事，因为“我”帮助了她的女儿[①]。

六、理论的应用

交换理论应用到家庭研究中，最常见的两个研究领域是离婚和性关系。

（一）离婚

交换理论认为夫妻双方通过两个比较层次来分析婚姻。首先，配偶将自身目前获得的利益与其他婚姻进行比较，如果感到自身利益被剥夺，那其婚姻满意度就低，从而产生离婚的动机。然而，也有人指出许多不幸福的配偶由于其他限制而仍然维持婚姻，如与离婚相关的成本。其次，配偶计算婚姻以外的回报和成本，可能的代价包括同伴反对、性剥夺等，而可能的回报是找到一个更适合的伴侣。

莱温格（Levinger）从吸引力、障碍和选择三个方面评估了离婚的可能性，若对配偶的吸引力和离婚的障碍都很低，且其他选择的吸引力更强，那么离婚的可能性就更大[②]。

交换理论无法成功解释离婚的主要原因是两个比较层面上的回报和成本在个人的生命周期中的不确定性。有研究发现，大部分离婚（30% ~ 40%）发生在结婚后头5年，这正是婚姻满意度最高的时期[③]。婚姻最幸福的时期

---

① Ekeh, P. *Social exchange theory* [M]. Cambridge, MA: Harvard University Press, 1974.

② Levinger, G. Marital cohesiveness and dissolution [J]. *Journal of Marriage and the Family*, 1965, 27:19-28.

③ White, L. K., Booth, A. Divorce over the life course: The role of marital happiness [J]. *Journal of Family Issues*, 1991, 12:5-21.

离婚的人数最多，而随着婚姻满意度的下降，离婚的风险也在下降。这似乎是个悖论。但研究者对此现象进行了解释：随着婚姻在双方的一生中持续，婚姻幸福的重要性趋于下降；此外，持续时间较长的婚姻有相对较高的破裂成本（障碍）。婚姻时间较长且解散成本较高，因此只有较高的婚姻不幸福水平才会导致双方离婚，而离婚成本较低的早婚则需要较高的婚姻幸福水平来维持他们的婚姻。

（二）性行为中的性别差异

性行为中的性别差异是指在大多数文化中，男性似乎比女性更积极地追求性。尽管这个问题可以得到生物学解释，但多数学者认为生物驱力在满足的方式上是可塑的。此外，如卖淫等行为通常被认为是社会问题而非生物学问题。

奈认为男性更有可能用回报（比如金钱）来换取性接触[①]。由于交换理论本质上是一种动机理论，奈假定性行为对男性比对女性更有好处，但并未假设男性的性欲比女性更旺盛，该假设把全部解释都建立在了雄性优于雌性的基础之上，不过奈也一直在寻找一种社会因素来证明两性的生理驱动力是平等的。

首先，奈认为在所有文化中女性都对孩子负主要责任。因此，意外怀孕对女性的代价要高于男性。其次，多数情况下男性报告的性生活结果比女性更好，前者更容易达到性高潮，而女性更容易在性关系中受挫。这就导致了男性更容易觉察到性提供了更大的回报和更少的成本。因此，男人要么与同样觉得有回报的人发生性关系（同性恋），要么就必须采取提供金钱或婚姻的方式增加对女性的回报。

理性交换选择理论还可对卖淫进行解释，学者们断言卖淫业有一个不同寻常的特点：女性占主导地位且收入很高，而且学者们都意识到这是一个受社会和经济影响的选择[②]。一些学者也尝试使用理性选择理论来解释青少年避孕和性行为等社会现象。但使用该理论解释青少年性行为等现象是

---

① Nye, F. I. *Choice, exchange, and the family* [C]. New York: Free Press, 1979.

② Edlund, L., Korn, E. *A theory of prostitution* [J]. Journal of Political Economy, 2002, 110:181-214.

有争议的。第一个原因是青少年的大脑还没有完全变理性，第二个原因是性行为被认为是最情绪化的行为形式之一。所以在这两方面，理性选择理论并不能给出很好的解释。然而，佩顿（Paton）认为青少年的行为并非随机行为，更有可能是一种理性选择[①]。也有一些研究认为理性选择可以解释为个体层面的过程，但它必须被视为在贫困、低教育水平和有限机会背景下的理性[②]。

七、评判和讨论

上文提到微观社会交换理论通常以个人为研究单位，家庭不是个人的简单集合。家庭的特点却与其他社会群体不同，于多数人而言家庭是一个终生的社会群体。因此，很难用个体动机来解释家庭成员的行为。此外，若只关注个人动机，那就很难证明社会规范与制度的形成。尽管多数微观社会理论者都对其进行了讨论，但并未厘清社会规范是如何从个人利己主义中衍生出来的。功利主义者给出的答案是社会契约，即个人为获得人身和财产安全而团结起来形成社会秩序，这种社会契约意味着为了维持秩序得放弃一些个人自由，但该观点仍回避了社会制度是如何衍生的内在问题。

另一个问题是利他行为。我们会看到一些行为的特征是放弃奖励和付出一些代价，以促进他人的福祉，比如，一位母亲冲进着火的房子去救孩子。交换理论家指出这是归因问题，即我们真正观察到的只是行为而非动机，我们错误地将“他人导向”归因于一个实际上是为了产生利益的行为，因此，如果母亲认为孩子的死亡比她为拯救孩子而冒的个人风险代价更大，那么她的行为代价就最小。

此外，家庭领域中理性行动者的假设也出现了问题。家庭通常被认为是以强烈的忠诚和情感为特征的社会群体，由于其本质是非理性的，这种

① Paton, D. The economics of abortion, family planning and underage conceptions [J]. *Journal of Health Economics*, 2002, 21:27-45.

② Gurmu, E., Dejene, T. Trends and differentials of adolescent motherhood in Ethiopia: Evidences from 2005 Demographic and Health Survey [J]. *African Journal of Reproductive Health*, 2012, 16:162-174.

忽视利益的理念与交换观点相悖。当然，孩子进入家庭也并非他们为了自身利益最大化而自由选择的，因此，人们自然会质疑该假设是否有意义。

家庭研究中最基本的问题之一是“人们为什么要生孩子”，交换理论把这种选择看作父母获得利益。但正如大多数经济学家和父母所证实的那样，养育孩子是很昂贵的，并且子女赡养老人这种社会传统的减弱，以及社会保障制度的完善使得父母在老年时很难从子女处获得回报。奈认为存在一种代际的互惠规范，即你觉得有义务把父母为你所做的事情传给下一代①。

八、结论

交换理论是家庭研究最欢迎的社会科学理论之一，原因在于，交换理论的包容性很强，回报、成本和利益的概念容易理解且无内容限制，研究者可以任意填充内容。

① Nye, F. I. *Choice, exchange, and the family* [C]. New York: Free Press, 1979.

第四节　冲突理论

比尔和玛丽已相处一年多，他们决定结婚并在教堂举行婚礼。牧师说结婚者要参加教堂的准婚姻课程。但比尔对这门课很是怀疑，他觉得和玛丽已经在一起一年多了，应该很了解婚姻中的情况。和咨询师交谈前，比尔和玛丽填了一份关于婚姻预期的问题清单。咨询师的第一个问题是："你们是如何看待争吵的？为什么你们对争吵有不同的预期？"比尔说："太多争吵对一段婚姻来说是不健康的。"但玛丽反驳说："只要不失控，争吵在婚姻中是正常的。"咨询师接着问道："如果一对夫妻总是和谐的，什么会促使他们成长和改变呢？"

比尔相信幸福的婚姻是和谐的，而玛丽认为冲突在婚姻中是"自然的"。咨询师提出的成长和改变似乎支持这样的观点，即冲突在婚姻中扮演着重要角色。比尔和玛丽面临着一项重要的任务——确定冲突在婚姻中扮演何种角色。好的婚姻是没有冲突吗？冲突总是具有破坏性，还是可以滋养一段关系成长？婚姻中的伴侣如何避免冲突？冲突理论虽然不会回答上述问题，但与其他理论相比，它更能充分地解释和检验这些重要问题和假设。

一、理论的历史渊源

社会哲学家托马斯提出"社会秩序是怎样的？"是冲突理论的核心问题[①]。像功利主义理论家一样，托马斯相信所有生物的第一定律是自我保护和自我主张。他强调，在人类中，法律作为一种自然权利是人类自身生存

① Thomas, W. I., Thomas, D. S. *The child in America: Behavior problems and programs* [M]. New York: Knopf, 1928.

和维护自然权利的结果。在自然秩序中人们的自身利益会与他人利益发生冲突，因此，自然的基本状态是“所有人对抗所有人的战争”。托马斯承认，这样的存在将是短暂的、野蛮的，甚至是无法忍受的，这就引出了托马斯的第二定律：所有人都放弃了一些关于自身利益的权利，以生活在一个稳定而安全的法治社会中。

托马斯和其他社会契约论者为冲突理论的发展奠定了基础，马克思和恩格斯不仅发展了一种更成熟的冲突观，而且直接将其应用到家庭。

家庭在马克思和恩格斯的冲突理论中占有独特的地位。他们认识到家庭根植于生物性自身利益（性和生殖），同时也是一种社会组织形式。恩格斯在他的《家庭、私有制和国家的起源》中，将母系制到父系制、父权制和一夫一妻制的转变归因于基于性别的第一次劳动分工的结果，这种具有生物学根源的劳动分工中也产生了第一次阶级冲突：历史上第一次出现的阶级对立与男女对立的发展相吻合，阶级压迫与男性对女性的压迫相吻合[①]。恩格斯把家庭看作社会文化中冲突的缩影，而不是拥有独立微观体系的过程。这引出了冲突理论的一个基本问题，即“婚姻和家庭中的冲突反映的是一个宏观的社会过程，还是另一种类型？”。

在马克思和恩格斯之后的一个世纪里，冲突理论已经发展成为社会科学中的支柱性理论之一。马克思和恩格斯的著作既包含历史理论，也包含特纳所称的解放行动号召[②③]。由此，一些学者认为冲突理论本质上是不科学的：冲突理论更接近一种意识形态，它是一种为促进社会运动、捍卫社会制度而诞生的思想，或是一种服务于实践而不是促进理解的思想体系[④]。还有一些支持冲突理论的人认为，所有的社会科学理论都是意识形态。马克思和恩格斯认为，应该用更开放的视角看待理解，因为知识和政治行动总是联系在一起的。还有一些家庭冲突理论家认为，这一理论既提供了对于知识的理解，又提供了政治上的方向。

---

① Engels, F. *The origin of the family, private property, and the state* [M]. New York: International, 1946.

② Turner, J. *The structure of sociological theory (5th ed.)* [M]. Belmont, CA: Wadsworth, 1991.

③ Marx, K., Engels, F. *The communist manifesto* [M]. New York: International, 1971.

④ Martindale, D. *The nature and types of sociological theory* [M]. Boston, MA: Houghton Mifflin. 1960.

在 20 世纪，布尔迪厄的冲突理论对马克思的观点提出了重大挑战。他的作品融合了马克思、批判理论和法国结构主义。与马克思相似，他认为不平等是社会冲突和社会阶层之间竞争的结果。但与马克思不同的是，布尔迪厄尝试平衡社会结构与行动者的"能动性"。他认为个人的能动性可以改变社会结构，社会结构是动态的。随着学者们在不同的文化背景下解读布尔迪厄的作品，其观点得到了广泛的认可[①]。

综上所述，冲突理论的重点是群体内和群体间的冲突。一些家庭冲突理论家认为家庭内部互动是社会过程的主要部分，其他人认为由于家庭资源的情感性质，家庭冲突具有独特性[②]。大多数冲突理论家接受托马斯的假设，即人类出于自身利益而行动，社会秩序需要协商。社会秩序以国家和法律的形式存在时，群体和个人的冲突并没有消失而在继续，但这些冲突往往是有益的，可以使群体避免分裂和战争。

二、理论重点与假设

（一）人类受自身利益的驱使

人类将自我利益导向从单纯的生存推广到更普遍的世界运作中。所以当一个人想要获得更高阶层拥有的东西时，就要与志同道合的人联合，借助更强大的团体力量实现愿望。这种原始的自我利益是托马斯所说的"所有人对抗所有人的战争"的根源。

（二）冲突在社会群体中普遍存在

人们为了共同利益而聚集在一起。但也会因其他分歧以及自主性和团结之间的结构性对立发生冲突。在耗时多、期望高的社会群体中，我们也会发现最大的冲突。

---

① Weininger, E., Lareau, A. Translating Bourdieu into the American context: The question of social class and family-school relations [J]. *Poetics*, 2003, 31:375-402.

② Scanzoni, J. *Opportunity and the family* [M]. New York: Free Press, 1970.

（三）社会群体间的冲突是不可避免的

在任何社会中，个人利益必须通过群体关系获得。由于所有的群体并不能同时实现他们的目标，所以冲突就会存在。通过结构性冲突和竞争，我们发现社会的正常状态是冲突。这一假设对我们通过冲突理论理解家庭行为至关重要。由于竞争和冲突，一些个人和群体发现，不平等和压迫使他们需要被赋予权力。也正是因为冲突是不可避免的，所以对社会群体的研究要着重关注如何处理冲突。如果冲突是一种规律，那么托马斯的问题“社会秩序何以可能？”即使在研究家庭这样亲密的群体时也具有重大意义。

三、核心概念

（一）冲突（Conflict）

冲突理论中最基本的概念是冲突，被定义为利益或思想上的分歧、不一致等。斯普瑞（Sprey）认为冲突作为一个过程“被定义为个人或群体之间对稀缺资源、有争议的手段、不相容的目标或这些因素组合的对抗”[①]。他强调冲突是一个过程而非一种行为，与马克思以及其他理论家强调的冲突本质是一致的。行为可以用来推断过程，但过程不一定是可观察的。因此和观念冲突一样，它代表的是一种更隐蔽的冲突。

（二）情境规范（Norms of the Situation）

任何情况都可以由受社会规则支配下的个人或群体来定义。例如，我们告诉学生把他们的成绩“拟合”在一条“正态分布”的曲线上，只有5%的学生能得到A，这就是一种竞争的学习情境。在这种情况下，学生不互相帮助是有道理的，因为会降低自己获得A的概率。但我们告诉所有学生得优秀的标准是什么，所有人都可以通过努力达到，那么就建构了一

---

① Sprey, J. *Conflict theory and the study of marriage and the family* [C]. New York: Free Press, 1979.

种合作的学习情境。因此，竞争和合作是由一项活动或社会系统的规则所设定的，这些规则构建了情境，使所有对目标感兴趣的人可能有竞争也可能有合作。

（三）群组结构（Structure of the Group）

冲突理论认为群体结构会对冲突产生影响。一是成员的数量。越来越多的冲突理论家都认识到，群体规模会影响群体冲突。例如，两个人的团体不可能是民主的，只能争论和协商。三人或三人以上的团体可以形成权力联盟达到他们的目的[①]。二是成员的年龄。卡普洛（Caplow）认为，随着家庭中孩子年龄的增长，资源和权力也会增长。三是成员的性别。因此，大多数冲突理论家通过成员数量、年龄、性别或两两组合来分析群体结构。

（四）资源（Resources）

资源的概念是冲突理论的核心之一。关于权力、资源和权威之间的关系存在较多的学术争论。资源的概念是这三者中最广泛的，另外两个概念可以作为它的子集。资源包括个人或团体可以随时使用的所有知识、技能和材料。斯普瑞认为，权力是个人或群体对他人和事物进行有效控制的能力[②]。根据这一定义，权力只能通过其结果来衡量，而资源提供了权力和控制的潜力。权威是由特定文化的规范体系建构的一种资源。例如，希腊的一位妇女可能比她失业的丈夫拥有更多的资源（潜力），但如果有强烈的父权制文化规范，那么丈夫可能在家庭中拥有更大权力。在更平等或民主的权威规范下，女性拥有的更多资源将赋予她更大的权力。因此，权威与权力的关系是，规范体系（权威）可以作为众多资源中的一种，与某种情况相关的资源可以用来施加控制或行使权力。

---

① Caplow, T. *Two against one: Coalition in triads* [M]. Englewood Cliffs, NJ: Prentice Hall, 1968.

② Sprey, J. *Conflict theory and the study of marriage and the family* [C]. New York: Free Press, 1979.

（五）谈判（Negotiation）

谈判是家庭中用来处理冲突的主要技巧之一。但是，谈判仅限于一些特定的场景，即每个人或团体都希望实现一个特定的目标，而这个目标的实现又不能离开其他成员的协助。一个简单的例子是玩桌游，虽然获胜可能是一个人的目标，但如果没有另外家庭成员的合作——也就是参与——那么获胜就是不可能的。另一个例子是，母亲想带家人去野餐，但父亲更喜欢带家人去游泳池。这两种选择的背后都是“与家庭一起做一些事情”的概念，这意味着需要自愿合作才能达到目标。当双方都陈述了自己的目标，然后每一方都用自己的资源诱使或强迫另一方向自己的目标靠近时，谈判就发生了。

（六）共识（Consensus）

达成共识是谈判最好的结果。例如，许多家庭成员与兄弟姐妹或父母结成临时联盟，以达到目的。这样的联盟依赖于联盟伙伴之间的协议。通过选择具有相同价值观和取向的伴侣，以及通过配偶或子女的社会化来接受自己的观点，也可以在配偶选择中达成一致或共识。共识的反义词是分歧。纠纷是由分歧引起的。

四、理论命题

冲突理论研究者经常聚焦于社会和全球对抗的宏观系统。一些冲突理论研究者认为，家庭是这些过程的一个缩影，因此关于社会的说法也适用于家庭。但相当多的家庭冲突理论家认为，家庭与社会单位完全不同，必须单独分析。群体结构（成员、年龄、性别）和情境结构（竞争和合作）都可能与冲突的程度有关。即使是最同质的群体，在最为合作的规范下，也仍然容易发生冲突，因为在所有的团体中都存在着自主性——团结的结构性冲突问题，并且这个对立结构中，所有问题只能通过直接谈判来解决。

（一）群体之间的冲突是基于资源配置和竞争的社会结构

目前已知的社会中，没有任何一个社会能把资源平均分配给所有人。这并不是说资源分配是不公平的。事实上，即使马克思在这方面也不是平等主义者，而是说“按需分配”。因此，仅仅是一些家庭比其他家庭拥有更多资源的事实就保证了竞争的存在。

（二）群体（如家庭）内的冲突是由于个体之间资源的不平等导致的

在一个社会系统中，资源的分配通常要基于群体成员、年龄和性别。因此，在家庭中也存在资源差异，一些成员比其他成员拥有更多的资源。这种资源不平等是导致冲突的重要原因。例如，女性通常比男性挣得少，这导致了她们拥有更少的资源；因此，即使在平等主义的结构中，平均而言，女性相对于丈夫的权力也较小。

（三）谈判作为一种管理冲突的形式，在平等主义的权威结构中更有可能出现

权威模式（母权制、父权制）越单边，谈判的空间就越小。而谈判最有可能发生在民主或平等的家庭中。

（四）谈判涉及资源，谁拥有最大的资源，谁就能在谈判中获得最大的回报

谈判涉及资源，类似于马太效应，谁拥有最多的资源，谁就能获得最大的回报。但是除了金钱和职业之外，还有许多形式的资源。操纵、撒谎和哄骗的能力也算谈判中的相关资源。在平等主义的婚姻中，谈判是不可或缺的，而一旦有了孩子，组建联盟可能会比谈判作用更大。

（五）联盟最可能在具有民主权威的团体中出现。在民主团体中，物质资源本身不一定能预测家庭联盟的结果

在大多数家庭中，一个人并不能做出所有的决定。决策是一个复杂的过程，包括咨询、组建联盟和游说。卡普洛指出，随着儿童的成长和成

熟，他们会获得更多的人际交往能力、知识和物质资源。孩子所拥有的权力并不大到足以抵消父亲的父权权威，但加上母亲和其他兄弟姐妹，孩子可能会对决策产生重大影响。事实上，甚至在孩子还没有大到可以参与这种联盟之前，他们就被认为是与母亲结合在一起的，是母亲的一种资源，因为作为谈判的一部分，母亲可能会说出什么是对孩子最好的。

五、理论变体

冲突理论有很多变体，我们关注到四种迄今为止在家庭冲突方面最引人注目的思想，虽然这些变体并不能概括所有的冲突理论，但它们代表了家庭冲突理论研究的主要范围。

（一）结构性冲突

齐美尔（Simmel）认为冲突是一种持续不断的联系和分离，给社会带来了团结和统一。他认为，婚姻制度似乎超越了涉及的两个人，部分原因是它受社会的规范[①]。尽管婚姻不同于其他二人团体，但它缺乏三人或更大群体的结构维度。齐美尔表示，“一个有孩子的婚姻与没有孩子的婚姻是完全不同的”。对于齐美尔来说，关键在于，一旦群团超越了二分体，“利益方”可能会形成联盟，后来有社会学家将“联盟”的概念完全正式化并应用于家庭研究。

卡普洛称母亲—父亲—孩子组合为“初级三人组”。他承认还有其他重要的家庭“三人组”，如兄弟姐妹三人组，但父母和孩子的组合才是最基本的。在他看来，家庭成员基于每个人的相对权力形成联盟。而成员的相对权力会发生变化，潜在的联盟也会发生变化。这对家庭的一个好处是，今天的联盟伙伴可能是明天的对手，今天的对手可能是明天的伙伴。卡普洛认为典型的家庭是从二分体演变而来的，在这种二分体中，丈夫通常比妻子拥有更多的权力（F > M）。随着母亲和孩子组成联盟，母子联盟往往等于父亲的个人权力（F = M + C）。随着孩子年龄的增长，权力也随

① Simmel, G. *The sociology of Georg Simmel Glencoe* [M]. K. Wolff, Trans, Glencoe, IL: Free Press, 1950.

之增加，最终，母子联盟超越了父亲的相对权力（F< M + C）。因为母亲是母子联盟中占主导地位的成员，在有一个未成年孩子的家庭中，她实际上拥有最大的权力[①]。

卡普洛认为冲突的“功能”恰恰是“团结”。他认为，在这种联盟伙伴的互动中，我们产生了与家庭有关的情感：“爱是对一个特定联盟伙伴的强烈偏好。仇恨是对对手的强烈反应。”因此，对卡普洛来说，冲突和联盟并不是家庭生活中的一个次要环节，而是构成了家庭的本质：家庭生活充满冲突情绪，它建立在联盟的基础上。以夫妻联盟开始，并以母子联盟延续。

（二）微观资源冲突理论

微观资源理论的独特之处在于，将情感的给予和接受纳入了资源之中。由于对人际关系的强调，微观资源理论家更倾向于把“谈判”作为一种冲突管理技术，而宏观资源理论家更倾向于革命性的冲突带来的社会变革。斯坎佐尼（Scanzoni）的微资源理论兼收并蓄地借鉴了交换理论、冲突理论及功能主义理论等。

尽管斯坎佐尼接受齐美尔关于冲突可能促进团结的论点，但他怀疑这一假设有可能掩盖了“撕裂家庭的东西”[②]。斯坎佐尼区分了两种形式的冲突：基本冲突和非基本冲突。基本冲突是对最基本的“游戏规则”提出质疑，非基本冲突则是根据游戏规则进行的。他提供了一个简洁的类比。想象一场足球比赛。只要遵守游戏规则，两个团队虽然在发生冲突，但这种冲突恰恰是比赛得以进行的原因。但如果他们在这些规则上缺乏共识，那么就会有基本的冲突，导致球赛不能进行。

在家庭中分为工具性的活动和表达性的活动，工具活动是达到某种目的的手段，而表达活动往往是目的本身，并伴随着情绪和情感。斯坎佐尼认为，传统的家庭规则是：丈夫承担工具责任，主要是作为一个提供者；而妻子主要承担表达的责任，如缓解紧张，照顾孩子等。妻子有权要求丈

① Caplow, T. *Two against one: Coalition in triads* [M]. Englewood Cliffs, NJ: Prentice Hall, 1968.

② Scanzoni J. *Sexual bargaining: Power politics in the American marriage* [M]. University of Chicago Press, 1982.

夫养家，丈夫也有权要求妻子提供有表现性的服务。在这些婚姻中，在孩子的管教、经济问题、劳动分工等方面可能会发生非基本的冲突，但这种冲突往往都在规范之内，因此不会撼动游戏的基本规则。这种非基本的冲突可能会增强婚姻和家庭的稳定性，带来变化和成长。

而基本冲突则是对游戏规则的挑战。根据斯坎佐尼的观点，基本冲突的产生有几种方式，一种是如果一方没有达到角色期望，这是婚姻中不平等的关键。其他的来源是外生的，或是婚姻之外的。随着这些变化的出现，女性有了更多的工具资源，她们希望重新谈判基本规则。

此外，女性受教育程度和劳动力参与率大幅提高，因此，女性也正在逐渐成为婚姻中稳定的供养者。但是女性仍然承担着大部分的家务，因此，妇女增加了她们对家庭的工具责任，但并没有减少她们的表达责任。这就为基本冲突的发生提供了可能性。

（三）布尔迪厄的资本与家庭

布尔迪厄在《区分》（*Distinction*）一书中首先提出了一个问题："什么是品位？"对这个问题的回答很复杂。他认为品位是我们文化资本的一种表达，文化符号用来表示不同群体之间的差异[①]。如，在当今社会，许多人会认为歌剧有"高雅"的品位，而摇滚音乐会则更"普通"或更低级。布尔迪厄认为，这样的文化符号造成了群体之间的差异和阶层分化。他虽然承认经济资本是重要的，但高雅文化和低级文化符号的消费往往更依赖于价值观和教育，而非金钱。事实上，布尔迪厄认为文化资本和经济资本之间的关联并不完美。他指出，拥有最高文化资本的人并不拥有最高的经济资本。

在幼儿期主要是通过家庭向儿童传递价值观。布尔迪厄认为，获得与高地位群体相关的文化符号的人，将以最佳方式学习这些价值观。布尔迪厄认为，可以通过教育来养成上流社会的习惯，但自信和自然态度是无法养成的。早期生活习惯学习包括餐桌摆设，尝试不同的食物，看到父母阅

---

① Bourdieu, P. *Distinction: A social critique of the judgement of taste* [M]. Cambridge, MA: Harvard University Press, 1984.

读等。布尔迪厄相信，在这样家庭长大的人会对规则感到舒适和自在，没有在这种环境中长大的人可以通过教育获得符号，但无法适应“舒适区”。

各种各样的文化符号处于动态的发展中。下层社会试图模仿和获取上层社会的符号，而上层社会则不断地修改这些符号。人们可以通过定期在群体内互动和更新这些符号来保持与群体的联系。符号不容易被复制，上层阶级仍然可以对不了解深层规则的人实施符号暴力。因此，每一代人都在修改游戏符号，并在一定程度上修改游戏规则。

布尔迪厄对家庭研究的贡献在于将家庭视为社会阶级结构中一个整体机制。家庭不仅依靠经济优势，也依靠文化优势。在分层严格、代际流动性更少的社会中尤其明显。在《福布斯》杂志上一篇摘自经合组织报告的文章中显示，阶层流动性最强的三个国家是丹麦、澳大利亚和挪威，而最后三个国家是西班牙、法国和美国[①]。这意味着包括美国在内的后三个国家结构更完善，并将社会和经济优势代代相传。

六、理论的应用

（一）对妻子的家庭暴力

冲突理论应用的主要实证领域之一是家庭暴力。一般来说，冲突理论认为冲突和对抗发生在争夺稀缺资源的时候。冲突理论家认为社会不平等是冲突产生的必要条件。

对妻子的家庭暴力往往很难观察和研究。没有统一的方法来报告和记录这类事件。受害者和施暴者的自我报告都可能存在偏见。1985 年，盖利斯（Gelles）设计并开展了全国家庭暴力调查，结果显示殴打妻子的行为可以分为以下几种：推、抓、晃、打、踢等。盖利斯指出每年此类受害人的实际比率约为 3‰ ~ 4‰[②]。

---

① Serchuk, D. Happy country = Social mobility? Forbes Magazine[EB/OL]. (2011-11-07). http://www. forbes. com/sites/daveserchuk/2011/12/07/happy-countrysocial-mobility/

② Straus, M. State-to-state differences in social inequality and social bonds in relation to assaults on wives in the United States [J]. *Journal of Comparative Family Studies*, 1994, 25:7-24.

冲突理论的一个版本是基于性别不平等。一些女权主义冲突理论家认为，在性别不平等存在的地方往往存在着一种父权社会制度，它为殴打妻子的行为辩护并提供了宽恕的理由，认为这是女性对男性的多种屈服形式之一。男人基本上是在保护他们的更大资源不受下层阶级的侵害。伊勒（Yllö）和斯特劳斯利用全国家庭暴力调查的数据考察了这一假设。他们报告说，结构性性别不平等（由每个州的法律、政治和经济平等状况衡量）和妻子遭受攻击之间的关系呈曲线关系。一方面，在性别不平等程度最低和最高的州，侵犯妻子的比例都是最高的。这表明，女权主义者的解释可能是准确的，但只适用于性别不平等严重的地区①。另一方面，对于性别平等程度相对较高的州，传统家庭角色的社会混乱可能是配偶虐待高比例的一种解释。

斯特劳斯检验了三个版本的冲突理论，试图解释家暴妻子的现象，分别是性别不平等、收入不平等和社会无序②。斯特劳斯报告说，性别不平等和社会混乱都与家暴妻子的比率显著相关。在年龄可控的情况下，收入不平等与家暴妻子没有直接关系。尽管这些因素对于解释家暴妻子的方差比例相对较小（7% ~ 13%），但他发现，这些理论可能解释了家暴的不同方面，并可能与收入不平等产生交互作用。他的研究结果提醒理论家不要过于关注单一的、普遍的冲突来源。

（二）社会不平等

2009 年美国 20% 的高收入家庭获得了超过 50% 的收入，而后 20% 的家庭仅获得了不到4%的收入③。麦考尔（McCall）和佩尔切斯基（Percheskie）认为，美国的收入不平等比过去任何时候都要严重④。经济贫困与父母不良的婚姻结果和儿童不良发展显著相关。

---

① Yllö, K., &Straus, M. *Patriarchy and violence against wives: The impact of structural and normative factors* [C]. New Brunswick, NJ: Transaction Books, 1990.

② Straus, M. State-to-state differences in social inequality and social bonds in relation to assaults on wives in the United States [J]. *Journal of Comparative Family Studies*, 1994, 25:7-24.

③ Xiao, J. *Family economic well-being((3rd ed)* [C]. New York: Springer, 2013.

④ McCall, L., Percheskie, C. Income inequality: New trends and research directions [J]. *Annual Review of Sociology*, 2010, 36:329-347.

影响收入不平等代际传递的因素很多，如生物遗传、资本继承和教育[①]。克莉斯丁娜（Christina）在 2007 年的经合组织报告《劣势的代际传递》中谈到教育上的差异与早期家庭经历有关。如布尔迪厄所言，这些早期优势不仅仅是接触书籍或电脑，还包括成人对有礼貌的孩子的反应[②]。拉鲁（Lareau）在她的两本书《家庭优势》和《不平等的童年》中，不仅证明了中产阶级和上层阶级的父母在孩子的教育上更积极主动，而且这些家长的活动，无论是参加家长会还是辅导家庭作业，都持续地证明和强化了教育的价值和重要性。拉鲁对 88 个家庭的实地调查也表明，在决定孩子学业的成功方面，社会阶层文化比种族更有影响力。在养育子女方面，这些社会阶层差异会在宏观层面导致一个国家相对较低的职业和地位的代际流动性。

正如布尔迪厄所指出的，中产阶级和上层阶级会有意识地训练他们的孩子的行为，当这些行为在文化环境中实施时，将会促进孩子获得长期的成功。例如，中产阶级的孩子被鼓励在家里的餐桌对话中表达自己，这导致他们在学校更有自信并且有更好的语言技能，而重视这些行为的教育体系则会奖励他们。布尔迪厄认为中产阶级和上层阶级不断地改变习惯，以适应其阶级价值观和利益的变化。因此，在习惯层面的干预是极其困难的。

七、批判和讨论

冲突理论的主要障碍之一仍然是强调解释冲突而不是秩序。这种强调无疑是对社会学结构功能主义固有的停滞反应。目前对冲突的强调往往显得过于消极，而不是关注冲突的辩证过程。例如，一些学者专注于性别或社会阶层的不平等，却没有清晰地描绘出这些不平等背后反映的动态过程。

---

① Bowles, S., Gintis, H. The inheritance of inequality [J]. *Journal of Economic Perspectives,* 2002, 16: 3-30.

② Bourdieu, P. *Distinction: A social critique of the judgement of taste* [M]. Cambridge, MA: Harvard University Press, 1984.

冲突理论面对的另一个挑战在于解释社会秩序的相对永久性和稳定性。规范、角色和社会结构的变化似乎是缓慢的。即使是冲突理论家也报告说，几十年来，社会秩序没有重大的变化。如果冲突是一个辩证的过程，它可能必须像马克思所设想的那样，在相当大的时间单位内进行研究。因此，冲突理论家面临的挑战是，如何证明冲突理论在更有限的时间单位（如几年或几十年）中的适用性。

另一项争议主要集中在冲突理论的科学属性与意识形态属性。没有科学家会否定科学知识解放思想的一面，关键问题在于理论的中心目标是解放思想（意识形态），还是生产知识（科学）。如果理论的中心是知识，那么知识观点必须通过一套普遍的、平等的标准来判断。在科学中，观点必须服从于逻辑、实验和可复制的规则。科学家们担心的是，如果观点支持了意识形态，那么它们将被判定为正确的，这违背了科学的基本原则。如果抛弃这一准则，那么调查研究的结果只需要支持主流意识形态或常识即可。而事实上，科学史就是思想体系衰落的历史，比如日心说、牛顿力学、麦克斯韦理论，以及爱因斯坦相对论的衰落。

另外，历史分析提供了另一种视角。黑格尔、费尔巴哈和马克思都认为他们所识别的历史过程是不可避免的。此外，他们认为行动者在行动过程中的意识和知识本身就是过程的一部分，例如，阶级意识和阶级冲突是消灭阶级冲突本身过程中必要和必然的一部分。因此，我们的知识也应该被视为这一过程的必要组成部分。简而言之，知识可以是解放思想的，但与主流意识形态的一致性不应该成为检验知识的唯一标准。

八、结论

冲突理论具有多样性。它的理论变体既包括宏观社会也包括微观社会。在理解冲突理论时，我们不能狭隘地关注冲突本身，而是应该关注冲突的过程以及冲突的管理[①]。家庭冲突理论是一个跨越时间和历史、微观和宏观层面的连贯和统一的理论。冲突是一个过程。这个过程是辩证的。处

① Farrington, K., Chertok, E. *Social conflict theories of the family* [C]. New York: Plenum, 1993.

理冲突的方式是达成新的辩证过程的一部分。在我们可以研究的所有社会群体中，家庭提供了一个“实验室”，在这里有激烈的冲突和解决，有爱和恨，有暴力也有支持。

冲突理论在众多家庭理论中脱颖而出，因为它将时间和历史结合为一个共同的过程，将当代与过去的家庭研究联系起来，它既提供了一个宏大而全面的愿景，也可以聚焦于协商和冲突管理的具体过程。正如卡普洛、斯坎佐尼和斯特劳斯的观点，冲突理论具有科学性，并且利大于弊。只有一个因素可以破坏冲突理论的潜力，即当理论被拖入意识形态的泥潭，并以政治的准则加以判断。

第五节 生态理论

“妈妈，为什么其他孩子都是妈妈接送上学，而我却是爸爸呢？”卡特里娜的母亲解释说，爸爸失业了，现在她更容易找到工作。该回答所暗含的原因极为复杂。在北美，为了降低成本并提高全球经济市场竞争力，初级资源采掘和制造部门均实现高度自动化。卡特里娜的父亲身为土木工程师，便是经济重组的受害者之一。而卡特里娜的母亲既受过良好教育，还有银行工作经验，更容易在不断升温的服务业找到工作。这个家庭在适应经济社会变化的同时，其家庭角色及职责也随之变化。

上述案例中涉及的“适应”概念是生态学的核心概念，用于解释有机体在特定环境中的变化。有人可能会困惑，这与家庭有何关系？实际上，家庭和环境是生态学关注的核心，同时也是19世纪后半叶流行的生态社会运动的核心。1873年，德国生物学家海克尔（Haeckel）提出了生态学术语，它由希腊词根oik发展而来，意为“居住的地方”[①]。海克尔使用了德语的“oekologie”，其中序词“oe”使这个词义为“普通人的房子或环境”。

理查德（Richard）认为家庭是生态运动的核心，“科学必须用来改善社区和家庭，因为家庭的福祉关系国家福祉”[②]。虽然理查德务实的科学经验主义受到一些“家庭经济学家”的质疑，但不可否认其观点为跨学科的生态研究和环境科学的发展提供了支持[③④]。1907年，为进一步加强环境教

---

① Clarke, R. *Ellen Swallow* [M]. Chicago, IL: Follett, 1973.

② 同①。

③ Brown, M. Home economics: Proud past-promising future [J]. *Journal of Home Economics*, 1984, 76: 48-54.

④ Bubolz, M., Sontag, S. *Human ecology theory* [C]. New York: Plenum, 1993.

育（提升环境教育的质量），理查德提出：人类生态学研究人类周围环境对其他生命产生的影响……包括自然环境，如气候；还有人工环境，如噪声、灰尘、有毒蒸气、空气污染、不干净的水和食物[①]。

在理查德去世后不久，沃尔科特（Wollcott）和施里夫（Shreve）于1916年成立了美国生态学会。协会成员囊括了几乎各个科学领域的学者，但在1920年，协会主席穆尔（Moore）敦促人们把人类生态学视为生态学中一个重要方面。自此，人类生态学的发展与社会学紧密相连[②]。

一、理论的历史渊源

人类生态学早期研究大都来自植物生态学家[③④]，社会学家发现空间秩序和变化可以用植物生态学的理论来解释，尤其是生态演替和物种优势的内容。早期学者专注于城市环境的空间分布，这就解释了为什么部分学者将人类生态学与空间理论相联系。但正如霍利（Hawley）所述，种群生态学的兴起取代了空间理论的主导地位[⑤]。该理论将社会人口学与种群的生态学研究结合起来，认为空间秩序是某个种群适应特定环境的方式之一。该理论将社会人口学与种群生态学研究结合起来，认为空间秩序是某个种群适应特定环境的方式之一。

作为一门科学，生态学的起源必须追溯到达尔文。1859年，达尔文出版的《物种起源》首次提及自然选择学说和进化论思想，达尔文认为一个物种或种群的进化主要是通过自然选择，或者是淘汰不适应生存环境的种群成员[⑥]。

---

① Clarke, R. *Ellen Swallow* [M]. Chicago, IL: Follett, 1973.

② Park, R. The urban community as a spatial pattern and a moral order [J]. *Publications of the American Sociological Society*, 1925, 20:1-14.

③ Burgess, E. W. *The growth of the city: An introduction to a research project* [C]. Chicago, IL: University of Chicago Press, 1925.

④ McKenzie, R. The ecological approach to the study of human community [J]. *American Journal of Sociology*, 1924, 30:287-301.

⑤ Hawley, A. *Humanecology:A theoretical essay* [M]. Chicago, IL:University of Chicago Press, 1986.

⑥ Darwin, C. *On the origin of the species by means of natural selection* [M]. London, UK: J. Murray, 1901.

如果说生态学的起源可以追溯到达尔文及其提出的核心概念——适应，那么人类生态学则必须追溯到孟德尔。在1865年的两次演讲中，孟德尔首次提出了他的观点，但其观点直到世纪之交才被科学界“发现”[①]。孟德尔的研究被理解和接纳后，为遗传机制的形成提供了理论基础。孟德尔认为，染色体上有两个等位基因，其中一个可能是显性基因，因此能在后代性状（可见的物理特征）中表现出来；另一个可能是隐性基因，无法表现出来，但它仍然是后代基因型的一部分（具有潜在遗传性的基因）。孟德尔得出实验结论，我们虽然无法预测个体的遗传结果，但能预测某一繁殖群体的比例或概率。孟德尔的研究对实验室遗传学和群体遗传学都产生了深远影响，其中群体遗传学对进化理论和生态理论的影响最为显著。

人口遗传学的数学本质引起了统计学家和人口学家的关注。皮尔逊（Pearson）和高尔顿（Galton）观点一致，都认为人类的进步和发展绝大程度上是与自然选择有关的[②③]。另一位著名的统计学家费舍尔（Fisher）用数学方法证明了影响进化的主要因素是自然选择而非突变，他认为基因库中的变异与自然选择和适应有着密切联系，如果基因库中没有足够的变异，就不会出现自然选择和适应[④]。尽管费舍尔和皮尔逊都主张优生学是确保“最适”基因传播的方式，但他们的统计学贡献证实了自然选择和适应是进化的核心机制[⑤]。

人类生态学使人类发展领域向自然方向延伸。“胚胎重演律”是对进化论的简单延伸，但是人们很快就开始反驳人类的进化是遵循进化树（evolutionary tree）的简单概念，但这也引起了发展主义者对发展的两个基本维度的关注。首先，他们关注的是通过基因遗传给人类物种的生物体的发展；其次，划分了发展“阶段”。例如，皮亚杰等人提出了发展阶段理论，指出个体在各个阶段认知能力的差异与发展[⑥]。然而该理论并没有意识

① Brannigan, A., Wanner, R., White, J. The phenomenon of multiple discoveries and the re-publication of Mendels work in 1900 [J]. *Philosophy of the Social Sciences*, 1981, 11:263-276.

② Galton, F. *Hereditary genius* [M]. New York:Horizon Press, 1952.

③ Martindale, D. *The nature and types of sociological theory* [M]. Boston, MA: Houghton Mifflin, 1960.

④ Fisher, R. *The genetic theory of natural selection* [M]. New York: Dover, 1958.

⑤ Turner, J. *The structure of sociological theory (5th ed.)* [M]. Belmont, CA: Wadsworth, 1991.

⑥ Piaget, J. *The origins of intelligence in children.* [M]. M. Cook, Trans. New York: Norton, 1952.

到社会和环境在个体发展中所作出的贡献。近乎同时，勒温（Lewin）提出了一种更具情境性的理论，强调发展过程中个体与环境之间的互动[①]。勒温的研究对布朗芬布伦纳（Bronfenbrenner）的人类发展生态学理论的发展产生了深远影响，其生态学方法对家庭研究者也产生了较大影响[②③]。现在，在家庭发展理论方面最有影响力的理论之一就是源于发展主义者的生态理论。

进化论和遗传学认为，人类作为个体生物有机体，其能力的发展受遗传禀赋的限制（个体遗传发展）。从群体遗传的角度来看，群体的变化主要是通过自然选择进行。从个体角度出发，这意味着个体通过适应不断变化的环境来证明自己的适应性。理查德的人类生态学提出：通过教育，个体能够理解自己与环境之间的相互作用，并使自己的消费（和生产）有利于整体环境（例如，家庭资源管理）[④]。我们所看到的个体的衰败和死亡可能与群体的适应有关（社会生物学），这种观点使生态学家和自然资源保护主义者提出了一些看似违反常理的措施，比如，在鹿群中杀死一些鹿，以使鹿群存活下来。在控制自然选择和进化的观点背后则隐匿着支持优生学的观点，而优生学又往往暗含性别歧视和种族歧视的色彩。

二、理论的重点和假设

（一）个人和群体本质上既是生物的又是社会的

生态理论与系统理论的区别在于，它强调生物的物理环境，尤其强调适应。在系统理论中，环境可能只是一种启发式装置，而在生态理论中，环境既是空间的又是生物的。

人类所具有的生物和文化的双重属性，使几代学者热衷于讨论人类的特征是受遗传影响（自然）还是环境影响（后天），我们现在意识到，即

① Lewin, K. *A dynamic theory of personality* [M]. New York: McGraw-Hill, 1935.

② Belsky J. Parental and nonparental child care and children's socio-emotional development: A decade in review [J]. *Journal of Marriage and the Family*, 1990: 885-903.

③ Bubolz, M., Sontag, S. *Human ecology theory* [C]. New York: Plenum, 1993.

④ Clarke, R. *Ellen Swallow* [M]. Chicago, IL: Follett, 1973.

使是胎儿也同样会受到环境的影响，例如环境中的声音和母亲的健康状况。人类发展的特殊性使得人类特征的发展大都需要依赖先天和后天的相互作用，而不是仅取决某一因素。正如范登伯格（van den Berghe）所言，我们的行为可以被理解为“基因和环境之间异常复杂的相互作用的产物”①。

（二）人类维持生存依赖于环境（空气、水、食物等）

该依赖假设源于第一个假设，即人类只能在满足其生理需求的环境中生存。当然，人类文明的发展能使我们在相当恶劣的环境中，借助一些技术支持生存。但即使是技术也存在局限性，比如水的供应。

（三）人类是社会性的，因此依赖于他人

人类的生命周期加上人们对生存的生物需求，使时间既成为一种约束条件，也成为一种资源。这一假设最直接地指向了这样一个事实，即在任何个体的生命中，都存在物种普遍的变化和发育规律。此外，我们必须记住，时间是种群进化的一个因素，也是理解社会组织和个人行为的关键资源。

（四）人类的互动是有空间组织的

人类群体在环境中组织互动，有组织的互动表现为不同的空间组织，任何人从飞机上俯瞰地球都会被人类活动的空间组织形式所震撼。但我们和其他群居动物并无差异，它们与环境互动的一种方式同样也是表现出独特的空间组织形式（如蚂蚁、狒狒、狼）。

（五）人类行为可以从多个层次来理解

人类生态学中最常用的两个层次是种群和个体。例如，在种群层面，生物种群显示出空间组织，并代表特定的基因频率分布；在个体层面，个体生物可能适应或不能适应它们的环境。生物体无法适应环境，个体就会

---

① van den Berghe, P. *Human family systems* [M]. New York: Elsevier North-Holland, 1979.

死亡，这在个体层面上似乎是一个消极的结果。但对群体来说，同样的结果可能意味着群体在面临食物短缺问题时得以存活。

三、核心概念

（一）生态系统

虽然有许多不同种类的生态理论，但大多数都将生态系统的概念确定为生态学的核心。霍利将生态系统定义为“种群中相互依赖的一种设置，由此使整个种群作为一个单位运作，从而维持一种可行的环境关系”[①]。生态系统的概念包含整体的和相互依存的各要素的概念，例如，我们可能会讨论城市生态系统、沙漠生态系统或者极地生态系统。尽管每个生态系统都与其他生态系统相连，但它们都具备各自的一组特征，使其成为一个整体。

（二）生态层次

种群是进化论中常用的分析层次之一。霍利指出，种群并不是具有共同特征的所有人或单位的简单集合[②]。

观察生态系统层次的方法有许多，最受欢迎的方法之一是布朗芬布伦纳的构想：家庭是众多“嵌套”生态系统其中之一，个体在家庭中发展和互动[③④]。他从四个层次出发分析这些嵌套系统：微观系统、中观系统、外部系统和宏观系统。微观系统包括发展中的人与重要他人的直接和具体的互动；中观系统是指两个或多个微观系统的共同作用，比如工作环境和家庭环境；外部系统是指与发育中的个体没有直接交互作用，但对个体的微

---

① Hawley, A. *Humanecology:A theoretical essay* [M]. Chicago, IL:University of Chicago Press, 1986.

② 同①。

③ Bulcroft, R., White, J. M. Family research methods and levels of analysis [J]. *Family Science Review*, 1997, 10:2-19.

④ White, J. M., Teachman, J. D. *Comment on "Multilevel methods in family research."* [C]. Thousand Oaks, CA: Sage, 2005.

观系统或中观系统有间接影响的系统；宏观系统提供了低阶系统所处环境的一般文化背景[①]。

（三）自适应范围

生物在生态系统中占据一个生态位可以被描述为具有一个自适应范围，有机体的个体发育使它能进行一系列的行为，但是它不能适应超出这个范围的行为。例如，2 岁的孩子因为其所处的发展阶段限制，无法理解物质守恒的原理[②]。人类的智慧拓宽了我们的自适应范围，因为我们能利用技术（文化）解决有机体自身难以适应的问题（如太空旅行、水下探索）。

（四）个体发展

生态系统中的每一个单元自身的内部结构都可能发生变化，对于人类来说，主要的生理发展变化是衰老和个体发育，最重要的社会性变化是经验或成熟。正如皮亚杰等人所指出的那样，个体发展与社会发展有着千丝万缕的联系[③]。事实上，布朗芬布伦纳反对发展仅仅发生在有机体的内部的观点，他认为发展始终是生物体与其直接环境之间交互作用的结果[④]。

（五）自然选择与适应

在费舍尔证明突变绝不可能是进化的主要因素之前，人们认为进化的原因主要有两个：突变和自然选择[⑤]。现在我们通常只考虑自然选择及其相关的适应。如果一个生物或种群适应了（幸存）其生态系统的变化，那么它就没有被“选择”。如果一个种群发生了变化，那是因为部分适应性差的个体被选中了，而剩下的个体则携带了种群适应性更强的等位基因。一个典型的案例就是 19 世纪晚期依赖煤炭生存的英国白蛾，这个种群中有

---

① Bronfenbrenner, U. *The ecology of human development* [M]. Cambridge, MA: Harvard University Press, 1979.

② Piaget, J. *The origins of intelligence in children* [M]. M. Cook, Trans, New York: Norton, 1952.

③ 同②。

④ 同①。

⑤ Fisher, R. *The genetic theory of natural selection* [M]. New York: Dover, 1958.

少数深色的蛾子在黑煤环境中存活了下来，而它们的白色亲戚在灰色环境中却很容易被饥饿的鸟类发现。

在生态理论中，自然选择通常被视为种群层面的发展机制，而适应则被视为个体层面的发展机制。有机体的发展受其遗传素质的制约，某一特定有机体是否能适应环境的变化，取决于其遗传禀赋所界定的适应范围。如果有机体被选中，那么种群的基因库就会发生变化。因此，生物体在个体发育过程中，其适应范围与不断变化的环境交互作用，就会发生选择和适应。

四、理论命题

人类生态学理论还没有形成一套统一的、公认的理论命题。布朗芬布伦纳关注所有推动和阻碍人类发展的力量，而不是仅关注家庭这一因素。根据这种观点，家庭是个体发展中最重要的微系统之一，我们在此所列出的命题主要来自这个生态发展学派。

（一）家庭作为一个社会团体，嵌入在更大的关系网络中

家庭在养育其内部成员的同时，也为更大的社会系统提供经济和社会团体的再生产。布朗芬布伦纳对在生态系统中个体的发展构建了最清晰的设想：

个体通过与其直接生态系统（家庭）和更远端的环境（如学校）的交互作用来成长和适应。

（二）一个儿童从其母亲怀孕开始就与他人建立了一种关系

这句话暗示在发展的研究中，对偶（dyad）关系是最小的分析单位。虽然儿童发展是由基因决定的，但其发展总是在由关系构成的环境下进行。因此，儿童的发展是受各因素交互作用的。

个体的发展状态反映在个体启动和维持一个新的适应范围水平的能

力，以及在没有他人指导的情况下保持这些行为的能力[①]。正如霍利所指出的，当个体或种群适应和发展时，它们会改变与环境的相互作用[②]。因此，发育中的有机体会改变生态系统中的关系。当对偶关系中的一个成员发展变化时，对偶关系的另一个成员也可能发生变化。

（三）随着儿童的发展，他（她）在家庭中的功能从主要被支持和维持转变为日益共生和相互依赖

上面的命题揭示了一幅人类生态学理论的图景，它是由这样一种认识所驱动的：人类生态系统的不同主要在于人类生态学“恰当地描述了群体的适应机制”。我们可以看到，无论是从个体发展的角度还是从宏观组织的角度来审视生态系统，人类生态学家都必须将家庭视为一种核心的适应机制。对于本节开头的例子，如果我们不从高阶系统中寻找原因，就难以解释卡特里娜家庭的变化。从这个例子中，我们可以看到生态方法的雏形，其基本原则是重视各生态层次的联系和嵌入性，以及不断适应变化的需要。

五、理论变体

（一）家庭人口统计学与生态学

彼得森（Peterson）将人口统计学定义为“对人口现象的系统分析”[③]。他指出人口统计学家的不同研究取向：一种取向是“正式的”人口统计学，即通过使用复杂的数学模型，将人口作为一个独立的部分进行研究；另一种取向是“人口分析”，它需要考虑社会环境中的变量，如规范、自然资源和经济增长。人口分析是人类生态学的一种理论变体。

---

① Bronfenbrenner, U. *The ecology of human development* [M]. Cambridge, MA: Harvard University Press, 1979.

② Hawley, A. *Humanecology: A theoretical essay* [M]. Chicago, IL:University of Chicago Press, 1986.

③ Peterson, W. *Population. 2nd ed* [C]. New York: Macmillan, 1969.

从一开始，人口统计学就必然涉及许多“家庭”变量的研究，如结婚和生育。家庭人口统计学家格利克（Glick）在《家庭周期》一文中正式提出了基于数据的家庭生命周期分析方法。人口统计学家对家庭如何与社会的其他组织部门（如工作和教育）相结合也很感兴趣：霍根（Hogan）研究了事件序列的影响，包括完成学业、初入职场以及结婚[①]；奥本海默（Oppenheimer）研究了家庭变化和经济变化的关系；威斯康星大学人口与生态中心发起了一项纵向研究，即对全国家庭和住户进行调查，重点关注美国的家庭成员和家庭模式[②]；人口学家通常从宏观层面进行研究，比如社会群体、机构和人口，主要关注社会群体在特定社会的时间和空间中是如何相互影响的[③]。

虽然新的人口统计学还未形成成熟的理论，但它却为生态理论家提供了有用的见解以及比过去更丰富的人口统计学视野。

（二）人类发展生态学

布朗芬布伦纳在《人类发展生态学》中将生态学理论与库尔特·勒温的场论结合起来[④]。布朗芬布伦纳认为，孩子是在家庭背景下发展的，发展不仅是个体遗传因素的结果，而是遗传禀赋与家庭以及环境中其他组成部分交互作用的结果[⑤]。

布朗芬布伦纳的研究与只通过研究个体特征或能力来解释个体行为的心理学家形成了鲜明的对比。布朗芬布伦纳认为个体的行为是个体特征或能力与环境相互作用的函数，个体特征与环境相互作用，从而产生了个人行为，而这种行为不能用个体特征与环境的影响简单相加来解释。这种互动主义的观点将布朗芬布伦纳的人类发展观点与更本体论的个体方法区分开来。他指出：人类发展生态学涉及对一个主动的、成长中的人与其周围

---

① Hogan D P. The variable order of events in the life course [J]. *American Sociological Review,* 1978: 573-586.

② Sweet, L., Bumpass, L., Call, V. *The design and content of the National Survey of Families and Households* [M]. Madison: University of Wisconsin, Center for Demography and Ecology, 1988.

③ Teachman, J. D., Tedrow, L. M., Crowder, K. D. The changing demography of America's families [J]. *Journal of Marriage and the Family*, 2000, 62: 1234-1246.

④ Lewin, K. *A dynamic theory of personality* [M]. New York: McGraw-Hill, 1935.

⑤ Bronfenbrenner, U. *Ecological systems theory* [M]. Greenwich, CT: JAI, 1989.

环境的变化特性之间的逐步发展和相互适应的科学研究，因为这一过程受到这些环境之间的交互作用的影响以及环境所嵌入的更大背景的影响[①]。

布朗芬布伦纳认为个体嵌入微观系统、中观系统、外部系统和宏观系统中，在布朗芬布伦纳对“生态过渡”（ecological transition）的定义中，“人在生态环境中的位置因角色、环境或两者的改变而改变”[②]。后来，布朗芬布伦纳对该概念进行了补充，并提出了一个模型，在这个模型中，“生态位的差异与发展过程和发展结果的差异紧密相关”[③]。例如，随着孩子的成长，他（她）会逐渐接触除母亲以外的照料者角色：日托、学前班、同龄群体，最后是学校系统。新角色的出现以及当前环境和未来环境之间的相互作用，可能代表着儿童在发展过程中重要的生态转变。学校作为中间系统，会受到外部系统和宏观系统的影响，诸如经济压力和政治决策等。

布朗芬布伦纳认为时间是理论中的重要部分，并补充了两个观点：首先，布朗芬布伦纳把生态理论应用于个体的“整个生命历程”[④]；其次，加入了时间系统的概念，关注个体发展历程（事件和经历）及时间对发展的影响。这也使布朗芬布伦纳的理论与生命历程理论更加相似，并意味着可能要逐渐将重点放在发展而不是生态上。例如，布朗芬布伦纳的很多追随者都开始转向了生命历程的视角[⑤]。

另一项进展源于布朗芬布伦纳最后一部作品《使人类成为人类：人类发展的生物生态学视角》[⑥]。从“生态学”到“生物生态学”这一术语的变化似乎标志着理论的二次发展，再次强调了发展的生物特性与社会特性之间的相互作用。由此生态学逐渐转向社会生态学，弱化了对后天因素的过分强调。布朗芬布伦纳强调的双向关系（尤其是母亲—孩子）是我们分析

---

① Bronfenbrenner, U. *The ecology of human development* [M]. Cambridge, MA: Harvard University Press, 1979:21.

② Bronfenbrenner, U. *The ecology of human development* [M]. Cambridge, MA: Harvard University Press, 1979:26.

③ Bronfenbrenner, U. *Ecological systems theory* [M]. Greenwich, CT: JAI, 1989:200.

④ Bronfenbrenner, U. *Ecological systems theory* [M]. Greenwich, CT: JAI, 1989:188.

⑤ Moen, P., Elder, G. H., Jr., Lüscher, K. *Examining lives in context: Perspectives on the ecology of human development* [M]. Washington, DC: American Psychological Association, 1995.

⑥ Bronfenbrenner, U. *Making human beings human: Bioecological perspectives on human development* [M]. Thousand Oaks, CA: Sage, 2005.

发展的最小单位。依恋理论与该观点完全一致，只是更聚焦于母亲和孩子之间的关系。鲍尔比（Bowlby）最早提出了依恋的发展生态学理论[①]，鲍尔比认为，婴儿会与重要看护者（通常是母亲）建立强烈的情感纽带。安斯沃思（Ainsworth）对鲍尔比的依恋理论进行了完善和实证检验，该理论的支持者认为，婴儿需要对一个重要的、始终如一的看护者形成安全情感的依恋关系[②]。当孩子觉得自己有一个稳定、安全的关系和重要看护者时，才会去探索环境。梅恩（Main）和所罗门（Solomon）提出了四种依恋类型：安全型、回避型、反抗型和紊乱型。研究表明，安全型依恋是最有利于孩子发展的。并且，幼儿的依恋类型会影响其成年后的依恋行为[③]。

（三）家庭的社会生物学和生物生态学

家庭社会生物学家认为，人类行为受基因和环境的相互作用，否定了简单的生物决定论。相反，社会生物学中的关键概念是广义适合度，或亲属选择。广义适合度是指个体的行为方式是为了最大程度地提高自己或其亲属的繁殖成功率，这意味着个体要将自己的基因最大程度地传递给下一代[④]。在基因库和环境的约束下，广义适合度可以用于解释人类家庭行为。例如，范登伯格提出了两种使繁殖成功率得以最大化的亲代策略：一是减少其子代数量，并尽全力地照顾孩子；二是增加其子代数量，但父母在每个孩子身上投入的时间和精力会相应减少。他指出在不同的环境下，这两种策略各有优劣。在不稳定和恶劣的环境中，高生育率策略可能更有效，而高亲本投资的低生育率则更适合接近环境承载能力的稳定种群[⑤]。因此，用于解释生物学原理的广义适合度是在特定的环境中使用的。

广义适合度一个重要的应用领域是解释人类的婚姻和性行为，在多数的人类社会中，长期的异性婚姻是基本的规范，并且婚姻结合和性行为往往是男性作为主动的一方。这是因为范登伯格认为，一方面“雌性在后代

---

① Bowlby, J. *Child care and the growth of love* [M]. London, UK: Penguin Books, 1953.

② Ainsworth, M. *Infancy in Uganda* [M]. Baltimore, MD: Johns Hopkins Press, 1967.

③ Hazan, C., Shaver, P., Romantic love conceptualized as an attachment process [J]. *Journal of Personality and Social Psychology,* 1987, 52:511-524.

④ van den Berghe, P. *Human family systems* [M]. New York: Elsevier North-Holland, 1979.

⑤ 同④。

身上投资更多，滥交的动机更少”，因此女性会对男性进行“考核”。另一方面，雄性在个体孩子的养育中面临的风险较小，通过最大程度地传递基因而获得更大的收益。社会生物学还提出了一个关于社会变化的问题。例如，在解释配对结合时，一个重要的社会问题是当今的节育措施是否会导致女性的滥交？根据范登伯格的观点，节育不会导致滥交，因为它仅仅允许性行为，但不允许繁殖。根据广义适合度理论，节育并不能带来基因的传递，因此与男性的滥交行为有着本质区别。

六、理论的应用

（一）日托对幼儿的影响

日托及其对幼儿影响的研究已被证明是家庭生态学理论最有效的应用之一，宾夕法尼亚婴儿和家庭发展项目的研究人员通过使用布朗芬布伦纳的微观系统、中观系统、外部系统中提取的变量来检验婴儿—母亲依恋关系[①②]。贝尔斯基（Belsky）及其同事的研究结果，以及其他关于儿童保育生态因素的研究结果，似乎与之前在儿童保育领域的研究相矛盾[③]。

例如，贝尔斯基的一项研究结果指出，随着时间的推移，研究的宏观环境已经发生了变化，“1976 年，只有不到三分之一的一岁以下婴儿的母亲有工作”，但“1985 年，几乎每两个母亲中就有一个在工作”。贝尔斯基总结了目前的文献现状：

在生命的第一年，任何类型的儿童看护，包括中心看护、家庭日托和保姆看护，在儿童 12 个月或 18 个月大的时候都会被归类为未与母亲建立依

① Bronfenbrenner, U. *The ecology of human development* [M]. Cambridge, MA: Harvard University Press, 1979.

② Bretherton, I. *Theoretical contributions from developmental psychology* [C]. New York: Plenum, 1993:287.

③ Belsky, J., Gillstrap, B., Rovine, M. The Pennsylvania Infant and Family Project: I. Stability and change in mother-infant and father-infant interaction in a family setting at one, three, and nine months [J]. *Child Development*, 1984, 55:692-705.

恋关系的儿童。在儿童 3—8 岁的时候叛逆以及具备攻击性的风险更高[①]。

贝尔斯基和艾格本（Eggebeen）从全国青少年的纵向调查中发现，幼时母亲就参加工作的儿童更加叛逆[②]。2010年的一项报告指出，幼儿早期保育对个体的影响会一直延续至高中[③]。

（二）虐童

加尔巴里诺（Garbarino）和谢尔曼（Sherman）认为，在同一个社区的亲子关系中，资源丰富的成人与孩子进行互动，比被孤立的孩子发生虐童事件的可能性小[④]。在《高危社区和高危家庭：虐童的人类生态学》一书中，加尔巴里诺和谢尔曼引用了动物行为学研究和跨文化研究，动物行为学研究对象是孤立的大猩猩母亲及其婴儿。这些研究表明，父母对孩子的排斥与社会嵌入性呈负相关。他们发现大约 40% 的虐童事件与家庭社会经济地位有关。当研究人员控制了社会经济地位这一变量时，发现虐童风险与社区特征显著相关。

七、批判和讨论

布朗芬布伦纳认为，发展是通过与环境的交互作用产生的。同样重要的问题是“衰退和衰败是如何发生的呢？”。霍利的《人类生态学》包含了关于生长和进化，但是明显缺少关于衰败、解体和死亡的章节[⑤]。

生态学理论的另一个重要问题是需要明确个体发生的因果关系何时会

---

① Belsky, J. Parental and nonparental child care and children’s socioemotional development: A decade review [J]. *Journal of Marriage and the Family*, 1990, 52:885-903.

② Belsky, J., Eggebeen, D. Early and extensive maternal employment and young children’s socio-emotional development: Children of the National Longitudinal Survey of Youth [J]. *Journal of Marriage and the Family*, 1991, 53:1083-1110.

③ Vandell, D., Belsky, J., Burchinal, M., Steinberg, L., Vandergrift, N., NICHD Early Child Care Research Network. Do effects of early child care extend to age 15 years? [J]. *Child Development*, 2010, 81:737.

④ Garbarino, J., Sherman, D. High-risk neighborhoods and high-risk families:The human ecology of child maltreatment [J]. *Child Development*, 1980, 51:188-198.

⑤ Hawley, A. *Humanecology:A theoretical essay* [M]. Chicago, IL:University of Chicago Press, 1986.

转变为社会发生的因果关系。例如，由于个体发育成熟的原因，一个孩子可能在 2 个月大的时候不会进行如厕训练，但在有机体生命过程的某个时刻，同样的结果（如厕训练）会从个体原因转变为社会原因。另外，有机体的内部发育不再决定有机体的发育，它主要由有机体外部的社会过程决定。布朗芬布伦纳使用这一概念将儿童与更广泛的生态系统联系起来。然而，我们无从得知从基因到社会因果关系转变的确切过程。

与上述批评有些相似的是分析层次的问题。例如，如果行为可以用基因库的差异来解释，那么当行为发生迅速变化时，我们就会预期基因库也会迅速变化。

我们可以做一个假设，比如，一个城市的暴力犯罪在短时间内（比如 3 年）增加，我们可能试图用基因库或人口数量的变化来解释这一变化，但基因库在正常的移民水平下为什么变化如此之快？那么，什么是适当的分析水平？个人、团体、组织还是其他层面？

也有研究者质疑生态理论背后逻辑是一种循环论证[①]。例如，进化是一种由适应和选择引起的形式变化，而适应和选择反过来又由进化引起。另外，社会生物学的生物学论点和个体遗传学的论点有一个共同缺点，即这些主张和解释是事后提出的，任何其他看似合理的理论也可能是正确的（包括社会学理论）。摆脱这种批评的方法是放弃那些表面上看起来合理，但无法进行经验验证的预测性主张。

八、结论

可以说生态学理论的发展还在起步阶段，它提供了一个生物学和社会学的人类视角，具有必要的广度和深度。社会生物学、人类发展生态学为研究某家庭成员、某家庭群体以及群体运作的生态环境提供了一些新的可能。生态理论很有可能不仅为家庭学者，还为一般的社会科学家提供最有力的理论命题。

---

① Turner, J. *The structure of sociological theory (5th ed.)* [M]. Belmont, CA: Wadsworth, 1991.

第六节　家庭生命周期发展理论

上个月，拉吉与沙列夫在一场婚礼上邂逅后，他便时常思念沙列夫。他们虽然交换了电话，却很少联系。沙列夫来自一个比较传统的家庭，因而对约会没有太大的兴趣。而拉吉与很多女人约会过，甚至有过同居经历。沙列夫似乎只愿意和她的结婚对象在一起，但拉吉认为这说不通。他认为“你怎么知道你们是否合适？”。由此可见，拉吉和沙列夫在年轻的时候就走向了完全不同的恋爱道路。这会不会导致个体或伴侣走向不同的未来？会影响未来婚姻的稳定性吗？你的伴侣可能是什么样的？……家庭生命周期发展理论旨在回答上述以及更多关于个人和家庭生命全程的问题。

拉吉和沙列夫的故事是学者们探索家庭发展和生命周期时所关注的内容，他们对有利于加强家庭稳定性的信息感兴趣，如果证实这些信息可以预测情侣未来的关系，那我们也能理解为什么某些结果更常见。

家庭生命周期发展理论包含三种理论方法。一是个体生命全程理论。它关注个体的变化以及影响因素，常用于心理学研究。二是家庭发展理论，主要应用于家庭和家庭社会学研究。该理论关注家庭经历事件时的变化，承认个人发展的重要性，但其焦点是“群体”的发展。三是生命周期理论，常被家庭研究学者和社会学研究人员采用。该理论研究个人的事件历史，以及早期生活事件对后来生活的影响。在这三个理论中，家庭发展理论是唯一一个研究家庭的理论。家庭生命周期发展理论有几个关注的重点。一是时间和历史方面，尽管其他理论可能也关注时间，但不涉及微观层面的时间讨论。二是关注家庭形态的变化和变化中的家庭形态，它涉及家庭社会角色的变化以及社会范围内的宏观变化。

另外，这三种理论的共同点包括：第一，都涉及遗传的发展；第二，都关注时间及其变化的作用；第三，都将个人和家庭的变化纳入出生顺序、历史时期和个人年龄等更为宏观的框架；第四，家庭变化一般被认为是家庭成员适应社会变化时与社会交互作用的结果。

一、理论的历史渊源

家庭发展理论和生命周期理论实际上起源于个体生命全程发展理论。婴幼儿时期是个体成熟和发展最为迅速的时期，儿童的身心发展是发展理论早期阶段的重点。弗洛伊德、皮亚杰以及科尔伯格认为儿童在上个阶段所获得的能力有助于顺利过渡到下一阶段。他们认为，人的发展是离散的发展阶段。生命全程发展理论将个体遗传扩展到成年人的研究，相比于儿童，成人发展与社会背景联系更紧密。同时儿童总是在成长和成熟，而成年人最终会衰老和死亡。这些问题使学者们对生命全程发展有了一个不同的视角。

在家庭的研究中，希尔和杜瓦尔（Duvall）把家庭发展作为统一所有理论的目标[①]。希尔发现生命周期理论、系统理论、人类发展理论、生命全程发展理论等家庭理论相结合可以形成一个完整的家庭理论体系。家庭发展理论生发于家庭生命周期观，生命周期的概念出现在大萧条时期农村社会学家的作品中。随后格利克将家庭生命周期的概念作为一种描述性工具纳入社会人口统计学[②]，这是标志理论走向成熟的重要一步。帕森斯（Parsons）的想法是最具辨识度的，他捕捉了关于家庭功能主义思想[③]。希尔的 ABC-X 家庭压力模型中突出了系列生活事件与危机事件的重要性[④]。随后，罗杰斯（Rodgers）和怀特建议放弃家庭生命周期的概念，转而采用以生命全程——家庭生涯为导向的概念[⑤]。奥尔德斯（Aldous）进一步发展

---

① Sussman,, M. B., Steinmetz, S. K., Peterson, G. W. *Handbook of Marriage and the Family* [M]. Springer Science & Business Media, 2013.

② Glick, P. C. The family cycle [J]. *American sociological review,* 1947, 12(2): 164-174.

③ Parsons, T., Shils, E. A. *The social system* [M]//Toward a general theory of action. Routledge, 2017.

④ Hill, R. 1.Generic features of families under stress [J]. *Social casework*, 1958, 39(2-3): 139-150.

⑤ Rodgers, R. H., Witney, G. The family cycle in twentieth century Canada [J]. *Journal of Marriage and the Family*, 1981: 727-740.

了家庭生涯的概念，她将家庭生涯概念化，包括兄弟生涯、婚姻生涯和父母生涯，所有这些都受家庭外部生涯的影响①。为了将家庭发展理论与生命周期理论区分开来，奥尔德斯强调生命周期方法关注个体，而家庭发展方法关注家庭层面的分析②。生命周期分析最初源于对个体在生命全程中所经历的偶发事件的社会学关注。例如，霍根证明事件发生的顺序，如开始第一份工作和完成教育，与后来的生活过程事件之间的密切关系，如离婚。随着“事件历史分析”的普及，生命全程分析得到了极大的推动③。

这三种理论极其相似，生命全程发展理论强调个体的发展，家庭发展理论关注生活事件的安排和家庭在生命全程中的转变，生命周期理论虽然以个体为中心，但更多通过家庭背景来考察个体的生命历程。但总的来说，这三种理论方法是相辅相成的。

二、理论重点和假设

家庭发展理论依赖于对家庭的基本假设，包括对发展过程的必然性的假设，对纳入多层次分析的重要性的假设，以及将时间视为一个多维实体的假设。

第一个假设是发展过程是不可避免的。这是假设家庭成员个体、家庭成员之间的互动、家庭结构以及构成家庭角色期望的标准会随着时间的推移而变化。因此了解家庭必须了解家庭不同阶段的角色和期望的转变。

第二个假设是家庭群体受到各层次因素的影响，包括宏观社会的社会规范和不同社会阶层等集群的社会规范，大多数理论家把家庭作为一个社会群体来研究。作为社会群体的家庭之下是子群体关系，如夫妻关系和同胞关系。在关系层次以下的是个体家庭成员。如果我们从家庭群体向上移动一级，会发现相对同质的家庭集群和社会规范是由社会阶层和种族构

① Aldous, J. *Family careers: Rethinking the developmental perspective* [M]. Sage, CA, Thousand Oaks,1996.

② Aldous J. Family development and the life course: Two perspectives on family change [J]. *Journal of Marriage and the Family*, 1990: 571-583.

③ Hogan D P. The variable order of events in the life course [J]. *American Sociological Review*, 1978: 573-586.

成的。再往上看，我们发现每个社会体系都维持着关于家庭的一般制度规范和惯例。其中一些规范被编纂为法律期望，例如在儿童忽视或儿童虐待相关法规中的那些规范，但更多情况下，这些规范以非正式的形式发挥作用。家庭发展学家认为应该在不同的分析水平上对家庭进行分析。

第三个假设是时间的多维性。为了理解第三个假设，首先要理解时间的概念，时间是一个单调的过程，是由某些重复发生的周期性事件来衡量的。年龄、时期和队列的概念是家庭生命历程发展框架的基础。时间是研究家庭的一个重要变量。离散时间度量对于研究家庭的发展很重要，但这并不是使用或理解时间的唯一方法。时间的另一种概念称为社会过程时间。对于家庭学者来说，社会或家庭过程时间是我们时间概念中的一个重要维度，因为相比日历或手表时间，社会规范与时间的社会过程维度联系得更紧密。例如，“你什么时候结婚”与“完成学业”的时间节点比任何日历日期都要重要。由于家庭成员通常会回忆起这些重大事件的日期，我们可以追溯家庭过程时间的多条时间线。

在所有的家庭理论中，家庭生命周期发展理论对个人的基本假设少之又少，其强调对家庭群体的关注，将个体视为家庭群体的组成部分，受制度规范的影响。而制度规范以及家庭成员个体及其关系的特征决定了家庭群体的社会组织结构。

三、核心概念

（一）家庭的变化和发展

早期的家庭发展主义者并不清楚变化和发展之间的区别。事实上，有些人已经互换使用了这两个术语。但随着20世纪40年代和50年代儿童发展理论的兴起，家庭发展学家开始关注一个新问题，即发展不仅仅意味着家庭的改变。儿童发展学家吸取个体遗传学中的“变化”概念，来解释学科前沿问题，并发展出两种不同的观点：第一，儿童发展侧重于个体遗传，这是建立在学习语言和思维的遗传能力上；第二，发展的社会学意义在于对预期的家庭事件的跨越。尽管有一些尝试将这两者结合起来，但大多数发展学者都回避与个体发展有关的目的论和道德论。

怀特认为家庭转型取决于家庭所处的阶段和处于该阶段的时间[①]。根据社会学的方法，家庭的发展是一个遵循年龄和阶段性社会规范的过程。与皮亚杰等个体遗传学家的刚性阶段排序不同，家庭发展阶段的排序可能有多种方式，而家庭发展变化只是家庭可能经历的许多变化中的一种。家庭发展理论家认为，发展性变化是家庭变化的重要形式。

（二）规范和角色（Norms and Roles）

规范是由社会建构的，用以管理和限定群体和个人的行为，是在家庭的不同阶段和个人的不同年龄完成某件事的规则。规范的概念可能是禁止性的，如表明我们应该做什么或一个家庭应该是什么，但规范也可以是描述性的。这种区别在家庭生命周期发展理论中很重要，因为禁止性规范往往带有道德含义，而描述性规范可能影响行为，但没有好坏的标签。体罚就是一个很好的例子。在不鼓励打屁股的社会环境，体罚对孩子有消极影响；但是在一个支持体罚的社会环境中，体罚并不会对儿童产生不良的影响。怀特指出，规范随着分析水平的不同而改变，是一个分析水平的规范可能与另一个分析水平的规范存在差异[②]。

在大多数社会中，母亲的角色需要养育的规范。但是，一个角色的内容（规范）在不同的社会和文化中存在巨大差异，并且可能随着年龄而变化，例如，有婴儿的母亲的养育者角色与有青春期孩子的母亲有很大的不同。角色概念的使用在家庭发展理论中几乎与符号互动理论相一致。

（三）事件（Events）

家庭生活事件通常是离散的重大事件，如出生、死亡、婚礼、搬家或离婚。

出生和死亡是人类普遍的经历，在这期间发生的重大生活事件，有助

---

① White J M. *Dynamics of family development: A theoretical perspective* [M]. Guilford Press, 1991.

② White J M. The normative interpretation of life course event histories [J]. *Marriage & Family Review*, 1998, 27(3-4): 211-235.

于理解生活和家庭过程的异质性和同质性。事件的发生往往是短暂的，但是带来的影响可能是持续的，例如，孩子的出生通常是指在孩子完全离开产道的那一刻，但对父母，特别是对母亲来说，孩子出生带来的意义远不止那一分钟。这些生活事件很重要，因为它们标志着前一个状态的结束，比如单身，以及一种新状态的开始，比如结婚。事件的时间、频率和顺序有助于解释不同的生命历程的路径和生命历程的结果。

（四）家庭阶段（Family Stage）

家庭阶段是指一段时间间隔，在这段时间内，家庭中的人际关系和互动与其他时期在性质上明显不同[①]。阶段有三个主要特征：所有阶段都由一个转折性的事件开始、它们的结局由一个转折性事件决定，它们的持续时间由两个转折性事件之间的时间确定。一个阶段是由在第一个转折事件中进入的连续状态组成的。例如，一对情侣可能会同居一段时间，然后选择结婚。婚姻事件使他们的关系状态从未婚转变为结婚。在这段婚姻状态下的持续时间是婚姻阶段。群体层面的阶段代表了家庭成员之间的角色互动模式在一定时间范围内的独特性，不同于之前和之后的阶段。

（五）转折（Transitions）

转折是指一个家庭阶段到另一个阶段的转变，两个阶段之间是通过重要事件来区分的。一个家庭的生涯是由许多这样的阶段之间的变迁组成的。马格拉比（Magrabi）和马尔斯·霍尔（Mars Hall）第一个将家庭转折进行概念化[②]，克莱因（Klein）和怀特等人进一步发展了这一概念[③④]。转折期往往是由一个个可能的事件引发，例如，一对已婚夫妇可能保持已婚状态或离婚，其中一方可能死亡，或者他们可能有一个孩子。每一个可能的

---

① Aldous, J. *Family careers: Rethinking the developmental perspective* [M]. Thousand Oaks, CA: Sage, 1996.

② Magrabi, F. M., Mars Hall, W. H. Family developmental tasks: A research model [J]. *Journal of Marriage and the Family*, 1965, 27:454-461.

③ Klein, D. M., Hill, R. *Determinants of family problem-solving effectiveness* [C]. New York:Free Press, 1979.

④ White, J. M. *Advancing family theories* [M]. Thousand Oaks, CA: Sage, 2004.

事件都将使家庭的发展转移到新的路径。随着时间的推移，这个过程看起来就像一棵有许多分支的树。

（六）发展路径（Pathways）

正如在转折概念部分中指出的，生命周期是由跨越阶段的运动所产生的。它可以概念化为一条路径线，从早期的生活事件到后来的生活事件，以及一些新的事件。例如，每个人的人生历程都始于单身的状态。随着时间的推移，一个人可能会选择保持单身，结婚，同居，或者进入一些其他的替代的婚姻安排。如果那个人选择同居，那么在下一个时间点的选择将是继续同居，结束同居，与他（她）的伴侣结婚，或者进入一些替代的结合形式。每个时间点都显示由于上一个选择所形成的新的可选项。

不同状态之间的转换通常被认为是个体选择的结果，但许多转变和历史事件并不仅仅是我们选择的结果，配偶或孩子的死亡并不是我们会选择的事情。意外怀孕或生三胞胎很少是选择的结果。经济崩溃、自然灾害和战争等重大事件也无疑会影响个人和家庭的发展路径。

（七）发展任务（Developmental Tasks）

早期发展学家认为，家庭的变迁与个人和家庭生命过程中出现的发展任务有密切关系，这些任务的成功完成会直接影响到后续任务的成功[①]。发展任务的概念试图将社会标准与个体的发育成熟结合在一起，将“发展任务”的概念定义为在家庭的特定阶段产生的规范或角色期待。

四、理论命题

通常情况下，将命题从高层次转移到低层次更为合适，例如，我们可以合理地谈论一个人的“动机”，但假设群体或社会机构与个人的动机是一样的，则变得不合理。因此，我们将家庭发展理论的命题实例集中在更为一般的制度和群体层面上。

---

① Havighurst, R. *Developmental tasks and education* [M]. Chicago, IL:University of Chicago Press, 1948.

（一）家庭发展是一个受社会时间和顺序规范调节的群体过程

尽管社会规范在不同文化和时间上会有所改变，但当社会时间和顺序规范不同步时，更有可能产生破坏效应。这一命题主张家庭发展是一个由社会规范界定的过程，因为规范在不同文化中是不同的，家庭发展的过程在不同文化中也是不同的。例如，在波利尼西亚文化中，婚前分娩被认为是配偶选择的必要步骤。

虽然时间和顺序规范是相互关联的，但是人们似乎更有可能试图保持事件的顺序，而不是这些事件的时间。这表明，家庭生涯作为一系列的阶段或事件，其顺序性在解释家庭行为方面可能比时间更重要。

（二）在家庭群体中，家庭成员创造内部的家庭规范

当家庭内部的规范与家庭制度性规范相偏离时，更容易产生家庭的破裂。在家庭群体中，每个家庭都制定社会规则，比如就寝时间、关于可以看多长时间电视的规则，以及关于外出迟到的规则。而家庭的制度提供了更广泛和一般化的框架，例如，在北美很少有父母会建议其子女未婚先孕，这就是典型的家庭制度。家庭成员可以在家庭制度内交互式地创建他们的内部规则。内部的家庭规范或规则受到家庭制度的限制，因为内部规则不得过度威胁家庭的制度职能。例如，不想教育孩子的父母可能被国家剥夺抚养权。

（三）家庭群体内的互动受到社会规范的调节

不同的家庭虽然有不同的处境，但是在相同文化中，对于家庭中角色的期望和制度性的规范往往是相似的，这就导致不同家庭中的互动模式往往是可预测的。

这些规范提供了家庭成员可以为其家庭创建独特价值的参数限定。诸如幼儿的母亲和父亲等角色的限定特别严格，因为社会新成员的繁殖和社会化对于整个社会的发展有着巨大的利害关系。

（四）家庭阶段之间的转折是由当前阶段和在该阶段所花费的时间预测的

尽管家庭在人生历程中不断发展，似乎是个人决定何时同居、结婚、生孩子等，但一般的家庭发展都有很高的可预测性。因为这个过程在很大程度上是由社会时间和顺序规范形成的。刚结婚的夫妇生孩子的可能性很高，而他们在没有孩子的阶段停留的时间越长，他们生孩子的可能性就越低。

另外，除了一个阶段影响另一个阶段的命题之外，发展主义者通常认为，阶段所处的特定位置、持续时间以及向另一个阶段的过渡有助于预测或解释家庭的其他事情。例如，在结婚三周年纪念日后，你结婚的时间越长，你离婚的可能性就越小。

（五）个人和家庭系统性地偏离家庭制度规范从而适应其他制度规范

家庭转折的时间安排和顺序规范并不是孤立于其他社会机构的。例如，教育规范，如“接受更多教育”，结合社会性的顺序规范，例如“在结婚前完成教育”和“在结婚前找到工作”，共同构成了“完成学业，然后找工作，然后结婚”的发展轨迹。虽然没有对不遵循此顺序的正式制裁，但无形的社会舆论压力是这一发展顺序的有力保障。

五、理论变体

生命全程发展理论主要有三个变体：家庭发展理论、生命周期分析和个体生命全程理论。

（一）家庭发展理论

虽然家庭发展理论与生命全程理论有很多相似之处，但存在其独特性。其中一个差异是，在家庭发展学家中，对变化的理解持两种观点：以罗杰斯和怀特为代表的结构视角强调制度和跨制度的过程是影响家庭发展的关键[①]；互动视角代表者奥尔德斯则强调群体内部的关系以及独特的家庭规范和角色的构建[②③]。

结构化观点强调社会系统中共享的社会时间和顺序规范。结构主义者认为，家庭社会科学家应该关心的是社会内部家庭发展的总体模式和变化。此外，他们还认为，关注总体模式也提供了一种解决家庭制度以及其他制度内部社会变化的方法。结构主义者用来解释社会变化的主要概念是，一个制度的时间和顺序规范与其他制度的规范之间的跨制度适应。他们认为，家庭制度正在不断适应，以便与其他制度保持一致和同步。偏离一个制度的时间和顺序规范（通常是为了符合另一个制度的规范）是社会变革发生的机制。

互动观点认为，家庭成员及其之间的互动有利于构建社会角色的规范，从而为社会变革设定方向。例如，母亲可以有多种方式培养孩子。有些母亲可能会带着婴儿去上班，有些母亲可能会选择留在家里照顾孩子。互动主义者认为所有这些行为都符合作为养育者的母亲的宽泛框架，但个人有足够的自由度建立自己的养育规范和规则。此外，互动主义者认为，这样的角色制定和规范制定是社会变化产生的根源。首先，在家庭中构建自己的规范和角色，以适应社会和经济形势。其次，随着越来越多的人加入类似的适应中，规范和角色变得越来越普遍和可接受，直到最终成为新的规范。

（二）生命周期分析

在过去的30年中，出现了一种分析个体事件历史的方法——生命周期分析。虽然这种分析形式在很大程度上独立于家庭发展理论，但其重点是家庭事件。家庭发展理论通过纳入生命周期分析中的一些方法得到扩展。罗杰斯和怀特扩展了家庭发展理论，将其他制度性事件纳入发展范

---

① Rodgers, R. H., White, J. M. *Family development theory* [C]. New York: Plenum, 1993:225-254.

② Aldous, J. *Family careers* [M]. New York: Wiley, 1978.

③ Aldous, J. *Family careers: Rethinking the developmental perspective* [M]. Thousand Oaks, CA: Sage, 1996.

式，作为“跨制度”的时间和顺序规范[①②]。生命周期分析，就像家庭发展一样，包含了变化的历史维度：时期、年龄和出生队列。最近序列分析方法的进步为各个领域的研究人员带来了更多基于家庭生命全程的研究。序列分析强调对整个生涯的顺序研究，而不只是注重一个孤立的生活事件。他们指出，研究事物发展轨迹的能力是序列分析的主要优势。

奥尔德斯认为，由于家庭发展理论关注的是家庭群体，而生命全程分析关注的是个人，所以两种取向存在差异。但也存在不同的观点：本特松（Bengtson）和艾伦（Allen）认为，家庭是分析生命周期的几个层次之一[③]。这种观点强调的是不同研究人员选择的分析水平的差异，而不是实质性的理论差异。一些研究的结论证明，个体层面的事件往往与家庭互动密不可分，例如，克罗斯诺（Crosnoe）和埃德尔（Elder）的研究发现，父母接受高等教育，会对祖父母与孙子女之间的互动产生影响[④]。桑顿（Thornton）等人发现，如果祖父母在农村环境中长大，他们的孙辈更有可能直接结婚，而不是先同居。因此，在这些情况下，个人生命历程事件会产生影响到家庭内特定结果的代际传递[⑤]。

（三）个体生命全程理论

生命全程研究方法牢牢植根于心理学学科当中。从最初阶段，在儿童发展主义者的工作中以及随后在皮亚杰、埃里克森和其他人的理论工作中，对个体发育的强调远远超过了社会因素。这种对个体发育的强调旨在寻找人类心理的共性。人们认为人类具有特定的发展阶段，所有人类有机体都必须经历这些阶段才能成为“人”。皮亚杰的认知发展阶段或埃里克森的成人发展阶段就是此类尝试的例子。

---

① Rodgers, R. H., White, J. M. *Family development theory* [C]. New York: Plenum, 1993.

② White, J. M. *Dynamics of family development: A theoretical perspective* [M]. New York: Guilford, 1991.

③ Boss, P., Doherty, W. J., LaRossa, R., Schumm, W. R., teinmetz, S. K. *Sourcebook of family theories and methods: A contextual approach* [M]. Springer Science & Business Media, 1993.

④ Crosnoe R, Elder Jr G H. Life course transitions, the generational stake, and grandparent grandchild relationships [J]. *Journal of Marriage and Family*, 2002, 64(4): 1089-1096.

⑤ Gemici A, Laufer S. *Marriage and cohabitation* [M]. New York University, mimeo, 2011.

这种对特定物种、生物学决定的阶段进程的强调没有考虑到社会规范和环境对个人发展的巨大影响。当然，这种关于个体发展的观点必然会让人们重新思考发展过程的先天—后天之争。事实上，在1984年，社会学家丹尼弗（Dannefer）和生命全程发展学家巴尔特斯（Baltes）以及奈塞尔路德（Nesselroade）展开了一系列的交流，详细阐述了这一争论，最终结果是，发展主义者承认了发展的社会和历史背景，认为发展在不同的背景下沿着不同的路线进行。

六、理论的应用

家庭生命周期发展理论的应用很广，这一理论视角为家庭历史学家和人口学家提供了重要信息，并可以引导研究人员进入新的研究领域。我们选择了四个领域来说明这种方法的实践应用。其中的两个领域在家庭生命周期框架中有着悠久的研究历史，另外两个领域在最近的家庭生命周期研究中得到了关注。

（一）家庭弹性和压力

家庭发展理论的主要应用之一在压力领域。波士将家庭压力定义为家庭生活组织和过程的一种干扰[①]。虽然个人对压力有感知和反应，但家庭的资源可能是成功管理压力的原因。此外，个人对压力源的感知是由他们对家庭发展的时间和顺序规范理解所导致的。因此，要解释家庭压力和个人压力，应当从个人家庭资源和应对方式进行多层次分析。

家庭发展理论对压力和治疗的研究强调了重大事件的影响。在过去的30年里，麦库宾和他的同事们提出了家庭如何适应压力的发展模型，即家庭压力的ABC-X模型。该模型最早由希尔在1949年提出，它将压力源的累积作为一个整体机制来考虑。随后希尔模型已被更新扩展为家庭弹性模型。麦库宾和同事们认为弹性家庭比非弹性家庭更能成功地适应压力源。帕特森将弹性和压力模型合并为一个更广泛的模型，称之为“家庭调整和

① Boss, P. *Family stress management* [M]. Newbury Park, CA: Sage, 1988.

适应模型”[①]。

（二）成为父母的转折期

家庭生命周期领域的研究者也开始关注家庭生命周期中特定转折时所产生的压力。这一转折期往往包括产前准备、婴儿喂养实践和与工作相关的事件的时间安排等事件。希尔和罗杰斯认为，家庭阶段之间的过渡可能会带来压力[②]。梅纳汉（Menaghan）对与父母身份转变相关的压力进行了研究，她认为，预期的社会化和应对技能减轻了个人承担父母角色和规范的压力[③]。列维 - 希夫（Levy-Schiff）和以色列什维利（Israelashvili）发现，当父亲参与照料时，对丈夫和妻子的婚姻满意度都有积极影响[④]。

虽然我们还不知道是否所有的家庭转折都会给家庭成员带来压力，但确实有迹象表明，第一个孩子的出生和向为人父母的转变会影响个人和家庭关系。当家庭研究人员关注到这种家庭转变的因素时，不仅可以发现夫妻应对压力的细节，还可以实施干预策略以帮助家庭顺利过渡。

（三）同居生活

20 世纪下半叶，同居人数大比例上升。早期的同居研究集中在对以后婚姻的负面影响上，但是后来的研究表明，短期同居不会对婚姻稳定性产生负面影响[⑤]，甚至有研究发现，较长的同居时间似乎可以增强后来的婚姻稳定性[⑥]。但多次同居经历会对以后的婚姻稳定性有很大的负面

① Patterson, J. M. Integrating family resilience and family stress theory [J]. *Journal of Marriage and Family*, 2002, 64:349-360.

② Hill, R., Rodgers, R. H. *The developmental approach* [C]. Chicago: IL: Rand McNally, 1964.

③ Menaghan, E. Marital stress and family transitions: A panel analysis [J]. *Journal of Marriage and the Family*, 1983, 45:371-386.

④ Levy-Shiff R, IsraelashviliR. Antecedents of fathering: Some further exploration [J]. *Developmental psychology*, 1988, 24(3): 434.

⑤ Teachman, J. D., Polonko, K. Cohabitation and marital stability in the United States [J]. *Social Forces*, 1990, 69: 207-220.

⑥ Hewitt B, De Vaus D. Change in the association between premarital cohabitation and separation, Australia 1945-2000 [J]. *Journal of Marriage and Family*, 2009, 71(2): 353-361.

影响[①]。

（四）职场与家庭互动

早期的职场—家庭互动研究主要关注互动的功能失调方面。科塞（Coser）将工作与家庭的互动称为两个“贪婪机构”间的关系[②]；霍根研究了重大生活事件时间顺序的重要性，证明了负面后果与非规范性生活事件模式有关[③]。例如，一个人如果不遵守“先完成学业，找到工作，然后结婚”的规范模式，其婚姻不稳定程度会更高。最近的研究表明，规范的互动更有可能产生积极结果并提高生活质量[④]。研究还发现，工作和家庭的平衡不仅影响个人，还影响工作环境和家庭的整体状态。

七、评价和讨论

毫无疑问，孩子的成熟会导致家庭互动的变化，但家庭发展学家还没有对这些互动进行纵向研究；另外，儿童发展学家在很大程度上忽视了个体发育的家庭背景。怀特提出了一种互动的方法来模拟父母和孩子之间的互动。尽管这些努力的方向是正确的，但个人和家庭发展之间的理论关系仍然需要进一步的探索。

使用行为来推断规范是家庭生命周期理论的一个重要问题。马里尼（Marini）认为规范不能从行为中推断出来，因为规范是带有制裁性质的，并且是一个群体的一部分[⑤]。家庭发展的总体模式不能用来推断社会规范，因为没有证据表明这些规范由群体成员承担并具有约束力。怀特对马里尼

---

① Lichter, D. T., Qian, Z. Serial cohabitation and the marital life course [J]. *Journal of Marriage and Family*, 2008, 70:861-878.

② Coser, L. A. *Greedy institutions: Patterns of undivided commitment* [M]. New York: Free Press, 1974.

③ Hogan, D. The variable order of events in the life course [J]. *American Sociological Review*, 1978, 43:573-586.

④ Carlson, D. S., Kacmar, K. M., Wayne, J. H., Grzywacz, J. G. Measuring the positive side of the work-family interface: Development and validation of a work-family enrichment scale [J]. *Journal of Vocational Behavior*, 2006, 68:131-164.

⑤ Marini, M. M. Age and sequencing norms in the transition to adulthood [J]. *Social Forces*, 1984, 63: 229-244.

论点的回应是，她未能纳入适合分析规范的多层次分析。怀特认为，马里尼的定义只适用于群体层面的分析，而不适用于制度层面的分析。

应用范围是家庭发展理论的另一个问题，家庭发展理论家试图找到不同社会中家庭发展的共同特点与一般规律，然而，大部分家庭发展理论都基于对 20 世纪 60 年代美国中产阶级家庭的研究之上，尽管该理论的旧版本缺乏跨文化的适用性，但是已经有大量的研究者开展了跨文化的比较，并且修正了该理论中的一些命题。

家庭的发展观点最重要的贡献是，它提醒我们注意变化在研究家庭问题中的重要性。因此，每当有人称某个家庭具有某个特征时，我们就要质疑，这种特征是什么时候在家庭中出现的，又是在什么时候改变的。我们应找出其变化的原因，而不是假设变化是随机的。

八、结论

家庭生命周期发展理论在整个 20 世纪下半叶不断发展和成熟，它为解释家庭形成和解体模式提供了一个广泛的框架。在本节中，我们将生命全程发展、家庭发展和生命周期分析进行了比较和分析，这三种方法有很多相似之处。虽然它们在强调个体发展或社会发展方面存在分歧，但实践的领域往往各有优长、相辅相成。

第三章

家庭教育指导的领域：美国的架构

美国家庭关系委员会提出了家庭生活教育的 10 个内容领域，分别为社会中的个体与家庭、家庭内部动力、生命全程中的人类发展、生命全程中人类的性、人际关系、家庭资源管理、亲职教育与指导、家庭法律与公共政策、职业道德与实践、家庭生活教育方法论。根据达令等人提出的家庭生活教育基础模型，家庭法律与公共政策、职业道德与实践、家庭生活教育方法论实际上属于实践领域[①]，因此本章中我们主要关注前七个内容领域，而将后三个领域融入第四章和第五章的实践当中。

① Darling C A, Cassidy D, Rehm M. The foundations of family life education model: Understanding the field [J]. *Family relations*，2020, 69(3): 427-441.

第一节　个体与家庭发展的时空背景

在美国家庭关系委员会提出的家庭生活教育10个内容领域中，社会脉络中的个体与家庭、生命全程中的人类发展不关注具体问题，而是探讨了家庭生活教育的社会背景与时间发展的背景，这两个内容领域可以说是家庭教育指导师进行实践的基础。

一、社会中的个体与家庭

在美国的家庭中子女可以直呼父母的名字，但这在中国的家庭中几乎不可能出现；现代人的寿命和20世纪相比，已经大大延长。这些差异无不暗示着家庭需要根植于社会环境当中，家庭教育指导也必须考虑到整体的社会环境。

假如社会是一座森林，那么家庭就是森林中的一株小草，想通过小草了解整座森林的样貌是困难的，然而关于小草至少有两个重要的议题：第一，小草不仅受到树木的影响，也发挥自己的影响作为回报，小草和树木竞争土壤里的养分，但是也保护了树根不受阳光直射。第二，即使每一株小草只和自己最近端的环境（空气、土壤、水分）相互作用，也会受到远端因素的影响。虽然美国的主流文化在家庭决策方面持政府“不干预”的公共姿态，但是实际上，任何一种家庭活动都不能摆脱社会制度的影响。

依据《韦氏词典》上的解释，社会是一个社区、国家，或具有相同传统、制度、集体利益的人民的完全集合。在生态学框架内，我们经验的最小的环境称之为微观环境，例如家庭和教室。与微观环境相连的是中间系统，例如家校之间的合作。当一个个体没有参与特定的环境，但是仍然被间接影响时，我们称之为外系统，例如父母的职场就是孩子的外系统。宏观系统是一种社会制度和文化，宗教、医疗系统、教育系统以及经济制度都属于宏观系统的范畴。家庭不是孤立、自我封闭的社会系统，其他社会制度，如军队、教会和教育系统所处理的都不是个人问题，而是家庭成员的问题、即使在工业化和城市化高度发达的当今社会，多数人仍然和家庭成员紧密互动。

社会环境对基因、神经元、脑区以及行为等多个水平都产生着重要影响。有研究表明，人长期处于一种慢性的压力下，甚至会造成海马和颞叶区的缩小，进而影响认知能力①。虐待会导致儿童大脑胼胝体7区发育不良，并且虐待应急综合征儿童没有产生年龄相符的整体胼胝体生长②。梅赫塔（Mehta）的研究发现，在孤儿院长大的儿童由于在生命第一年受到的极端忽视，而导致头围普遍较小，随后的MRI扫描显示相比对照组，这些儿童大脑的灰质和白质体积更小。而长期的严厉体罚会导致个体右侧额中回缩小20%，左侧额中回缩小15%，前扣带回缩小15%，这些脑区被认为和诸如人物识别、自我认识等社会认知功能密切相关③。

宏观的社会环境也会影响儿童发展，虽然早在一个多世纪以前，女性已经开始逐渐步入职场，但是近期学龄前儿童母亲的劳动参与比例大幅增加。数百万的年轻妈妈在子女还年幼时，因为经济上的压力或者个人的价值目标而回到工作岗位。这一宏观系统层面的变化深刻影响了儿童成长的微观环境，因为随着越来越多的母亲走入职场，孩子的照料必然也要随着发生改变。时至今日，有越来越多的孩子由父母以外的人照看。在1997年，已经有超过半数的美国儿童注册了“学前教育计划”（preprimary educational programs），而40年前，只有不到10%的孩子注册该项目。

相比40年前，今天的父母花更多时间陪伴孩子，在母亲就业的家庭

---

① Gianaros P J, Jennings J R, Sheu L K, et al. Prospective reports of chronic life stress predict decreased grey matter volume in the hippocampus [J]. *Neuroimage*, 2007, 35(2): 795-803.

② De Bellis M D, Keshavan M S. Sex differences in brain maturation in maltreatment-related pediatric posttraumatic stress disorder [J]. *Neuroscience & Biobehavioral Reviews*, 2003, 27(1-2): 103-117.

③ Mehta M A, Golembo N I, Nosarti C, et al. Amygdala, hippocampal and corpus callosum size following severe early institutional deprivation: the English and Romanian Adoptees study pilot [J]. *Journal of Child Psychology and Psychiatry*, 2009, 50(8): 943-951.

中，父亲往往更多参与到孩子的照料中。时至今日，女性几乎构成了一半的劳动力市场，双职工家庭的比例越来越大。由于子女没有直接参与，但是受到父母职业的影响，所以父母的职场是影响儿童的外系统。劳动者对于平衡家庭与工作之间关系的需求也越发强烈。在生态学术语中，劳动者正在需求一个外系统和微观系统之间更加牢固的中间系统。这种诉求直接导致1993年美国《家庭与医疗休假法案》（*Family and Medical Leave Act*）的施行，该法案为危急家庭提供了可以保障工作的无薪假期，一些雇主也制定了各种有利于家庭的政策及育儿计划。

将家庭置于社会环境中，有助于家庭工作者关注到家庭的全貌，尤其应该避免使用单一的因素来解释不同家庭存在的差异。例如，不能用母亲的就业状态来解释儿童的全部差异，对于儿童的发展需要考虑个人的特征、更大的系统（例如外系统和宏观系统），以及以上因素的交互作用。例如，有研究证明，工作对于学龄前子女的行为有轻微的负面影响，但是母亲进入职场对于青少年的心理健康则有明显的促进效应。

二、生命全程中的人类发展

由于家庭教育从业人员需要与各种年龄阶段的家庭成员共事，他们必须对整个生命全程的人类发展阶段（儿童期、青少年期、成年期与老年期）有完整的理解。人类发展可以看作一趟旅行，这趟旅行起始于基因这幅地图的指引，当这趟旅行经过出生、婴儿期、儿童期、青少年期、成人与老年人期等可预测的阶段后，每个旅行者都被他所旅行的独特环境所塑造。

（一）发展的一般规律

要成为合格的家庭教育指导师，必须对人类的发展过程有明确的认识。将《家庭生活教育课程纲要》和《家庭生活教育框架》结合起来，可以了解一个生理的、情感的、认知的、社会的、道德的及人格发展模式的基本概况。

在发展的过程中虽然存在着个体的差异，但是仍然可以发现一些可以预测的阶段和标准。例如，一个 4 个月大的婴儿在生理层面的发展遵循以下指标：

- 体重：约 4.5 ～ 8 千克；
- 身高：约 60 ～ 70 厘米；
- 每天平均睡眠时间：14 ～ 17 小时；
- 俯卧时可以抬起头和胸部；
- 可以将目光集中到某一物体；
- 目光可以跟随人或物移动；
- 可以翻身；
- 可以依靠支撑坐起来。

这些标准往往基于大量的观察和科学实验，并经过大量跨文化研究的验证后才得以保留，在发展心理学以及发展行为科学中有大量这样的发展规律可供参考。经典的发展理论虽然经历了多年的发展，但是核心内容没有太大的改变，唯有脑发育领域在过去的几十年中，由于脑成像技术的突飞猛进得以迅速发展。现在的认知神经科学家已经发现了诸多认知功能发展的关键期（例如记忆力、语言学习能力等），并揭示了早期环境对大脑的深刻影响。

每个人都会经历相似的发展历程，例如，我们知道婴儿在 8 个月到 14 个月之间开始走路，在一到两岁之间开始说话。只有知悉这些里程碑式的发展节点，家庭教育指导师才能够协助家庭为新的发展阶段做准备。换言之，每个人都以相同顺序经历着相同的发展阶段，正如帕帕利亚（Papalia）和欧兹（Olds）所言，“人类的每个个体在某些方面与其他人一样，但是在另外一些方面则是独一无二的”①，这句话很好地概括了人类发展阶段的普遍性与个体差异性。以皮亚杰认知发展阶段论为例，儿童的认知发展起始于感觉运动阶段，随后进入前运算阶段、具体运算阶段，最后进入形式运算阶段。只有个体在特定阶段显示出大幅度偏离常模时，才需要考虑异常提前或迟滞的原因。

发展是一种累积的过程，一个阶段的顺利发展是下个发展阶段的必要

---

① Papalia D E, Olds S W, Feldman R D. *A child's world: Infancy through adolescence* [M]. New York: McGraw-Hill, 1990.

条件。但需要注意的是，并不是每个人都可以发展到最高层级。例如，并不是所有青少年在年满 18 周岁时就会自动进入形式运算阶段并且进行抽象思考；也不是每个中年人到了 50 岁就自动拥有柯尔伯格定义的道德成规后期的特征。这意味着家庭教育指导师必须制定相关策略以协助家庭成员接受自己的发展极限。

但是在人类发展的一些领域，无论个体的生理和心理是否已经准备好，个体在某些条件下都会被向前推进到下一个发展阶段。提早进入青春期的女孩就是此类案例，早熟增加了女孩面对种种问题的风险：有更大的概率吸烟、酗酒、饮食失调、她们的身体更容易引发男性反应而导致早期约会与早期性经验。埃里克森也指出在心理社会发展领域，个体是被“推上”发展的下一个阶段，无论个体是否成功解决了前一个阶段的问题。即使青少年的认同感问题（认同 vs 角色混乱）没能在青少年时期结束时被解决，他们仍然必须在下一个阶段（亲密 vs 独立）履行新的职能，但是未能解决的前一阶段的问题往往会导致现阶段发展的困难，甚至痛苦。

（二）发展的机制与过程

神经建构主义是后皮亚杰时代一个具有影响力的理论框架。该框架认为个体的发展主要通过竞争（competition）、合作（cooperation）、时程（chronotopy）三种机制实现[①]。竞争机制意味着一个不成熟功能的多个贡献者，最后只能一部分参与到成熟功能中去，竞争会驱使某个系统随着时间越来越稳定，并利用尽可能少的资源。合作机制是一种与竞争相反并且互补的机制，主要是将多个贡献者整合到一个功能中，以及使已存在的知识在更高水平上使用，通过合作可以使相互关联的功能更加协调，进而提升整体效能。时程机制突出的则是时间是发展的一个维度。这三种机制在每个层面都有体现，以基因层面为例，一个基因表达会抑制另外一个基因表达的现象体现了竞争，部分基因又能触发其他基因表达，则体现了合作，但这些活动只在严格的特定发展时间窗内发生，说明了时程机制的重要性。

除了竞争、合作和时程三种机制外，神经建构主义认为认知发展机

---

① Mareschal D, Johnson M H, Sirois S, et al. *Neuroconstructivism-I: How the brain constructs cognition* [M]. Oxford University Press, 2007.

制还体现在两个重要的发展过程上：主动性（proactivity）和渐进特异性（progressive specialization）。神经建构主义主张的主动性是对皮亚杰理论中儿童主动建构认知表征观点的进一步发展，并将其应用到行为、神经等多个层面。神经建构主义认为，儿童不是被动的有机体，而是可以内源性地产生很多活动（internally generated activity）。这些内源性产生的活动帮助儿童主动改变和选择周围的环境，这些被改变或选择的环境又影响着他们的学习，这些活动与环境构成了一个反馈环（feedback loop），儿童表征就是在这种反馈环中主动发展起来的。神经建构主义认为脑也不只是被动接收信息的器官，而是一个可以自组织运行（self organizing）的整体，它时刻都在主动寻找有利于自身进一步发展需要的信息。研究也表明，脑中存在着大量的自发性活动，这些自发性活动消耗的能量约占脑消耗能力总量的99%[①]。渐进特异性主要指个体认知表征强烈地受到个体成长历史的限定，换句话说，对于一个个体而言，今天发生的事情限定了其未来可能发生的事件，当然这种渐进特异性也被神经建构主义者用来解释脑区功能的发展，即脑区功能是如何一步步特异化的。解释渐进特异性最好的例证是沃丁顿（Waddington）提出的后天渐成地形图[②]，沃丁顿认为发展就像从不平整地面滚下的球一样，可以因为其起始的方向、惯性，还有地面特性不同而有不同的方向。正常的发育，球会到达相同的位置；而异常的发育，球会因为初始方向、惯性、地面的改变而落在不同的位置上。神经建构主义认为渐进特异性不仅会限制未来的发展，同时也会促进学习的过程，个体早期的知识经验可以为以后的知识获得提供原材料。

（三）发展中的障碍

面对家庭中的偶发危机，不同的家庭成员看待危机的角度也有所不同，例如，当一个家庭中的母亲偶然离世时，家中 3 岁的孩子看待死亡的方式和他 10 岁的哥哥以及 40 岁的父亲会有明显的差别，就因为 3 岁的孩子处于皮亚杰所定义的前运算阶段，而哥哥和父亲则分别处于具体运算阶

---

① Raichle M E. The brain's dark energy [J]. *Science*, 2006, 314(5803): 1249-1250.

② Waddington C H. *The strategy of the genes* [M]. Routledge, 2014.

段和形式运算阶段。而家庭中的几代人往往也处于不同的发展危机当中，例如，青春期的女儿正挣扎于认同危机（认同 vs 角色混乱），父亲正在经历着中年危机（生产 vs 停滞），同时祖父可能正在怀疑整个人生的价值（统整 vs 绝望）。如果家庭教育工作者只关注单独个体的发展，则会忽视整个家庭的复杂性。

有研究者把整个家庭的发展比作一趟公路旅行，一家人正坐在同一辆小型客车中，父母坐在前座，子女坐在中间位置，祖辈坐在最后。如果家庭教育从业者可以理解这个比喻，则不会再将每个家庭成员的发展分开思考。在这次漫长的旅行中，一个家庭成员的发展会影响其他人，同时也被其他人所影响。

美国幼儿教育协会（NAEYC）制定了十二项基于实证证据的儿童发展与学习原则，这些原则在整个生命全程基本是一致的，家庭教育指导师可以将这些原则应用于生命的各个阶段：

1. 儿童所有的发展领域（生理、社会、情感与认知）都是密切相关的，一个领域的发展会影响其他领域的发展；

2. 发展依照相对的顺序发生，后发展的能力、技巧和知识需要建立在之前的发展之上；

3. 不同的儿童有不同的发展进度，一个儿童在不同的领域内也有着不同的发展速度；

4. 早期经验有累积（cumulative）和延迟（delay）两种效应；

5. 发展以可预见的方向，朝更复杂的结构和组织前进；

6. 发展与学习发生在多元的社会环境中，并且深受社会影响；

7. 儿童是主动的学习者，他们用直接的经验以及文化传承的知识来建构自身对于世界的理解；

8. 发展与学习受到遗传与环境的双重影响；

9. 游戏是儿童社会、情感与认知发展的重要媒介；

10. 如果儿童接触的是他们最近发展区之内的挑战，那么发展可能提前；

11. 儿童会展现出不同的学习和理解的模式；

12. 儿童在社区环境中的学习和发展的效果最好，在社区中他们的生理需求和心理需求被很好地满足。

第二节　家庭内部动力与人际关系

家庭内部动力与人际关系是美国家庭关系委员会确定的家庭教育内容框架中的两个领域。美国家庭关系委员会曾作出一个比喻：家庭的内部动力和你手表的内在运转非常像，我们常常大略地看一下手表而未经太多思考，然而，知道一天之中的时间不代表我们意识到或了解表面之下的机芯是如何运转的。对于很多人来说，观察家庭就像看手表上的时间一样，机芯虽然看不见，却是真实的存在。与手表类似，家庭也具有这样的内部动力，而人际关系可以被看作家庭内部动力的外在表现。

一、家庭内部动力

家庭内部动力（internal dynamics of family）的名称由美国家庭关系委员会首次提出，对于家庭内部动力的概念，家庭关系委员会并未明确给出，但我们可以参考钟表的比喻进行理解，家庭内部动力一般包括家庭中的冲突与解决冲突的模式，家族历史等可以影响家庭外在表现的内部机制。理解家庭内部动力对于家庭教育指导师是必修的功课，《家庭生活教育课程纲要》（简称《课程纲要》）和《家庭生活教育框架》（简称《教育框架》）（见附录）作为两个强有力的工具，可以帮助家庭教育指导师理解家庭的内部动力。《课程纲要》的家庭内部动力部分概略叙述了目前存在于家庭社会化历程中的冲突。这些历程强调了家庭中不同子系统中的沟通模式与问题，特别是有关压力与冲突管理方面的问题。《教育框架》指出了了解家庭内部动力的目的，此框架指出家庭教育指导师应该留意：

1. 家庭成员之间关系的发展；
2. 家庭的构成、历史、传统与庆祝活动；

3. 家庭的变迁与转变；家庭成员的不同需求与期望；

4. 压力的来源与压力的应对；

5. 家庭规则与角色；

6. 生活方式的选择与改变；

7. 家庭沟通与情感表达；

8. 代际动力；

9. 家庭作为保护、引导、情感和支持的来源。

对于职前和职业的家庭教育从业人员，在家庭内部动力这一领域有着不同的学习要求。

在职前层面，对于家庭内部动力的思考可以帮助处于职前的家庭教育从业者加深对于家庭的理解，家庭内部动力这时起到的是检视家庭的透镜的作用。了解家庭内部动力对于家庭教育实践非常重要，这一内容领域甚至比其他领域更加微妙，它不关注具体的问题，但是却深刻地影响着发生在家庭中的所有活动。有三个重要理论与该领域密切相关，分别是家庭系统理论、人类生态学理论和家庭发展理论。

家庭系统理论视家庭为在某些规则、界限内运作的有机整体。当家庭中任何部分发生改变，都会让整个家庭受到影响，而家庭系统则必须对这些改变做出应对。由于家庭成员相互联系作为一个整体运作，家庭系统对每个成员都有显著的影响，同时每个家庭成员也在影响着整个家庭系统。假设一个家庭中有一对夫妻和两个孩子，我们会说整个家庭中包含四个人，但是这四个人却不是家庭系统，系统的概念更强调的是人和人之间的关系及运作，就像钟表背后机芯运作的关键不是齿轮，而是齿轮和齿轮之间的衔接。因此关注家庭系统需要把目光从单个的家庭成员身上移开，转移到人和人之间的关系上。

人类生态学理论强调家庭和社会不是孤立的，而是与其他系统（例如医疗系统、教育系统、政府系统等）相互影响，我们可以用一个例子理解这种观点：一个孩子在学校做出了违纪行为，孩子的家长因此被叫到了学校，父亲对此非常内疚，他觉得自身陪伴孩子的时间太少，因此需要对孩子的在校表现负责，但是工作的压力让陪伴十分困难，这位父亲每周要工作 60 ～ 80 小时的时间，那么这位父亲面临的突出难题就是如何平衡工作和家庭生活。

家庭发展理论强调生命全程中家庭的发展，不同阶段的家庭面对着不同的问题。当家庭从一个阶段过渡到另一个阶段时，家庭发展理论提供了很多模型以供参考，在美国家庭教育领域有一句著名的警示语：家庭教育工作者不应该认为处于某一阶段的所有家庭都经历着相同的历程。

对于职业家庭教育从业人员，家庭内部动力为家庭教育指导提供了具体的内容，家庭教育指导师需要利用家庭的内部动力设计符合家庭需求的方案，具体包括：家庭子系统之间的沟通模式、配偶之间压力与冲突管理以及亲子关系等问题。《教育框架》建议将压力区分为可预测和不可预测。可预测的压力源包括结婚、生育、教养、老化、死亡与临终照料等，可以说可预测的压力源包含家庭生命周期中大多数的转型阶段。家庭教育指导师的一项重要职能就是帮助学习者减轻可预测的压力源所产生的压力以及其他不良结果，并协助家庭培养自主面对问题的能力，最终成为自身决定的代理人。不可预测的压力源包括：离婚、再婚、意外怀孕、意外死亡、失业等经济压力、生理疾病以及心理疾病等。未在预期内的家庭事件往往会给家庭带来额外的挑战和压力，不可预测的压力源也影响着整个家庭生命的全程。

二、人际关系

马克思曾说过，人是所有社会关系的总和。我们生活在社会当中，不可避免地与他人互动，包括配偶、子女、朋友、邻居等。人际关系的好坏也是衡量人生质量的重要标准。有研究发现，良好的婚姻关系与较低的心血管疾病的发病率以及死亡率显著相关[①]。压力性的婚姻关系会提高生理疾病和心理疾病的发病率。父母与子女间良好的亲子关系可以促进孩子的学业成就、减少问题行为，早期的亲子关系质量可以预测青少年时期的暴力行为[②]。

---

① Baker B, Paquette M, Szalai J P, et al. The influence of marital adjustment on 3-year left ventricular mass and ambulatory blood pressure in mild hypertension [J]. *Archives of Internal Medicine*, 2000, 160(22): 3453-3458.

② Knoester C, Haynie D L. Community context, social integration into family, and youth violence [J]. *Journal of Marriage and Family*, 2005, 67(3): 767-780.

（一）儿童期与青少年期的关系教育项目

原生家庭是儿童学习的重要来源，如果父母没有学会积极的沟通技巧，他们便无法通过言传身教来影响孩子。研究一致显示，贯穿儿童与青少年期，父母积极的卷入行为会提高儿童的学业成绩、主观幸福感、心理健康、情绪发展等。例如，在出生后如果孩子和母亲建立了安全型依恋，那么在3年后孩子就会表现出更高水平的社会性发展。有一项研究发现，家庭中良好的沟通是一种有效的保护性因素，可以杜绝城市中9～15岁的非洲裔美国儿童参与到社区中的帮派活动①。其他研究也显示，父母与处在青春期的子女更多的沟通交流可以有效减少青少年的问题行为。尽管在家庭中培养孩子的人际关系技巧有着天然的优势，但是美国也提供了一些高质量的课程方案来帮助家庭提升关系质量。课程评估的结果显示，这些课程确实可以在一定程度促进孩子的进步。

明尼苏达早期儿童家庭教育方案（Minnesota-based Early Childhood Family Education）主要针对婴儿及其父母，在该课程方案中课程人员会给父母提供相关的育儿信息以及情感上的支持，该课程由经验丰富的工作人员引导，给家长提供婴儿和学龄期儿童的亲职教育方案。

开端计划（Head Start）是国家级的早期儿童教育方案，它为0～5岁儿童及家庭提供支持。该方案聚焦于一些特定的问题，包括教育、社会与情感发展、生理与心理的照料与保护等。开端计划主要通过社区服务组织来开展活动，尤其关注低收入家庭。该方案鼓励父母和孩子同时参与到项目中，以此来提升亲子关系质量。相关评估结果显示，参与开端计划的家庭不仅亲子关系得以改善，孩子在语言能力、短时记忆方面都得到了显著提升。

爱的艺术方案（The art of loving well）通过文学作品传递爱与关系的信息，帮助青少年发展负责任的关系与价值观理念，爱的艺术教科书包含41个不同族裔的文选，既包含历史悠久的经典之作，也有现代青年文学，共有三个章节（早期的爱与失落、恋爱、承诺与婚姻），旨在促进青少年

---

① Li X, Stanton B, Pack R, et al. Risk and protective factors associated with gang involvement among urban African American adolescents [J]. *Youth & Society*, 2002, 34(2): 172-194.

的社会情感技巧、有效的沟通、批判性思维、冲突解决以及避免婚前性行为。该课程由波士顿大学开发，现已在 47 个州七到十二年级的学生中使用。学校、家庭、社区、教会等场所均可执行该课程。

“建立关系”（Build Relationship）课程旨在提高 13 ~ 18 岁青少年的人际关系，该课程包括一本学生教材和一本教师指南。“建立关系”的学生教材包含十三个章节，包含约会、沟通、爱与性、原生家庭、财务、价值观与信念等。“建立关系”课程以家庭系统理论、沟通以及冲突理论为基础，旨在向青少年传授自我肯定以及积极倾听技巧，在学校、教会及社区等场所均可开展。目前全美已有 31 个州 500 多个地区采用了“建立关系”课程方案。

“联结”（Connections）方案包含两个部分，由“约会与情感”和“关系与婚姻”组成，旨在传授青少年建立健康关系的基本技巧。“约会与情感”部分针对的群体是 13 ~ 17 岁的青少年，该方案旨在帮助青少年认识早期关系的发展过程，掌握有效的沟通方式以及管理情绪的技巧。整个课程包含 17 节课，每节课一小时，课程会提供幻灯片、讲义教材以及活动卡片。

（二）婚姻关系与教育

美国是世界上离婚率最高的国家之一，美国人在一生中离婚概率可能发生在 40% ~ 50%[①]。其中，中产阶级或拥有高中学历人群（几乎占全国的 60%）的离婚率较高，他们对婚姻的幸福感很低，即便美国一直以来都很重视婚姻教育，但是对于受过中等教育的夫妇而言，他们的婚姻往往并不稳定[②]。这样的婚姻具有巨大的消极影响，特别是对孩子而言，大多数离异家庭中的孩子幸福感一般较低，他们在成长过程中会遇到很多问题，有的持续至成年，有的甚至会影响他们的一生，如贫穷、婚姻不顺利等。因此，在过去的 10 年间，美国越来越重视婚姻教育。

---

① Amato P R. Research on Divorce: Continuing Trends and New Developments [J]. *Journal of Marriage & Family*, 2010, 72(3):650-666.

② Williams L, McBain H. Integrating gender on multiple levels: A conceptual model for teaching gender issues in family therapy [J]. *Journal of Marital and Family Therapy*, 2006, 32(3): 385-397.

自1995年以来美国婚姻教育领域经历了一次显著的复兴，特别是最近十年，联邦政府大力拨款扶持高质量的婚姻和关系教育项目。这些项目在开发和实施过程中主要采取预防的方法，这在提高婚姻质量，降低离婚率方面产生了显著的效果，因此，随着时间的推移，越来越多的项目也被相继开发出来[①②]。

为了更好地理解和展示婚姻关系和教育项目的多维结构，我们可以结合婚姻关系和教育的5Cs模式：用户（consumer）、内容（content）、变化（change）、背景（context）和文化（culture）五个方面进行理解。尽管可以实施咨询和治疗来修复婚姻，但该模式强调的是预防方法。该模式的五个元素包括用户、项目内容、影响婚姻的环境的变化（例如再婚夫妇和再婚家庭及家庭压力）、项目的背景（教育者、环境和教育策略），以及文化对爱情、婚姻和离婚的影响（见图3-1）。

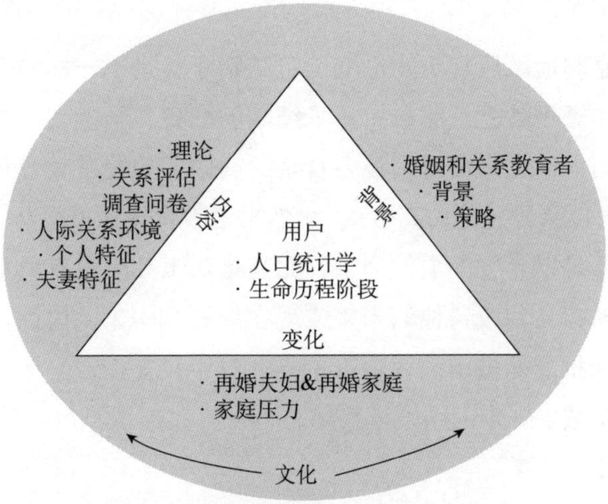

图3-1　婚姻与关系教育的5Cs模式[③]

---

① Doherty W J, Anderson J R. Community marriage initiatives [J]. *Family Relations,* 2004, 53(5): 425-432.

② Hawkins A J, Ooms T. What works in marriage and relationship education [J]. *A review of lessons learned with a focus on low-income couples*. Littleton co: National Healthy Marriage Resource Center, 2010.

③ Darling C A, Cassidy D, Ballard S M. *Family life education: Working with families across the lifespan* [M]. Waveland Press, 2022.

1. 用户——参与者的特征

(1) 性别

性别是影响夫妇参与婚姻教育项目的重要因素，特别是女性对婚姻的重视程度越高，那么这对夫妇参加婚姻准备课程的可能性也就越高。在《男人来自火星，女人来自金星》一书中指出，男女在社会和心理上是截然不同的，性别角色和期望通常是由社会决定的，在夫妻互动、决策和对幸福婚姻的看法中起着重要作用[①②]。然而，在过去几十年里，由于社会规范的转变，这些期望在美国发生了很大的变化，夫妻关系也变得不那么固定，并随着他们试图在工作和家庭之间找到平衡，性别角色也出现了越来越多的相似性。越来越多的年轻人不想被性别所定义，他们正在努力实现平等。在今天的社会中，并没有对夫妻双方的责任进行明确的划分，相反年轻人更希望有意识、有目的地去平等地分担角色和承担责任[③]。

(2) 年龄

每个国家和地区所规定的最低法定结婚年龄是不一样的，但并不是说达到最低的结婚年龄就意味着做好了结婚的准备。虽然有些青少年的婚姻是成功的，但他们也常常遇到很多复杂的问题，如缺乏教育和贫困等，这些因素很有可能会导致他们离婚[④]。虽然婚姻教育贯穿了整个生命历程，但参与者主要还是以年轻的夫妇为主，尤其是对于几乎没有关系压力的夫妇来说，更容易参与到改善他们未来或现在的婚姻中来。因此，在学校、宗教场所和国家批准的婚前教育项目主要针对年轻夫妇，当他们完成婚前教育项目后可以减少一定的结婚证费用。

(3) 种族 / 民族

有研究表明，非洲裔美国夫妇在婚姻方面面临着巨大的挑战，与白人

① Gray J. *Men are from Mars, women are from Venus: A practical guide for improving communication and getting what vou want in vour relationships* [M]. New York: HarperCollinsPwA/zs/zers, 1992.

② Williams L, McBain H. Integrating gender on multiple levels: A conceptual model for teaching gender issues in family therapy [J]. *Journal of Marital and Family Therapy*, 2006, 32(3): 385-397.

③ Jayson S. Family life, roles changing as couples seek balance [J]. *USA Today*, 2009, 19.

④ Dahl G B. Early teen marriage and future poverty [J]. *Demography*, 2010, 47(3): 689-718.

夫妇相比，他们结婚的可能性更低，即便结婚，其婚姻质量往往也较低[①]。性别在非裔美国人的婚姻中扮演着一个重要的角色，与白人夫妇相比，他们更倾向于平等主义，夫妻双方平等地分担家庭内外的工作、任务，在这种平等主义的观念之下，他们喜欢男主外、女主内的传统劳动分工。但是，理想和现实之间的差异给婚姻造成了很大的影响，因此对非裔美国夫妇而言，他们不太可能支持终身制的婚姻规范，他们中的很多人都可能经历过父母离婚，在童年时期就成为单亲家庭的情况。目前拉丁裔美国人是美国最大和增长最快的群体，因此婚姻教育者在与他们合作时要考虑到影响夫妻关系和家庭环境的多方面因素，如文化程度、宗教信仰等。

（4）收入水平

很多婚姻教育项目主要是为中产阶级白人夫妇设计的，对于低收入群体而言参与度并不高，但据调查显示，低收入家庭对婚姻教育项目很感兴趣。然而在现实中，由于低收入个体和夫妇每天都会遇到很多挑战，一些人为了不失去政府的援助，从而会选择不结婚。贫穷给人际关系增加了很大的压力，所以提供综合的、密集的经济支持对他们来说非常重要。除此以外，低收入人口往往涉及较高比例的有色人种，因此项目的设计应与许多不同的人群相关。他们可能在识字、讲座和阅读方面有困难，因此与书面表达相关的活动应尽量减少。相反，项目应该提供适合于他们认知能力的活动。其中，最著名的技能培养项目之一是预防和关系增进计划(PREP)，该计划正在逐步完善，以解决低收入夫妇面临的一些挑战[②]。

2. 内容

婚姻和关系项目的内容根据用户的年龄、处境（例如，初婚或再婚），居住环境的情况而有所不同，在所设计的课程中可能包括冲突管理、沟通技巧、财务责任、养育孩子的责任等方面的问题，还包括确定婚姻关系中的各种风险因素，当然，更多的风险因素也意味着夫妻需要在他们的关系

---

① Amato P. *Divorce among African Americans* [OL]. Oklahoma City, OK: National Healthy Marriage Resource Center, 2012.

② Stanley S M, Markman H J, Jenkins N H. *Marriage education using PREP with low-income and diverse clients* [R]. Denver, CO: PREP, 2004.

上付出更多的努力[①]。

（1）理论的整合

理论指导是婚姻教育的重要组成部分。如第二章所述，理论能够通过对个体和家庭行为的合理解释，来帮助我们理解家庭与婚姻。此外，理论还应指导课程中使用的策略，并为这些策略的使用结果提供一定的解释。比如，家庭发展理论可以考察与关系有关的任务在生命周期当中的发展变化；系统理论有助于理解边界、平衡和形态发生；生态系统方法可以阐明影响个人、夫妻和家庭的环境和背景因素；社会交换理论可以用来研究关系中的回报、成本和公平，以及家庭权力和家庭暴力；社会学习理论认为，行为模式可以通过直接经验或观察他人来获得；依恋理论有助于理解父母和孩子之间的长期关系，以及后来的成人关系，也可以用来理解依恋风格在配偶选择、承诺、嫉妒、分居或离婚中的作用[②③④]。

（2）使用关系评估问卷（RAQs）

一般的婚姻关系教育项目，通常会结合 RAQs 进行分析，它可以帮助指导具体课程内容的规划和选择。早期研究发现，预防对婚姻关系教育很重要，所以使用 RAQs 时让伴侣分享他们的问卷结果可以促进双方之间关系的发展[⑤]。这些问卷的使用提高了人们的参与意识，同时也促进了他们就各自的优缺点、婚姻的准备情况以及婚前要实现的目标进行深入的讨论。

婚姻满意度和稳定性的预测因素包括：（1）背景和环境因素，如原生家庭问题、教育和收入、父母和朋友的关系；（2）个人特征和行为，如自尊、人际交往能力和身心健康；（3）夫妻互动过程，如种族、宗教、社会经济地位、价值观和态度的相似性，以及夫妻沟通和冲突解决技能。婚姻成功的最大预测因素之一是共同意义、核心价值观和目标的兼容性。

---

① Markman, Stanley H, Blumberg S, et al. *Fighting For Your Marriage* [M]. San Francisco: Jossey-Bass, 2010.

② Chibucos, T., Leite, R., Weiss, D. *Readings in family theory*[M] .Thousand Oaks, CA: Sage, 2005.

③ Turkki D K. Global Family Concerns and the Role of Family Life Education: An Ecosystemic Analysis [J]. *Family Relations*, 2010, 58(1):14-27.

④ Mario, Mikulincer, Phillip, et al. Adult Attachment Orientations and Relationship Processes [J]. *Journal of Family Theory & Review*, 2012, 4(4):259-274.

⑤ Olson D H, Larson P J, Olson-Sigg A. Couple Checkup: Tuning Up Relationships [J]. *Journal of Couple & Relationship Therapy*, 2009, 8(2):129-142.

这些问卷测量了前面提到的 85% 以上的关系因素，每份问卷大约可以在一小时内完成，并提供关于个人特征、夫妻特征和关系问题的详细报告。RAQs 还包括再婚问题的信息。

(3) 个人与关系背景

影响婚姻关系的个人和关系背景包括结婚年龄、父母和朋友对婚姻关系的认可及个人与父母的关系等。我们可以简要就几个原生家庭存在的问题进行说明。

人际关系容易受到榜样的影响，尤其是父母，他们帮助我们塑造了对婚姻的看法，因此我们也很容易把原生家庭的经历带入自己的婚姻中，原生家庭的过程（A）影响个性、自尊和沟通技巧（B），进而影响下一代（C）的婚姻满意度（A→B→C）[①]。对原生家庭进行深入的了解有助于夫妻双方更好地了解自己和伴侣，这对建立和维持一段关系至关重要。

(4) 个人特质

个人特质包括个性和情感健康，以及一段关系中伴侣的价值观、信仰和态度。了解自我有助于与伴侣进行真正的分享，这对于关系的持续发展是很有帮助的。

①人格与情绪健康

人格特质会对人的行为产生重要影响，人格虽然相对稳定，但有些方面也可能会随着时间的推移而发生改变[②]。一般来说，随着人们年龄的增长，他们会越来越自信、温暖，自控力和情绪稳定性也会逐步增强，这些变化主要发生在青年时期（20 ~ 40 岁），但也可能在其他任何年龄段发生改变。其中，五大人格特征似乎与亲密关系有密切的关系。它们包括：外向性——外向、热情、善于社交；宜人性——富有同情心、合作精神、信任他人；责任心——勤劳、踏实、有秩序；神经质——反复无常，容易担心、焦虑和愤怒；开放性——富有想象力，不循规蹈矩，富有艺术性。除了使用五大人格特征量表外，其他的人格测试也可以被纳入正式和非正式

---

① Larson J H. *The great marriage tune-up book: A proven program for evaluating and renewing your relationship* [M]. John Wiley & Sons, 2004.

② AllemandM, Steiger A E, Hill P L. Stability of personality traits in adulthood [J]. *GeroPsych: The Journal of Gerontopsychology and Geriatric Psychiatry*, 2013, 26(1):3-13.

的环境中，比如原色人格测试。除此以外，伴侣还应该考虑情感健康方面，这方面可以通过纳入 RAQs 子量表的结果进行测查。

②价值观、信念和态度

价值观是我们衡量事物的重要标准，它通常反映在我们的生活方式上，通过我们的行为和行动表现出来，并用于设定行为标准、激励行为和判断他人的行为。价值观在人的一生中发展缓慢，并受到许多因素的影响，虽然有些价值观可能会改变，但核心价值观在 20 岁出头之后不会有太大变化。共同的核心价值观是影响一段关系发展的重要因素，如果双方的价值观差异过大，就不利于双方之间沟通交流的进行。因此，婚前进行价值观层面的交流是必要的，因为价值观差异带来的问题在婚后不容易解决。

信念是一种内在的感觉，是人们对自己的想法、观念及其意识行为倾向坚定不移的确信。夫妻间共同的核心信念对于自己、婚姻和家庭是有价值的，但如果核心信念与他们各自的信念相差过大，也可能会变成一个风险因素。价值、信念和态度相互影响，共同影响一个人的成长，态度是信念和价值观的表现，态度也可以用语言和行为来表达。

（5）夫妻特征

除了凝聚力、亲密等特征外，夫妻间还有两个主要的特征：沟通和解决冲突。沟通，是婚姻的核心，它决定了婚姻其他部分的运行，包括对伴侣的爱和良好的沟通技巧等；冲突解决包括有效的交流和倾听。

①沟通

沟通是人们分享交流信息、思想和情感的任何过程。夫妻之间有三种交流方式：第一是分享生活细节时的闲聊；第二是在处理不可避免的分歧时进行的冲突对话；第三是友谊的谈话，便于建立和维持亲密和安全的关系。夫妻之间经常会有一些过滤器（filters）来影响他们所听到的和所说的，以及他们如何解释信息。这些过滤器包括分心（缺乏注意力），情绪状态（情绪），信念和期望（对关系的想法和期望），风格的差异（富有表现力或含蓄），还有自我保护（害怕被拒绝）。每个人都有过滤器，使用的方式也都不尽相同，所以产生的效果也千差万别。婚姻教育的目标是要让参与的夫妻意识到过滤器的存在，而不要让它们阻碍交流。

婚姻中的沟通被认为是预测新婚夫妇婚姻质量的一个重要指标，因为随着时间的推移，沟通中的困难会侵蚀亲密关系；相反，良好的沟通利于改善婚姻的模式，有效提高婚姻质量。戈特曼（Gottman）提出了婚姻生活中最常见的四种存在问题的沟通方式，分别为批评、轻蔑、防御和退出[①②]。批评是指攻击某个人的个性或性格，而不是具体的行为（例如“你总是”或“从来没有____”）；轻蔑侧重于攻击伴侣的自我意识，意图侮辱或在心理上虐待对方；防御指的是将自己视为受害者，以抵御可感知的攻击，例如抱怨；退出是指为了避免冲突而退出关系。退出虽然避免了彼此之间的冲突，但是传达的信息是不赞成、距离和分离，是一种消极的应对方式。

②解决冲突

伴侣之间的冲突通常包括财务管理、养育孩子、性行为、宗教、分担家务和决策等，冲突是人际关系中正常的一部分，但注意要用积极和建设性的方式去处理它们。幸福的夫妻像好朋友一样，他们会用温和、积极的方式处理他们之间的冲突。解决冲突的关键是倾听和理解，换句话说，在要求伴侣改变之前，彼此都需要感到被理解，只有当人们觉得自己被接受的时候，人才会发生改变。只有以温和的方式开始才有可能消除对方的敌意，把注意力集中在最主要的问题和情绪上。

在就冲突进行沟通时，另一项需要学习的技能是积极倾听，这是一种准确倾听并重复接收信息的能力，这将有助于更好地理解伴侣的观点。为了给参与者一些练习，婚姻教育工作者可以创设一些情境，以便在使用“我”的语句和积极倾听的同时，加入一个温和的开始。夫妻处理和解决冲突的方式有很多种，包括避免、让步、妥协、协作[③]。通过有意义的沟通和理解，可以发现问题，从而为双方带来满意的结果。

---

① Gottman J, Gottman J M, Silver N. *Why marriages succeed or fail: And how you can make yours last* [M]. Simon and Schuster, 1995.

② Gottman J, Gottman J S, DeClaire J. *Ten lessons to transform your marriage: America's love lab experts share their strategies for strengthening your relationship* [M]. Harmony, 2006.

③ Guerrero L K, Andersen P A, Afifi W A. Close encounters: *Communication in relationships* [M]. Sage Publications, 2007.

（三）变化

夫妻关系和家庭环境的变化会影响婚姻教育课程的设计与实施，因为婚姻教育不仅针对婚前教育，同样也为再婚家庭提供了相应的课程。

在美国，约有 75% 的人在离婚之后最终都会选择再婚。与初婚家庭相比，再婚家庭是复杂的。虽然离婚、同居和婚姻的连续转变是当前美国家庭生活的典型，但这对孩子有着重大的影响，因为孩子经历的父母伴侣关系越多，他们的情感、心理和学业幸福感就越低[①]。此外，再婚家庭几乎没有制度上的支持，可能面临歧视、财务管理等多方面的特殊问题。更不幸的是，大多数再婚家庭的夫妇并不寻求婚前教育，并且再婚夫妇所面临的独特问题在大多数婚姻教育课程也并不经常涉及[②]。

存在于家庭内部和外部的压力会影响婚姻的功能，如工作、财务或健康等方面的压力对婚姻质量或满意度有着负面影响[③]。一个人的外部压力可以溢出到亲密的关系中，换句话说，低的人际关系压力和高水平的积极沟通在人际关系中很重要。为了改善夫妇所面临的压力，有一项专门针对夫妻应对压力的强化训练计划（CCET），该计划旨在帮助伴侣发展新适应行为的同时加强现有行为。在项目中为夫妻提供应对压力的技能意义重大，可以降低婚姻中的冲突，促进持久关系的建立。

（四）背景

仅仅知道关系和婚姻教育项目中包含的“内容”是不够的，了解教学的“背景”也至关重要。

近些年，美国政府通过各种计划来加强婚姻的举措一直在增加。然而，对于政府干预婚姻的适当性却有着相当大的争议，一些人认为政府无权介入私人家庭事务，而另一些人则通过单亲家庭对儿童的负面影响方面

---

① Lewis, J. M., Kreider, R. M. *Remarriage in the United States* (No. ACS-30; p. 27) (R). Washington, DC: U.S. Census Bureau，2015.

② Ganong, L., Coleman, M. *Stepfamily relationships: Development, dynamics, and interventions (2nd ed.)* [M]. New York, NY: Springer, 2007.

③ Howe G W, Levy M L, Caplan R D. Job loss and depressive symptoms in couples: common stressors, stress transmission, or relationship disruption? [J]. *Journal of Family Psychology*, 2004, 18(4): 639.

来证明政府的介入是合理的[①]。目前，受欢迎的婚姻教育往往是由与降低贫困有关的政策举措演变而来的。为了促进健康婚姻关系的持续发展，联邦政府颁布了《2005 年联邦削减赤字法》，在 2006 ~ 2010 年每年为竞争性研究和示范项目提供 1.5 亿美元的资金，这笔资金促进了婚姻项目的持续发展。在许多州，立法者和州长也参与其中，为促进婚前教育项目的发展而努力[②]。

在过去的 10 年中，以社区为基础的婚姻教育项目出现了激增，其中有 40 个州创建了支持婚姻和加强夫妻关系的项目，并且家庭专业人员已成为许多社区的合作伙伴[③]。通常，当地方、州和国家层面的婚姻和家庭出现困难时，社区的各方要素都会参与其中为其提供帮助。其中一些全国性的项目及其目标包括：（1）第一要务项目（First Things First）的目标是增强父亲对家庭生活和养育子女的参与度；（2）俄克拉荷马州提出的婚姻倡议项目（Oklahoma Marriage Initiative）的目标是降低离婚率和巩固家庭关系；（3）加州健康关系项目（Healthy Relationships California）旨在教授夫妻和个人沟通和冲突管理技能，开设英语、西班牙语、汉语和韩语课程；（4）强化家庭项目（Stronger Families）旨在促进健康关系的持续，并在婚姻旅程的每个阶段提供支持；（5）婚姻储户项目（Marriage Savers）旨在成为婚姻保护者，维护、巩固和恢复婚姻。没有哪种单一类型的组织是提供婚姻和关系教育的最佳选择，因为每种组织都有自己的独特优势，与社区建立合作可以更好地整合资源，最大化地促进婚姻与关系项目的推广。

由美国国会创建的合作推广服务，在社区参与家庭生活教育方面有着悠久的历史，并在婚姻和夫妻教育方面开发了基于研究的资源，以覆盖大学校园以外的人群[④]。例如，堪萨斯州的“夫妻谈话：增进你们的关系”项

① Ooms T, Wilson P. The challenges of offering relationship and marriage education to low income populations [J]. *Family Relations*, 2004, 53(5): 440-447.

② Brotherson S E, Duncan W C. Rebinding the ties that bind: Government efforts to preserve and promote marriage [J]. *Family Relations*, 2004, 53(5): 459-468.

③ Dion M R. Healthy marriage programs: Learning what works [J]. *The future of children*, 2005: 139-156.

④ Wallace Goddard H, Shoup Olsen C. Cooperative extension initiatives in marriage and couples education [J]. *Family Relations*, 2004, 53(5): 433-439.

目、爱达荷大学的“结婚并相爱”项目等。

宗教团体也经常在社区内提供婚前和婚姻关系教育。在很长一段时间里，新人在举行婚礼前通常会先去和牧师预约，牧师往往是指导新人过渡到婚姻关系的第一人。近年来，越来越多的婚姻教育项目在宗教背景的影响下发展起来，如基督教的预防和增进关系项目（The Prevention and Relationship Enhancement Program），它明确承诺在教授一种基督教婚姻模式的同时整合婚姻关系教育的相关研究。该项目专注于教授夫妻如何有效沟通，解决问题，管理冲突，以及如何维护和强化爱情、承诺和友谊[①]。

（五）文化

在全球范围内，婚姻和家庭生活的许多方面在过去一个世纪发生了很大的变化，包括结婚年龄的变更、婚前性行为和避孕措施的使用等，同时，随着男女关系的变化，生育率也有所下降。总的来说，对自由、平等和个人主义的强调继续在世界各地传播[②]。

文化是关系和婚姻价值的重要信息来源。美国文化在许多方面既重视婚姻又贬低婚姻，对婚姻的重视体现在大多数美国人最终都会选择结婚，但也有越来越多的人把单身作为一种可行的生活方式，也有情侣把同居作为婚姻的另一种选择，而且有许多婚姻会以离婚告终。虽然许多夫妇在婚礼上花费了大量的时间、精力和金钱，但是在真正的对于婚姻关系准备上却花费很少的精力。尽管人们通常相信“爱能战胜一切”，但是维持一段健康的关系不仅仅要依靠信念，同时也需要一些技巧。

不同文化之间的婚姻习俗和做法差别也很大。在世界上大多数国家，异性婚姻是婚姻生活的基石，而在许多发达社会（如美国、以色列）存在着混合的家庭形式。传统的婚姻安排正在被抛弃。然而，在一些国家包办婚姻仍然很普遍（如中东和非洲）。除此以外，在不同的国家，对于离婚的做法也有很大的不同，如在阿根廷的离婚率在 1960 ～ 2000 年增长了

---

① Barnes C G, Stanley S M. Christian PREP: the Prevention and relationship enhancement program [J]. *Marriage & Family: A Christian Journal*, 2004(7)；63-76.

② Javakody, R., Thornton, A., Axinn, W. G. *International family change: Ideational perspectives*[M]. Routledge, 2008.

800%。在法国，大多数离婚都是双方主动提出的，而在美国，通常是女性主动提出离婚；在爱尔兰，离婚在1996年才变得合法，只有在婚姻破裂后分居4年的情况下才有可能离婚。

学习其他文化中的爱情、婚姻和离婚并不一定被认为是婚姻教育课程的一部分，因为关注其他问题，如沟通、解决冲突和决策具有更高的优先级。但是，作为家庭教育指导师，在开设或实施课程时则必须考虑到与用户有关的文化背景。

第三节　人类的性

一、性教育的定义

性是人类生活中不可或缺的一部分，也是影响个体发展的关键因素。它既可以帮助人类创造新的生活，也是我们认识自己的重要途径，更可以促进亲密关系的发展。性教育是获取信息、形成态度、信念和价值观的终生过程。通过性教育可以让个体有能力认清性当中的危害、责任、后果以及影响。在过去，“性”这个词经常被含糊地用于性行为、生殖或性别，所以它的意思很模糊。现在，英文单词“sex”更常用来表示生理上决定的性解剖结构，而“gender”指的是男性或女性的性别，这是根据社会和文化经验建构的结果。

比起“sex education”，大多数学者会使用“sexuality education”一词，因为它的含义更广泛，包括了个人的性知识、信念、态度、价值观、乐趣和行为等。性不仅仅是参与性行为，还包括个体对自己身体的感觉。性会随着个体的年龄和生活阶段而改变。根据全国家庭关系委员会的《家庭生活教育框架》，人类的性行为被定义为“对整个生命周期性发展的生理、心理和社会方面的理解，以实现健康的性适应”[①]。

另一个关于性教育的定义问题是在20世纪60年代关于学校越来越多的纳入性教育的公众争议中产生的。之前提倡用“家庭生活性教育”的名词来掩饰性教育课程[②]，虽然随着时间的推移反对的争议在减少，但是关于

① Bredehoft D J, Walcheski M J. *Family life education:Integrating theory and practice* [M]. National Council on Family Relations, 2009.

② Sussman, M. B., Steinmetz, S. K., Peterson, G. W. *Handbook of Marriage and the Family* [M]. Springer Science & Business Media, 2013.

性教育课程应该如何教授的争议仍然是美国教育文化的一部分。

二、儿童期的性

当一名家庭教育指导师面对性教育的议题时，可以首先回忆自己在童年期和青少年时期的相关经验，例如，你是如何学习性相关知识的？你是如何感知性的存在的？通过回想这些早期的经验后进行思考：当下的孩子应该学习什么样的内容和经验呢？

性反应的能力是与生俱来的，男婴会勃起，女婴在出生 24 小时即有阴道润滑的经验。在儿童早期，他们的社会化主要是根据其所受到的文化规范而产生性别认同和性别意识。在儿童还小时，他们会参与到一些性游戏中，但是随着年龄的增长，这些经验会越来越隐蔽，当儿童习得文化规范时，此类性经验会受到隔绝与压抑。

生命初期，儿童通过与环境的互动（主要是父母）学习相关的性知识。最初儿童会好奇他们身体的外观与功能，婴儿从哪里来，以及为何男女有别。因此父母和照料者在面对孩子成长的问题时千万不可回避，而是要以简短又真诚的方式告诉他们事实。答案如果满足了孩子的需求，那么他们便不会再次发问。在此过程中，教育者应该时刻保持警惕，孩子是否对性产生了误解，这就要求教育者在回答问题时也要不时地提出问题，以此检查孩子的认知并判断他们是否产生误解。儿童需要学习可以被他们认知所接受的性话题，发展对于自己身体的正向感觉，正确认识自己的身体并学习负责任。

父母或老师以性为主题对孩子进行教育绝非易事。单一的说教效果是有限的，我们可以借助一些玩偶和动物作为性教育的材料。在美国，性教育领域尤其强调绘本和童书的作用，例如《Bellybuttons are Navels》《婴儿是如何制成的》《这是我的身体：教导儿童如何抵抗不舒适的触碰》《不可思议的你》《改变中的你》等都是美国流行的性教育童书。

三、青少年期的性

青少年期是身体发展的关键时期，包括生理、社会与情绪状态的动态变化，并且是以一种狂飙式的速度发展。性意识也在这一时期开始发展，其受到基因、健康、营养与经验的多重影响。了解这一时期的生理变化，诸如体毛的变化、梦遗与初潮、声音的变化以及油脂与汗腺的分泌等都有助于青少年对于性的理解。在美国，大量的青少年在青春期中后期会与异性发生性行为。根据美国疾病管制局统计，2005 年，大约有半数 9 ~ 12 年级的学生有性交经验（45.7% 为女性，46.7% 为男性）。这些高中生中有 6.2% 的第一次性经验发生在 13 岁之前，而且有 14.3% 的性交对象数量超过 4 个。这段时期内，青少年也会经历一些性观念的冲突，因为美国的文化往往通过媒体，一方面宣传性的诱惑，另一方面又宣传性行为的危险[①]，所以青少年面临着矛盾的选择。

学会使用“拒绝”技巧是性教育中的重要议题，是避免性风险的重要手段。在美国性教育领域一个效果很好的教学策略是“小组竞赛”，把一些孩子分成不同的小组，向他们呈现一些关于性压力事件的表述，例如：“如果你没有性经验，我可以很快让你获得”“如果你爱我的话，就要和我发生性关系”“每个人都在做这件事”“一次性行为并不会让你怀孕”“我不想做任何事，只想躺在你身边”“性可以强化我们的关系”等，每个小组都要对这些场景做出回应，评审团给予评价，并记录每组分数，并要求小组成员思考对话可能发生的场景以及后续发生的状况。通过这样的训练，可以帮助青少年获得处理性压力事件的相关经验。

家庭生活教育指导师的责任是了解目前年轻人有关性的行为、态度和信念，并且不能忽视很多青少年已有的性经历，帮助青少年获取正确的信息，澄清价值取向以促进他们做出负责任的决定。

---

① Brown S, Taverner B. Streetwise to sex-wise [J]. *Educator's Update*, 2002.

四、性教育内容的组织模式

性教育课程所涵盖的内容因学生的需求和年龄、环境和课程长度而异。性模型可以帮助家庭教育指导师组织课程内容。这个模型包括几个元素，分别为：时间发展，认知、心理、生理过程的变化以及性和文化的影响。

（一）时间发展

与性相关的时间有两个平行维度——历史时间和个人时间。文化经历了无数的历史变迁。在美国的文化中，可以看到不同历史阶段对性有着不同的观点和看法。这些变化影响着各个年龄阶段的个体。

性历史上重大事件的时间轴

1846 年，美国第一个隔膜避孕装置获得专利。

1905 年，《性学三论》出版，提出了一些有争议的观点。

1914 年，出于对性教育、性病预防和卖淫预防的专业兴趣，美国社会卫生协会成立。

1916 年，玛格丽特·桑格因在布鲁克林开设第一家节育诊所被捕入狱。

1923 年，约翰·凯洛格成为巴特克里疗养院的院长，推广玉米片等普通食品，控制性欲和手淫。

1948 年，《人类男性的性行为》，是一项包含了 5300 名男性采访的研究。

——伊利诺伊州岩岛奥古斯塔纳学院发生第一起内裤抢劫案。

1950 年，恩斯特·格拉夫伯格提出阴道壁上存在性感觉，后来被称为 G 点。

1952 年，欧洲裔美国人乔治·乔根森在丹麦进行了第一次变性手术——露西尔·鲍尔，第一个在电视上扮演孕妇的人，不允许说“怀孕”这个词。

1953 年，《人类女性的性行为》，是一项包含了 5940 名女性采访的研究。

——休·赫夫纳出版了第一期《花花公子》。

1956 年，埃尔维斯·普雷斯利出现在埃德·沙利文秀上，但只出现在腰部以上。

1957 年，性科学研究学会（SSSS）成立。

1960 年，避孕药被食品和药物管理局批准。比基尼同年从欧洲引入美国。

1962 年，《单身女孩》出版并成为畅销书。

1963 年，《女性的奥秘》出版。

1964 年，美国性信息与教育委员会成立。

1965 年，格里斯沃尔德诉康涅狄格州案，最高法院确立了隐私权和已婚妇女避孕的权利。

1966 年，《人类性反应》，一项关于性反应生理学的观察研究发表。

——全国妇女组织成立。

1967 年，美国性教育和治疗师协会成立。

1968 年，《头发》在纽约百老汇开幕。

1970 年，第十条计划生育方案建立。

1972 年，《性的乐趣》出版，在《纽约时报》畅销书排行榜上长达 8 年，比历史上任何一本书都要长。

1973 年，罗伊诉韦德案，最高法院确立了妇女堕胎的权利。

——《我们的身体，我们的自我》出版。

1974 年，美国精神病学协会将同性恋从精神疾病名单中删除。

1978 年，路易斯·布朗首次通过体外受精出生。

1979 年，道德多数派成立。

——对疱疹的歇斯底里始于 20 世纪 70 年代末的媒体宣传，并在 80 年代初达到顶峰。

1982 年，里根政府提出“尖叫规则”，通知接受避孕的青少年的父母。

1983 年，鲁斯医生的《美好性爱指南》出版，随后出版了其他 26 本书。

1984 年，查明导致艾滋病的病毒导致相关研究的爆发。

1986 年，卫生部长 C. Everett Koop 公开主张性教育，包括艾滋病教育，针对青春期前和青少年。

1990 年，金赛研究所基于全国统计代表性样本发表了《关于性的新报告》。

——《卫生服务法》和《家庭青少年家庭生活法》第十章规定，性教育的内容必须将禁欲作为青少年的首要价值，接受联邦性教育基金的机构也必须这样做。

1993 年，第一个女性避孕套被食品和药物管理局批准。

1994 年，《性行为的社会组织》出版，其中报告了全国健康和社会生活调查，并对 3432 人进行了采访。青少年杂志 *seventeen* 首次使用了“口交”这个词，并表示“自慰是生活中正常的一部分”。

——美国卫生局局长乔斯林·埃尔德斯因对自慰的积极评论而被免职。

1996 年，《社会保障法》第五章 501b 节通过，国家授权公立学校实行“婚前禁欲”课程。

——《婚姻保护法案》（DOMA）颁布，禁止联邦政府承认同性婚姻，并允许每个州拒绝承认其他州的同性婚姻。

1997 年，艾伦·德杰尼勒斯向媒体称自己是女同性恋。

1998 年，在 42 个州开展艾滋病公共教育；23 个州和哥伦比亚特区要求公立学校开展性教育项目。

—— FDA 批准治疗阳痿的口服药物伟哥。马修·谢泼德在怀俄明州因为是同性恋被打死。

——*Will and Grace* 在电视上首映，男主角是同性恋。

1999 年，人乳头瘤病毒被发现是宫颈癌的主要原因。

——RU-486 是一种促进堕胎的药物，在美国开始销售。

2001 年，卫生局局长大卫·萨彻发布《促进性健康和负责任的性行为行动呼吁》，强调全面的性教育项目的重要性。

2002 年，“强奸毒品”在大学校园流行。

——荷尔蒙避孕新形式（贴片、阴道环、每月注射）进入市场。

2003 年，劳伦斯诉得克萨斯州推翻得克萨斯州鸡奸法，使同性性行为在所有州合法。

2004 年，青少年风险调查得出结论，在 1991—1997 年，青少年冒险行为显著下降，但在那之后没有继续显著下降。

——国际性百科全书出版。

——两种新的男性阳痿药物希爱力和艾力达，获得 FDA 批准。

——马萨诸塞州成为第一个同性婚姻合法化的州。

2006 年，众议院委员会宣布大多数禁欲项目提供了虚假和误导性的信息。

2011 年，结束了军队中针对同性恋者的“不问不说”政策。

2013 年，美国最高法院推翻了禁止联邦政府承认同性婚姻的《婚姻保护法》。

处于不同年龄阶段的个体往往对性有着不同的关注。例如，上大学性教育课的学生可能对老年人的性活动和性变化不感兴趣，反之亦然。然而，家里有孩子的父母可能不仅对自己作为父母或单亲的成年人所面临的性问题感兴趣，而且对孩子所面临的问题也感兴趣。这些性兴趣的领域将随着个人和家庭在整个生命阶段不断改变。

（二）认知过程

虽然人们不经常谈论性的认知维度，但大脑通常被认为是我们最大的性器官。认知过程是指通过知觉、记忆、判断和推理等来获取知识和理解的过程。我们会对性行为做出决定，我们的思维过程也会影响我们在处理道德和伦理决定时的推理，比如性骚扰。一项研究报告称，48% 的受访初高中学生表示，他们在 2010 ~ 2011 学年至少遭受过一次性骚扰，而且女孩是最容易受骚扰和伤害的。

（三）心理过程

关于性的想法会产生很多情感反应，例如爱、快乐等情绪。对性的情绪反应是在人的一生中持续习得的。社会学习理论也认为学习是人、环境和行为之间的动态相互作用[①②]。孩子把兄弟姐妹和父母作为其应该如何与他人互动的模型，后来则把老师、同龄人以及社交媒体作为习得社会规范行为的模型。

在美国的文化中，有一个词对男人和女人的生活有着巨大的心理影响，那就是“我爱你”。爱是不需要意识就可以产生的一种强烈的情感。关于爱的最著名的解释之一是爱的三角理论，它由三角形的三个角上的三个关键元素组成——亲密、激情和承诺[③]。一段爱的关系可以由这三种成分任意组合。爱，既能带来快乐，也能带来痛苦，但如果这三个要素中任何一个缺失，都会导致爱的过程出现问题。因为男人和女人表达爱的方式不同，所以了解男人和女人的感觉、关系过程和沟通风格对于促进他们的人际关系和性互动至关重要。

（四）生理过程

生物学上的变化和解释只是性行为的一个方面，性行为还涉及我们的生长和发育、生殖功能以及性唤起和性反应。因此，在适当的情况下，可以将性行为的多个层面纳入特定项目中。对于某些复杂的问题，性教育工作者可以首先进行研究，然后将研究结果纳入教学当中。《性研究杂志》《性行为档案》《性与婚姻治疗杂志》等专业学术杂志可以帮助家庭教育指导师进一步开展研究。此外，一个人所教授的性生理学知识会根据年龄、发育水平和所在社区的文化而有所不同。例如，为青少年开设的生理课程就与为老年人开设的课程大不相同。除了参考幼儿园到 12 年级的全面性教育指南中建议的内容外，还可以查看全国家庭关系委员会关于性的家庭生活教育框架，该框架涵盖主题较广[④]。

---

① Chibucos, T., Leite, R., Weiss, D. *Readings in family theory* [M] .Thousand Oaks, CA: Sage, 2005.

② Gibson S K. Social learning (cognitive) theory and implications for human resource development [J]. *Advances in developing human resources*, 2004, 6(2): 193-210.

③ Sternberg R J. A triangular theory of love [J]. *Psychological review*, 1986, 93(2): 119.

④ LeVay S, Valente S M B, Watson N V. *Human sexuality* [M]. Sunderland, MA: Sinauer Associates, 2006.

（五）性别

与性有关的认知、心理和生理过程都与性别相互作用。在生理学上，我们经常基于刻板的观念关注性别差异，但差异的大小又会因年龄和文化等因素而不同[①]。

一般来说，所有年龄段的男性都更有可能自慰，尤其是在童年和青春期。因此，大多数男性最初通过自我刺激体验到性快感，而女性第一次可能是与另一个人体验到性快感。男性和女性在老年仍会继续从事性活动[②]，但频率可能会下降。在性态度方面，男性更宽容、随意。从两性关系看，女性对性更容易产生消极情绪，这被称为“性爱恐惧症”。

这些差异可能源于生物学、社会角色，特别是文化影响。性别角色期望不仅是由文化定义的，而且取决于它们发生的时代或历史时间。但很多研究都是在大学生中进行的，与女性相比，男性正处于性发育的高峰期，这可能会夸大性别差异。

（六）文化影响

人们对于性学习很大一部分是由特定的文化环境所决定的。在文化背景下，个体学习各种各样的类似于戏剧或电影的剧本。性脚本理论认为，伴侣之间的性互动受家庭和同伴以及大众媒体的影响。换句话说，人们的性行为是从文化期望的规范结果中学习的。性脚本是在一生中逐渐习得的，而且会因社会影响的不同而不断变化。

脚本是人们对他们正在做什么和将要做什么的想法[③④]。我们的性脚本中“谁”告诉我们可以或不可以与谁发生性关系，可能涉及年龄、性别、婚姻状况等方面的限制。“是什么”为我们提供了道德的、不道德的、正

---

① Fisher T D. What sexual scientists know about gender differences and similarities in sexuality [J]. *Whitehall, PA: Society of Scientific Study of Sexuality*, 2012: 1-5.

② Schick V, Herbenick D, Reece M, et al. Sexual behaviors, condom use, and sexual health of Americans over 50: Implications for sexual health promotion for older adults [J]. *The journal of sexual medicine*, 2010, 7: 315-329.

③ 同②。

④ Gagnon J H, Simon W. *Sexual conduct: The social sources of human sexuality* [M]. Routledge, 2017.

常的或不正常的文化准则。“何时”指的是与时间和年龄有关的性行为的时机。“在哪里”关注的是性行为发生的地方。在美国文化中，性关系的传统场所是卧室的床或酒店的床。“为什么”指的是我们对性行为的动机、解释或理由，比如，恋爱或想取悦自己或他人。性的对象、内容、时间、地点和原因需要与我们参与性行为的价值观一致。

不同国家对于某些行为看法差异很大。例如接吻，在某些文化中，接吻伴随着性①；在西方文化中，接吻可以是问候或告别、情感的象征，也可以是对地位较高的人的尊重。因此，文化会影响一个人的性行为、感觉以及与他人的互动。

五、性教育学习策略

由于性话题的敏感性，制定合理的学习策略有助于为学生营造一个安全的环境。此外，这有助于学生明确自己的价值观，也有助于老师意识到他们自身的想法。

（一）营造一个安全环境

在讲授性知识时，安全的环境尤其重要。人们往往对性有太多的担忧，因此营造安全感是性教育项目成功实施的关键。有几种方法可以营造一个安全的环境，例如提供课堂指南、一分钟局促不安、班级合同和问题盒子。

1. 课堂指南（Class guidelines）

为了使学生感到轻松，可以给学生发送电子版的课堂指南。这些课堂指南的使用程度取决于课程的性质和时长。其中一些准则包括：

- 任何问题都可以讨论：不要害怕在课上或课后提问。
- 使用社会可接受的术语：有些词语可能会冒犯他人。
- 尊重不同的价值观和观点：不拿别人的价值观开玩笑。
- 不要“贬低”：不要给任何人贴上负面标签。

① Tiefer L. *Sex is not a natural act & other essays* [M]. Westview Press, 2004.

● 记住每个人都有感觉：我们对话题和别人对我们的评价都有感觉。

● 你有不说的权利：每个人都有权利“回避”一个问题或活动。

● 课程是保密的：不要在课外分享别人说过的话。

● 在讨论中不要使用专有名词：使用诸如“我的朋友”“我认识的人”或“我见过的人”这样的表达。

● 老师和学生应该尊重不同的性观点。

● 在形成观点之前先倾听：保持开放的心态。任何意见都不应该被贬低。

● 记住，没有人的观点是对的或错的：每个人都有权发表自己的意见。

● 我们都有权利改变自己的观点：当我们对一个话题了解得更多时，我们可能会改变主意。这是成长的标志。

● 有些话题超出了本课程的内容：性教育涵盖广泛的主题；不过，我们可能无法全部涵盖。

2. 一分钟局促不安（One-minute squirm）

通常情况下，性教育工作者设计活动、布置作业或讨论学生觉得尴尬的话题时，学生可能不愿回答。因此，指导师可以在上课时告诉学生，一会儿将请同学分享他们早期的性经历，然后继续本次课程内容。在一两分钟之后，再回到这个话题，告诉他们你不会问他们个人信息，只是想让他们体验一下当要求分享自己的隐私时的一些感受。最后告诉学生其实不会提问他们，学生肯定会松一口气。这种设计是为了帮助未来或现在的老师换位思考，如果一种学习体验不在学生的舒适区时，他们自己的学生会有什么感受。

3. 班级合同（Class contract）

在讨论课堂指南时，学生通过融入“一分钟局促不安”活动感受到老师对他们感受的关心；而班级合同可以让他们阅读并签署一份声明，表明他们已经理解老师对他们安全感的担忧。这份合同不仅为老师提供了一个安全保障，而且也让学生感到宽慰，因为你的课堂确实是一个学习人类性行为的安全环境。

4. 问题盒子（Question box）

多年来，使用“问题盒子”一直是一种常见的策略，为学生提供一个安全的提问环境。使用“问题盒子”可以很好地解决一些尴尬的问题。老师把相同的纸分发下去，指导学生匿名写一个关于性的问题；若没有问题，可以写其他的内容。写完之后放在一个盒子里。老师根据问题的类型进行总结并融合在后续的课程内容中。有时学生的问题可能不适合在课堂上回答，因为这些问题太私人或与你的课程背景不相关，这种情况可以咨询医生或性治疗师。老师可以在课堂上的不同时间收集问题，以适应新出现的问题和需要关注的问题。

（二）澄清价值观

性的基本问题往往与个人价值体系交织在一起。性行为除了需求和冲动之外，还反映了个人的价值观和对其他人的态度。了解一个人的价值观和价值等级对建立关系、性活动和性教育很重要。以下是两个有助于澄清价值观的方法。

1. 项目排序

让学生按照他们“最不喜欢”到“最喜欢”的项目进行排序。这些项目的内容可以参考下面的，或者你可以根据用户的年龄、背景和兴趣选择添加其他内容：

- 禁欲；
- 单亲家庭；
- 不戴安全套的性行为；
- 自己的身体；
- 女性自慰；
- 男性自慰；
- 老师和学生之间的性行为；
- 最好的朋友是单身但是怀孕了。

在学生写好并折叠交给老师之后，老师将这些纸条随机分配给学生进行讨论。在讨论中，确定得分最高和最低的项目以及这些项目背后反映的价值观。

2. 人际关系中的价值判断

该方法需要在一个故事中设置具有冲突的人物角色，在向学生叙述这个故事后，请学生对故事中的人物进行喜爱程度的排序，并对一些可以反映价值观的问题进行讨论。

人际关系中的价值差异①

向学员讲一个故事，然后让学员给故事中的人物从 1（你最喜欢的人）到 5（你最不喜欢的人）排序。没有正确的答案——只有他们的观点。

约翰和贝丝已订婚，但约翰到阿拉斯加服役去了。贝丝还在上学，和卡尔同上一个班。她和卡尔成为朋友，并睡在一起。贝丝觉得她不应该和卡尔发生性关系，并告诉他他们必须停止这样做。

过了一段时间，卡尔告诉贝丝他要开车去阿拉斯加。贝丝让卡尔带她一起去，这样她就能见到约翰了。卡尔说："好吧，如果你和我上床的话。"贝丝不知道该怎么办，于是问她的好朋友安娜。安娜说："做你认为最好的事。"于是，贝丝决定和卡尔上床。

与此同时，约翰在阿拉斯加一直在和一位驻扎在他附近的护士约会。当贝丝到达阿拉斯加时，她觉得有必要告诉约翰她和卡尔的关系。约翰结束订婚时说他不信任贝丝。

贝丝回到家，遇到了爱德华。她心烦意乱，把一切都告诉了爱德华，爱德华要求贝丝和他住在一起。

当参与者完成他们的排名后，组成 4—6 人的小组。在这些小组中，学员们将讨论与排名有关的问题，并达成小组共识。当小组讨论时，在黑板上创建一个网格，在垂直轴上列出故事参与者的名字，在水平轴上列出小组的人数。即使有些小组没有达成一致意见，也要进行汇报。让每组的一名成员报告他们的排名，解释为什么他们这样排名，或者他们在达成共识方面是否存在问题。网格可能会为每个故事角色提供各种各样的排名。

---

① Darling C A, Cassidy D, Ballard S M. *Family life education: Working with families across the lifespan* [M]. Waveland Press, 2022.

讨论出现的问题，如：

- 诚实在一段关系中的重要性；
- 情感承诺和性交之间的关系；
- 性交何时合适；
- 订婚的意义；
- “睡在一起”的意义；
- 私人关系中的剥削；
- 朋友的角色；
- 双重标准。

其他需要讨论的问题包括，如果参与者的名字改为另一种性别，会有什么不同。此外，这种澄清价值观的做法如何应用于媒体上当前的性问题。讨论结束时要注意故事参与者的排名变化。价值观不同，对事物的评价就不同。

六、性教育工作者

性教育作为一个特殊的敏感领域，培训性教育工作者的学术项目很少。以下提供了一些获得相关知识的建议。

（一）性教育培训

尽管在公立学校出现了越来越多的性教育课程，但教育工作者不仅在性教育的内容和方法上缺乏准备，而且可能被迫教授他们个人不熟悉的材料[①]。公立学校和大学的教育工作者都缺乏严格的培训。大多数大学级别的性教育工作者即使有高等教育学位，也没有接受过人类性领域的专门培训。因为大学课程设置的原因，只有部分人选修性教育课程，并且大学的性教育课程往往缺乏与其他学科的交流。

老师需要接受性教育的相关培训，在培训过程中，老师可以互相学习，增强教授性教育课程的信心。另外，老师还要学习不同主题的内容，

① Goldfarb E S. What teachers want, need, and deserve [J]. *Siecus Report*, 2003, 31(6): 18-20.

这对老师顺利教授有一定的帮助[①②]。高质量的性教育需要高质量的课堂准备。另外，如果想要成为被认证的性教育工作者，可以通过学习各种组织中的相关课程帮助自己适应这个角色。

（二）了解自己

虽然父母应该是孩子的主要性教育者，但在当今社会，期望所有的父母都能应对这一复杂的任务是不现实的。因此一些家长向学校寻求支持、资源和专业知识，有些人还可能同时参加类似的性课程，以便与孩子进行有意义的讨论。虽然父母和老师都是性教育的主体，但在成为自己孩子或别人孩子的性教育指导者之前，了解自己以及自己对于性的感受非常重要。

（三）个人特征

合格的性教育工作者往往对学生的需求敏感，在共情的基础上进行教学。另外，性教育工作者可以通过不同途径来了解学生的文化背景，这样才可以更好地教授课程。因此，性教育工作者的一个目标是了解和接受其他文化观点，同时也代表他们所教学的文化的社会背景。

性教育工作者需要适应女性和男性特征并摆脱社会的刻板印象，并对自己的身体保持一个积极的态度。在上课时性教育工作者需要有幽默感，这样才可以使课堂更轻松有趣，学生也更愿意参与活动[③]。

拥有良好的沟通技巧是与团队和个人工作必备的品质。老师应该在社会接受的前提下，教授给学生正确的观点，并及时纠正学生的错误观点。另外，性教育工作者在与学生交流时应让学生感到轻松。在讨论一些敏感话题时，老师应该让学生觉得自己是平易近人的。在这种情况下，老师应

---

① Brick P, Davis N, Fischel M, et al. *Bodies, birth, and babies: Sexuality education in early childhood programs* [J]. Hackensack, NJ: The Center for Family Life, Education Planned Parenthood of Bergen County, 1989.

② Brick P, Taverner B. *Positive images: Teaching abstinence, contraception, and sexual health* [M]. Planned Parenthood of Greater Northern New Jersey, 2001.

③ Bruess C E, Greenberg J S. *Sexuality education: Theory and practice* [M]. Jones & Bartlett Learning, 2004.

该花更多的时间和学生在一起，并在必要时建议他（她）寻求专业治疗师帮助。

七、人类性教育的挑战

性教育目前也面临着很多挑战。挑战之一是“学术自由”。尽管公立学院和大学通常拥有学术自由，但即使在美国较为开放的性观念之下，性教育的相关课程仍然会受到限制。一些私立学院可能会担心课程涵盖的主题，并且学校官员要对讲授的性知识负责。另一个挑战可能是选择教材和阅读材料。在一些教材的设计中，某些内容、图表和照片的使用可能存在问题，一些学生甚至表示他们不敢把书带回家交给父母看。一些学生经历过性暴力、青少年怀孕、关于性的种族主义言论，或者有非传统的性取向。所以老师理解学生非常重要，老师可以分发给每个学生一张纸，学生在纸上可以写上自己想了解的性相关的知识。下面是从一个关于性的本科课堂上收到的一些回复[①]：

- 我在约会时被强奸，不得不堕胎。我对这个话题有点儿敏感。
- 我有时觉得自己很滥交，因为我没有谈恋爱，但和陌生人发生性关系。我也有点儿怀疑我的性取向。
- 我 6 岁的时候，那个木匠 / 园丁占了我的便宜。
- 我认为让人们知道使用避孕套仍然会感染性病是很重要的。大多数性教育课程都暗示使用避孕套是完全安全的，但这是不正确的。
- 在我家里几乎没有人讨论性。我想在性方面对我的家人更加开放。
- 我想了解更多关于性唤起的知识。
- 怀孕对性生活有何影响?
- 我患有疱疹，想知道是否有一种治疗方法可以防止我的疾病经常发作。
- 我的伴侣在性交时从未达到过高潮。我怎样才能改变这种状况呢?她喜欢性交，但我希望她能更享受。

---

① Darling C A, Cassidy D, Ballard S M. *Family life education: Working with families across the lifespan* [M]. Waveland Press, 2022.

这一系列问题可以让老师对学生的需求和关注的问题有一定的了解。对于一些问题，老师可以整合到相应的课程内容中，或者从其他途径获得专业帮助。

为了课堂顺利进行，认真的计划和准备必不可少。讲授人类性教育课程要花费大量的精力，因此老师需要对某些内容保持警惕。不要要求学生透露他们与性问题或性行为有关的个人想法和感受并保存好每一份试卷。

另外，人们经常对性教育工作者有很多错误的认识。例如，有些人可能会认为性教育工作者在性方面相当熟练，或者比其他人有更多的性功能障碍。性教育工作只是众多专业领域中的一种，也是家庭教育指导的重要领域之一，从事这一领域的教育工作者需要以更加严格的职业道德要求自己的言行。

第四节　家庭资源管理

家庭资源（Family Resource）是指存在于家庭中的各种资源的总和。家庭资源的范围广、种类多，具体可区分为家庭内部资源与环境资源两大类，其中家庭内部资源包括人力资源与物质资源两个部分，而环境资源则涵盖了自然资源与社会资源两个方面。家庭资源是家庭所有成员所共享的资源，有限性是它的特征之一。同时，每个家庭的资源都是特有的，有其自身的优劣之处。家庭资源管理的重点就在于对各类家庭资源进行充分、合理、有效的利用，在充分发挥优势资源的同时避免劣势资源的不良影响，以期用最少的资源实现利益的最大化。随着现代社会的发展，家庭资源的管理已经不仅仅局限在家庭财务管理方面，它还涵盖了人力、物质等多方面的内容，可以说它已经扩展到了家庭生活的方方面面。

家庭资源管理是家庭生活的基本活动。家庭资源管理的质量会直接影响到整体的社会环境。家庭资源管理也是家庭生活教育指导的关键内容，因为大多数家庭只有有限的资源，必须找到有效管理他们所拥有的资源以满足他们的需求的方法。家庭管理资源的能力可能来自他们所拥有的各种资源的组合，包括时间、金钱、人力资源以及自然资源等。例如，当一个家庭需要就照顾一名老年成员做出决定时，他们可能会利用个人的资源（如其他家庭成员的帮助意愿）以及社会资源（如临终关怀或家庭健康服务）。教育人员需要促进个体对于资源的察觉和深度的理解，修正家庭在生活中的浪费性消费模式，并且鼓励保护自然资源。更重要的是家庭教育指导师需要在这个过程中协助家庭成员建构起一套思维模式，能协助学习者在日常生活中主动且有意识地解决问题、做出决策。

一、家庭资源管理的过程

个人和家庭做出决定的方式多样且极其复杂，但是我们可以借助一些模型来理解家庭的决策过程。亚尼斯（Janis）（1989）提出了理性模型①，该模型假设在决策过程中存在明确的目标，一次理性的决策包括寻找替代方案，评估结果，估计风险或不确定性，确定结果的价值，以及选择能最大程度地实现预期目标的行动等。对家庭有着长期重要影响的决策往往依赖于这种模式，例如教育方案和疾病治疗方案的选择。

普费弗（Pfeffer）在1987年提出了另一个模型②，该模型认为一些决策过程并不遵循价值最大化原则，而是非常依赖于习惯和规则，这些决策方法适合低风险的决策情境，例如日常生活用品的购买。更多的情境下，家庭决策可能是这些模型的不同组合。一般来说会遵循五个步骤的决策过程，即查明需求、寻找可用的资源、分析和比较这些资源、选择和执行这些资源以及对执行后的结果进行评价。

（一）家庭的需求

家庭成员看待自身需求的方式往往会随着时间的推移而改变。家庭的需求可能会因环境、个性、经济地位、科技、文化、生命周期和性别差异而变化。

1. 环境

环境往往会改变人们对家庭需求的看法。有些情况可能导致需求在短时间内被改变，而在另一些情况下，人们的需求可能被永久地改变。例如，一个患水痘的孩子可能会导致家庭不得不在短时间内改变作息时间和睡眠安排，而一些严重的疾病则会导致家庭无限期地改变。疾病、残疾、死亡和自然灾害等情况都对个别家庭的需求产生影响。尽管在危机情况下，金钱资源似乎很重要，但研究表明，在美国社会中，对那些正在处理

---

① Janis I L. *Crucial decisions: Leadership in policymaking and crisis management* [M]. Simon and Schuster, 1989.

② Pfeffer J. Understanding the role of power in decision making [J]. *Power in organizations*, 1981: 404-423.

危重症家庭成员的人来说，最迫切的需要是信息和保险①。社会环境的变化也会引发家庭需求的变化。在20世纪30年代的大萧条时期，高失业率和不稳定的货币体系使得大多数家庭更加关注基本的生存需求。

2. 个性

个性差异在对需求的感知中起着重要作用。一些性格测试指出，内向者往往避免沟通的需求②，冒险者更多追求多样性、变化和兴奋的需求③。个人的欲望、动机和行为是随着一个人的成长和发展而逐渐形成的，在此过程中个体也逐渐明确什么对于自己更加重要。例如，一个人在青少年时期经历的同辈群体压力会影响他（她）成年后的行为和动机。

3. 经济地位

一个家庭的社会经济地位（SES）将对其需求以及如何满足这些需求产生影响。对于资源丰富的家庭来说，获得良好的教育、医疗保健、住房和休闲设施有助于提供更多的生活机会。而对于经济困难的家庭来说，医疗保健、住房和健康食品等基本需求可能得不到满足，经济压力往往也会阻碍其对于卫生和社会服务的需求，甚至缺乏孩子所需要的教育经验也成为一些低收入家庭的劣势。爱德华兹（Edwards）和同事（2009）报告说，来自经济困难家庭的孩子在入学准备方面有更大的困难④。对教育的需要不仅对个人及其家庭很重要，而且对整个国家和社会的发展也至关重要。

4. 科技

科技在今天的家庭需求中发挥的重要作用可能比历史上任何时候都要大。科技以各种方式融入人们的生活。我们所看到和所做的一切都涉及技术，从媒体、商品的生产和消费、工作场所到再生产和我们的物质生活质

---

① Bond A E, Draeger C R L, Mandleco B, et al. Needs of family members of patients with severe traumatic brain injury: Implications for evidence-based practice [J]. *Critical care nurse*, 2003, 23(4): 63-72.

② Opt S K, Loffredo D A. Rethinking communication apprehension: A Myers-Briggs perspective [J]. *The Journal of Psychology*, 2000, 134(5): 556-570.

③ Olsen S O, Tudoran A A, Honkanen P, et al. Differences and similarities between impulse buying and variety seeking: A personality-based perspective [J]. *Psychology & Marketing*, 2016, 33(1): 36-47.

④ Edwards B, Baxter J, Smart D, et al. Financial disadvantage and children's school readiness [J]. *Family Matters*, 2009 (83): 23-31.

量。为了跨越数字鸿沟，家庭的发展需要跟上科技的潮流。

5. 文化

满足美国所有种族群体的多样化需求是一项挑战。例如，归属感的需求在不同的文化中有不同的含义。有些文化非常强调公民责任，而另一些文化则更强调家庭责任。多亚尔（Doyal）和戈夫（Gough）（1991）确定了在任何社会中满足需求的四个必要前提条件：生产、再生产、文化传播和权威①。生产是满足食物和衣服等基本需求的必要条件。为了延续生命，所有的社会都必须繁衍后代，包括照顾后代和对他们的教育。另一个前提是一个社会通过人与人之间的交流来传递规范、规则和价值观的能力。生产和繁衍涉及物理环境，而文化传播则涉及使文化向某个方向移动所必需的人类行为。权威则确保文化规则得以执行。

6. 生命周期

生命周期中的变化也会给家庭的需求带来变化，最初，从一对夫妇变成一个家庭，在孩子成年后又变成一对夫妇，每一个阶段都标志着他们需求的变化。在生命的最初阶段，婴儿就有办法让我们知道他们的需求，优秀父母通常能够区分婴儿的不同哭声，因为这是他们唯一的交流方式。婴儿也需要与照顾他们的人建立联系或依附，而这种早期的依恋关系会影响到他们一生当中信任感的发展。婴儿需要与成人建立稳固的关系，这种关系可以为情感和智力的发展提供一个支持性的环境。对于大一点儿的孩子，需要鼓励他们的成就，在家庭的规则上保持一致，并学习如何与他人相处。当一个孩子进入青少年期，一套新的需求系统被建立起来。赫尔施（Hersch）（1998）将青少年文化描述为一个独立的系统："它不仅仅是一群同龄人，而是孤立地成为一个拥有自己的价值观、伦理、规则、世界观、烦恼、欢乐和动力的社会。"②因此，许多青少年的冒险行为，如毒品、酒精、高风险的性活动和不良的饮食习惯等也就可以解释。

7. 性别

尽管家庭的基本需求同时影响到男性和女性，但男性和女性往往有着

---

① Doyal L, Gough I. A theory of human needs [J]. *Critical Social Policy*, 1984, 4(10): 6-38.

② Hersch P. *A tribe apart: A journey into the heart of American adolescence* [M]. Ballantine Books, 2013.

不同的需求。在保健需求上，虽然女性比男性长寿，但她们更容易受到慢性疾病的困扰，如骨质疏松症、关节炎或偏头痛，而男性则更多承受压力相关的疾病的困扰，如心脏病、中风和高血压等。在社交需求层面，女性更可能需要陪伴和社会联系，而男性则更加注重独立、控制和完成任务。

（二）资源的分类

1. 资源理论

资源理论最早由福阿（Foa）（1971）提出[①]。这一理论背后的思想源于社会心理学，该理论认为人们试图在社会互动的背景下满足自己的需求。根据资源理论，人们通过关系来收集资源，爱、地位、信息、货币以及服务等都属于资源的范畴。资源理论认为资源的重要属性是可以在关系中进行交换，例如，生活物资通常用来兑换货币，服务也是用来兑换货币的。在学校里，教育的本质也是信息的交换。该理论还确定了资源的两个重要维度：特殊性和具体程度。特殊性是指一个人在进行资源的交换时会做出特定的选择。爱就是一个很好的例子，我们对于那些我们爱的人以及爱我们的人总是很小心，相比之下金钱的特殊性较低，因为我们不关心与谁交换金钱。资源的具体程度也有助于我们理解资源，例如，我们卖了一幢房子，房子就不再属于我们，这意味着房子作为一种资源具有高度的具体性，但是一些资源则是象征性的，例如信息，我们可以把信息作为一种资源进行交换，但是交换后我们仍然拥有这些信息。我们可以使用我们的技能提供服务，但是最终仍然拥有这项技能。不同的资源之间有着不同的相似度，例如，金钱和商品很接近，却与爱情很远，人们更喜欢交换相似的资源。所以大多数人愿意用金钱换取商品或信息，而不是用金钱换取爱情。

2. 资源的类型

（1）人力资源

认知或心理资源是人力资源中最常见、最灵活的一种。这些资源包括

① Foa U G. Interpersonal and Economic Resources: Their structure and differential properties offer new insight into problems of modern society [J]. *Science*, 1971, 171(3969): 345-351.

从过去获得的经验、从学习中获得的知识、获得的技能和内在的创造力。达文波特（Davenport）和普鲁萨克（Prusak）将人力资本的组成确定为能力、行为、努力和时间[①]。能力包括一个人的知识和技能，也包括个人的天赋。虽然教育可以提升一个人的能力，但是教育（学历）一定程度也反映了智力和决心，因此很多雇主将受教育程度作为能力的一个指标。行为包括一个人做事情的可观察的方式，包括伦理、价值观和信仰。努力是激活或应用能力的组成部分，它是完成工作的动力。虽然时间不是人的一种资源，但它是在人的控制之下最基本的资源。从经济学的角度来看，时间被分配到三个基本的经济类别：有偿劳动（工作场所或市场）、无偿劳动（家庭）和休闲。家庭成员必须衡量自己的时间并做出规划，人们可以选择去工作，领取工资，然后用这笔钱购买商品和服务。他们也可以选择利用这段时间休闲或与家人共度。

（2）经济资源

家庭经济资源是通过获取或继承获得的。美国政府根据《公平劳动标准法》规定了最低工资水平。但是关于提高最低工资的标准问题在美国一直存在争议，支持者认为应该提高最低工资标准，以此让更多低收入家庭获益，但是反对者们认为提高最低工资标准只会让中产阶级家庭中的孩子受益。也有声音表示提高最低工资标准有可能会导致经济下行，联邦储备银行在 2015 年也指出了自最低工资提高以来工作岗位减少的证据。最低生活工资运动始于 1994 年，目前美国的许多城市都有各自的最低生活工资法。

获得家庭经济资源的另一种方式是继承。在家庭成员去世后，各种文化都建立了自己的财产分配方式。在美国，继承习俗可以追溯到最早期的定居者，在殖民时代，如果某人没有立遗嘱，国家将决定资产如何分配。独立战争之后，大多数州都通过了给予孩子平等继承权的法律。直到 19 世纪末，各州通过了《妇女财产法案》，允许妻子继承丈夫的财产。该法案允许妇女保留所有权和控制权，并在丈夫死后决定子女的继承权。如今，父母的寿命更长了，许多人更关心退休后的资源，而不是子女的遗

---

① Davenport T H, Prusak L. *Working knowledge: How organizations manage what they know* [M]. Harvard Business Press, 1998.

产。当某人去世时，财产通常会给未亡的配偶。如果夫妻双方都去世了，遗产通常会被清算并分配给后代。

（3）环境资源

环境资源包括我们所处的物理环境中由大自然提供的资源。世界各地的家庭均需要依靠地球的资源生活和工作。环境学家和经济学家认为环境资源由于各种原因正处于危险之中①。人口的增加造成了自然资源的消耗和短缺。包括对木材和水等自然产品需求的增加，以及与产品生产相关的化学物质的增加。另一个危险来自不完善的环境政策，缺乏对资源可持续利用的科学规划。在如何保护环境的辩论中，环保主义者认为任何事情都不应该让环境受到损害，而工业界则要求减少限制，以增加产量和利润。

（4）社会资源

前面所讨论的资源类型是有形的、具体的，而社会资源则是抽象的。普特南（Putnam）将社会资源描述为"个人之间的联系——社会网络以及由此产生的互惠和诚信的规范"②。社会资源既包括那些可以在家庭内部找到的资源，也包括那些来自家庭外部但影响家庭的资源。家庭中最重要的社会资源之一就是有效沟通的能力。这种社会资源为孩子们未来的人际关系做好了准备。家庭内的另一个社会资源是家庭档案的功能。无论是通过照片、故事还是传家宝，传承历史的家族都传递了一种重要的社会资源。与此同时，家庭成员必须意识到，理解过去是为了更好地塑造未来。传承家族的历史赋予了我们对于家庭的归属感与依赖感，这是任何其他社会群体都不可替代的。社会资源也存在于社区或家庭之外的环境中，例如，利用社区中社会资源的能力。

（三）决策的执行

1. 计划

许多决策本质上都是极其复杂的，需要有明确的计划才能执行。计划

---

① Gerlagh R, Sterner T. Rio+ 20: looking back at 20 years of environmental and resource economics [J]. *Environmental and Resource Economics*, 2013, 54(2): 155-159.

② Putnam R D. *Bowling alone: The collapse and revival of American community* [M]. Simon and schuster, 2000.

是为了实现目标而制定的一系列行动流程。有经验的规划者知道计划必须具有适应性才能成功。很少有个人或家庭在完全可控的环境下经营，意外和不可控的事件会使原计划无法实施。这些破坏可能是轻微的，需要适度调整；也可能是颠覆性的，需要重新制订计划。因此家庭计划中包括主动的计划、反应性计划以及应急计划。

主动的计划是经过深思熟虑后而设计的。主动的规划者是在事前就做出了计划，而不是等到事情发生后再做出反应。例如，考虑到退休后的财务需求，在职的成年人可能会决定向雇主的退休计划缴款，以补充自己的社会保障金。虽然没有办法知道一个人在退休后需要多少钱才能维持预期的生活水平，但拥有更多的钱显然比没有足够的钱要好。

反应性计划是自发的，无须事先考虑。这类计划几乎总是为了应对不受欢迎的事件而迅速制订出来的。一个靠一份工资过活的家庭将被迫对失去工作或住房做出迅速反应。他们将不得不降低生活标准。因为他们没有可用的资源，他们可能会决定向其他家庭成员或朋友寻求帮助，或者参与到一些旨在帮助应对这种紧急情况的公共项目中。

应急计划是指与原计划同时制订的备选计划，因此在制订应急计划时需要预测到可能出现的问题。

2. 影响决策执行的因素

一个决策能否被执行有四个关键因素：策略、授权、责任和动机。

(1) 策略

积极心理学领域提出的三种策略可以用于支持家庭资源的管理，分别为情绪调节的策略、人际关系的策略以及问题解决的策略①。首先，情绪调节的策略处理的是家庭成员在资源管理实施阶段经历的情绪反应。我们最初设立的目标往往在执行的过程中会遇到各种各样的阻碍，因此家庭成员必须学会管理消极情绪反应，如焦虑、抑郁和愤怒等。放松、冥想和减压技巧通常是在实施过程中管理情绪很好的策略。人际关系的策略指使用非主导性的沟通方式从而促使他人的参与，使用这种策略可以表达与他人合

---

① Seligman M E P. *Authentic happiness: Using the new positive psychology to realize your potential for lasting fulfillment* [M]. Simon and Schuster, 2002.

作的强烈意愿。问题解决的策略包括自我监控和对环境的持续监控。在实施阶段需要不断地反思、总结以及提出新的解决方案。

(2) 授权

授权并不是把任务“分散”给其他人，而是计划的领导者鼓励其他成员参与，并帮助其发展技能的过程。通过将计划实施的一部分任务委派给其他人，领导者把时间和精力集中在其他事情上，所有成员将通过履行特定的职责而成长。当他们至少负责计划的一部分时，他们也会觉得自己是整个计划的参与者。授权的成败取决于负责人和被授权人之间的相互尊重和信任。领导者希望其他人在决策过程中更主动，发挥更积极的作用，但总是不愿意把任务的控制权交给其他人。管理学的研究显示，一些团队成员认为，领导者希望他们服从命令，并在执行命令时保持保守。然而，对于团队成员，他们则更希望在完成任务的过程中享有更多自由决策的权利。在家庭中同样存在类似问题，如果低估较年轻和较年长的家庭成员的实际能力，就会减少对这些成员的授权，从而导致他们参与计划的热情下降。

(3) 责任

参与计划实施的所有成员都应该在责任和权利之间取得平衡。为保证家庭中的计划取得成功，有必要让家庭成员之间的责任分配遵循一定的准则：①确保每个成员充分了解他（她）的任务，并确保每个成员都拥有完成这些任务的必要资源。②明确对应问题的责任人。③应经常对成员取得的进展提供反馈，孩子们往往通过观察家长的任务完成情况获得责任的意识，他们需要在家庭任务中发展和年龄相适应的责任水平。

(4) 动机

当一个人是家庭的一部分时，他的行为会影响其他群体成员和整个群体。这就造成了追求个人利益和群体利益之间的冲突。因此，自我控制和延迟满足在这些情况下变得尤其重要。只有当一个家庭成员能够理解整个家庭单位的未来利益时，他才更有可能支持家庭的行动计划。动机可以简单区分为内在动机和外部动机，外部动机包括经济上的成功、权力和形象，在促进实现目标方面效果较差。只有当个体发展出强烈的内在动机，认识到活动对他们个人的重要性，并在预期的任务中拥有适当的自主权时，他们会更有动力地参与到这一活动中。我们可以从一个案例中来理解这一问题：

15 岁的马库斯在校期间做兼职。他的父亲坚持要马库斯把 75% 的收入存起来，因为他想让儿子上一所常春藤大学，并不断强调这笔费用是多么昂贵。马库斯的母亲也鼓励他存钱，这样当他准备好决定上哪所大学时，就会有更多的选择。母亲的鼓励是基于内在的、自主的因素。他的父亲更关心大学的排名（外在的），并使用了一种更有控制欲的方法。内在动机往往对个体有着更大的推动力，如果马库斯相信这会给他以后提供选择，他可能会更愿意存钱。

（四）决策的评估

一个决策的好坏需要根据不同的结果进行评估，对于个人和家庭福祉的衡量有多种不同的指标，以下是一些具有代表性的指标，可用于对决策结果的评估。

1. 职场福祉

职场福祉对家庭生活很重要，因为很难将家庭与职场分开。有学者提出了溢出效应的概念，以此描述工作和家庭生活之间的重叠。对于许多家庭成员来说，工作中的角色消耗了他们大量的时间和精力。促进员工福祉的最佳方法是增加员工对自己时间的掌控，减少工作中负面情绪对于家庭生活的影响。尽管大多数时候溢出效应对家庭生活是有害的，但也有研究者认为溢出效应不一定总是负面的。因为在家庭和职场发展出的技能也可以互相促进。例如，在工作场所学习到的谈判技巧和在家中学习到的组织能力和多重任务处理能力可以让家庭和职场均受益。斯尼尔（Snir）和哈帕兹（Harpaz）认为工作的意义有五个主要维度①：

- 工作中心性：工作是人们在社会中最基本的活动，它比休闲时间更重要。
- 经济导向：人们从工作中获得收入，我们工作的原因是为了维持生

① Snir R, Harpaz I. Work-leisure relations: Leisure orientation and the meaning of work [J]. *Journal of Leisure Research*, 2002, 34(2): 178-203.

活和满足我们的需要。

● 人际关系：人类需要互动和归属感。我们工作是为了获得与他人相处的满足感。

● 内在导向：个人需要挑战，工作中我们可以展示自己的能力。

● 权利 / 义务：人们工作是因为他们应该工作。这是社会所期望的，他们有工作的权利。

通过了解自己对工作的定位，个人可以对工作产生更现实的期望，从而获得更大的满足感。婚姻伴侣还需要了解对方的工作方向，以避免误解。

2. 身体健康

身体的健康不仅意味着没有疾病，预防也应该纳入健康的范畴。根据哈伯（Haber）的三级预防规则，一级预防是针对具体问题采取的干预措施，并实施锻炼、良好的营养、压力管理和免疫接种等以预防疾病；二级预防包括筛查等干预措施，旨在发现疾病的早期症状；三级预防是在健康成为问题后进行治疗，重点是治疗和阻止疾病的进一步发展。保持健康对社会和家庭都有许多好处。然而，当人们看不到需要立即改变的时候，往往很难让他们进行预防。除了健康和对健康的态度外，家庭还需要考虑其他影响家庭成员身体健康的因素。家庭在哪里生活和工作，家庭的遗传倾向，以及所在地理位置的医疗保健系统的水平等，都将对家庭的健康产生影响。贫困、失业、交通不便、社会孤立和缺乏足够的医疗保健等风险因素已被确定与健康相关，并影响着许多家庭。

3. 智力储备

智力的储备包括核心技能的准备与提升。我们生活在信息时代，教育可以为学生提供成功所需的信息。教育不仅提供生产所需的知识和技能，在教育过程中，我们还能学到一些额外的社交技能。美国国家科学院指出，在学校学习的非认知社会技能分为个人内部技能（人们如何管理自己）和人际技能（他们如何与他人互动）两个种类①。关于教育应该如何让学生为未来做好准备，目前还存在较大的分歧。一些人认为孩子只需要基

① National Research Council. *Education for life and work: Developing transferable knowledge and skills in the 21st century* [M]. National Academies Press, 2012.

本的知识，而另一些人则认为他们需要各种能力。有很多家长对教育系统持怀疑和担忧的态度。因此在美国，有些父母会选择教自己的孩子，以确保他们学到基本的知识。但是无论父母是选择把孩子送到公立学校还是私立学校，抑或是选择在家上学，重要的是他们要参与到孩子的教育当中。

4. 心理与情绪健康

情绪健康意味着能够坦然面对自己的情绪，无论它们是愤怒、恐惧还是爱。这意味着你要能够理解自己的感受，并恰当地向他人表达。练习情感管理的最佳环境是在家庭中。孩子们通常是在家里学会管理自己的情绪，随着时间的推移，他们需要明白，为了得到想要的东西而发脾气是没有用的，还可能导致更糟糕的后果。

情绪健康也意味着你必须接受自己，包括你的缺点和局限。生活中的失败感往往会导致友谊和人际关系出现问题，造成焦虑、压力、孤独和抑郁。而良好的自尊则可以起到保护的作用，具有良好自尊的个体会有意识地了解自己和这个世界，接受真实的自己，意识到要对自己的选择负责，坚持自己的信仰和价值观，信守自己的承诺。自尊是心理健康、成就、个人幸福以及家庭内外积极关系的基础。

困境往往会破坏情绪平衡。有时候愤怒、悲伤、嫉妒或其他负面情绪会闯入我们的生活，破坏我们的个人和家庭关系。如果个人和家庭能够适应变化，以健康的方式应对压力、享受生活，就能够保证情绪健康。适应力强的家庭往往能够根据困境做出调整和改变。

二、家庭资源管理与其他指导领域的关系

家庭资源管理与其他所有家庭生活教育领域都密切相关，因为几乎所有的领域内都涉及资源的使用，我们仅以以下两个内容领域为例，阐述家庭资源管理与其他领域的联系。

（一）社会脉络中的家庭与个人

家庭资源管理最重要的目的是产出有能力的人，并维持他们的身心健康。家庭是社会中最重要的经济单位。家庭成员会参与到家庭内的所有

经济活动，包括生产、消费、保存、分配、投资、交换以及人力、经济与物质的管理。由于能生育后代，家庭也成为唯一的生产人力资源的经济单位。家庭社会化的过程深深影响了劳动力市场的格局，此外，家庭的休息、休闲时间、情感性支持等皆有助于更新人力资源。许多文献仅仅把家庭描述成一种消费单位而忽略了家庭在社会中重要的生产角色。就社会而言，这些人力与社会资源即称为人力资本或社会资本。

（二）亲职教育

孩子的养育需要大量的成本。其需要的直接成本包括多年的社会化、上学以及大量的金钱等，也需要成年人由于照料家庭而失去工作或者财务机会的间接成本。通过家庭资源管理可以帮助学习者了解家长在子女身上的支出，特别是教养孩子的间接成本。在美国已经有一些州设立了相关课程以协助离婚或分居的家长满足养育孩子的财务需求。

当今社会环境下，一个突出的问题就是育儿与工作之间的平衡，这也是家庭资源管理在现今需要应对的关键问题。许多养育幼儿的家长需要决定是留在家里照顾孩子，还是继续在职场工作。拥有较高收入的家长往往会选择“资源替代”的方式——以金钱替代时间。他们会选择找保姆的形式来照料孩子。而另外一些低收入家庭则可能会牺牲某一方家长的职场工作机会，回到家庭照料孩子，经济学家称之为“替代生产”，还有一些家庭会选择“替代消费”，即选择不要小孩，或者以另外一种形式获得育儿的满足感，例如，从事儿童教育的工作。

有效的家庭资源管理可以有效地减少亲近关系的紧张。对于低收入家庭来说，这一点尤其重要。只有当资源充足时，才能实现选择的自由，从而避免家庭中的冲突。资源理论认为个人对于资源有着不同程度的需求，例如，爱与情感（爱）、尊重与自尊（状态）、安慰与帮助（服务）、沟通（资讯）、个人物品所有权（物品）以及可供个人使用的金钱资源等。而人际关系中的满意度往往取决于这些资源交换的结果。例如，资源的接受者往往拥有较高的满意度，尤其是在长期内可以交换得到一些特别的资源——爱和服务。但是当给人提供替代性的资源时，往往会降低满意度，进而导致关系质量的下降（例如有条件的爱）。

第五节　亲职教育与指导

做父母可能是世界上最有挑战的工作之一，但同时这份工作也具有重大的意义。父母需要具备一定的教育知识和技能才能更好地履行职责。社会的变迁使得今天的父母面临着巨大的挑战，同时，他们也可以获得前所未有的育儿资源和支持。例如，亲职教育可以帮助培养父母的育儿技能，父母也可以通过多种方式查找到育儿信息，例如书籍、线下或线上课程、网站或者 App。有大量的研究明确了儿童和父母需要什么样的支持才能获得最佳发展，并证明了亲职教育在提高儿童和父母幸福感方面的重要作用[①]。

父母会影响孩子的认知、社会、情感和生理等多方面的发展，这使得亲职教育变得更加重要。研究表明，生命最初几年的养育方式（包括细致照料、认知刺激和积极参与）对学龄前儿童的技能和社会情感发展具有巨大影响[②]。

父母行为与孩子的发展结果直接相关[③]。在婴儿期与父母建立安全的依恋关系，孩子在以后的生活中会有更好的社交能力[④]。整体的社会环境也受益于亲职教育。良好的亲职教育可以减少虐待和忽视儿童的现象，对防止药物滥用、预防精神疾病和青少年犯罪都有重要意义。

---

① Bornstein M H. *Handbook of parenting: Volume I: Children and parenting* [M]. Psychology Press, 2005.

② Dworkin P H. Families matter—even for kids in child care [J]. *Journal of Developmental & Behavioral Pediatrics*, 2003, 24(1): 58-62.

③ Reeves R, Howard K. *The parenting gap* [M]. Washington, DC: Center on Children & Families at Brookings, 2013.

④ Baumrind D. The influence of parenting style on adolescent competence and substance use [J]. *The journal of early adolescence*, 1991, 11(1): 56-95.

一、社会变迁的影响

社会的飞速发展导致当今父母面对着很多以往从未有过的挑战，这也使得亲职教育的必要性尤其突出。目前在美国比较突出的问题包括社交媒体的影响以及父母溺爱的问题。

（一）社交媒体

科技正在改变家庭的生活。父母经常把媒体和技术视为一种育儿的工具。父母对互联网和手机在孩子生活中的作用有着复杂的感受。虽然他们认识到互联网和手机可以帮助他们的孩子获取信息并与他人联系，但对孩子接触的内容以及线上交流导致面对面交流减少的现实表示担忧。还有人担心，把大部分时间放在网上导致户外活动减少，会增加孩子肥胖的风险。对计算机和技术的过度关注也会导致与自然和户外活动脱节。但与此同时，科技可以帮助父母通过短信和社交网站与孩子建立联系。因此，亲职教育可以提供必要的资源和支持，帮助家庭充分利用科技的优势。

（二）溺爱型育儿

我们曾一度认为溺爱在中国很普遍，殊不知，溺爱型育儿的现象在过去十年也受到美国媒体的极大关注。父母的溺爱有时被称为“过度溺爱”，溺爱是一个连续体，溺爱与过度溺爱之间没有界限。

溺爱型育儿有三个不同的要素：第一是给孩子太多的资源；第二是过度养育，大包大揽，为孩子做本来该孩子自己完成的事情；第三是很少为孩子的行为设定规则或后果[①]。溺爱型的父母几乎没有规则意识，也从不执行规则。父母希望通过提供各种课外活动、课程和体育赛事来促进孩子发展，这种溺爱涉及“过度安排孩子”，导致孩子的家庭自由活动时间减少[②]。

---

① Clarke J I, Dawson C, Bredehoft D. *How much is enough?: Everything you need to know to steer clear of overindulgence and raise likeable, responsible and respectful ch* [M]. Da Capo Press, 2003.

② Anderson J R, Doherty W J. Democratic community initiatives: The case of overscheduled children [J]. *Family Relations*, 2005, 54(5): 654-665.

父母溺爱孩子有各种各样的原因。例如，家庭子女数量少，身处不幸婚姻的父母把精神寄托在子女身上，离异的父母希望给予孩子补偿，父母童年有被溺爱的经历，消费主义、媒体、社区和其他人的影响等。

被过度溺爱的青少年往往有更大生活压力。当父母为孩子提供太多的资源时，父母会认为自己是为孩子提供资源的“好父母”，从而提高作为父母的生活满意度。然而，对于接受过多的青少年来说，接受过量资源与他们的生活满意度没有明显关系①。

溺爱型育儿对父母和孩子都有长期的不良影响。对父母来说，父母在情感、金钱和时间上对子女的过度投入会侵蚀婚姻关系，导致离婚的可能性增加②。对于孩子来说，溺爱会阻碍个人发展以及自我效能感和潜力的发挥。在孩童时期被溺爱的人，往往很难学会如何自我调节，因此他们更容易经历情感问题，如困惑、内疚、悲伤和焦虑等③。

二、亲职教育的定义与历史

在谈到亲职教育的历史和实践之前，需要首先讨论亲职教育的定义。以下是三个常用的定义：

为父母和照顾者提供计划、支持服务和资源，旨在帮助他们提高养育健康儿童的能力和信心④。

有组织、有计划地改变或提高家庭系统以及托育系统的育儿知识和技能⑤。

关于父母和孩子的发展、两者之间关系的理解和态度以及知识和技能

① Veldorale-Griffin A, Coccia C C, Darling C A, et al. The role of parental indulgence and economic stress in life satisfaction: Differential perceptions of parents and adolescents [J]. *Journal of Family Social Work*, 2013, 16(3): 205-224.

② Marano H E. *A Nation of Wimps: The High Cost of Invasive Parenting* [M]. First Edition. New York: Crown Archetype, 2008.

③ Bredehoft D J, MENNICKE S A, Potter A M, et al. Perceptions attributed by adults to parental overindulgence during childhood [J]. *Journal of Family and Consumer Sciences*, 1998, 16(2): 1998.

④ Carter N, Kahn L.*See how we grow: A report on the status of parenting education in the U.S.* (R). Philadel- phia: Pew Memorial Trust,1996.

⑤ Arcus, M., Schvaneveldt,J., Moss,J., *Handbook of family life education: The practice of Family Life Education (Vol. 2)* [M]. Newbury Park: SAGE Publications., 1993.

获取的过程[①]。

美国的亲职教育最早起源于殖民时期，当时教会和政府的共同目标是影响父母，让他们根据宗教规定抚养孩子。亲职教育可以追溯到医学、社会工作、家政、教育和心理学等不同领域。霍尔、弗洛伊德、沃森、阿德勒、皮亚杰和埃里克森等人都对儿童发展提出了自己的观点。

1897 年第一次全国母亲大会（National Congress of Mothers）召开，这是一个全国性的家长教育组织，后来被称为家长教师协会（Parent Teacher Association，PTA）[②]。到 1915 年该组织大约有 6 万名成员，到 2013 年大约有 430 万名成员。PTA 由家长、学生、教师和其他社区人员组成，致力于促进儿童的教育和家长在学校教育中的参与性。它的成立对美国亲职教育的发展产生了巨大影响。

其他组织也陆续加入亲职教育中来。美国儿童研究协会（The Child Study Association of America）于 1925 年成立了全国家长教育委员会（National Council of Parent Education），以协调专业团体和非专业团体的力量。该组织还于 1925 年赞助了哥伦比亚市师范学院的第一门关于亲职教育的大学课程[③]。

斯波克（Spock）于 1946 年首次出版的《斯波克育儿经》（*Baby and Child Care*）将儿童保育和育儿文学带到了人们的面前。基层育儿团体的出现，为父母提供了一个相互借鉴的机会。一个由母亲领导的基层组织被称为拉切联盟（La Leche League）。在这个组织里，母亲可以通过小组形式分享她们的母乳喂养经验，并指导新生儿母亲进行哺乳。经过他们的努力，母乳喂养被重新确立为首选的婴儿喂养方法。

随着时间的推移，人们的关注点从专家指导转移到提高父母自己的教育知识和技能上来。在 20 世纪 60 年代中期启动的开端计划承认了父母在子女教育中的价值和影响。到了 20 世纪 80 年代，州和联邦资助项目以及越

---

① National Parenting Education Network [EB/OL]. [2022-11-13]. https://npen. org/about-npen.

② Schlossman S. Before home start: Notes toward a history of parent education in America, 1897-1929 [J]. *Harvard Educational Review*, 1976, 46(3): 436-467.

③ Carter N, Kahn L.*See how we grow: A report on the status of parenting education in the U.S.* (R). Philadel- phia: Pew Memorial Trust,1996.

来越多的非营利和营利组织纷纷加入以社区为基础的亲职教育项目当中。

1995 年，亲职教育工作者开始讨论建立一个组织以满足不断增长的亲职教育的需求。1995 年在惠洛克学院和 1996 年在美国家庭资源联盟会议上进行的讨论引起了广泛的关注。国家亲职教育网站（NPEN）就是从这些讨论中发展而来的①。

三、理论整合

亲职教育的实践深受理论的影响。理论为个人和家庭行为提供合理解释，有助于我们理解家庭和育儿过程。亲职教育理论的一个关键组成部分是理解父母可以影响孩子，孩子也可以影响父母，父母和子女之间的关系是双向的。

系统理论强调整体性（一个家庭大于其各部分的总和）和相互依赖性（影响家庭中一个人的因素也会影响其他家庭成员）。

生态系统方法和生物生态学（biological ecological）视角可用于理解儿童成长和发展不同阶段，生态系统各部分的相互作用。这一理论可以解释有关亲子关系的问题。例如，父母的角色是什么？同龄人、托儿所、学校、文化以及社会制度对儿童发展的意义是什么？

社会交换理论可以用来研究在孩子成长的不同阶段，生孩子和养育孩子的回报和成本。生孩子的回报是否超过了经济和情感成本？

家庭发展理论可用于了解家庭生命周期不同阶段的个人和家庭发展任务，而进入不同阶段通常取决于最大孩子的年龄。

压力理论认为父母经历的压力既有规范性的（在生命周期中预期会发生的，如婴儿出生、进入青少年期、高中毕业），也有非规范性的（不可预见的事件或情况，如儿童疾病、欺凌、药物滥用）。还有一些其他与亲子关系相关的理论，这些理论侧重于儿童发展和社会化的问题。

皮亚杰（Piaget）提出儿童适应世界和处理信息有两个过程——同化（将新信息纳入现有计划）和顺应（改变结构以纳入新信息）。这些过程通

① National Parenting Education Network [EB/OL]. [2022-11-13]. https://npen. org/about-npen.

过平衡来实现，平衡是推动学习和发展的力量①。

埃里克·埃里克森（Erik Erickson）将成长描述为八个阶段，每个阶段都有基于社会化的具体生理和心理需求，以及需要满足和解决发展危机。这些冲突是儿童发展的转折点，他们解决冲突的能力影响他们发展特定品质的能力②。

维果茨基（Vygotsky）的社会发展理论（social development theory）认为，认知发展是通过与他人的互动而产生的，并以个人的文化和社会为导向。存在一个最近发展区（ZPD），在这个区域中，孩子很难单独完成一系列任务，但是，可以给孩子一些支持帮助孩子学习新知识，当孩子掌握之后就可以摆脱这些支持③。

依恋理论（Attachment theory）认为依恋是婴儿与照顾者建立的一种长期、持续的情感联结。依恋关系会对个体认知发展和社会情绪发展产生巨大影响④。

行为主义（Behaviorism）认为，个体的所有行为都是从环境中习得的，过去的经验可以解释所有的行为。个体行为习惯的形成是其行为不断受到强化的结果⑤。

社会学习理论（Social learning theory）认为，人类的行为是通过观察学习的，个人的认知、行为与环境以及三者交互作用对人类行为产生影响⑥。

将理论框架纳入亲职教育课程，可以帮助家长更好地理解孩子的发展和行为。其中一些理论也有不同的阶段，以适应不同的年龄和发展阶段。无论是在正式的还是非正式的环境中，将理论融会贯通对于理解亲子关系都是有意义的。

---

① Phillips J L. *Piaget's theory, a primer* [M]. WH Freeman, 1981.

② Erikson, E.. *Childhood and society* [M]. New York: W.W. Norton, 1950.

③ Vygotsky L S, Cole M. *Mind in society: Development of higher psychological processes* [M]. Harvard university press, 1978.

④ Ainsworth MDS. *The development of infant-mother attachment* [M]. Baltimore: johns Hopkins' University Press,1977.

⑤ Skinner, B. *About behaviorism* [M]. New York: Knopf. 1974.

⑥ Bandura A, Walters R H. *Social learning theory* [M]. Prentice Hall: Englewood cliffs, 1977.

四、父母发展

父母发展（parent development）的概念在任何关于亲职教育的讨论中都是很重要的。向父母传授科学的知识和技能有利于孩子的健康发展，父母自身的认知和情感发展会对孩子产生巨大影响。父母对自己、家庭和环境的认知，能够帮助他们更好地了解他们的孩子以及亲子关系，从而产生更积极的养育效果[①]。

纽伯格（Newberger）认为，父母认知发展会影响其养育行为。与环境互动可以拓展父母的思维，使思维更具深度以及灵活性。一个拥有更高层次认知和技能的父母可以更好地应对各种养育实践。纽伯格还认为，父母的意识是一个有组织的知识系统，会影响到父母的选择，父母通过它来理解孩子的行为或反应[②]。这种意识是一个连续的过程，从以自我为中心的观点到系统观[③]。每一个层次都建立在前一个层次的基础上，反映了人们对父母、孩子和亲子关系认识的不断加深。

第 1 阶段——自我取向：父母以自我为中心，根据自己的愿望和需要来看待孩子。孩子是父母自己经历的投影。

第 2 阶段——传统取向：父母的观点从以自我为中心转变为考虑到自己以外的问题。这个阶段的父母往往会根据社会定义的正确实践以及父母角色的责任来组织自己的行为。

第 3 阶段——个人主义取向：父母认识到孩子是一个独特的个体，能够认识并满足孩子的个性化需求。

第 4 阶段——分析主义取向：处于这种认知水平上的父母认为，他们的养育、孩子和自己都被嵌入一个更大的系统中，父母和孩子都是通过在关系中相互满足对方的需求而成长的。

---

① Bornstein M H. *Handbook of parenting: (volume 3)* [M]. Psychology Press, 2005.

② Newberger C M. The cognitive structure of parenthood: Designing a descriptive measure [J]. *New Directions for Child and Adolescent Development*, 1980, 1980, 7: 45-67.

③ Thomas R. Reflective dialogue parent education design: Focus on parent development [J]. *Family Relations*, 1996: 189-200.

五、亲职教育的实施

亲职教育可以在各种环境中开展，也可以以多种形式提供给不同的受众。亲职教育的环境和方法会根据课程目标以及目标受众的不同进行差异化设置。

（一）亲职教育的形式

亲职教育的三种教学模式是个人模式、团体模式和大众模式。个人模式包括一对一的互动，这种类型的亲职教育通常通过家访进行。团体模式一般在课堂、研讨会或支持小组中向一群人提供指导。大众模式是指面向大众提供的亲职教育，包括利用书籍和小册子等印刷媒体、广播和电视节目，以及互联网等。

（二）亲职教育的受众

亲职教育项目的常见受众包括婴儿、儿童、青少年以及青少年的父母、单亲父母、军人家庭、抚养孙辈的祖父母、参与寄养和收养的父母以及被监禁的父母。根据情况的不同，受众参与项目也不同。这些项目包括通用的（所有父母）、选择性的（特定的高危人群）或指导式（以问题为重点的）的项目。

通用的项目是为普通人群设计的，主要关注初级预防，促进积极的育儿实践。这些项目的目标是传授给父母科学的教育知识和技能，培育父母的责任意识，以此来预防问题的发生、促进儿童的最佳发展。这些项目通常持续时间较短，强度不如选择性或指导式项目[①]。

选择性项目针对的是那些问题行为风险高于平均水平的人，他们属于特定的人群。选择性项目的目标是防止严重问题的发展，通常持续时间更长、强度更大。该项目针对特定的受众，比如那些正在经历离婚的人。研究表明，经历过父母离婚的孩子在情感、行为、社会、健康和学业方面发

---

① Prevention A. Prevention and Early Intervention [OL]. Retrieved from www.emqff.org/wp-content/uploads/Prevention-and-Early-Intervention-Issue-1-Addendum-03-07-06.pdf, 2006.

展均会受到影响[1]。

指导式项目针对那些已经从事高风险行为的人，如虐待儿童。指导式项目的目标是结束问题行为，因此项目持续时间更长。虽然聚焦于问题，但指导式项目不应该与治疗混淆。亲职教育不同于治疗的重点在于：(1) 促进家庭和个人的发展以及预防家庭问题的产生，而不是个体和家庭的功能障碍；(2) 提供支持，而不是冲突和对抗的技术；(3) 目标是增加自信和满意度，而不是重建个性或家庭。

（三）亲职教育的环境

亲职教育的实施者来源广泛，例如学校、政府、企业、亲职教育专家和社区等。政府通过各种项目提供亲职教育，包括开端计划；基于儿童保护系统的家庭支持和干预项目；以及针对军人家庭的项目。如前所述，美国的许多家长和家庭的教育项目经济来源主要是政府拨款，这可能使项目的规划和实施处在一个不稳定的环境里。

六、亲职教育的模式和方法

亲职教育的总体目标是促进儿童的健康发展。亲职教育项目旨在帮助父母发展适当的儿童管理技巧，并获得对孩子各年龄段发展特征的知识。亲职教育项目让父母有能力和信心满足孩子的发展需求，为他们的成年做好准备[2]。

（一）关于亲职教育的假设

大多数亲职教育计划都受到某些假设的影响，这些假设涉及育儿的性质、父母的成长和发展、父母和孩子生活和互动的环境、学习环境和经济状况以及计划的总体目标等。项目的预设会影响亲职教育项目中的内容，

---

① Amato P R. Research on divorce: Continuing trends and new developments [J]. *Journal of marriage and family*, 2010, 72(3): 650-666.

② McGroder S M, Hyra A. Developmental and economic effects of parenting programs for expectant parents and parents of preschool-age children [J]. *The Partnership for America's Economic Success*, 2009, 9: 1-20.

也会影响教学的方式。

美国推广亲职教育模式包括关于父母及其与孩子的关系的九个关键假设：[①]

1. 父母是孩子的主要社交对象。

2. 父母的态度、知识、技能和行为受到亲职教育的积极影响。

3. 养育子女的技能能够被习得，而且可以通过学习和实践来加强。

4. 当父母积极参与并且成为亲职教育项目的贡献者时，亲职教育会更有效。

5. 亲子关系嵌套在多种社会和文化体系中，并受到其影响。

6. 课程应该适应家长的多样性。

7. 有效的亲职教育可以通过多种方法来实现。

8. 父母和孩子都有应该被满足的需求。

9. 亲职教育的目标是教育父母（或照顾者），使其能够更好地促进孩子的健康发展。

在制定或选择亲职教育项目时，亲职教育工作者需要注意这些内容以及提供这些内容的过程。美国《亲职教育核心课程框架》和《国家推广亲职教育模式》是两个最重要的用以制定和评估亲职教育项目的框架。

（二）亲职教育的核心课程框架

《亲职教育核心课程框架》为亲职教育项目的课程规划提供了指南[②]。该框架是专门为幼儿父母设计的，但也适用于其他受众。《亲职教育核心课程框架》的具体目标是提供以下资源：

1. 制定或定义亲职教育领域的知识体系。

2. 适用于亲职教育领域任何类型的项目、受众、环境和教学模式。

3. 制定和提供亲职教育课程和课程计划的工具。

4. 规划亲职教育的内容和目标。

---

① Smith C A. *National extension parent education model of critical parenting practices* [M]. Kansas Cooperative Extension Service, Kansas State University, 1994.

② Minnesota Association for Family and Early Education [EB/OL]. [2022-11-13]. http://www.mnafee. org/index. asp?Type=B_BASIC&SEC={A2E3A088-D669-4806-911F-F92011A6BFED}

5. 指导亲职教育中的家长发展目标的设定。

6. 指导亲职教育效果和亲职教育项目的评估。

7. 促进亲职教育项目和亲职教育工作者的问责制。

8. 为亲职教育实践提供信息。

该框架包含四个层次的信息，包括领域（父母发展、亲子关系、幼儿发展、家庭发展、文化以及社区），组成部分（每个领域内的内容），类别（每个组成部分中更具体的学习内容的单位），以及指标（参与亲职教育的父母的长期学习目标）。框架的潜在用途包括：

1. 规划课程和日常教学计划——内容、教学方法和资源的选择。

2. 将对家长的教育与对儿童的教育相结合。

3. 为评估父母的学习效果提供方向。

4. 提供项目标准和评估指标。

5. 关注和满足全体职工的发展需求。

6. 与家长、赞助机构、政策制定者和公众就亲职教育和亲职教育成果进行沟通。

7. 为评估家长和社区的需求提供指导。

8. 为评估公共政策的影响提供方向。

（三）国家推广亲职教育模式

国家推广亲职教育模式（NEPEM）为亲职教育课程内容提供了一个更为广泛的视角①。它的目的是为亲职教育者提供一个内容指南。除了前面讨论的关于父母及其与孩子的关系的假设外，该模型还包括与亲职教育项目内容相关的 8 个基本指导原则：

1. 家长为提高孩子的福祉而采取的行动。

2. 家长实践优先在整个童年和青少年时期都具有重要意义。

3. 主要优先事项。

4. 技能和实践的重要性。

---

① Smith C A. *National extension parent education model of critical parenting practices* [M]. Kansas Cooperative Extension Service, Kansas State University, 1994.

5. 家长技能类别是可以调整的，而不是有着严格界限。

6. 动态的模式而非静态的模式。

7. 强调父母的优势和力量。

8. 父母的优势足够广泛和灵活，有助于制定跨文化的项目。

2000 年确定的国家推广亲职教育框架（NEPEF）结合了 NEPEM 中的相关内容，为家长推荐了六类技能和实践领域：关爱自我、理解（儿童及其发展需求和独特性）、指导、培养、激励和倡导。

它们将与亲职教育者的六个过程（成长、框架、发展、教育、拥抱和构建）一起使用（见图 3-2）。

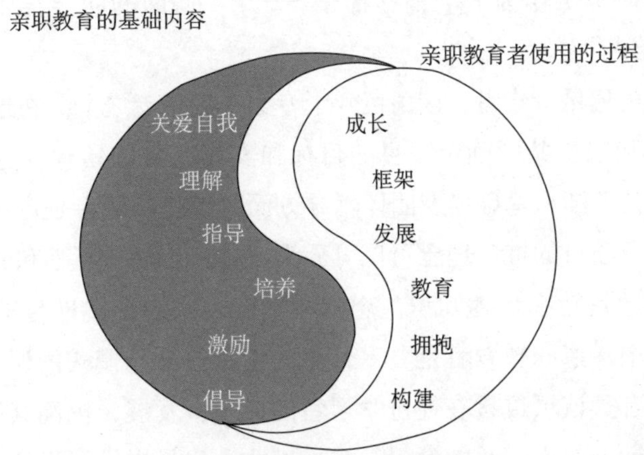

图 3-2　亲职教育的实施方法

（四）确定亲职教育项目

多种亲职教育项目涵盖了广泛的主题，并运用了多样教育方法。因此，很难判断一个课程是否会对目标受众有效。准确评估亲职教育材料和课程的能力是专业家庭生活教育者的一项重要技能。专业的亲职教育者必须具备必要的知识和技能，确保课程内容以坚实的理论研究为基础。随着该领域的发展，关于育儿课程和项目评估的文献越来越多。家庭生活教育质量评估工具（The Family Life Education Quality Assessment Tool）能够帮助家庭生活教育者评估有关家庭方面文献的质量。关于评估的更详细的讨论，请参见第四章。

七、亲职教育工作者

（一）亲职教育工作者的角色

亲职教育者是所有亲职教育项目中极为重要的一部分。亲职教育者有三种角色，包括专家、促进者和合作者①。

第一种角色是专家。担任这个角色的亲职教育者具备有关教育的知识，并与父母分享这些知识，父母认为亲职教育者能够提供他们所需的答案。

第二种角色是促进者。亲职教育者更多的是作为一个引导群体发展的促进者，而不是作为一个领导者——一个"侧面的向导"，而不是一个"舞台上的圣人"②。

第三种角色是合作者。该角色介于专家和促进者之间。在这个角色中，亲职教育者和家长共同确定项目的目标和安排。父母具有一定教养知识，亲职教育者具备知识基础以及团体辅导方面的技能，两者是合作关系。

亲职教育项目的推广理念可以可分为三种：传播、互动和转换模式③。传播模式的项目旨在传播知识、态度和技能，以改善父母与子女的关系。在这种方法中，亲职教育者是分享信息的专家。互动模式的课程将家长视为一个学习者，该项目旨在促进学习者的成长、发展，提高其解决问题的能力，其目标是促进家长的学习。转换模式为父母提供了机会，让他们以不同的方式思考自己以及他们在社区中的角色。在转换项目中，家长是积极的参与者，是学习过程的主体，与亲职教育者是合作关系。

（二）亲职教育职业

1. 教育伙伴

一些亲职教育项目通常需要招聘有经验的父母担任志愿者（有时被称

---

① Myers-Walls, J. *What is your parent education approach?* [M] Lafayette, IN: Purdue University Cooperative Extension Service,1998.

② Shor I, Freire P. *A pedagogy for liberation: Dialogues on transforming education* [M]. Greenwood Publishing Group, 1987.

③ Thomas R, Footrakoon O. *What curricular perspectives can tell us about parent education curricula* [R]. Presentation at the University of Wisconsin Parenthood in America Conference, 1998.

为教育伙伴），他们能够为项目提供支持和帮助。教育伙伴与受众有着相似的生活经历，因此更容易拉近与受众的距离。教育伙伴经过培训后去辅助专业人员开展活动，自己没有执照或认证。但是他们可能拥有一些相关的知识和技能，能够独立工作，但不满足该领域专业人员认证的要求[①]。

MELD 组织（现在与 Parents as Teachers 合并）是一个应用教育伙伴的很好的例子。有经验的父母接受了相关培训，并获得了有关儿童发展和育儿方面的专业知识。然后，这些受过培训的父母领导亲职教育小组里新的成员。像 MELD 组织这样的模式，它的优点之一是把来自社区的家长纳入领导角色，作为小组的促进者。这些父母通常与群体中其他的父母拥有相似的文化和社会经济地位，相同的背景使这些教育伙伴更容易被受众接受，他们有时还会通过家访项目提供亲职教育。

2. 亲职教育者的职业素养

亲职教育工作者需要了解什么知识才能进行有效的实践，他们应该具备什么技能。有研究为亲职教育者制定了三个成长和发展阶段（新手、中级、专家）以及五个发展领域（知识、群体促进技能、教学技能、职业认同和界限，以及理解多样性）[②]。亲职教育者还需具备一项重要能力，即反思性实践能力。反思性实践通常用于描述从业者基于提高自身知识和技能目的的态度和行为。

表 3-1　亲职教育者的专业发展阶段

新手阶段 (Novice Level)	中级阶段 (Intermediate Level)	专家阶段 (Master Teaching Level)
知识 了解基本的儿童发展和育儿知识。这个阶段的亲职教育者常常会担心自己回答不了父母的问题。	拥有更广泛的知识基础。了解各种关于发展和育儿问题的信息资源。	对能够回答父母的问题或能够找到相关信息有信心，达到了精通的水平。

① Jones S T, Stranik M K, Hart M G, et al. A Closer Look at Diverse Roles of Practitioners in Parenting Education: Peer Educators, Paraprofessionals and Professionals [J]. *NPEN White Paper. National Parenting Education Network*. Accessed May, 2013, 20: 2014.

② Campbell D, Palm G F, Palm G. *Group parent education: Promoting parent learning and support* [M]. Sage, 2004.

续表

新手阶段（Novice Level）	中级阶段（Intermediate Level）	专家阶段（Master Teaching Level）
知识 了解家庭状态和家庭发展的基本阶段和理论。	能够根据阶段和特点，确定不同家庭的情况。	从整体的视角来了解每个家庭发展的过程。能够将家庭当前的挑战和成功与家庭发展的阶段和周期联系起来。了解原生家庭的影响和当前的家庭状态，并提供相应意见。
开始了解社区资源，但是不能确定哪些是可用的、哪些不可用，不明白怎样为父母提供适合他们的服务。	了解基本的社区服务并且能够轻松利用它。知道怎样为父母提供适合他们的服务。	能够轻松地利用信息和服务。以恰当的方式和父母交谈并向他们提供服务。以整体的视角与父母合作。
群体促进技能 了解团队运转的流程，但对团队的领导角色感到压力。	享受团队领导角色。 主要关注项目的内容和计划。	作为团队的领导者有自信能够为成员提供各种支持和恰当的干预。理解个体行为，并能利用专业技能做出反应。
了解冲突和行为的状况。不擅长处理复杂的团队和个人问题。	拥有一些处理复杂问题的技巧。	善于处理复杂的状况。能利用“教育契机”使得团队有序运转。
教学技能 了解成人的学习方式。	通过各种教学方法来计划和执行课程，但使用的教学方法主要是讨论法。	能够根据家长的需求和风格，制定教学方法。通过合理的规划和引导满足父母的不同需求。
能够制订并实施适当的亲职教育计划。	能够为单个团队制订计划。了解团队持续的需求并根据需要修改计划。	使用创造性的多元策略进行团体教育。有明确的目标和宗旨，可以根据需要灵活使用。
职业认同和界限 表现出基本的自我意识，但对团体关系的影响以及作为促进者角色的理解有限。	对父母个体、原生家庭的经历以及这些因素对亲职教育的影响有着清晰的认识。	从人生经历中总结出深刻的见解。不将个人情感带入专业角色中。
不确定作为一个亲职教育者应具备的能力。	从父母的积极经历中增强自信，肯定了自身作为亲职教育者的能力。	对专业能力有着足够自信。 可以胜任家长群体中的领导角色，并且能够为亲职教育领域其他从业者提供指导。
理解多样性 对多样性问题的重要性有着基本的认识，但不知道如何融入实践。	逐渐认识到家庭和文化的多样性及其对家庭和养育问题的影响。	重视项目中的家庭结构和文化多样性。愿意向父母学习，善于处理分歧，能够促进沟通，以尊重的态度处理分歧[①]。

① Campbell D, Palm G F, Palm G. *Group parent education: Promoting parent learning and support* [M]. Sage, 2004.

亲职教育在家庭教育中具有十分重要的地位，亲职教育的实施不仅会促进儿童和青少年的发展，对社会发展也具有重要意义。美国是世界上较早提出并将亲职教育付诸实践的国家，拥有相对完整的实施和评价体系，研究美国亲职教育经验能够为我国的亲职教育发展提供一定借鉴。

第四章

家庭教育指导的实施：美国的实践

美国的家庭教育指导非常注重系统性，很多家庭指导都是基于项目的形式，例如，针对早期教育的“明尼苏达早期儿童家庭教育项目”，针对青少年关系发展的“爱的艺术项目”，针对恋爱与婚姻教育的“连接项目”等。这些项目一般要满足课程开发的基本流程(课程目标、课程内容、课程实施以及课程评估)。在项目开发的过程中十分重视不同受众的需求，在项目实施前都要经过大量的需求调查，在此基础上确定项目的目标以及内容，也正是由于前期的良好准备让美国的家庭教育指导项目往往可以直指问题。课程实施的环境灵活多样，可以包括家庭、学校、社区、医疗保健机构、私营机构、军队系统等，强调多元的文化价值观，注重在项目设计时可以尊重受众的不同文化以及价值体系。在项目实施之后需要经过严格的评价以保证项目的有效性，注重数据的客观性，目前越来越多的项目进行了循证设计，可以说一个项目就是一次实验。

第一节　家庭教育指导项目的设计

当开展一个新的项目时，第一项活动就是通过收集信息来设计项目，并确定项目的内容和教学方式。同时还要分析项目需要解决的问题的性质，以及目标受众的信息，以便在相关理论、研究和教学方法的基础上逐渐形成一个概念基础。一旦设计好项目，将会不断地用新的项目目标、教学活动、资源和评估措施来完善。本节将集中讨论在项目设计时要收集的信息以及做出的决定。

一、问题分析

在计划项目之前，要确定需要解决的现实问题或开展项目的原因。目前与这一内容相关的理论是什么？有哪些学术文献可以为当前项目提供支持？

（一）确定问题

对问题的确定需要基于对现存学术文献的查阅。但正如波根斯奈德（Bogenschneider）和斯莫尔（Small）所指出的，这些问题必须与社区所面临的实际问题相关[①]。因此，从研究和理论的角度分析问题的同时，还要分析我们所要服务的特定人群的需求，从而避免与实际脱节。从人类生态学的角度来看，很多问题可能是当地社区文化所特有的。因此，家庭生活教育者要深入目标社区，了解他们的具体问题和需求，以确保其项目的社会文化相关性。与间接研究相比，从当地人口中发现的问题或需求更有可能

① Bogenschneider K. An ecological risk/protective theory for building prevention programs, policies, and community capacity to support youth [J]. *Family Relations*, 1996, 45: 127-138.

让社区接受。在当地进行数据收集通常也是确定需求和防止资金浪费的可靠方法。例如，在亚拉巴马州的各种初中和高中开展过一项以威斯康星青少年评估项目为模型的青少年评估调查[①]，在其中一个地区，学校管理人员确信他们面临着严重的毒品问题，并准备在预防项目上投入大量的资金。出人意料的是，这项调查的数据表明，还有其他的风险行为正在发生，比毒品问题严重得多，也正是由于该项调研使得该地区的投入资金得到重新规划，以解决这个优先级更高的问题。

（二）识别理论并提炼出"可教"的思想

确定问题的下一步是挖掘当前的学术文献，寻找解决该问题的相关研究和理论。在任何推广环境中，从传统的研讨会到网站，家庭生活教育者必须解决以下问题：人们需要了解关于这个主题的哪些科学信息？在家庭生活领域，信息爆炸式增长，有些是可信的，有些是未经过验证的，有些甚至是错误的。许多人通过提出他们自己纸上谈兵式的理论和想法，而被称为家庭"专家"。相比之下，家庭生活教育项目必须以当前最好的学术研究为基础，才拥有可信度。

从理论和研究中提炼出"可教"的观点和原则，即那些可以从大量研究中总结出来的、有用的、在理论和实践上合理的观点。例如："父母越权威，他们的孩子在成长过程中就会越好。""已婚夫妇解读彼此的爱的语言越准确，婚姻质量就越高。""当夫妻双方学会有效地处理冲突和分歧时，离婚的风险就会降低。"诸如此类的"可教"的观点往往都是根植于相关的理论当中的，如家庭系统理论、家庭压力理论、沟通理论、交换理论、家庭发展理论、人类生态学理论或社会学习理论。正如斯莫尔等人所指出的，一些理论观点自然而然地赋予了它们有效的家庭生活教育的特征[②]。例如，从人类生态学的角度制定的项目可能更全面，也更与社会文化相关。家庭发展理论的观点会使家庭生活教育者自然地开发出适合发展

---

① Small S A, Hug B. Research-based youth programming [J]. *Journal of Extension*, 1991, 29: 27-29.

② Small S A, Cooney S M, O'Connor C. Evidence-informed program improvement: Using principles of effectiveness to enhance the quality and impact of family-based prevention programs [J]. *Family Relations*, 2009, 58: 1-13.

的项目。

家庭生活教育者要掌握几个主要的理论框架，以及如何使用它们来设计自己的项目。同时家庭生活教育者还应查阅大量的家庭理论书籍，以获得更深入的理论观点。在整个过程中，重要的是要记住，成年受众通常已经对我们讨论的许多话题形成了自己的观点，而且在许多情况下，他们有现实生活中的经验来支持自己的观点。家庭生活教育者如果不考虑到这一点，不管他们的科学观点多么有力，都会有疏远受众的风险。家庭生活教育者应该寻找并发现他们的受众最需要了解的观点和原则。虽然有许多因素影响项目内容的选择，但最有用和有效的家庭生活教育信息是在以下四个方面的交汇处发现的：

第一，观点以合理的学术研究为基础。

第二，观点是真实的或符合我们的价值观和直觉。作为家庭生活教育者，经常努力让父母在养育子女时相信他们自己的价值观和直觉，使他们能够在自己的价值观范围内找到养育子女的方案[①]。家庭生活教育者可以批判性地问："这些信息或研究建议是否符合我自己的价值观和直觉？这些观点是否真实？"

第三，观点与学习者的知识、文化、专长和生活经验相适应。明智的家庭生活教育者将最好的科学信息与社区内家庭的知识、生活经验、文化和专长相结合[②]。在选择学术材料时，家庭生活教育者要选择尽可能没有偏见的、具有一般性的材料，以便它们能应用于不同的环境和文化。要确保材料尽可能地代表所要服务的受众，并认识到所有的学术研究都有其局限性。

第四，观点在实践中发挥作用。评估观点有效性的维度之一就是在现实的生活中进行检验。它可能基于许多研究，也可能被许多人的经验所认同，但它有用吗？这需要在现实中验证。

---

① DeBord K, Bower D, Goddard H W, et al. National extension parenting educators' framework[EB/OL]. (2002)[2010-04-01]. http://www1.cyfernet. org/ncsu_fcs/NEPEF/index. htm.

② Myers-Walls J A. Family diversity and family life education. In Demo D H, Allen K R, Fine M A (Eds.), *Handbook of family diversity* [M]. New York: Oxford University Press, 2000: 359-379.

（三）组成利益相关者联盟，共同解决问题

大多数家庭问题过于复杂，需要的解决方案过于全面。明智的家庭生活教育者会寻求与其他志同道合的人联合起来解决家庭问题。社区人员有他们自己的特殊专长，而家庭生活教育者是合作桌上的一个参与者。一旦联盟成立，家庭生活教育者可以利用他们的专业知识，就当前解决该问题的理论和研究对联盟成员进行分享。例如，在蒙大拿州的一个小镇上成立了一个解决青少年问题的联盟后，一位家庭生活教育的专业人士与联盟成员分享了与青少年发展相关的风险因素和保护因素，并与他们一起设计并实施了一项调查，对该地区的几所高中的相关因素进行了评估。调查的结果为青少年发展项目提供了实证基础。

二、咨询目标群体

许多家庭生活教育项目失败的原因就是他们没有花时间彻底调查目标受众的需求。咨询目标受众是一种检查理论研究与实际受众之间是否相符合的方法。至少对三种不同类型的需求进行评估：(1) 感知需求，感知需求是通过调查问卷、访谈和焦点小组的直接提问而获得的。例如，向青少年父母提出问题“你现在对养育青少年有什么顾虑？”这是一个旨在引起感知需求的问题，以及“如果设计一个项目来帮助你成为更好的青少年父母，它将包含什么内容？”。(2) 归纳需求是家庭生活教育者根据他们的专业知识和相关调查获得的。继续以青少年的父母为例，一项针对青少年的大型代表性研究表明，当父母适当地监督他们的行动时，他们参与危险的性行为的可能性会小得多。根据这些数据，家庭生活教育者可能会认为青少年的父母需要学习如何监控他们的孩子，比如使用“谁—什么—何地—何时”的方法盘问（你要和谁在一起，你要做什么，你要去哪里，你什么时候回家？）。(3) 未来需求包括完成未来任务和履行未来角色所需的技能和能力。我们在扮演某个角色之前要尽可能多地了解该角色，这样会更容易向新角色过渡。未来需求可以通过问这样的问题来挖掘，“准备结婚的人在结婚前需要了解什么？”。

有许多方法可以咨询目标受众，包括进行采访、发送邮件问卷，以及使用关于受众的现有数据。例如，为了帮助设计针对高危家庭的养育项目，杜姆卡（Dumka）等人在查阅文献后，对目标人群中的各个小组进行了焦点小组访谈[①]。共有 53 名家长参加，分为六个小组，他们被问到一些开放式问题。这些问题探究了他们作为父母的需求、他们孩子的需求以及目前社区中可以满足这些需求的资源。家长们需要的项目是向家长和儿童提供有关吸毒和酗酒的信息，并教授育儿技巧，如改善沟通和管教儿童。各组报告的感知需求有一定的差异，在项目设计中也相应地考虑了这些差异。

目标受众的参与不仅在项目设计中至关重要，而且在项目的实施和评估中也是如此。明智的家庭生活教育者会将目标受众的成员纳入他们的联盟，并在项目的每个阶段征求他们的意见。例如，当决定如何最好地评估项目的有效性，以帮助依靠公共援助的家庭实现自给自足时，一组家庭生活教育者首先在几个低收入、文化水平有限的参与者中实地测试了他们的评估协议，并根据他们的反馈做出了一些调整[②]。

三、确定目的和目标

（一）目的

家庭生活教育者可以通过使用逆向设计过程来开始计划，并问自己一些问题："希望学生在这个项目结束时学到什么？两到三年后还会记得什么？"[③]这些问题的答案便构成了这个项目的学习目的。目的是对项目意图或方向的广泛的概括陈述，描述你想通过自己的努力实现什么。目的可能有些抽象，难以衡量，并且包含一个较长的时间跨度。例如，一个目的可

---

① Dumka L E, Roosa M W, Michaels M L, et al. Using research and theory to develop prevention programs for high-risk families [J]. *Family Relations*, 1995, 44: 78-86.

② Duncan S F, Dunnagan T, Christopher S, et al. Helping families toward the goal of self-support: Montana's EDUFAIM program [J]. *Families in Society*, 2003, 84: 213-222.

③ Fink L. A self-directed guide to designing courses for significant learning[DB/OL]. (2005). www. deefinkandassociates. com/GuidetoCourseDesignAug05.pdf.

能是希望学生更好地理解家庭的多重角色。

为了促进项目学习，要考虑六种有意义学习之间的互动性。这意味着每一种类型的学习都能刺激其他类型的学习，因此，对项目学习目的的创建也有影响。虽然把所有六种有意义的学习都包括在一个项目中很有挑战性，但包括尽可能多的要素会给学生带来更有价值的学习体验。这六种学习类型包括以下内容①：

- 基础知识——理解和记忆信息；
- 应用——技能、思维（批判性、创造性和实践性）和管理项目；
- 整合——将思想、人和生活领域联系起来；
- 人类层面——了解自己和他人；
- 关爱——发展新的情感、兴趣和价值观；
- 学习如何学习——成为一个更好的学生，探究主题，自主学习。

在制定项目目的时，教育者要问自己需要知道什么才能做出最好的教学决定。重要的是要掌握以下信息：学习者（人口统计、背景、需求、兴趣和目标）；学科领域（研究和项目）的最新进展；可用资源（物质、财政和人力 / 个人）；社会趋势（地方、国家和国际，以及州法律和政策）；社区背景（态度、价值观和资源），以及学习理论②。

（二）目标

计划的下一步是为项目制定目标。与目的相比，目标是具体的、短期的、可衡量的。一段时间以来，人们一直用布鲁姆的教育目标分类法对学习进行分类，这可能是最广为人知的教育分类法。它包括认知（知识）、情感（态度或自我）和心理运动（技能）领域③。认知领域得到的关注最多，该领域涉及与智力、思考、思维和与学习相关的行为，可以被认为是学习过程的目标。这些行为被组织成从简单到复杂的心理过程，包括知识

---

① Fink L. A self-directed guide to designing courses for significant learning[DB/OL]. (2005). www. deefinkandassociates. com/GuidetoCourseDesignAug05.pdf.

② Chamberlain V, Cummings M. *Creative instructional methods for family & consumer sciences, nutrition & wellness* [M]. Peoria, IL: Glencoe / McGraw-Hill, 2003.

③ Simpson E. *The classification of educational objectives in the psychomotor domain: The psychomotor domain (Vol. 3)* [M]. Washington, DC: Gryphon House, 1972.

(回忆信息)、理解（解释信息)、应用（使用信息)、分析（分离信息)、综合（整合信息）和评价（作出评估)。布鲁姆的分类法有很长的历史和较高的知名度，在制定项目目标时被广泛使用。在使用布鲁姆的分类法设置项目目标时，应该考虑认知领域的层次。表 4-1 列出了六个认知领域的层次，还包括对学习者的期望，每个层次的目标示例，以及反映不同学习层次的动词[①]。这个表对制定项目目标非常有帮助。

表 4-1　制定可测评的目标

	希望学习者	例子 学生将	在写反映这一学习层次的 目标时使用的动词
知识 学习者能回忆起信息吗？	对某一事实、想法或现象的记忆基本上与他们所学的形式相同	1. **列出**家庭的四种功能 2. **命名**食物指南金字塔中的食物组 3. **定义**术语“减少”“重复使用”和“循环利用”	引用、计数、定义、查找、识别、标记、列出、匹配、记忆、命名、注意、省略、指出、回忆、背诵、重复、说、拼写、陈述
理解 学习者能解释信息吗？	用自己的语言表达一个想法（翻译）；掌握一个想法的含义，以便能够解释它（解释）；或推测事件的影响（推断）	1. **解释**离婚的过程 2. **转述**他人的口头和非口头信息 3. **推断**孕妇每天抽一包烟对胎儿的影响 4. **解读**“你不能不交流”这句话	注释、阐明、描述、详细说明、解释、概括、翻译、推断、重申、评论、重述、总结
应用 学习者能使用信息吗？	在具体的情况下使用抽象概念，如概念、原则和规则	1. **运用**积极的倾听技巧 2. **计算**一个特定家庭所需的地毯数量 3. **举例**说明一个对蹒跚学步的孩子有效的管教技巧 4. **展示**适合糖尿病人的食物	应用、计算、使用、举例、说明、访问、操作、展示、解决、调查、利用
分析 学习者能分离信息吗？	将事物分解为各个组成部分，确定各要素之间的关系，区分各种要素，或对信息进行分类	1. **对比**生物和环境对人类发展的影响 2. 在食品指南金字塔上将快餐**分类** 3. **概述**决策过程	分析、分类、比较、对比、图解、区分，分成、划分、检查、概述、分离、分开

---

① Clauss B. Syllabus objective guide. In Walcheski M, Gonzalez N (Eds.), *Teaching family life education: A syllabus collection* [M]. Minneapolis, MN: National Council on Family Relations, 2005.

续表

	希望学习者	例子 学生将	在写反映这一学习层次的目标时使用的动词
综合 学习者能把信息组合起来吗？	制订原创计划，创造新的模式或结构，或将“已知”的东西组合成新的视角	1. **整合**报告使用者行为研究结果的专业文献 2. **规划**一个符合特定客户要求的房子 3. 为“潮人”子女的父母**提出**家庭生活教育方案	混合、建造、结合、组合、构造、创造、设计、形成、表述、产生、假设、整合、发明、修改、计划、预测、产生、提议、重新整理、重建、重新排序、重新制定、改正、写作（组合）
评价 学习者能进行评估吗？	根据明确的标准判断材料的价值；对想法、条件或物体进行评价，或根据标准接受或拒绝想法、事物或条件	1. **选择**最节能的电器 2. 作为青少年的父母，**论证**管教策略 3. **评价**一件成衣的构造 4. 对有效的家庭与消费科学教师的特点进行**排序**	评价、评估、选择、批评、辩论、决定、辩护、评分、判断、优先次序、排名、推荐、鉴定、拒绝、选取、支持、权衡、证明

注：一些学者认为“综合”是一种比“评价”更复杂的智力活动。因此，这两个学习层次的顺序是可以互换的①。

撰写目标时应该满足 S. M. A. R. T. 原则：

● S：Specific（明确的、具体的）——是否确切地说明了学习者能够做什么？

● M：Measurable（可测量的）——是可量化的吗？能被测量吗？

● A：Attainable（可获得的）——能否在现有的资源条件下完成？

● R：Relevant（相关的）——能满足参与者和组织的需求吗？

● T：Time Frame（时间框架）——能在规定的时间内完成吗？

尽管表 4-1 为布鲁姆分类法中的每个层次提供了目标示例，但应避免使用以下术语，因为这些目标很难被观察或测量：

● 了解良好养育的重要性；

● 熟悉家庭理论；

● 了解青少年的发展特点；

● 理解关系和婚前教育的价值。

---

① Clauss B. Syllabus objective guide. In Walcheski M, Gonzalez N (Eds.), *Teaching family life education: A syllabus collection* [M]. Minneapolis, MN: National Council on Family Relations, 2005.

四、反馈和评估

在整个项目中，通过向学生提供有关他们学习的信息，给予形成性反馈是很重要的。学生也应该有机会对他们的学习经验进行自我评估和反思，可以鼓励同伴们对论文、作业还有思考过程提供建设性反馈。通过有效的反馈，学生可以发现他们的困难所在，并能在今后加以改进。当然，反馈的程度和频率是基于各种情况因素的，比如班级里的学生人数、教师教授的课程数量或班级的性质。

项目中需要纳入一些“前瞻性评估措施”[①]。教育者要为学生提供练习和问题，这些问题要具有现实背景，应是学生未来可能要解决的特定问题。如果给他们提供前瞻性的经验，让他们对未来进行“练习”，学生就会对如何将项目内容融入他们未来的生活中有深刻的认识。当他们在现实生活中遇到这些情况时，就会更好地处理。

在正式的教育环境中，可能有必要对学生的作业进行评分并进行考试。核对表、记分卡都是常用的工具。关键是要提供一个评分标准，评分标准明确地提出了对于作业质量的要求，把指定的作业划分成几个部分，并对每个部分的作业特点进行明确的描述。评分标准可以用于广泛的作业形式：论文、项目、口头报告、学生档案和小组项目等。此外，评分标准还可以作为评分或分级指南，提供形成性反馈，以支持和指导正在进行的学习作业[②③]。

考试是更加正式的评价方式，编制高质量的测试题需要花费大量的时间和精力。当教育者在编写测试题目时，需要思考问题与既定目标之间的关系。虽然有许多类型的考试题目，但一般来说，在国家考试中，选择题是首选。因为选择题可以客观地衡量知识，评估问题解决的要素，并且容

---

① Fink L. A self-directed guide to designing courses for significant learning [DB/OL]. (2005). www. deefinkandassociates. com/GuidetoCourseDesignAug05.pdf.

② Nilson L. *Teaching at its best: A research-based resource for college instructors (2nd ed.)* [M]. Bolton, MA: Anker Publishing, 2003.

③ Eberly Center. *Grading and performance rubrics* [D]. Pittsburgh, PA: Carnegie Mellon University.

易评分[①]。以下是一些编写选择题的指导原则：

题项（整个选择题）应该……

● 适合项目目标和成绩级别（即以知识为基础，面向实际的或评价级别的问题）

● 关注内容的重要方面，而不是次要方面

● 题干和选项要一致

● 避免否定词（不、不是、除了）

● 避免绝对化（永远、总是、从不、只是）

● 避免提供线索

● 独立于考试中的其他题目

题干（选择题的第一部分）应该……

● 提出一个问题（期望的回答是清楚的）

● 书写方式清晰、准确和明确

● 提供回答问题所需的所有相关信息，没有多余的信息

选项（所有可能的选择题答案）应该……

● 包括合理的和有吸引力的干扰选项

● 避免“以上所有”“以上都不是”或其他令人困惑的选项

● 选项顺序要合乎逻辑

● 至少有 4 个选项

● 选项在语法和概念上要一致

● 长度相似

根据班级的规模，也可以选择问答题形式，可以提出一些问题，让学生应用课堂内容进行作答。无论使用哪种类型的问题，在试卷分发给学生之前应进行仔细校对，甚至可以请同事评估试卷的内容和清晰性。

考试结束并评分后需要进行分析，如果是客观题，则计算每个题目的难度指数和区分度指数。难度指数的计算方法是将选择正确答案的学生人数相加，然后除以参加考试的学生总数。难度指数的范围从 0 到 1 不等，

---

① McKeachie W, Svinicki M. *McKeachie's teaching tips: Strategies, research, and theory for college and university teachers* [M]. New York: Houghton Mifflin, 2006.

指数为 0. 5 的题目为难，指数在 0. 8 以上的题目为易。区分度指数的确定方法是计算在考试分数的前三分之一和后三分之一范围内答对每一题的学生的百分比，用上一组学生的百分比减去下一组学生的百分比就得到了指数。区分度指数的范围是 −1 到 +1，指数在 0. 3 以上是理想的，而负的指数则表明题目可能存在缺陷。学生在精心设计的考试中的表现提供了评估他们学习情况的重要数据。

在非正式的教育环境中，教育者会收到来自学生的各种形式的反馈，例如随意的评论、直接的赞扬或抱怨，或非语言的反馈，如面部表情、姿势或眼神接触。遗憾的是，教育者可能无法准确地接收到正在传递的信息。需要注意的一种重要反馈形式是，第一堂课后学习者是否会回来。也就是说，第一堂课最重要的目标是让学生有参加下一堂课的欲望。

五、选择方法和学习活动

方法要与目标联系起来。教育者要考虑的一个重要问题是，“实现这个目标的最有效方法是什么？”例如，针对与技能相关的目标，相关的教学步骤应包括：(1) 描述该技能，(2) 示范该技能，(3) 在无压力的环境和情况下练习该技能，(4) 接受强化和纠正反馈，(5) 在现实生活中使用该技能。在高质量的家庭生活教育项目中，会使用各种对成人学习者有效的教学方法，包括讨论小组、角色扮演、视觉效果、视频剪辑和各种形式的讨论。这些方法对不同的学习方式、感官模式、发展需求和能力非常敏感。高质量的家庭生活教育项目是学习者主动参与的，使用积极的学习策略，将知识、文化、专业知识与学习者的生活经验联系在一起[①]。

在决定最佳方法时，明智的家庭生活教育者也会研究现有的项目，寻找对受众有效的方法，通常被称为“最佳实践”。了解其他项目使用的方法及其有效的过程对于确定这些实践是至关重要的，这样还可以节省项目开发的时间和精力。

① Doherty W J. *Take back your marriage* [M]. New York: Guilford, 2001.

六、扩展项目

杜姆卡等人确定了扩展项目的三个方面[①]。

第一个方面是项目的选择性。普适性项目是为所有人设计的，例如，在家长教师协会会议之后开展的一个养育项目就属于此种类型，它的宣传口号是“为所有家长服务”。这样的项目避免了只邀请某些特定类型的家长，因此家长也避免了被标签化。然而，此类项目可能太过笼统，无法在有特殊需要的人群中产生显著影响。相比之下，选择性项目将针对特定的参与者群体（如单亲父母、老年人）或具有特定风险因素的群体（如接受公共援助的家庭）开展，并对表现出负面结果的受众分配指定的项目，如被法院命令参与养育项目作为咨询的辅助手段的父母。这类受众可能包括仅靠预防性的家庭生活教育无法有效满足其需求的参与者[②]。

第二个方面是项目的广度。波根斯奈德建议目标的设定可以跨越人类生态的几个层次[③]。例如，一个旨在帮助在职父母协调工作和家庭的项目也应帮助雇主制定有利于家庭的相关政策，并通过媒体渠道促进工作和家庭的和谐。只关注一个层面的项目影响是很有限的，因为社会生态中的其他系统可能会破坏当前项目取得的效果。

第三个方面是项目的长度。斯莫尔等人将其称为强度[④]。虽然较短的项目可能更符合目标受众的期望，从营销的角度来看也更有吸引力，但往往较长的项目才会产生更持久的变化。例如，在婚姻教育中，12 小时以上的长期项目比短期项目能产生更好的效果[⑤]。如果受众面临更大的风险，理想的教育时间可能更长。一些人认为，要想对有虐待儿童风险的家庭产生显

---

① Dumka L E, Roosa M W, Michaels M L, et al. Using research and theory to develop prevention programs for high-risk families [J]. *Family Relations*, 1995, 44: 78-86.

② 同①。

③ Bogenschneider K. An ecological risk/protective theory for building prevention programs, policies, and community capacity to support youth [J]. *Family Relations*, 1996, 45: 127-138.

④ Small S A, Cooney S M, O’Connor C. Evidence-informed program improvement: Using principles of effectiveness to enhance the quality and impact of family-based prevention programs [J]. *Family Relations*, 2009, 58: 1-13.

⑤ Guerney B G, Jr, Maxson P. Marital and family enrichment research: A decade review and look ahead [J]. *Journal of Marriage and the Family*, 1990, 52: 1127-1135.

著影响，项目的长度至少应该是 6 ～ 18 个月。研究发现，参与时间较长（约 2 年）并使用所提供的所有服务（至少 3 ～ 5 个项目）的父母，比那些接受强度较低、时间较短服务的父母有更好的效果①。国家研究委员会审查了几个虐待儿童的预防项目，发现短期和低强度的项目并没有改变父母与儿童之间的长期关系。

七、设计招募和保留策略

家庭生活教育者面临的最大挑战之一是招募和留住受众。明智的家庭生活教育者会向目标受众咨询招募和留住受众的最佳方法。杜姆卡等人在他们的焦点小组中采用了这种策略，并得到了一些建议②：

第一，让父母和孩子都参与到项目中，这样他们就可以谈论他们所学的东西。

第二，帮助父母建立一个支持小组，这样他们就可以在项目期间以及项目之后互相帮助。

第三，提供儿童护理和茶点。

第四，在离家近的地方举办项目，每周开会不超过一次。

八、制定项目内容和实施

按照“一刀切”的模式设计的项目注定要失败。项目内容和实施必须适合受众和社区的需要，或与社会文化相关。例如，项目的内容和方法应该对文化、种族的多样性具有敏感度。这一点十分关键，因为支撑家庭生活教育的许多社会科学研究往往都来自白人、中产阶级家庭。为了最大程度地提高受众参与度，实施策略应基于目标受众的需求和偏好。例如，在一个社区中，如果想提高受众参与度，可以尝试在项目中加入招募会议

① Whipple E E, Wilson S R. Evaluation of a parent education and support program for families at risk of physical child abuse [J]. *Families in Society*, 1996, 77: 227-239.

② Dumka L E, Roosa M W, Michaels M L, et al. Using research and theory to develop prevention programs for high-risk families [J]. *Family Relations*, 1995, 44: 78-86.

(由现有的参与者发起，招募者由现有的参与者邀请)、邀请来自相同文化的教师，以及对那些面临交通障碍的参与者进行家访。在一个资源有限家庭的项目中，由于参与者教育水平的巨大差异，教育工作者应该保持材料的简单性和针对性，力争让材料与基本的生活技能相关[①]。

① Duncan S F, Dunnagan T, Christopher S, et al. Helping families toward the goal of self-support: Montana's EDUFAIM program [J]. *Families in Society*, 2003, 84: 213-222.

第二节　家庭教育指导项目的执行

项目设计之后的下一个环节是项目的执行。结合不同的教学方法可以增加项目的多样性和趣味性。同时在展示项目内容的过程之中和之后，获得反馈都是至关重要的，反馈有助于教育者了解如何改进教学以及如何更好地让学习者参与进来。

一、安排第一堂课

教育者应该尽快让学习者参与到课程或项目中。首先是自我介绍。家庭生活教育者在不背诵个人履历或简历的情况下，可以出示证书来证明自己为什么有资格教授这门课程。让学员讲话非常重要，为了达到这一目的，家庭教育指导师需要保持一定程度的自我表露，这样就不会有人感觉受到威胁。例如，指导师本人可以首先回答一些关于自己的问题：谁对你的生活影响最大，作为父母最困难的事情是什么，或者你的童年有什么特别的记忆。这个过程可以使用一般性的问题，也可以使用与项目内容特别相关的问题。例如，在有关家庭生态系统的项目中询问学习者环境对他们有什么影响，或者在人类性行为的研讨会上询问他们在学校的课程中学到了哪些性知识，或者他们的父母或朋友告诉他们什么是性行为。

多课时的课程能够提供更多的介绍机会。然而，很多课程往往有着严格的实践限制，这就要求指导师拥有对时间的把控能力，并使用多种的方法来提高介绍的效率。了解学生和彼此的情况是至关重要的。在一个简短的研讨会上，如果学习者符合某种条件，指导可以让他们举手。例如，如果他们有兄弟姐妹，教育者可以让他们举起右手；如果他们有一个 6 个月以下的孩子，可以让他们像摇篮一样晃动手臂；如果他们每天都锻炼，可以让他们摆动手臂；如果他们每天都看电视，可以让他们的眼睛转一圈；如果他们晚上想多睡一会儿，可以让他们把头放在桌子上[①]。如果小组人数较多，指导师可以请那些自愿发言的学生或者随机叫学生来做介绍。

在开场白中，指导师可以通过引起学生对课程内容的兴趣，与学生建立融洽的关系，从而为学习奠定基础。指导师要以一种轻松的方式与学生进行互动，并传达出这样的信息：你是一个可以让他们感到舒服和信任的人。也就是说，与学生建立融洽的关系是至关重要的。

二、选择并采用适当的教学方法

（一）讲述

1. 演讲

家庭教育指导师最常用的教学方法之一就是演讲——由有资质的专家对某一主题进行精心准备的陈述。演讲是通过直接且有逻辑的方式介绍事实材料，激发听众对问题的思考和进一步研究，然后再对这个主题进行讨论。演讲采用了所谓的“静止”学习方法——“你坐着别动，我给你灌输”。演讲可以传达对主题的内在兴趣，也可以传达其他形式无法表达的观点。此外，演讲还能够同时接触许多听众，但由于演讲主要是单向交流，所有的材料都是由演讲者负责组织，所以互动和反馈较少，使得听众处于被动的地位。所以，这种形式并不适合复杂或抽象的材料。演讲看似是一种简单的教学方式，但是实际上为了使演讲达到预期目的，演讲者需要“结合学者、作家、制片人、喜剧演员、表演者和教师的才能，以促进学生的学习”[②]。

除非演讲符合明确的目的，并且设计得当且表达合理，否则最好将这

① Tippett D. *The learners we teach. In Chamberlain V, Cummings M (Eds.), Creative instructional methods for family & consumer sciences, nutrition & wellness* [M]. Peoria, IL: Glencoe/McGraw-Hill, 2003.

② McKeachie W, Svinicki M. *McKeachie's teaching tips: Strategies, research, and theory for college and university teachers* [M]. New York: Houghton Mifflin, 2006.

种讲述形式视为促进讨论、交谈和对话的手段，而不是单向的知识传递。一般来说，演讲不能让听众很好地保持注意力，听众的注意力在 15 ～ 25 分钟后就会减弱，而且知识往往很快就会被遗忘，所以最好采用多种方法来增加演讲的吸引力。例如，每隔 7 ～ 10 分钟做一个练习，让学生以某种方式参与进来，如问题、逸事、个人经历、恰当的时事、小测验、插图、讨论和幽默等。虽然幽默有许多种类型，但谦逊的幽默可能是最安全、最不冒犯人的①。

2. 小组讨论

小组讨论通常在由 4 ～ 6 名成员组成的团体中开展，他们对某一主题具有专业知识。它可以用来探讨一个问题或议题，让学习者了解问题的各个部分，或者权衡特定行动方案的利弊。与演讲一样，这种形式的目的是让听众提出问题并发表意见。小组成员可以就他们目前的观点或立场进行 5 分钟的介绍性陈述，同时围坐成半圆形，这样他们就可以在对话中看到对方，也可以被听众看到。然后，陈述者就指定的主题在大家的注视下进行非正式的、有序的对话。小组讨论有一个主持人，他的任务是介绍小组成员，给出对话的主题，结合提示性的问题以展开对话，处理来自听众的问题，处理分歧，并结束对话。主持人可能还要应对那些喋喋不休、相对沉默或具有明显错误的小组成员。例如，如果参与者很难融入讨论，主持人可以向他们提出一些具体的问题。

3. 专题讨论会

专题讨论会是指 3 ～ 5 位专家就某一主题的不同方面所发表的一系列陈述。它的目的是帮助听众对这一主题的各个方面有一个全面的认识。发言者的陈述是针对主题的，并且简短，一般只有 10 ～ 20 分钟。专题讨论会可以以简明而有逻辑的方式介绍新知识，对存在争议的问题的各个方面进行客观的分析，或者从不同维度阐明复杂的问题。讨论会还会有一位主持人，他会介绍发言者，为发言计时，促进发言者之间以及发言者与听众之间的讨论，并结束讨论会。当与在不同环境中从事家庭生活教育的专业

---

① Royse D. *Teaching tips for college and university instructors: A practical guide* [M]. Need-ham Heights, MA: Allyn & Bacon, 2001.

人员打交道时，讨论会是一个可行的选择。会上可以介绍他们的角色，以及他们所处环境的优势和挑战。当一系列的陈述结束后，与其他形式一样，让参与者提问和讨论是至关重要的。

4. 访谈

访谈是指由一个或多个人回答访谈者提出的问题。访谈的目的是分享信息。访谈者作为主持人，在提问开始之前可以与被访谈者讨论整个主题，以便就提问的总体思路达成一致。访谈开始后，访谈者会向被访谈者提出问题，探讨问题的各个方面。

5. 辩论

在辩论中，参与者试图说服其他人从自己的角度看待某个问题，并同意自己的观点。因此，参与者必须有既定的立场，要么“支持”，要么“反对”一个既定的问题[①]。每个团队以最有力的论据陈述自己的立场。之后，参与者可以就对方的陈述作出回应。通常情况下，辩论有正反两方，但也可能有其他观点。

6. 讲习班

讲习班由一群有共同兴趣的人组成，他们都希望提高自己的能力或者加深对某一主题的理解。这种形式能够详细地说明学习过程，并且通过“做”来促进理解，其重点是积极参与，最好是让每个人都参与进来。讲习班可以用来寻找问题的解决方案，并提供“亲身实践”的学习体验。讲习班可以持续一小时到几小时不等，也可以在几周内安排多次会议，还可以有不同的中心，让参与者去不同的地方。例如，一个为父母举办的关于孩子创造性学习体验的讲习班，可以包括艺术、音乐、科学、阅读、数学、游戏和户外活动等。

7. 多媒体

多媒体涉及不同形式的媒体组合，结合了文字、声音、动画、静态图像（如漫画、图片、报纸头条）、视频（如 YouTube、新闻剪辑），可以通过计算机和电子设备访问。也就是说，这种方式包含了利用任何媒体形式

---

① Chamberlain V, Cummings M. *Creative instructional methods for family & consumer sciences, nutrition & wellness* [M]. Peoria, IL: Glencoe/McGraw-Hill, 2003.

的所有教学方法。指导师经常在课堂上通过视频或媒体来举例或者强调某些概念。目前指导师面临的两个挑战是学生的注意力持续时间短和学习的视觉取向。今天的许多学生花在“看电视、玩电子游戏或上网的时间比读书还多”①。多媒体作为“视觉文化”的一部分，有利于学生集中注意力，因为学生往往喜欢色彩鲜艳和快速变化的片段。相比之下，典型的大学讲座可能会显得平淡无奇、没有色彩、枯燥无味②。因此，为了让学生从这种形式的教学中有最大的收获，指导师必须熟练地使用媒体材料和技术。这种教学形式可以用于向群体进行讲述，也可以用于自学。这些媒体材料和技术可以用来刺激其他感官，如听觉和视觉，提供概念性思维的具体例子，并提供从其他材料中不易获得的经验。

从电视到在线视频再到社交媒体，学生每天都被大量的视觉图像围绕。只有当这些视觉刺激适用于指导师想要表达的观点，才可以加入课程中，然后进行讨论。指导师也可以使用完整的电影或纪录片，但这可能会花费更多时间。视频剪辑可以提供所需的特定例子。指导师可以通过网上搜索或者询问学生、社区和机构，以及电子邮件列表中的同事来寻找所需要的视频片段。指导师也可以制作自己的演讲视频。虽然听一段冗长的演讲录音不一定会吸引学生，但是可以结合使用其他的听觉材料。例如，指导师可以用不同的音乐来解释“人际关系”中的不同问题，无论这些问题是关于约会、育儿还是婚姻，还可以从以前的音乐中找到关于“关系”是如何随着时间而变化的信息，因为一些老歌往往代表了一个时代的独特特征。此外，指导师还可以使用一个已被剪辑成音频的片段，以保持学习的节奏适合学生的兴趣水平。

8. 展示

展示是指让一群人同时聚集在房间的不同区域，在那里他们可以同时观看媒体演示，或者听到对问题或项目的解释。展示通过提供教育信息、知识和资源，以引起人们对主题的兴趣。视觉媒体可以吸引注意力，传达

---

① Downing C. *Combining art studio and art history to engage today's students. In Badger R L (Ed.), Ideas that work in college teaching* [M]. Albany: State University of New York Press, 2008.

② 同①。

内容，引起思考和行动，提供积极的关系，并引发情感的变化[①]。这种展示方式的多样性无穷无尽，只受到想象力的限制。展示可以用来吸引参与者的注意力，或者创造一个休闲、放松和亲密的环境，使参与者在其中学习并潜在地与他人互动。儿童在家庭、学校和附近环境中的安全问题可以作为展示的一个例子。

（二）促进互动

1. 提问

提问是激发有目的学习的关键。在上课之前，指导师可以拟定一些问题，从而在课堂上更好地引导学生探索认知领域更高层次的概念技能，并达到预期目标。例如，指导师可以问一些综合性的问题（如：如果你承担这个责任，你打算采取什么行动？）或者关于评估的问题（如：什么决定对你来说是最好的，为什么？）。

指导师要确保学生有足够的背景知识来回答问题。提出的问题要简洁明了，并且这个问题是面向整个班级的。指导师还需要给学生回答的时间，至少 10 ~ 15 秒[②]。如果学生没有反应，指导师可以给点儿提示，或者换个说法，让问题更容易理解。如果没有人主动回答，指导师可以点名，最好是随机点名，而不是按排或按圈点名。如果学生不知道问题的答案，他们可能会犹豫不决，觉得自己被“压制”，这时候指导师需要营造一个积极的参与氛围。例如，指导师可以暗示也许自己提的问题不清楚，或者学生提出了一个有趣的观点，然后继续询问他们的意见，因为很多时候，学生产生的好的想法是指导师从来没有考虑过的[③]。

2. 讨论

讨论通常与演讲搭配，但也可以作为主要的学习方式。讨论取决于教育者的提问技巧，教育者最好事先考虑好要提出的问题以及想要涵盖的主要观点。此外，制定讨论规则也是很有必要的，例如，要有礼貌，尊重他

---

① Chamberlain V, Cummings M. *Creative instructional methods for family & consumer sciences, nutrition & wellness* [M]. Peoria, IL: Glencoe/McGraw-Hill, 2003.

② Nilson L. *Teaching at its best: A research-based resource for college instructors (2nd ed.)* [M]. Bolton, MA: Anker Publishing, 2003.

③ 同①。

人的观点，每次只允许一个人发言，限制发言的时间，不打断他人说话。教育者应该选择一个话题，提出具有挑战性的问题来开始讨论，并在最后对主要观点进行总结[①]。如果可能的话，要让每个人都参与到讨论中来。同时要注意到谁还没有进行回应，或者谁很难参与到对话中。教育者可以专门针对那些参与度较低的学习者提出问题，让他们发表自己的意见。小组讨论也是一个很好的选择，它能够增加在大组中不易发生的互动。教育者可以让学生自由分组，或者根据编号、出生月份、名字的字母顺序、姓名标签上的某种符号或颜色来创建不同的小组。如果小组有向班级汇报的任务，学生可以选择一个主持人或记录员。教育者可以四处走动与各小组互动，指导他们正在进行的任务，从而帮助他们继续完成任务。根据具体情况，教育者可以使用一些结构化的讨论技巧。小组的规模和地点也是需要考虑的重要因素。下面介绍的是一些常见的讨论形式。

（1）圆桌讨论小组

圆桌讨论小组是指一群人聚集在一起开会，每个人的地位都是平等的。领导者是主持讨论的人，他应该具备所讨论主题的相关知识。此外，还可以有一个记录员来记录小组的讨论情况并报告其进展。通常情况下，圆桌会议讨论的主题多种多样，这样所有人都可以参与到自己选择的主题中。一个人可以在预定的圆桌会议中选择参加两个或两个以上的主题。因此，铃声或灯光的闪烁表明转到了另一组。圆桌讨论的主题可以是儿童营养，阅读活动，儿童在家庭、学校或娱乐活动中的安全等。

（2）头脑风暴

头脑风暴是指让中大型团体的所有成员参与进来，鼓励他们对指定的问题提出大量可行的解决方案。参与者在没有批评的情况下提出自己的想法，这能够促进想法的互动，从而产生大量的创造性想法，进一步产生协同效应。头脑风暴涉及合作思考，以集中解决一个具体问题。头脑风暴有一些指导原则：①公开、快速地表达想法，并记录在黑板或白板上；②接受所有的想法；③“随心所欲”——不注重常规规范；④鼓励“搭便

① Chamberlain V, Cummings M. *Creative instructional methods for family & consumer sciences, nutrition & wellness* [M]. Peoria, IL: Glencoe/McGraw-Hill, 2003.

车”——通过对以前想法的补充来改进新想法；⑤在所有的想法都被提及后再对其进行评价。在头脑风暴停止后，小组可以检查列表中的所有想法，看看是否有共同之处，是否有要追求的主题，或者是否有很突出的想法。虽然有些审查可能在会议结束后立即进行，但参与组织会议的人员可以在后续会议中进行审查。头脑风暴可以用来为社区的一系列家庭生活教育研讨会的主题提供创意想法。

(3) 反应小组

反应小组由听众或者负责演讲的小组中的 3 ~ 5 名成员组成，他们将对演讲者或其他人员作出回应。他们可以向演讲者提问，并协助演讲者满足听众的需求。当主题难以理解时，反应小组可以促进沟通交流，或者在听众人数较多时向演讲者提供关于听众代表性意见的反馈。例如，一个来自外地的演讲者被邀请在社区团体中就育儿的某些方面进行演讲。反应小组的成员了解了该主题和听众的需求，他们在演讲者进行演讲后向他提出问题，而不是从现场观众中获得问题。

(4) 座谈会议

座谈会议是指让每一位听众都参与到讨论过程中。听众被分成小组（3 ~ 7 人）进行讨论，允许所有成员提出他们自己的想法。这种方式可以用来为演讲者设定问题，确定未来项目中大家可能感兴趣的领域，或者评估会议对参与者的价值。如果一个演讲者或小组参与了半天或一整天的会议，那么在最初演讲之后以及休息之前可以进行讨论。教育者可以向参与主持会议的人要一份书面摘要，以便在讨论的时候以及与演讲者互动的时候提出相关的意见和问题。根据小组的规模，教育者可以四处走动，鼓励大家坚持完成任务，并在需要时提供帮助。当感觉各小组即将完成任务时，可以进行提醒，例如“在一两分钟内完成你的任务”。

在讨论之后，教育者需要评估会议的成功程度，以便为未来做出计划。需要考虑的问题包括：

- 在实现项目目标方面是否取得进展？
- 讨论的节奏是否合理（例如，既保证趣味性，又足以进行逻辑分析）？
- 该主题是否具有刺激性、挑战性、现实性，并对小组有意义？

- 参与者是否具有参与讨论的相关背景知识？
- 参与者和他们的意见是否得到了积极的回应并被认真对待？
- 小组中是否至少有四分之三的人参与讨论？
- 讨论之后是否进行了清晰、简洁的总结？

要确保让学生知道指导师重视他们的想法和意见，并在可行的情况下使用他们的想法[①]。通过讨论和征求反馈意见，指导师能够更好地评估以及改进自己的教学。

(5)“鱼缸”策略

“鱼缸”策略是一种由 6 ~ 8 人组成的小组围坐成一圈进行对话的讨论策略。这些人身在内圈，被外圈的观察者所包围。在内圈的成员开始讨论之前，主持人会简要地介绍这个方法。外圈的人倾听和观察，但不要打断内圈的人，如果外圈的人想要参与进来，他们要移动到内圈，同时内圈的人必须腾出椅子。这种讨论方法的目的是观察、分析和学习其他人的思维过程。另一种方法是封闭的“鱼缸”，所有的椅子都要坐满。也就是说，一共有两组——一组在内圈，另一组在外圈。在 10 ~ 15 分钟后，主持人可以建议外圈的观察者讨论他们听到的内圈参与者的观点。两组人可以交换位置，继续讨论一些之前没有考虑过的额外因素，或者讨论一个相似的问题[②]。这种方法可以用来讨论男女在约会、恋爱和婚姻问题上的性别角色和期望。

（三）模拟学习

课堂中的模拟学习体验为学习者提供了探索“现实生活”经验的机会。模拟学习体验能够激发学习者对学习环境的内在兴趣，促进他们主动学习。它提供了一种共同的、愉快的体验，进一步促进了学习者之间的有意义讨论。模拟学习体验的好处有以下几个方面：从另一个角度看待问题，分享情感，发展对人际关系的洞察力，提高沟通技巧，发展高阶思维

---

① Chamberlain V, Cummings M. *Creative instructional methods for family & consumer sciences, nutrition & wellness* [M]. Peoria, IL: Glencoe/McGraw-Hill, 2003.

② McKeachie W, Svinicki M. *McKeachie's teaching tips: Strategies, research, and theory for college and university teachers* [M]. New York: Houghton Mifflin, 2006.

能力[①]。模拟学习的体验多种多样，例如，不同类型的角色扮演（配对角色扮演、循环角色扮演和社会剧）和案例研究。

1. 角色扮演

角色扮演是指参与者在其他班级成员面前表演现实生活中的情景。家庭教育项目中的角色扮演一般没有剧本或者设定的对话，参与者在主持人提示后，随即表演自己的角色，然后小组进行讨论。当所表演的情景涉及某种类型的人际冲突时，角色扮演尤其重要。它可以用来研究人际关系中的微妙问题，并探索解决方案。角色扮演既具有教育性又具有娱乐性，扮演者可以包括成人和儿童，在正式和非正式的场合中均可开展。在某一个时刻，主持人会暂停角色扮演，然后进行讨论，主持人会询问每一个成员扮演该角色的感受。让一个青少年扮演父母的角色尤其重要，反之亦然。站在对方的立场上体验和思考会使双方对问题有更深刻的见解。例如，可以让青春期的儿子或女儿扮演在一个孩子房间内发现毒品的父母。一些亲子间的交流也非常适合进行角色扮演，以便加深对于亲子交流问题的理解。

角色扮演存在的问题是，一些参与者可能在众人面前讲话会感到不自在。教育者可以在上课前找几个自己认为性格外向、愿意扮演各种角色的人来进行角色扮演。还有些参与者认为他们在扮演某些角色时必须说正确的话，做正确的事，这就增加了他们的压力。因此建议教育者让学习者以任何方式、自由地扮演这些角色，可以让同一组或另一组的学习者以不同的方式对情境进行角色扮演，这样可能会减少他们的压力，因为有更多的参与者参与其中，而且谁都不是注意的焦点。

2. 配对角色扮演

配对角色扮演是指让所有的参与者进行配对，然后创设一个情境，让他们互相进行角色扮演。之后，主持人可以引导大家讨论角色扮演的不同处理方式，学生从中学到了什么，以及未来如何处理这种情况。例如，配对的学生可以针对教育者在幻灯片上提出的问题进行求职面试的角色扮

---

① Chamberlain V, Cummings M. *Creative instructional methods for family & consumer sciences, nutrition & wellness* [M]. Peoria, IL: Glencoe/McGraw-Hill, 2003.

演。学生们先轮流提问，这样他们就能练习回答诸如“你的优点和缺点是什么？”“我为什么要雇用你？”等问题。再举一个例子，有这样一个情境：两个年轻人已经约会了一段时间，他们的关系更近了一步，想要发生性关系。然而，他们担心安全问题，想要更多地了解性伴侣的亲密背景。如果几分钟后，主持人发现学生在开始对话时遇到了困难，可以简短地打断一下，问：“你们打算如何开始这个对话？”在对话进行一段时间后，主持人可以暂停对话，让学生有机会谈论他们的感受，以及什么有助于促进对话。这种特殊的配对角色扮演让学生针对敏感话题进行交流，这样，如果在生活中发生类似的情况，他们就有了开始这些对话的经验。

3. 循环角色扮演

在这种角色扮演形式中，参与者同时扮演两个角色。参与者围坐成一圈，与他们左边的人扮演父母的角色，与他们右边的人扮演相同情况下的孩子的角色。也就是说，在同一个场景中，任何一个人都同时扮演父母和孩子的角色。在父母和孩子之间进行 4 ～ 6 次甚至更多次的交流后，停止互动，参与者开始讨论在处理这种情况时什么是有效的以及什么是无效的。

4. 社会剧

社会剧是指让多个参与者同时扮演同一个角色。如果班级人数很少，教育者可以让两个或者更多的学生扮演角色，甚至包括整个班级的学生。同样地，可以创设一个关于亲子冲突的情境，但在这个情境中，要让孩子与母亲和父亲都进行互动。教育者要用椅子摆出一个三角形，三角形的每边要有五把椅子，让参与者自由选择椅子并坐下。然后指定三角形一边的参与者扮演母亲的角色，另一边扮演父亲的角色，第三边扮演青春期的女儿。将每边的参与者从 1 到 5 进行编号，并在每边前面的地板上放一个标志，用来说明这些参与者所扮演的角色（母亲、父亲或女儿）。然后让扮演母亲、父亲和女儿的 1 号同学举手，因为他们现在是第 1 组家庭，以此类推，分别让 2、3、4、5 号同学举手。接下来要创设一个情境，比如女儿发现自己怀孕了，回家告诉父母。教育者从这五组家庭中随机选择一组来进行表演，在他们互动一段时间后，换到另一组家庭，这组家庭在上一组家庭结束对话的地方重新开始对话。每隔一段时间就换一组家庭，就这样表演下去，直到关于社会剧主题的许多问题都被描述出来。

如果学生在社会剧中不知道如何扮演角色，那么可以让他们观察不同家庭成员的交流方式。首先可以给扮演者提供一些沟通障碍的样例，如不听、大喊大叫、批评、谩骂、讽刺、质问、打断、让对方感到内疚的非语言信息等。此外，再提供一些沟通桥梁的样例，如选择一个合适的时间来交谈，认真倾听并让说话者知道你在认真听，看着对方的脸和眼睛，试图理解对方的感受，以及触摸（如拥抱或表达爱意）等。让学生观察每组参与者（母亲、父亲和女儿）对沟通障碍和沟通桥梁的使用情况，以及沟通方式如何影响他们的反应。在社会剧结束之后进行讨论，教育者要让那些观察社会剧的人表达自己的想法，还要让参与者表达他们对自己所扮演的角色的感受。在这个过程中，可能会让男性扮演怀孕少女或母亲的角色，女性扮演父亲的角色。因此，有的讨论可能需要询问参与者扮演一个不属于他们性别的角色时感受如何。

5. 案例研究

案例研究可以以多种方式展开，例如，可以大声朗读案例以促进小组讨论，在个人作业中使用案例，或者分成小组来分析一个家庭的情况。每个小组的案例可以相同，也可以不同。在任何一种情况下，小组得出的结论都可以与全班分享，以引起进一步的讨论。学生可以确定问题，提出备选的解决方案，研究和分析潜在解决方案的效果，并决定最终的行动方案。

（四）游戏

教育游戏的目的是让不同年龄段的学习者了解某些主题，扩展概念，学习某项技能。游戏通过让学生积极地参加与项目目标有关的某种类型的竞赛，从而激发学生对学习的兴趣。教育者要明确游戏的目标和规则，以便学生理解游戏的要求。此外，教育者还要提供所有的游戏材料，在游戏的过程中监督各个小组。游戏有多种类型，包括纸牌游戏、基于课堂内容的棋盘游戏、文字和铅笔游戏、动作游戏等。

教育者可以创建游戏来促进合作学习。以获取有关避孕的知识为例，当教育者开始讲授避孕知识时，许多学生被动地回应，好像他们已经了解了全部的内容，为了促进学生主动参与到学习中，可以创建一个避孕游戏。教育者可以提供多个游戏板，供由 5 ~ 6 名学生组成的小组使用。这些板上面要包含一个网格，在最上面一行列出让学生学习的避孕方法（例如避孕药、避孕套、安全期避孕法等），在最左边的列中列出某些特性(例如是什么、如何使用、禁忌证、副作用、有效性百分比等)。小组会收到一叠小卡片，这些卡片可以放入网格上的空矩形框中，卡片中面有与避孕相关问题的答案，小组的任务就是将恰当的答案放入空框中。学生会很快意识到他们不知道所有的答案，因此他们开始合作完成网格。在每个小组把所有卡片放入网格的空框后，教育者向各个小组出示带有正确答案的网格，以便学生评估他们的完成程度。当大多数小组完成任务后，教育者再提供有关避孕的额外知识，组织讨论，并回答学生的问题。

（五）团体过程

团体是家庭教育者经常接触和使用的概念。除了任教的整个班级是一个团体外，教育者还会在各种团体中发言，参与各种团体活动，或者在课堂上使用团体学习法。虽然有许多团体，如治疗团体、支持团体、任务团体或委员会、子团体或互联网团体，但在这里我们只关注旨在增加知识、教授技能、做出决定或兼有这三种目的的教育团体。

团体过程在课堂上尤其重要，因为团体项目和团队合作是有效教学的基础。团体项目可以帮助学生掌握多种技能，这些技能在他们的职业和生活中都非常重要。例如，解决更复杂的问题，分享不同的观点，汇集知识和技能，以及探索解决分歧的新方法。虽然团体工作有许多好处，但除非进行精心设计、监督和评估，否则就不能保证团体会取得成功①。积极的团体经历已被证明有助于学生的学习和提高②。团体在现代社会中也很重要，人们需要为一个安全和有保障的世界共同努力。因此，教育者在教授课程

① Carnegie Mellon University (CMU). What are the benefits of group work? Eberly Center: Teaching Excellence and Educational Innovation[EB/OL]. www. cmu. edu/teaching/designteach/design/instructionalstrategies/groupprojects/benefits. html.

② National Survey of Student Engagement (NSSE). Engaged learning: Fostering success for all students[EB/OL]. (2006). http://nsse. iub. edu/NSSE_2006_Annual_Report/docs/NSSE_2006_Annual_Report. pdf.

的同时，可以培养学生在民主社会中生活所需的态度和技能。

通常，团体成员会聚在一起交谈，互相倾听，分享价值观、期望和资源，从而变得互相依赖。团体可以持续几小时、几天甚至几个月，并会在一段时间内由协作学习团体变成合作学习团体[①]。协作学习（collaborative）和合作学习（cooperative）的相似之处在于它们都以社会经验为基础，但它们也有一些不同之处。协作学习注重交流知识，涉及小团体形式，学生在其中完成一项任务；而合作学习是一种更加结构化的团体工作，它侧重于主题，强调学生共同完成一项任务[②③④]。

通过分配或自由选择而形成的团体要经过一个发展过程才能变得有凝聚力。第一个阶段是摸索，在这个阶段中，成员们试图确定他们应该完成的任务。随后是第二阶段，这时会有一些抱怨："我们为什么要这样做？"或者"没有足够的时间来完成这项任务。"第三个阶段是聚集，这时成员们聚在一起，开始团结合作。第四个阶段是完成任务，对于一些团体来说，可能会进入第五个阶段——悲伤。也就是说，团队工作给成员们带来了积极的体验，他们因为不再需要进行项目工作而感到悲伤。并非所有的团体都能达到第五个阶段，但对于达到这一阶段的团体，成员往往都非常享受在团体中的工作。

领导团体是家庭生活教育者的主要任务之一。教育者需要做的是：提供学习经验，帮助参与者扩展他们的知识并发展他们的技能；处理在团体中可能出现的人际关系问题。对于教育者来说，要不断反思在团队中成功和失败的经验。教育者需要成为一名优秀的管理者（团体管理，关注任务），并且要注重情感（以人为本）。教育者能够帮助团队成员缓解紧张的关系，将意见分歧降到最低。

组织团体有许多不同的目的。例如，将学生分配到不同家庭团体中，

---

① Royse D. *Teaching tips for college and university instructors: A practical guide* [M]. Needham Heights, MA: Allyn & Bacon, 2001.

② 同①。

③ Nilson L. *Teaching at its best: A research-based resource for college instructors (2nd ed.)* [M]. Bolton, MA: Anker Publishing, 2003.

④ Chamberlain V, Cummings M. *Creative instructional methods for family & consumer sciences, nutrition & wellness* [M]. Peoria, IL: Glencoe/McGraw-Hill, 2003.

每个学生扮演一个家庭成员的角色。在项目期间，这些学生要面对现实生活中的情况（例如，失业或晋升、生病、家庭成员因出生或结婚而增加，或家庭成员长期缺席）。学生对这些情况进行分析，写出每一种新情况对各个家庭成员以及整个家庭的影响，并在团体中进行讨论。通过这项活动，学生可以了解到不同的家庭结构、经历和资源，以及家庭可能面临的挑战①。

三、获得对学习经历的反馈

每当设计并实施一门课程时，教育者都会对学生如何回应课程有一些设想。在这些学习经历之后，在讨论活动和学习进展时，教育者会得到一些反馈。其中一种获得反馈的方法是使用“一分钟论文”。教育者让学生分享他们从当天的讲述、阅读任务或者讨论中所学到的最重要或最有用的观点，以及其他的任何问题②。如果相关机构要求的话，这些可以是匿名的，也可以作为出勤记录。另一个类似的方法叫作“思想泡泡”，这是一种让学生在课堂上思考问题并对问题进行讨论的方法。教育者会提出一个问题，给学生 3 ~ 5 分钟的时间回答，然后要求学生们分享自己的答案。如果在刚上课时就这样做，学生会更愿意参与课堂讨论，因为他们有机会先写下自己的想法。同样，如果需要的话，这种方法也可以是匿名的，不打分，或者作为考勤的工具。

在课程结束时，教育者可能想知道教学活动是否给学生带来了有意义的学习。除了日常讨论、教育者反馈以及课程评估外，教育者可以让学生列出他们在未来最有可能记住课堂上的五件事（从 1 到 5 进行排序，其中“1”是最难忘或最有价值的），并让他们解释选择每件事的原因。此外，询问他们对自己、家庭或者职业的新的认识，以及这些认识将会如何影响他们以及未来与他人的交往。结果往往各不相同，却为教育者提供了有意义的反馈。这也表明不同的方法和内容可以吸引不同类型的学习者。

---

① Koropeckyj-Cox T, Cain C, Coran J. Small-group learning and hypothetical families in a large introductory course[J]. *Marriage & family review*, 2006, 38(4): 21-39.

② Nilson L. *Teaching at its best: A research-based resource for college instructors (2nd ed.)* [M]. Bolton, MA: Anker Publishing, 2003.

第三节　家庭教育指导项目的评估

一个家庭机构或者组织可以花费大量的时间和金钱来实施旨在满足各种家庭需求的项目。但是如果没有对项目进行有目的、系统的评估，那就无法获知项目的有效性。评估是一个复杂的问题，但它的价值和重要性却不可低估，它能够改善项目，并提高参与者的生活质量。本节简要概述了评估所涉及的许多概念和问题。

一、定义

项目评估文献中的多个作者对评估进行了定义。一个最常被引用的定义来自巴顿（Patton），他将评估定义为“系统地收集关于项目活动、特征和结果的信息，以便对项目作出规划，提高项目的有效性，为未来项目的决策提供信息”①。利特尔（Littell）认为项目评估是“系统地收集、分析和解释信息，以用于项目规划和决策。它关注的是项目由谁使用，目的是什么，在什么条件下使用，为谁服务，需要付出什么代价，以及有什么好处”②。最后，威斯（Weiss）和雅格布斯（Jacobs）将评估定义为：“系统地收集和分析与项目相关的数据，以了解项目如何提供服务及其服务对参与者的影响。它既是描述性的，也是对项目价值的‘判断’，重要的是要设计一个适合项目的评估”③。尽管定义各不相同，但它们具有相似的含义，即评估是对各种类型信息的系统收集，收集和分析的结果用于修改项目，

---

① Patton M Q. *Utilization-focused evaluation* [M]. Thousand Oaks, CA: Sage, 1997.

② Littell J H. *Building strong foundations: Evaluation strategies for family resource programs* [M]. Chicago: Family Resource Coalition, 1986.

③ Weiss H B, Jacobs F H. *Evaluating family programs* [M]. New York: Aldine de Gruyter, 1988.

进而提高项目的有效性，并帮助决策。

评估与研究不同，它是用来确定项目的价值、质量和有效性。它是判断性的，其结果是针对项目的，并且通常是以项目的需要为动机。收集的信息可以是主观的，然而，进行评估的主要原因是为了计划和改进项目。评估的结果应该是针对项目提出某种建议。另外，研究是探究变量之间的关系，而非判断性的，并且是以结论为导向的。其目的是通过传播研究结果促进知识的产生。研究是为了获得可以推广的信息，而不是针对一个特定的项目。简而言之，评估回答的是“是什么”的问题，而研究回答的是“为什么”的问题。

二、评估的原因

对于许多家庭生活教育者来说，评估是一个相当大的挑战。全面的评估需要计划、时间和金钱，往往超出一般家庭教育项目所需的资源。此外，评估还可能存在阻力。项目主任和工作人员可能担心评估会转移项目的资源，并且增加项目工作人员的负担。另一些人可能担心它会产生负面的效果，从而危及项目资金。那么为什么还要进行评估呢？事实上，评估对于一个成功的项目来说是必不可少的。国家循证项目和实践登记处指出，评估有三个目的：(1) 评估可以用来评价一个项目，它提供了一种方式来验证、记录和量化项目活动及其效果；(2) 评估可以通过识别项目有效的和无效的方面来协助项目进行改进；(3) 评估可以成为战略管理计划的一部分，它能够提供信息，从而帮助我们做出更好的决策，以实现项目目标。

通过识别项目的优势和劣势，评估提供了一种提高工作效率的方法。评估还可以向那些资助项目的人和社区成员说明项目是如何使目标受众受益的。此外，当评估的结果被分享给其他实施类似项目的人时，能够为该领域的知识作出贡献。“任何社会服务组织不仅要影响它所服务的儿童，还要改善那些它从未直接服务过的人的生活。这一目标通常通过推广来实现”[①]。如果有意识地将评估纳入项目的设计和实施中，评估就不需要过于复杂或者耗时。

三、评估的类型

（一）评估需求和资源

将评估计划纳入项目的初始规划阶段和实施阶段是至关重要的。一个完善的项目是从一个小型的调查开始的（有时被称为需求评估、可行性调查或资产清查），这些小型的调查通常涉及对现状的审查，从而确定所提议的项目是否合理。例如，这个项目的目标受众是谁？可用的资源有哪些？这个社区的优势是什么？这个社区是否存在类似的项目？社区会支持这个项目吗？通过这个项目可能会产生什么好处？明确项目的需要和目标很重要。如果不清楚这个项目要达到什么目的，那么就不知道如何判断项目是否成功。家庭生活教育者要认真地思考自己想从评估中了解什么，同时考虑评估在项目实施中的地位，并将评估纳入正在进行的项目活动中。需要记住的是，评估是一个过程。

（二）形成性评价

评价可以在项目的开发和实施的不同阶段进行。评价可以是形成性的，也可以是总结性的。形成性评价为规划、监测和改进项目提供信息，有时也被称为过程性评价。形成性评价是对项目进行描述，并在项目仍在进行时针对其实施情况提供反馈，它通常会使项目在时间和方法上发生改变。形成性评价也可以评估目标的进展情况。因此，形成性评价涉及在项目中途对参与者进行调查，以了解项目是否达到他们的期望。如果参与者没有学到他们应该学到的内容，就说明项目没有达到效果。

举一个形成性评价的例子。假设某机构每个月举行一次会议，向新

---

① Pizzigati K, Stuck E, Ness M. *A child advocacy primer: Experience and advice from service providers, board leaders, land consumers* [M]. Washington, DC: Child Welfare League of America Press, 2002.

生儿的母亲提供关于婴儿发展方面的知识。尽管与会者对会议非常感兴趣，但参加会议的人并不多。通过对参与者的调查，发现交通的便利性是影响他们参加会议的一个决定性因素。因此，该机构安排了一个拼车活动，为每一个想要参加会议的人提供乘车服务，使得出席会议的人数大幅增加。如果对参与者的调查被推迟到项目结束后进行，那么实施拼车活动就太晚了，因为许多项目参与者可能会错过这个项目。由此可见，形成性评价有利于项目做出调整，从而更好地实施项目，最终达到预期目标。

（三）总结性评价

总结性评价，有时被称为结果评价，它关注的是项目的最终结果。例如，这个项目对它所服务的人产生了什么影响？项目的目标达到了吗？总结性评价可以用来确定一个项目是否应该被复制、扩展或者终止。

举一个总结性评价的例子。一个针对新生儿父母的项目为期两年，每月举行两次，每次两小时。在第二年结束时，对项目进行总结性评价。教育者对参与者进行访谈或者让他们完成一份调查问卷，从而确定参与者是否学到了关于儿童发展的新知识或者育儿的新技能。此外，总结性评价的结果能够让教育工作者了解项目目标是否达到，还可能会决定该项目是否值得复制。

四、评估中常用的术语

尽管具体的术语各不相同，但在评估的文献中使用了一些常用的术语和概念。凯洛格基金会和美国联合慈善基金会提供了一个概念框架，包括对以下测量术语的讨论[①②]。

---

① W. K. Kellogg Foundation. *Using logic models to bring together planning, evaluation, and action. Logic model development guide* [M]. Battle Creek, MI: Author, 2004.

② Hatry H, van HoutenT., Plantz M, et al. *Measuring program outcomes: A practical approach* [M]. Alexandria, VA: United Way of America, 1996.

（一）逻辑模型

项目可以通过逻辑模型进行设计。逻辑模型包括投入、活动、产出和结果，它有助于确定项目必须考虑的关键部分，以及评估项目是否有效。举一个逻辑模型的例子：如果能够提供资金（投入），那么就可以提供育儿项目。如果项目（活动）能够教授关于儿童发展方面的知识和育儿技能（产出），那么父母就可以获得相关的知识和技能，并且会转变他们照顾孩子的态度（初始结果）。如果他们学会了与孩子相处的方法，那么他们就会采取这些方法来改变自己的行为（中期结果）。如果他们改变了自己的行为，那么就会促进儿童的发展，如健康的情感发展（长期结果）。应用逻辑模型可以确定达到预期目标所需要的步骤，并将活动与项目结果联系起来。

1. 投入

投入包括专门用于项目或者由项目消耗的资源。例如金钱、工作人员和他们的时间、志愿者和他们的时间、设施、设备和用品。

2. 活动

项目通过活动来完成。例如，在一个社区资源中心，活动的目的是为有小孩的家庭提供教育和支持。这些活动包括家庭欢乐之夜、室内游乐场以及旨在向幼儿父母提供教育和支持的其他活动和服务。

3. 产出

产出是项目活动的直接产物。它们通常根据工作量来衡量，例如举办项目的次数、分发的小册子数量和参与者的人数。

4. 结果

结果是指个人或团体在参与项目活动期间和活动之后得到的收获或者变化。结果受产出的影响，它通过改变的行为、提高的技能、获得的新知识、改变的态度或价值观、改善的条件和其他属性来反映。结果表明了参与者从项目开始到项目结束发生的变化。例如，对幼儿的发展有了更好的理解，以及由此带来的养育行为的改变，如使用更加恰当的纪律策略。

在某些情况下，一个项目只有一个预期结果。然而，在多数情况下，一个项目会有一系列的结果，每一个结果都会促进另一个结果，最终实现项目的结果目标。项目评估应该包括对初始结果、中期结果和长期结果的考虑。

(1) 初始结果

初始结果是参与者因项目而得到的第一个好处或变化。它可能是态度、知识、技能或者所有这些方面的改变。在大多数项目中，这些初始结果本身并不是目的，而是达到预期目的的重要步骤。初始结果是最容易衡量的。

(2) 中期结果

中期结果将项目的初始结果和为参与者准备的长期结果联系起来。中期结果通常表现为新的知识、技能或态度所带来的行为变化。中期结果通常较难衡量。

(3) 长期结果

长期结果是项目想要实现的持久效果，它们通常是重要的变化。长期结果涉及社区的变化。例如，自从项目开始以来，社区内参加家长会的家长人数明显增加或者离婚率降低。长期结果显然是最难衡量的，许多项目只能衡量初始结果。对于预算有限的组织来说，进行包括中期结果和长期结果在内的评估的成本有时是难以承受的。

(二) 指标

指标是可观察和可测量的。例如，一个项目的总体目标是让儿童在进入幼儿园前做好入园准备。入园准备的一个指标是儿童是否在进入幼儿园前注射了疫苗，另一个指标是儿童是否接受过听力、视力或语言障碍的筛查，并在必要时进行了适当的干预。如果及早发现这些问题并采取行动，那么就说明儿童做好了入园准备。

(三) 定性数据

定性数据会描述并解释发生的事件或产生的情绪。教育者可以通过观察或访谈参与者来收集口头或叙述性的信息。收集定性数据的方法包括焦点小组、访谈、问卷调查、案例研究和直接观察。尽管定性数据很难分析，但它们能够说明人类的积极行为会产生什么影响，以及家庭项目希望产生哪些影响。定性数据包括父母如何教孩子玩一个新玩具，关于支持小组如何改变父母对危机情况的看法的故事，或者从父母日记中摘录一系列内容，描述他们在参与家庭访问项目这一年中所学到的东西。

（四）定量数据

通过定量方法收集的信息通常以数字的形式报告，它们所需要的分析时间比定性数据短。年龄、教育水平和各种活动的出席记录都被认为是定量数据。然而，定量数据也包括参与者的看法，可以通过李克特式量表（例如，从1—强烈反对到5—强烈同意的选项）来确定参与者的知识收获、舒适度或满意度。这些数据可以通过问卷、测试、调查、计算项目参与者的数量和观察来收集。

尽管评估者可能会争论最佳的评估方法以及设计和数据收集的方法（即定性和定量），但多数评估者认为每种方法使用得当都可以获取独特的信息。目前许多项目采用了混合方法，即同时使用定性和定量方法。项目中利益相关者的需求和利益也可能影响评估的设计和方法。利益相关者，包括任何受评估结果影响的人，包括决策者和政策制定者以及工作人员、社区居民和项目参与者本身。

五、评估过程

（一）项目五层次评估法

项目评估的五层次方法是一种广泛使用的评估方法[①]。它为家庭生活教育者提供了一个评估的框架，以确保项目得到全面评估。项目评估的五层次方法促使评估人员思考评估的目的、受众以及收集和分析数据的程序。这个模型包括需求评估、形成性评价和总结性评价。

评估的第一层是实施前层级。首先评估社区需求，以确定社区需求与项目之间的匹配度。这种需求评估有许多数据来源。例如，人口统计数据

① Jacobs F H, Kapuscik J L. *Making the count: Evaluating family preservation services* [M]. Medford, MA: Family Preservation Evaluation Project, Tufts University, 2000.

能够表明项目所在社区存在的问题和风险；当地的新闻报道能够说明社区所关注的事件；对社区领导（社会服务机构、宗教团体、企业经理等）的访谈能够了解有关社区的问题，以及为解决这些问题所做的努力。在某些情况下，还可以进行社区调查。例如，一些社区对青少年和家长进行了关于青少年挑战的调查[①]，以更好地对青少年进行干预。

第二层是问责层级。它是指系统地收集特定客户和服务的信息与数据[②]，并回答“谁得到了什么服务”的问题。收集的数据不仅要包括接受服务的人数，还要包括他们的表现，从而确定项目的目标受众在多大程度上得到了预期的干预。这个层级可能看起来不像传统的严格评估，然而，这些数据对于了解项目在目标上的进展是至关重要的。对于一个刚刚开始的项目来说，这可能是获得的最有用的反馈。有效的评估应该包括询问指导者和参与者关于提供服务以及客户参与的方式。例如，有可能仅仅因为项目在某一天提供了错误的时间或错误的地点，导致没有达到项目目标。这些信息不是通过纸笔测试就能轻易得到的。

第三层是项目澄清层级。项目工作人员和参与者针对如何改进项目内容和实施提供反馈。这一层涉及对项目目的和目标的审核，关键的问题是“项目如何才能更好地为客户服务？”[③]。要回答这个问题，工作人员和参与者的反馈至关重要。有关客户满意度的数据在这一层非常重要。因此，不仅要从项目参与者那里收集数据，还要从那些报过名但不再积极参与的人那里收集数据。此外，访谈可能会提供更有效、更重要的线索。

第二层和第三层的评估本质上是形成性评价，通过评估了解谁参与了项目，以及他们是如何参与的。形成性评价的数据非常重要，有助于为参与者提供更好的服务。正如斯莫尔所指出的：“良好的形成性评价可以提

---

① Olson J R, Goddard H W, Solheim C A., et al. Making a case for engaging adolescents in program decision-making [J]. *Journal of Extension*, 2004, 42(6).

② Jacobs F H. The five-tiered approach to evaluation: Context and implementation. In Weiss H B, Jacobs F H (Eds.), *Evaluating family programs* [M]. Hawthorne, NY: Aldine de Gruyter, 1988: 37-68.

③ 同②。

供促进项目改进的信息，最终产生更大的项目影响。”①

第四层是目标进展层级。成熟的项目（有良好的形成性评价）会关注结果，包括“哪些参与者实现了这些近似的目标？参与者的年龄、种族或观点不同，是否有不同的项目效果？”②。因此，第四层代表了从形成性评价向总结性评价的转变。这种评估适用于那些“持续时间较长、经验较多、相对稳定”的项目③。此外，这层评估通常需要专业的评估人员或其他具有专业评估知识的人的帮助。

最后一层是项目影响层级，是最严格的。它将参与者随机分配到实验组和延迟实验组，收集纵向数据并进行复杂的分析。在评估项目时，可以拨出总预算的 30% ～ 40% 用于评估活动。这样的资源投入能够支持细致、精确的分析，从而得出有说服力的结论。

（二）可评价性评估

在评估过程之前还可以进行可评价性评估。可评价性评估是一个系统的过程，有助于确定项目评估是否合理、可行，以及是否能提供有用的信息④。可评价性评估涉及有关项目设计和实施的问题。例如，这个项目是否有一个明确的、现实的、可测量的目的和目标？可评价性评估会将设计的项目与实际执行的项目进行比较，例如，该项目是否为所设计的人群服务？项目设计中确定的资源是否真正到位？项目是否按照最初的计划执行？是否有用于收集数据的资源？

六、评估中的文化因素

无论选择哪种评估方法，都要关注文化背景。在美国文化背景下，大

---

① Small S A. Some issues regarding the evaluation of family life education programs [J]. *Family Relations*, 1990, 39: 132-135.

② Jacobs F H. The five-tiered approach to evaluation: Context and implementation. In Weiss H B, Jacobs F H (Eds.), *Evaluating family programs* [M]. Hawthorne, NY: Aldine de Gruyter, 1988: 37-68.

③ 同①。

④ Juvenile Justice Evaluation Center. Evaluability assessment: Examining the readiness of a program for evaluation. Program evaluation briefing series, #6 [EB/OL]. Washington, DC: Author, 2003. http://www. jrsa. org/pubs/juv-justice/evaluability-assessment. pdf.

多数标准化的工具都是为白人和中产阶级设计的。此外，语言的问题也很复杂，并不是每个特定民族的人都能用他们的母语进行读写。不仅不同地区的语言存在差异，而且不同年代和不同社会经济地位的人的交流沟通水平也存在差异。

一些概念很难解释，需要数据收集者为参与者详细说明所调查的内容。例如，自尊不仅对美国研究者来说是一个具有挑战性的定义和概念，而且对新移民来说也可能是一个不熟悉的概念。此外，评估人员应该注意“有些参与者不愿意填写表格”这种情况。对于那些无证移民的参与者来说，他们可能害怕透露任何会被移民执法部门掌握的身份信息。因此，可以通过访谈和调查来进行预测试，或者设立咨询小组审查委员会来审查有问题的词或概念，这个过程有时被称为试点测试。

了解文化是非常重要的。在某些文化中，专业人士被视为值得尊重的权威人物。在这种情况下，参与者即使受到了鼓励，也可能会感到不舒服或者不愿意提供任何负面的反馈。而在某些文化中，寻求帮助是不被认可的。来自这种文化的参与者可能不愿意透露他们认为是弱点的东西。同样，透露过多个人信息也可能是文化禁忌。在其他文化中，需要考虑的因素可能是性别、年龄和社会经济地位。例如，家庭项目对男性和女性或者不同经济水平的人来说是否有不同的体验？了解这些因素有利于提高信息收集的有效性。

综上所述，家庭生活教育者想获得成功，不仅要拥有与家庭生活教育主题相关的知识和技能，还必须了解工作对象的特定文化信仰和习俗①。重要的是，要将这种意识延续到评估过程中。

七、循证和循证项目

在考虑家庭生活教育项目和实践时，循证项目越来越普遍。许多资助

---

① Taylor A C, Ballard S M. Preparing family life educators to work with diverse populations. In Ballard S M, Taylor A C (Eds.), *Family life education with diverse populations* [M]. Los Angeles: Sage, 2012: 285-302.

者要求项目遵循证据，以获得财政支持[①②]。这导致了设计和评估循证项目相关的信息和资源的增加。

药物滥用和心理健康服务管理局（Substance Abuse and Mental Health Services Administration）将循证项目定义为“循证项目是由该领域的专家根据公认的实证研究标准进行审查，它在概念上合理且一致，有健全的研究方法，并且结果只与项目本身有关”。具体来说，(1) 评估研究表明该项目产生了积极的预期结果；(2) 结果可以归因于项目本身，而不是其他外在因素或事件；(3) 由该领域的专家进行了同行评审；(4) 项目得到了联邦机构或研究组织的认可，并被列入有效项目列表中[③]。

（一）评估设计

如果一个项目要被确认为是循证项目，那它必须经过评估研究。有许多不同的方法来设计评估研究。循证项目在设计上有很大的差异，包括是否有对照组以及将参与者分配到小组的方法[④]。实验设计（五层方法中的第五层）被认为是最严格的，其次是准实验和预实验设计。

（二）实验设计

实验设计，有时被称为随机对照实验，包括随机分配的实验组和对照组。实验组和对照组的成员应具有相似的特征。在项目实施前，对两组进

---

① ASPE—Office of the Assistant Secretary for Planning and Evaluation. Office of Human Services Policy. Key implementation considerations for executing evidence-based programs: Project overview [EB/OL]. Washington, DC: U. S. Department of Health and Human Services, 2013.www. aspe. hhs. gov/hsp/13/keyissuesforchildrenyouth/keyimplementation/rb_keyimplement. pdf.

② Cooney S M, Huser M, Small S, et al. Evidence-based programs: An overview. What works, Wisconsin—Research to practice series, 6 [DB/OL]. Madison: University of Wisconsin-Madison/Extension, 2007. www. uwex. edu/ces/flp/families/whatworks_06.pdf.

③ ZERO TO THREE. Using evidence-based programs to support children and families experiencing homelessness. An Initiative of Conrad N Hilton Foundation in partnership with the National Center on Family Homelessness, National Alliance to End Homelessness, and ZERO TO THREE. National Center for Infants, Toddlers and Families [EB/OL]. (2011). http://www. zerotothree. org/about-us/funded-projects/strengthening-at-risk-and-homeless-young-mothers-and-families/strength_ebp122111.pdf.

④ Substance Abuse and Mental Health Services Administration (SAMHSA). Non-researcher's guide to evidence-based program evaluation. SAMHSA's NREPP [EB/OL]. (2012) www. nrepp. samhsa. gov/Courses/ProgramEvaluation/resources/NREPP_Evaluation_course. pdf.

行测量或观察，在项目结束后，对两组的结果进行比较。将受试者随机分配到各组能够确保任何结果上的差异都是项目的结果，用不同的对照组和实验组进行多次重复实验能够增强对研究结果的信心。虽然实验设计是衡量项目有效性的最佳方法，但它比较昂贵，也比较费时。

举一个实验设计的例子。西南家庭活动室项目（Southwest Family Room）为新生儿父母成立了一个新手父母支持小组。会议由社区内完成了小组辅导培训项目的家长来主持，新手父母在孩子出生前或者出生后参与该项目。项目每月举行两次，每次 2 小时，为期两年。实验设计是在一个确定的时间范围内，将在同一个社区医院出生的新生儿父母随机分配到两组。一组父母加入新父母支持小组，并被确定为"实验组"，另一组被确定为"对照组"。两组都将接受一个关于婴幼儿发展方面的知识的预测试。实验组将在未来两年内参加新父母项目，而对照组的父母不参加这个项目。在为期两年的项目结束时，两组父母将再次接受相同的测试。如果新父母支持小组的父母表现出了更多的知识，那么就可以得出结论：参与该项目能够增长知识。

1. 准实验设计

鉴于建立对照组并不总是切实可行的，可以进行准实验设计。准实验设计可以通过延迟干预来实现。例如，如果一次课程不能容纳所有感兴趣参加的家长，可以创建一个等候名单，等候名单上的家长可以和那些上课的家长同时完成前测和后测。起初，等候名单上的家长属于对照组，但他们最终可以参加课程。延迟干预是进行准实验设计的一种更合乎道德的方式，因为它不会剥夺任何人参与项目或服务的机会。但准实验设计最重要的问题是没有对实验组或对照组进行随机分配。由于缺乏随机性，准实验设计往往比实验设计的内部效度低。

2. 预实验设计

预实验设计被认为是最不严谨的，因为它缺乏对照组，也不进行随机分配。只有参与项目的人进行测试，可能有前测和后测，也可能只有后测。只进行后测仅仅能说明参与者是否达到了特定的结果，如学会了一项新技能。前测和后测能够比较参与者在进入项目前后的知识或态度差异，从而更容易衡量参与者的变化。然而由于预实验设计没有对照组，很难将任何变化归因于项目本身。例如，参加新父母支持项目的父母被选为研究小组，该小组的所有参与者在参加项目时都将接受关于婴幼儿发展的预测试，在第二年结束时也将接受同样的测试。可以确定的是，在后测中表现出来的知识是参与该项目的结果。然而，由于没有对照组进行比较，很难确定知识的增长是否应该只归因于该项目。

（三）循证项目的好处

实施循证项目有许多好处。使用一个已经被严格测试过的项目能够增加成功的可能性。它可以促进资源的最有效利用，把资金投入在经过验证的项目上显然比投入在新项目上更安全。使用循证项目的另一个好处是，项目已经进行了成本效益分析。这能够证明项目的收益大于成本，从而更容易获得政策制定者、社区领导和参与者的资金和支持。此外，许多循证项目提供了系统的材料、指导或员工培训，以便按照开发者的意图实施项目。最后，使用实施良好的循证项目有助于家庭接受最佳的服务。

八、评估的创新

（一）变革性学习

有时我们认为专业的评估需要通过纸笔测试这种量化方法来收集信息，然而还有许多其他获得信息的方法。其中一种方法是邀请项目参与者在项目结束后与访谈者（除教育者或项目执行者以外的人）进行访谈。佛尔斯特（First）和威（Way）的文章中详细介绍了如何进行这种评估[①]。访谈者可以和那些愿意接受访问的人坐在一起，并问他们以下问题：

● 上周你大约有多少次与朋友或亲戚谈论这门课程或者谈论在课上讨论过的事情？

● 你是否与朋友或亲戚谈论过你的养育方式因这门课程而发生的变化？你能像对朋友或亲戚那样，给我讲一下这些变化吗？

---

① First J A, Way W L. Parent education outcomes: Insights into transformative learning [J]. *Family Relations*, 1995, 44: 104-109.

● 你认为从课程中学到的最重要的东西是什么？你还记得上课时有什么感受吗？

● 参加课程是否使得你在为人父母方面变得更容易？是否使之更困难？

● 你能告诉我一个这门课程是如何影响你生活的经历吗——无论是在养育子女方面还是其他方面？

● 你在课堂上最好的经历是什么？最糟糕的经历是什么？

访谈者收集到的这些数据能够提供关于项目优势和改进方法方面的信息。教育者可以对主题进行统计并在报告中向利益相关者进行介绍。这些信息也可以由项目工作人员进行审查，以便获得比定量数据更全面的反馈。

（二）结果映射

成功的案例能够丰富评估，但由于许多原因，成功的案例一直受到质疑。它们可能更多地反映了作者的想法，而不是项目的效果。基贝尔（Kibel）开发了一个结果映射的过程，将定量和定性的评价方法结合在一起[①]。在结果映射中，讲述案例的人需要说明"项目最初是如何与目标受众接触的，随后采取了哪些行动来促进受众的成长，以及受众对这些行动的反应"[②]。

下面是一个关于结果映射的故事：弗朗西斯是一位78岁的老人，（她在手术后）通过老年中心实施的"送餐上门"项目得到了温暖的午餐。送饭的志愿者鼓励她在身体康复后去中心看看。在弗朗西斯痊愈后，她果然来到了老年中心。有一天，她第一次来到了这里，待了几小时。一个星期后，她又来待了大半天。此后，她就成了这里的常客。在过去的两个月期间，她一直在厨房里做志愿者，帮助工作人员准备饭菜。

（三）其他后测方法

传统的评估包括前测和后测。有时，没有前测的后测也是首选的评估

---

① Kibel B M. *Success stories as hard data* [M]. Boulder, CO: Perseus, 1999.

② Kibel B M. Success stories as hard data [DB/OL]. http://www. pire. org/resultsmapping/abridge. htm.

方法。例如，被社会服务机构或法官强制要求参加项目的父母可能不愿意进行前测，他们会怀疑项目人员以及数据收集的目的。

参与者对前测的解释也可能存在问题。例如，育儿项目的一个主要目标是改善同理心的倾听。如果在这个项目开始之前问父母他们在同理心倾听方面做得如何，他们可能会认为自己做得很好。但随着项目的深入以及父母对同理心倾听含义的了解，他们会意识到自己还有很多东西要学，他们可能会在后测中给自己打出比前测更低的分数，即使他们实际上可能做得更好了。较低的分数并不代表技能的减弱，而是代表期望的提高。参与者对同理心倾听的了解程度因该项目而改变。这种现象被称为反应转移偏差，是许多学者关注的话题[①②③④⑤⑥]。

当项目参与者对某一行为的掌握程度因项目而改变时，明智的做法是在项目结束后询问参与者他们在该行为方面的表现如何，在这个问题之后，接着问参与者在项目开始时他们在这一行为上的表现如何。另外，也可以让他们说说自己现在在该行为上的表现与之前相比是更差，还是差不多，抑或是更好。

---

① Cronbach L J, Furby L. How we should measure “change”—Or should we? [J]. *Psychological Bulletin*, 1970, 74: 68-80.

② Doueck H J, Bondanza A. Training social work staff to evaluate practice: A pre/post/then comparison [J]. *Administration in Social Work*, 1990, 14(1): 119-133.

③ Golembiewski R T, Billingsley K, Yeager S. Measuring change and persistence in human affairs: Types of change generated by odd designs [J]. *Journal of Applied Behavioral Science*, 1976, 12: 133-157.

④ Howard G S, Daily P R. Response-shift bias: A source of contamination of self-report measures [J]. *Journal of Applied Psychology*, 1979, 64: 144-150.

⑤ Howard G S, Ralph K M, Gulanick N A, et al. Internal invalidity in pretest/posttest self-report evaluations and a reevaluation of retrospective pretests [J]. *Applied Psychological Measurement*, 1979, 3: 1-23.

⑥ Howard G S, Schmeck R R, Bray J H. Internal invalidity in studies employing self report instruments: A suggested remedy [J]. *Journal of Education Measurement*, 1979, 16(2): 129-135.

第四节　基于网络的家庭教育指导

对于家庭生活教育者来说，网络可以为其提供大量的资源和信息的支持，但是也可能带来其他时代从未有过的挑战。互联网和技术的不断发展使得我们很难预测家庭生活教育的发展趋势。尽管如此，认识并应对学习方式和信息传递方式的变化对未来家庭生活教育的成功至关重要。在本节中，探讨了网络在家庭生活教育中的作用，并概述了实施在线推广项目时需要考虑的实际问题。

一、高科技世界中的学习和信息传递

技术变革正在并将继续促进文化的变革。尽管我们的学习方式更多地与生物学和认知有关，而不是与技术进步有关，但学习的环境和传播信息的方法将继续改变下去。史密斯认为技术在以下六个方面改变了文化[①]，每一种文化转变都确定了家庭生活教育者所承担的责任。

（一）信息控制从“以专家为中心”转向“以使用者为中心”

随着互联网的发展，使用者将自主地决定何时、何地以及如何获取信息，专家们也不再以控制的形式来组织和传递信息，因为这些信息更多是基于使用者的喜好。由于现在使用者具有潜在的数以千计的选择，他们掌握着信息的控制权，可以根据自己的需求和思维方式来获取和创造信息。

---

① Smith C A. Family life pathfinders on the new electronic frontier [J]. *Family Relations*, 1999, 48: 31-34.

（二）学习从线性向非线性转变

在过去，教育在很大程度上是线性的。这种“线性教育”有明确的目标、合理的计划和可预测的结果。而现在越来越多的学习是非线性的。超媒体允许学习者追求多种学习方式，每种方式都有不同的结果。学习的目标和方式由学习者的兴趣决定，这虽然听起来很吸引人，但也存在着一些问题。阿斯特莱特纳（Astleitner）和伦纳德（Leuner）认为超媒体会在以下几个方面阻碍学习[①]。首先，超媒体会使学习目标变得不明确。学习者可能会错过重点，因为他们被大量不相关或不必要的信息分散了注意力。当目标明确时，学习目标最容易实现，而在超媒体环境中，学习者可能没有具体的目标。其次，学习者可能会因为超媒体的复杂的节点—链接结构而在信息空间里迷失方向。在点击了一些嵌入式链接后，学习者可能会忘记他们从哪里来、他们在哪里，以及他们应该去哪里。简而言之，学习者很容易在巨大的信息空间中迷失方向。最后，超媒体会因为过多的记忆需求而导致认知超载。尽管超媒体可能是一种理想的信息检索方式，但它如果作为一种获取知识和学习的手段，未必是有效的。

（三）信息已成为一项全球性业务

地理边界和组织边界越来越没有意义。那些试图保护自己“领地”的组织和教育工作者会发现，在数字世界中没有“领地”。使用者可以通过电子访问方式从世界各地的图书馆、大学或组织中获取资料，这个速度比他们开车到县里的办公室还要快。家庭生活教育者会发现他们的目标受众遍布世界各地。为了吸引学习者，各组织会进行合作，从而汇总资源和专业知识。同样，高等教育机构也在提供学位课程。这些合作能够使专业人员共享研究，从而为学习者提供可靠信息。

（四）学习已融入速度文化

在“即时性”文化中，个人和家庭非常重视立竿见影的效果。无论人

---

① Astleitner H, Leuner D. Learning strategies for unstructured hypermedia: A framework for theory, research, and practice [J]. *Journal of Educational Computing*, 1995, 13: 387-400.

们是想减肥、购买消费品，还是想扩大学习范围，似乎都是越快越好。虽然分布式学习机会增加了在需要时呈现信息的可能性，但在速度文化中，“机会之窗”很少。因此，要想获得成功，家庭生活教育者必须在“机会之窗”打开时做好准备。

（五）信息过剩和信息焦虑成为一种挑战

几乎各个主题的信息都可以在几分钟内轻松找到。事实上，信息贩子使用间谍软件和垃圾邮件的这种激进做法增加了互联网的信息量。因此，从大量信息中筛选出准确、可信和有用的信息是一项重要的任务。有效搜索和过滤信息越来越重要，许多专业组织和学术中心正在努力寻找筛选、认证和实施可接受性标准的方法。尽管现有的技术使得搜索引擎只能在预先批准的或者认证的网站中进行搜索，但它通常只用于过滤那些对于儿童来说不适当的内容，而不是用于确保家庭生活教育内容的质量和可信度。

（六）新技术形成了新的交流团体

聊天室、论坛、博客以及社交网站和工具为人们提供了见面、讨论想法和分享感受的新方式。有些人喜欢通过互联网的匿名方式来讨论想法和分享感受，而其他人则更喜欢面对面互动。随着社交网络工具的发展，家庭生活教育者已经认识到提供信息的环境的重要性。专家提供的知识会被认为更有价值，因为他们具有专业证书。然而，如果是朋友或者家人，或者是那些和自己具有相似经历和价值观的人提供的信息，则被认为不具有价值和可信度。在互联网上，基于研究的知识往往被朋友间所分享的个人经验所取代。认识到这一现象后，甚至连国家家庭关系委员会这样的专业组织也纷纷涌向社交网站，从而让人们知道它们的存在。这些新的交流团体正在改变家庭生活教育者的思考、研究和推广方式。

史密斯的这六种文化转变只是一个开始，技术前沿的口号是变革。互联网和其他技术所提供的新的交流方式，以可选择的形式传递给学习者无疑是最有效的。多样性、灵活性和可选择性的方法将帮助每个学习者制订出最适合自己的计划。然而，在众多的选择中，学习者和家庭生活教育者评估信息的可信度和实用性越来越重要。

二、评估家庭生活教育在线项目的可信度

近年来，优质的家庭生活教育网站以及干预和预防项目不断增多。但遗憾的是，旨在推荐产品或者分享伪科学的网站的数量也在增加。目前，信息是由各种各样的个人、组织和机构传播的，而且没有公认的权威机构来监督信息的质量、可靠性和时效性。面对各种各样的观点，学习者很难区分可信的信息和不可信的信息[①]。一项研究表明，父母在网上获得的信息中，近75%是可靠的。然而，基于经验的信息和受欢迎的出版物在某些问题（如体罚）上的差异会对婴幼儿造成威胁[②]。虽然19%的父母认为互联网改善了他们照顾孩子的方式，但在检查信息来源方面，父母的警惕性要比非父母低[③]。此外，还有研究显示，女性更有可能在网上寻找健康信息，而且她们更关心信息来源的可信度[④]。最近的一项研究发现，如果一个网站与可信的权威组织（如大学或研究组织）有关，社会经济地位高的父母更相信该网站上的信息[⑤]。这些研究表明，那些在网络上寻找关于家庭生活教育的人能够轻松地浏览网站，很容易理解所获得的信息，并能找到他们需要的证书和标准，以确保获得的信息是最新的，并且有可靠的来源。更重要的是，教育工作者需要帮助“低技能”的网络用户选择“丰富的、可信的和有用的”信息[⑥]。

评估从互联网上获得的信息的完整性和可信度是当今学习者和家庭生活教育者最迫切需要的技能之一。以下标准能够帮助我们确定一个网站及其提供的信息是否可信：

---

① Zaidman-Zait A, Jamieson J R. Providing Web-based support for families of infants and young children with established disabilities [J]. *Infants & Young Children*, 2007, 20: 11-25.

② Cain D. Parenting online and lay literature on infant spanking: Information readily available to parents [J]. *Social Work in Health Care*, 2008, 47: 174-184.

③ Allen K, Rainie L. Parents online[DB/OL]. (2012)[2009-09-14]. http:// www. pewinternet. org/~/media//Files/Reports/2002/PIP_Parents_Report. pdf.

④ Cotton S R, Gupta S S. Characteristics of online and offline health information seekers and factors that discriminate between them [J]. *Social Science & Medicine*, 2004, 59: 1795-1806.

⑤ Rothbaum F, Martland N, Jannsen J B. Parents' reliance on the Web to find information about children and families: Socio-economic differences in use, skills and satisfaction [J]. *Journal of Applied Developmental Psychology*, 2008, 20: 118-128.

⑥ 同⑤。

1. 它是否具有权威？网站背后是否有知名人士、公司或组织？通常情况下，域名后缀是 . edu，. gov 或 . org 的网站信息比 . com 的网站更有信誉。教育机构、非营利性专业组织和政府机构都是以获取和传播基于研究的信息为目标，而不以营利为竞争目标。为营利而设计的商业网站对广告或者产品销售更感兴趣，而不关注信息的完整性。

2. 是否提供作者信息？网站在给出作者名字时，通常也会提供作者的证书和联系信息。

3. 信息的目的是什么？信息的作者希望你采取什么行动？信息是为了提出某种特定立场吗？它是销售产品还是提供服务？它是提供信息还是娱乐？大多数有信誉的网站都会标明网站的宗旨和使命。

4. 信息是否经过同行评审？在线期刊或者经过严格审核过程的信息通常是较好的信息。尽管价值不相同，但即使是来自使用者或其他人的在线评论也是有用的。越来越多的教育资源正在效仿亚马逊等商业巨头的做法，为非正式和持续的评估创造机会。

5. 信息是否是最新的、准确的？信息看起来是定期更新的吗？日期表明信息最初是何时编写或创建的。那些错误的信息不太可能是经过审核过程的，也不太可能是由合格的编辑者进行编辑的。

6. 信息是否与你的具体情况相关？万能方法为所有的问题提供了解决方案，但它们的价值往往很小。针对具体的背景或者条件的信息通常更有信誉。每个人都应该寻找与自己情况相似的具体例子。单一的解决方案很少能够解决家庭生活所面临的所有问题，因为家庭生活中充满了相互影响的因素。

7. 从值得信赖的网站开始搜索信息。受信任的网站会严格地评估它们所提供的信息以及从它们网站上引用的链接。

上述七个方面对于使用者来说很重要，对于开发者也同样重要。使用者会对他们从互联网上获得的信息提出质疑，因此，家庭生活教育者要开发出可信的、个性化的、及时的和容易找到的项目。

三、制定家庭生活教育的在线项目

随着世界上越来越多的人通过网络来获取信息和学习新技能，使得基于网络的项目成为整个推广项目的一个重要组成部分。然而，如果没有精心的策划，基于网络的项目会导致许多不可预见的问题。网络是一种传播媒介，它使某些事情变得容易，但一个项目的影响效果和教育价值仍然取决于项目内容的质量以及该项目满足某些教育需求的有效程度。

（一）为什么家庭生活教育者应该考虑在线项目

与传统的教育和信息传递的方式相比，基于网络的项目有很多优势：

1. 给学习者带来便利。基于网络的项目随时随地都可以使用。用户可以在他们需要的时候，在他们方便的时间和地点查找信息。

2. 在线项目可以为其他传统的项目提供支持，如育儿项目或演讲。

3. 通过网络的超链接和多媒体，在线资源提供了更丰富、更灵活的学习体验，以及更有用的组织信息和呈现信息的方式。

4. 与出版物相比，基于网络的项目更容易维护、更新和发布。

5. 基于网络的项目在现有资源的基础上具有成本效益。

6. 网络项目能够接触到那些在传统项目上没有得到服务的新受众。

有研究表明，上网查询关于育儿方面的信息是很常见的。例如，拉蒂（Radey）和伦道夫（Randolph）发现，互联网是父母的第三大信息来源（76%的人使用），仅次于书籍和杂志（94%）以及家庭成员（80%）[①]。罗斯鲍姆（Rothbaum）等人发现在他们的研究中，85% 的父母使用网络来查找有关儿童或者家庭方面的信息，社会经济地位高的父母比社会经济地位低的父母更有可能这样做[②]。更重要的是，有初步的证据表明，基于网络的资

---

① Radey M, Randolph K. A. Parenting sources: How do parents differ in their efforts to learn about parenting? [J]. *Family Relations*, 2009, 58: 536-548.

② Rothbaum F, Martland N, Jannsen J B. Parents' reliance on the Web to find information about children and families: Socio-economic differences in use, skills and satisfaction [J]. *Journal of Applied Developmental Psychology*, 2008, 20: 118-128.

源可以成为提供家庭生活教育的有效方式之一[①②③④]，在某些情况下，它可能与面对面的培训一样有效[⑤]。但它最大的缺点之一是在线的资源无法覆盖某些人群。然而，还需要考虑一些其他潜在的障碍：

1. 只有当技术链上的所有环节都运行时，才可以使用在线资源。用户要想使用基于网络的项目，以下的所有环节都必须运行：①容纳网站和发布信息的网络（或互联网服务提供商）的计算机服务器；②信息通过的互联网或骨干网和节点；③用户的互联网服务提供商；④数字信号通过的电缆线路或无障碍卫星或无线电传输路径；⑤用户的计算机系统。当然，所有这些部件都依赖电力。

2. 随着新内容的定期出现，教育者更新在线项目动态的压力越来越大。

3. 拥有一个在线发布系统并不能保证项目内容是有用的、可信的，或者是符合质量标准的。

4. 与传统家庭生活教育者所服务的受众相比，新的受众可能有着不同的需求和期望，可能会对教育者产生额外的要求。

总之，尽管一个好的基于网络的项目是有效且高效的，但它也可能是昂贵又难以维护的，它可能需要新的资源和专业知识来维持这项工作。在最好的情况下，基于网络的资源能够有效地进行教育和激励。它们能够将人们联系起来，并提供社会支持。但在最坏的情况下，这些资源可能是乏味的、不准确的，从而加深对家庭生活的误解。

（二）基于网络的教学模式和方法

教育者首先要考虑基于网络的项目如何适合个人或者组织的整体教育

---

① Deitz D K, Cook R F, Billings D W, et al. Brief report: A Web-based mental health program: Reaching parents at work [J]. *Journal of Pediatric Psychology,* 2009, 34: 488-494.

② Grant T R, Hawkins A J, Dollahite D C. Web-based education and support for fathers: Remote but promising. In Fagan J, Hawkins A J (Eds.), *Clinical and education interventions with fathers* [M]. New York: Haworth, 2001: 143-170.

③ Na J, Chia S W. Impact of online resources on informal learners: Parents' perception of their parenting skills [J]. *Computers and Education*, 2008, 51: 173-186.

④ Steimle B M, Duncan S F. Formative evaluation of a family life education website [J]. *Family Relations*, 2004, 53: 367-376.

⑤ Duncan S F, Steed A, Needham C M. A comparison evaluation study of Web-based and traditional marriage and relationship education [J]. *Journal of Couple & Relationship Therapy*, 2009, 8: 162-180.

战略。一般来说，基于网络的项目具有以下作用：为现有的教育提供支持(如研讨会)，这涉及补充信息或者交流的机会；提供可以独立存在的教育项目。在这里将重点关注三种信息或学习体验。

1. 参考资料

参考资料是指那些可以作为参考的信息，例如链接、概况介绍、背景文件、小册子、文档，用户可以决定何时以及如何以非结构化的方式与材料进行互动。网络的一部分吸引力在于人们能够在看似混乱无序的领域中做出不受限制的选择，能够快速、轻松地找到关键信息。大多数网站的设计目的都是提供一个网络档案，方便用户进行搜索，从而选择他们需要的参考信息。提供网络参考资料的最常见方式仍然是文本和图像。尽管文本中可能会有链接，会很容易地将用户带到其他信息源，但网络上的大多数家庭生活内容都是出版物的电子版本。网络还可以用来发布格式化的或者图文并茂的文本（小册子、通讯等），学习者可以下载并保存以备查看或打印。

基于网络的项目的一个常见而强大的功能是能够链接到其他信息源。大多数网站都有链接到其他网络资源的功能，这些门户网站或门户目录是其他内容来源的指南。好的门户目录或网站的价值在于能够让用户更容易找到他们认为最有用的资源类别。大多数好的门户网站会进行信息资源编目，并将资源标记为用户可以浏览的类别；或者具有良好的搜索功能，允许用户通过关键字检索。

2. 结构化学习体验

结构化学习体验提供了有计划的学习框架，以实现学习目标。尽管资源的整合是有帮助的，但许多教育者认为，通过一系列的教学活动来引导学生的学习体验能够促进知识和技能的学习。结构化课程或教育模块的例子包括犹他州的在线婚姻课程（http://www. utahmarriage. org/）和堪萨斯州为父母提供的纪律和愤怒管理课程（http://www. ksu. edu/wwparent/courses/index. htm）。网络也非常适合那些使用上述工具和方法的远程在线学习课程。学校、学院和企业可以使用各种课件或软件，为教师提供基于网络的学习工具（例如 WebCT 教学平台、Blackboard 教学平台、Moodle 课程管理系统）。教师可以选择完全按需学习的模块或课程（本质上是一种由学生决定学习时间和进度的自学模式）、实时学习（学生分散在各地，但在特定的时间里通过技术与教师和其他同学联系）或者两者结合的教学模式。

3. 互动的机会

网络提供了学习者与专家、权威、教师和其他用户互动的机会。留言板、论坛、聊天室、博客和社交网络都能够促进志同道合的人组成团体，并尝试探索特定问题的答案。网络能够促进团体之间共享专业知识，并且能够弥合他们在社会和地理上的障碍。这些工具可用于教育工作者与学习者之间，以及学习者与学习者之间的交流。对于那些除了专家建议之外还有许多正确答案的问题（例如，如何应对一个不愿意整夜睡觉的婴儿，如何缓解残疾父母的压力等），可以进行经验分享。经验分享能够提供一种支持感，使那些被个人视为不正常的经历正常化。

（三）网络项目的规划与开发

教育工作者可以通过以下三种方法来开发基于网络的项目。第一种方法是自己开发。在某些情况下，个人或者团体自己设计、建立和维护他们的网站，并为网站提供内容（可以由其他人或机构提供一些技术支持）。过去五年的主要转变之一是开发了易于使用的工具，允许任何人创建自己的网站和“维基”（如谷歌网站、博客、社会网络和专业团体）。尽管有大量的工具帮助那些不懂技术的人，但持久的项目通常需要专业技术工作者，并对创造有热情。大多数人会采用另外两种方法：雇用技术人员，自己管理开发（或与团队一起）；或者将项目外包给有经验的设计师和程序员。无论选择哪种方法，都需要与开发项目的人保持沟通。

（四）网络开发过程

就像其他项目或课程的开发一样，基于网络的项目开发会经历以下几个阶段：

1. 战略规划阶段。评估需求，确定总体目的和目标。教育工作者可以考虑不同的方法，以及当项目结束后如何进行管理和评估。

2. 定义阶段。初步的设计由教育者和潜在受众的代表进行开发和评估。在这一阶段，可以明确功能需求和技术需求，同时可以做出预算，列出暂定的时间表或日程表。

3. 开发阶段。实施初始版本，开发内容并将其发布到网站上。通过小规模的测试和用户反馈来改进项目设计，从而确定最终的项目。

4. 实施阶段。对网站进行审核、测试，并推出最终的项目。

5. 在下一个阶段或者网站的下一个版本中重复此循环。

在与网站设计师或开发人员见面之前，需要准备一份书面文件，在文件中要以简明的方式描述项目愿景。为项目起一个名称或标题，以便清楚地传达网站的目的或内容。也可以考虑使用一个简短的副标题，以加深用户对网站目的的理解。然后用一句话或者简短的段落描述网站的目的，以及用户可以在这里找到的内容。以上这些信息对网站设计师很有帮助，它们可以作为最终用于新闻发布和宣传材料的早期草案。接下来，列出人们可能用来描述和访问网站的关键字。最后，列出你希望设计者查看的现有网站，因为这些网站有吸引你的地方，有与你的项目相类似的内容，也可能有你不希望在你的项目中看到的内容。

（五）设计有效的资源

在这个信息触手可及、技术和通信网络不断发展的时代，人们很容易被最新的硬件和软件所吸引。但是，任何技术的有效使用都需要合理的指导原则。在这里提出五条建议。

1. 注重信誉的价值

如今的学习者有许多获取信息的渠道。当与成千上万的人所提供的信息竞争时，那些被认为是最可靠的信息来源会吸引学习者的注意。在匿名的情况下，信誉甚至更重要。

2. 让学习者参与进来

多媒体（音频、视频、动画）有可能成为吸引用户的强大工具，但实际上无论如何传递信息，使用任何类型媒体的优势和劣势都是一样的。例如，在电脑上观看一段主持人的视频可能和在电视上观看产生同样的效果。通过网络提供视频的优势是具有便利性和潜在的时效性。随着时间推移，各种软件工具使得多媒体演示变得更加容易。免费或低价的网络应用程序可以通过幻灯片或视频的形式分享这些内容。但遗憾的是，这些工具并不能确保这些演示是有效的，其中有些甚至是娱乐性的。主动学习策略需要学习者的参与。学习者可以通过音频和视频、生动的讨论、动手的游戏或活动参与，也可以通过发人深省的问题、吸引人的故事、类比或隐喻在精神上进行参与，还可以通过角色扮演、模拟或案例分析的方式参与。基于网络的项目、远程会议、网络广播和其他基于技术的方法都应该在设计时考虑到学习者的参与。

3. 融入多样性，扩大选择范围

每个学习者都有自己喜欢的学习方式。莱文（Levin）和瓦杜普斯（Waddoups）发现，"多样性"在短期内可能会降低效率，但在长期内会促进教学环境和教学方式的发展①。他们将多样性定义为"多种学习环境、多种教学媒体、多种教学方式、多种学习活动和多种评估技术"。莱文等人认为，多样性的结果对需要掌握的内容有着更广泛和更深入的表述②。因此，选择自己喜欢的学习方式这一行为本身就会增强自控力和责任感。学习者将学习的控制权掌握在自己手中，有助于维持学习动机，激发持续学习。简而言之，选择可以培养个人责任感。

4. 为学习者提供教学地图

在超媒体环境中，人们很容易迷失方向。而在任何环境中，良好的教学都需要有一个清晰的路线图。通过使用菜单、侧边栏、摘要表、示意图、过渡提示、提纲、视频示例和其他内容，教育者能够帮助学习者清楚地找到重点和内容的方向。例如，恰当的菜单和便捷的返回方式能够防止学习者迷失在嵌入式菜单和超链接的海洋中。为学习者提供清晰的教学地图有助于他们有效地达到学习目标。

5. 提供广泛的支持

史密斯指出："互联网是一个伟大的信息提供者，但却是一个糟糕的教练。"③提供家庭生活教育的方法可能会改变，但人类总是需要教师的具体指导、反馈和支持。同样地，达纳拉简（Dhanarajan）警告说，仅仅致

---

① Levin J, Levin S R, Waddoups G. Multiplicity in learning and teaching: A framework for developing innovative online education [J]. *Journal of Research on Computing in Education*, 1999, 32(2): 256.

② 同①。

③ Smith C A. Family life pathfinders on the new electronic frontier [J]. *Family Relations*, 1999, 48: 31-34.

力于先进的硬件和软件是不够的[①]。需要对设计者和终端用户进行培训，以便他们熟练掌握远程教育技术的工具。尽管许多自主型学习者只需要很少的支持就可以学习，但有效的家庭生活教育需要更多的支持。事实上，成功的家庭生活教育者不仅会为学习者提供广泛的支持，还会以行之有效的方式传授内容。因此，充分的计划和准备是必需的。

（六）管理内容的注意事项

有一种错误的想法，认为基于网络的项目会比其他类型的项目更容易维护和管理。尽管网络传输使某些任务变得更容易，但许多转向网络的教育工作者发现，这些类型的项目有时比放在书架上的印刷材料或者已经被别人使用的项目需要更多关注。网络用户认为网络上的信息是动态的、不断变化的，因此教育工作者必须为管理做好计划。也就是说，一旦网站建立并运行后，教育工作者需要计划如何管理网站。具体包括以下内容：

1. 谁将负责决定网站的内容，并授权改变网站或内容的设计（即管理网站）？

2. 将使用什么程序来评估现有的内容？是否需要修改现有内容或者开发新内容？应该多久进行一次评估？这些内容什么时候到期？网站应该多长时间更新一次？谁将负责开发、审核和编辑新内容？

3. 谁将负责把内容发布到网上，并对网站的设计和功能进行修改？是否有一个正式的过程来追踪需要进行哪些更改，以及何时、如何完成这些更改？

4. 谁将是该项目的主要联系人？

建议使用某种模式来管理网站。例如，可以设计经常更新内容的网站，以便使用内容管理系统或者网站管理工具来更新内容。这样的设计能够使那些技术水平不高的人很容易在页面上添加或更改内容。

（七）传播和推广

基于网络的项目必须像其他类型的教育项目一样得到推广。尽管我们

① Dhanarajan G. Distance education: promise, performance and potential [J]. *Open Learning*, 2001, 16(1): 61-68.

相信网站的质量会说明一切，但大量的网络信息很容易将好的信息隐藏起来，除非工作者有意识地推广这个项目。具体包括以下几个方面：

1. 通过电子方式（如电子邮件通知、为同一受众服务的其他网站上的信息等）和传统方式（如使用邮件名单、传单和小册子、媒体广告等），直接向目标受众进行推广。

2. 向那些可能会向目标受众提供网站信息的二级受众进行推广。对于家庭生活教育者来说，这意味着将资源推广给其他为家庭服务的专业人士、机构、政府部门和企业。

3. 在网络资源中整合社交网络功能，允许其他人分享项目中的内容。

4. 个人露面、演讲以及参加可能引起媒体关注的公共活动。

（八）评估基于网络的家庭生活项目

尽管基于网络的项目在 20 世纪 90 年代大量涌现，但相对而言，关于这类项目的有效数据较少 [①②]。从那时起，越来越多的工作者试图评估基于网络的项目 [③④⑤⑥⑦⑧]。研究表明，网络作为教育和推广的媒介是有前途的，但对网络项目的系统评估并不完善。

斯泰姆莱（Steimel）和邓肯（Duncan）对项目评估的五层次方法进

---

① Hughes R Jr, Ebata A T, Dollahite D C. Family life in the information age [J]. *Family Relations*, 1999, 48: 5-6.

② Morris S N, Dollahite D C, Hawkins A J. Virtual family life education: A qualitative study of father education on the World Wide Web [J]. *Family Relations*, 1999, 48: 23-30.

③ Deitz D K, Cook R F, Billings D W, et al. Brief report: A Web-based mental health program: Reaching parents at work [J]. *Journal of Pediatric Psychology*, 2009, 34: 488-494.

④ Duncan S F, Steed A, Needham C M. A comparison evaluation study of Web-based and traditional marriage and relationship education [J]. *Journal of Couple & Relationship Therapy*, 2009, 8: 162-180.

⑤ Grant T R, Hawkins A J, Dollahite D C. Web-based education and support for fathers: Remote but promising. In Fagan J, Hawkins A J (Eds.), *Clinical and education interventions with fathers* [M]. New York: Haworth, 2001: 143-170.

⑥ Hughes R, Jr. A process evaluation of a website for family life educators [J]. *Family Relations*, 2001, 50: 164-170.

⑦ Na J, Chia S W. Impact of online resources on informal learners: Parents' perception of their parenting skills [J]. *Computers and Education*, 2008, 51: 173-186.

⑧ Steimle B M, Duncan S F. Formative evaluation of a family life education website [J]. *Family Relations*, 2004, 53: 367-376.

行了改编，用于评估家庭生活项目，并针对基于网络的项目的评估提出了具体的建议①。在这里，总结了其中的一些建议，并对特定的阶段进行了补充。

第一层是网站使用前的阶段，包括需求评估、初步调查和试点测试，重点是开发和改进项目。这个阶段可以进行个人访谈和调查。

第二层是网站使用阶段，关注“网站是否以及如何被使用”。评估使用率的最常见方法是调查常用的网络日志统计数据。这些统计数据最初是作为评估网络服务器上的负载、流量和需求的一种手段，后来被用来统计网站的访问量、网站上的哪个部分访问量最大、访问者每次访问网站所用的时间，以及访问者在访问这个网站之前的位置。休斯（Hughes）提供了一个“外行指南”②，介绍了从网络日志中获得的各种统计数据，并说明了如何将这些数据用于形成性评估。此外，他还指出了网络日志统计的局限性。

第三层是访问者满意度阶段，包括收集用户的信息（定性的或定量的），有助于改进项目。在这个阶段，使用基于网络的调查或者快速反馈（“这篇文章有多大帮助？”）会很有帮助。

第四层是目标进展阶段，关注“该项目是否成功地实现了目标”。这一阶段涉及用户对知识、态度或行为变化的报告。以前的大多数评估都是个人对基于网络的项目的实用性和效果进行自我报告，它们就属于这一阶段的评估。

尽管斯泰姆莱和邓肯没有提及，但在这一阶段，还应该关注“评估网站的传播成功程度或可见度”。可以通过谷歌搜索中的页面排名来进行评估，但这会使开发人员面临评估结果是否合理的问题。通常，只有在与其他网站的排名、可见度、相关性或中心性进行比较时，才能推断某些数字或统计数据是否“足够好”或“需要改进”。然而，即使这样，开发人员也需要明确比较范围。一个开发人员可能会认为，将由教育机构

---

① Steimle B M, Duncan S F. Formative evaluation of a family life education website [J]. *Family Relations*, 2004, 53: 367-376.

② Hughes R, Jr. A process evaluation of a website for family life educators [J]. *Family Relations*, 2001, 50: 164-170.

(预算微薄）开发的网站与由大公司或联邦机构资助的商业网站的知名度进行比较是不公平的。而另一个开发人员可能会认为，一个网站必须与所有类似网站竞争，只有这样才能吸引更多的用户。

第五层是网站影响阶段，关注“实验或准实验方法的长期结果”。尽管随机对照实验可能是对基于网络的项目有效性的最终测试，但雅格布斯指出，只有某些“成熟”项目才值得这样做[①]。在这个阶段，开发人员通过思考如何评估类似的线下项目或资源来确定最合适的项目评估模式。例如，如果网站提供非结构化的或主要由短文组成的内容，那么类似的线下内容可能包括概况介绍、小册子、通讯、杂志文章或自助书籍。那么，此类线下项目的评估方法都可以应用到网络项目中。

前面提到的大多数评估都是依赖于网络项目的用户对项目的实用性或影响的自我报告，而少数研究是通过使用实验或准实验方法来进行评估。例如，邓肯和他的同事采用实验方法来比较基于网络的婚姻教育项目和面对面项目的影响效果[②]。结果发现，这两个项目产生了类似的积极效果。德兹（Deitz）和同事发现，在将父母随机分配到基于网络的资源或对照组后，使用网络资源的父母对青少年的心理健康问题有更多的了解，并在处理这些问题时有更强的自我效能感[③]。

---

① Jacobs F H. The five-tiered approach to evaluation: Context and implementation. In Weiss H B, Jacobs F H (Eds.), *Evaluating family programs* [M]. Hawthorne, NY: Aldine de Gruyter, 1988: 37-68.

② Duncan S F, Steed A, Needham C M. A comparison evaluation study of Web-based and traditional marriage and relationship education [J]. *Journal of Couple & Relationship Therapy*, 2009, 8: 162-180.

③ Deitz D K, Cook R F, Billings D W, et al. Brief report: A Web-based mental health program: Reaching parents at work [J]. *Journal of Pediatric Psychology,* 2009, 34: 488-494.

第五章

家庭教育指导师的专业素养：美国的基准

家庭教育指导师的专业素养是家庭教育指导项目得以成功的重要保障。在美国家庭教育事业发展的历程中，吸纳了课程与教学、成人教育、教育心理学以及社会学的研究进展，对于家庭教育指导师的专业素养形成了较为明确的标准，除了要求家庭教育指导师掌握不同领域的专业知识以外，还要求指导师拥有有效教学的能力、倾听与沟通的能力、接纳多元的能力以及联结社群的能力等。

第一节　有效教学的能力

美国的家庭教育指导针对的受众既包括儿童青少年也包括成年人，所以就要求指导师同时熟悉儿童发展理论与成人教育理论，只有多样化的教学设计才能满足不同受众的需求。虽然家庭生活教育指导师不需要完全专注于教学设计，但如果他们熟悉教学的核心原则，可以让家庭教育指导更加有效。

一、成分显示理论（Component Display Theory，CDT）

梅里尔（Merrill）开发了一个教学设计系统，称为成分显示理论（CDT）[①②]。CDT 的理论框架清晰简洁并且包容开放，可以应用到多种教学情境，在家庭教育指导领域应用广泛。表 5-1 以一种简单的形式总结了 CDT 的关键要素，该理论包括两个维度：第一个维度是教学方式，包括说明（讲授）和问询（提问）两种类别；第二个维度是教学的内容，包括一般性的原则和支持这一原则的例子。

在家庭教育指导的过程中，最常见的开头就是向参与者讲述一个基本原则：比如，权威型家长对于儿童的发展最为有利。梅里尔称之为一般性说明（EG），在这里指导师仅讲述一些一般的原则和概念。学习这一原则往往是当前项目（或者现阶段）的核心目标。核心原则的表达需要清晰、直接，而且需要考虑学习者的先前经验和知识储备。对于熟悉这一领域的学习者来说，简单的陈述就可能激活他们先前经验与当前原则的联系，但

① Merrill, David M. *Component display theory* [M]. Hillsdale, NJ: Lawrence Erlbaum, 1983.

② Merrill, David M, Twitchell D. *Instructional Design Theory* [M]. Englewood Cliffs, NJ: Educational Technology Publications, 1994.

是对于大多数的学员来说，简单的陈述往往不能达到理想的学习效果，这一原则的含义及其在生活中的应用可能并不明确，因此对于此类参与者需要更多的指导。

表 5-1　成分显示理论（CDT）

<table>
<tr><td colspan="2" rowspan="2"></td><td colspan="2">内容种类</td></tr>
<tr><td>一般性的原则（Generality）</td><td>实例（eg.）</td></tr>
<tr><td rowspan="2">教学方式</td><td>说明（Expository）</td><td>EG：讲授基本原则</td><td>Eeg：给出例子说明这一原则</td></tr>
<tr><td>问询（Inquisitory）</td><td>IG：邀请学习者用自己的方式表达规则</td><td>Ieg：邀请学习者思考自己的经验来说明这一原则</td></tr>
</table>

（一）使用故事讲授原理

为了帮助学员理解该原则的含义，指导师接下来可能会选择有助于说明主要观点的事例（例如 Eeg 或解释性实例）。例如，如果我们想说明家庭教育对于儿童长期发展具有重要影响，我们可以通过讲述事例的形式传递观点，例如：

在美国，有两个家族都已繁衍了八代。一个家族的始祖是 200 年前康涅狄格州德高望重的著名哲学家嘉纳塞・爱德华。由于他重视子女的教育，并代代相传，在他的八代子孙中共出了 1 位副总统、1 位外交官、13 位大学校长、103 位大学教授、60 位医生、20 多位议员……

另一个家族始祖是纽约州的马克斯・莱克，他是个臭名昭著的赌棍加酒鬼，开设赌馆，对子女教育不闻不问。在八代子孙中有 7 个杀人犯、65 个盗窃犯、324 个乞丐，因狂饮夭亡或成为残废者达 400 多人。

50 年前，美国纽约成立了一个儿童救护会，该救护会专门收容和抚养弃儿、孤儿和贫儿。它的做法同普通的孤儿院不同，其方针是必须让这些孩子到可靠的家庭里接受良好的教育。因此，他们把这些儿童送到可靠的农家寄养。在 50 多年的历史中，儿童救护会共收容、照顾了 2.8 万名孩子，最近的报告指出：有 87% 的孩子成了出色人物，其中，有的当了州长、总督、高级审判官、市长及州会计、检察官，还有 24 人被选为美国议会议员，有9人被选为州议会议员。此外，在教育、农业、商业等方面卓有成绩者也不胜枚举。更为有趣的是，该救护会曾把马克斯·莱克的第九代孙子收容到儿童救护会，照例把他送到良好的家庭寄养，据说他现在已经20多岁了，是地方上的模范青年，前途大有希望。

通过使用恰当的故事，教学会变得更加有趣和有效。它们可以帮助家长了解如何应用抽象原则面对现实生活，还可以帮助家长记住一般原则。

当你选择用故事来说明原则时，你可以使用学员能联系到的故事。假如你在教幼儿的父母，就不适合分享父母如何处理青少年粗心驾驶的故事。你的受众可能非常多样化，所以指导师有必要掌握一系列的故事。

（二）将原则与经验融合

问询模式（IG）要求学员回忆或重复有关养育幼儿的规则或原则，这不只是重复原来的陈述，而是让学员用自己的语言和方式表达原则，答案可能非常多样化。一位学员可能会把“如何养育发展中的孩子”的原则表达为“你必须爱他们”“你必须控制自己的情绪”“你需要关注孩子的需求”等，这些答案是否正确没有标准的答案，而是需要通过指导师进一步的问询来确定。比如：“这些表达是否有助于你按照我们培训的内容去教养孩子？”如果答案是肯定的，那么这个答案对于家长来说就有意义。问询的目的不是促使学员遵照指导师的表述，而是采取与原则相符的行动。

每个人表达原则的方式可能不同。“我得关心我的孩子”“我不能总是手忙脚乱的”“我需要花时间照顾我的孩子”，虽然这些话表达的具体内容可能与最初的原则不完全相同，但每一句话都抓住了最初原则的部分要点，表明学员准备好面对生活了。所有教学活动的目标是让学员采取符合原则的行动。

一旦学员掌握了表达原则的方法，就可以通过鼓励他们从自己的经验中思考原则发挥作用的途径来促进有效应用。由于指导师会要求学员分享他们的故事，梅里尔将这种情况称为现身说法（Ieg）。学员可以讲述自己与该原则相关的故事。一位合格的指导师将帮助学生在故事中看到原理。

（三）寻找教学平衡

梅里尔的 CDT 的另一个要点是提醒我们在传达教学原则的过程中要注意平衡指导师讲述和学员讲述的比例。指导师具备专业知识和引导技能，学员有着自己的发现、创造力和独特的经验。只有当二者配合时，才能发挥出课程的最大效用。

指导师讲述和学员讲述之间的平衡并不一定要求时间均等，而是建议每个人都参与到促进学习的方式中。在课程的早期阶段，指导师可能需要主动引导，活跃气氛，随着学员越来越放松，他们可能越发深入地参与，并对课堂作出越来越多的贡献。

关于内容的种类，梅里尔的理论提醒我们要平衡一般性的原则和事例。我们都对那些长篇大论基本原则而缺乏具体事例的讲座感到厌烦，我们也听到过充满故事而没有明确指出任何一般原则的演讲，这种演讲往往趣味性很强，但是指导作用有限。只有当一般性原则和案例达到平衡，才是促进学习的最佳状态。

（四）课堂外教学

上述大部分讨论都假设教学将以面对面的方式进行，其实也可以将 CDT 应用于教材的编制，虽然纸质教材不允许充分的互动，但是许多高质量的育儿出版物会提供一些问题，来吸引读者思考和反应。这些教材中往往设置专栏需要读者写下自己的反馈。目前随着线上学习的发展，很多网上学习平台都设置了互动功能，学员之间以及学员与指导师之间都可以进行线上的互动。

（五）混合教学元素

前面的讨论可能让人误会教学过程是标准化的和过于死板的，其实真正有效的教学往往比较灵活。指导师可以选择多种教学元素，以适应学员和主题的特点。例如，指导师可以先讲述基本原则，随后用故事加以解释；也可以先讲故事，然后再陈述原则，这种从有趣的故事开始的方式也可能会使学员产生兴趣。

一堂课也可以用问询模式开始。例如，指导师可以让学员回答这个问题："你认为父母能做的最重要的事情是什么？"指导师需要尽量照顾到每个想回答问题的学员，因为如果指导师忽视了学员心目中的答案，可能导致学员情绪失落，进而降低参与的动力。一个有经验的指导师可以对每个答案做出积极的回应。

一堂课也可以从一个现身说法的例子开始。我们可能会问："你能分享一些你养育孩子的经历吗，这些经历教会了你重要的养育经验吗？"听了几个故事后，指导师可能会说："谢谢大家分享！我在这些故事中看到的一个主题是培养孩子的重要性。"从他们的故事开始教学，可以让学员从一开始就看到，这些教学原则与他们的生活息息相关。

每种方法都有优点和缺点。关键在于把握好课堂中的教学时机，尊重每位学员的观点和立场，在此基础上随时调整教学策略。

二、有效教学的核心原则

基于几十年的教学设计经验，梅里尔将自己的经验与一些著名教学模式的建议进行了比较，发现了大多数有效教学模式的共同点[①]。

（一）教学解决实际问题

梅里尔的第一条原则指出：当学习者致力于解决现实世界的问题时，学习就会变得容易。这一原则来源于情境学习理论，该理论强调知识情境的重要性，认为学习应该在具体情境中进行，学习是个体、知识与情境三者之间动态相互作用、不断取得平衡的过程。在这个层面上，学校教育处于不利地位。因为学校课堂上的大多数问题都是人为创设的。家庭生活教育指导师在这个领域有很大的优势，家庭生活充满了现实问题，而且往往是真实的和个性化的。

小组讨论是家庭教育指导中常用的一种教学方式，在小组讨论的过程中，可以让小组成员回想在处理某一个特定问题时的以往经历。比如，如

---

① Merrill, David M. First principles of Instruction [J]. *Journal of Structural Learning and Intelligence Systems*, 2001, 14, 459-466.

果正在开展一项以提升夫妻沟通质量为目的的项目，那么可以首先请参与者回想以往婚姻生活中由于沟通不畅导致的误解和冲突，以及应对冲突的解决方案。这样的讨论可以让所有的学员参与进来，因为这些问题都与他们的生活息息相关。

当然，小组讨论并不是学习的唯一途径。情境学习理论中有一种重要的教学模式，通常称之为“认知学徒制”，认知学徒制强调学习者通过真实活动和社会互动的形式，在教师示范和指导下进行学习，类似于传统的师徒传授法，教师相当于师傅，学习者相当于学徒。学习者在问题情境中，在教师的指导下观察、模仿教师解决问题的行为，进而获得所需的知识和技能。因此家庭教育指导师可以建议学员去采访那些在特定领域取得成功的人群，比如一对年轻夫妇可以去拜访一对经验丰富的夫妇，询问他们是如何进行有效的沟通并提升婚姻质量的。

指导师还可以在课后讨论或家访中直接参与到问题解决中。例如，在定期家访时，父母可能会问来访者如何对待青春期叛逆的女儿。明智的指导师不会直接说出一些大道理，而是应该通过问题来模拟解决问题的方式，比如“多告诉我一些关于你女儿的情况”“她在什么情况下表现出叛逆行为”“你试过什么方式改变这一现状”“这些努力是否有效”等。所有这些问题都是为了帮助父母摆脱对孩子的沮丧判断，转而有效地解决问题。这为最重要的问题奠定了基础：“你能想出什么办法来帮助你的女儿变得更好吗？”家长可能还没有准备好的答案，这时指导师可以提出一些可能性，比如：“你认为她的叛逆是表达不满，还是借此向父母施压以达到自己的目的？”合格的指导师需要帮助学员解决现实生活中的问题。

（二）激活现有知识

梅里尔的第二条原则是：当现有知识被新知识激活时，学习就会变得容易。例如，如果我们试图教一组父母学会感受孩子的爱，可以要求他们回想童年时期家人试图向他们表达爱的场景，虽然所有传达爱的本意都是真诚的，但有些方式可能是有效的，有些却适得其反。可以鼓励他们讨论这种差异是怎么形成的。

家庭生活教育中很大比例面对的是成人的学习者，成人学习者是一群特殊的学习群体，他们拥有更为丰富的生活和工作经验，更深入地融入社会的真实情境中。成人丰富的经验，既是家庭教育指导的挑战，但是也可以成为教育的资源。比如，如果想开展一项旨在教会家长向孩子有效表达爱意的项目，指导师可以让家长回忆他们向孩子表达爱所付出的努力，以及这些爱的表达是否达到了预期效果。这一过程可以让家长迅速地激活以往的经验和知识，虽然这些经验可能是成功的，也可能是失败的。但是加以引导，就可以将现有知识带到一个新的层次，并将其组织成一种能够指导有意行动的形式。

在某些情况下，也可以为学员人为地创设一些新的体验，作为后续学习的基础。比如，对于一些每周都来上课的家庭成员，要求他们佩戴一些特殊的眼镜，并让他们想象通过这副充满魔力的眼镜，他们只能注意到伴侣或孩子所做的好事，眼镜可以完全阻挡烦恼和失望。在这个过程中把注意到的好的事物进行记录，用以下一节课的讨论。

（三）示范新知识

梅里尔的第三条原则指出：当向学习者示范新知识时，学习就会变得容易。

我们可以想象自己学习一套体操动作时，教练往往在讲授基本原则后，对动作进行示范，如果没有示范的环节，可能大部分学员都无法习得完整的动作。

例如，在一项共情的培训中，指导师需要指导学员进行共情训练，指导师希望学员关注孩子或伴侣的情感体验，并用语言表达他们的感受。这看起来很容易，但学员以往几十年的生活经验可能会阻碍这一原则的应用。在讲授了共情的基本原则后，为了给学员提供示范，可以让他们想象一下，他们的一个孩子放学回家时肩膀耷拉着，说在学校遇到了麻烦。在校期间，老师对你的孩子大喊大叫，还点名批评他。基于这样的假设场景，指导师可以向班上的学员提问，如果他们对心烦意乱的孩子有同情心，他们会说什么。特别是当学员学习新的有难度的技能时，让他们说出“在正常情况下，家长会对回家并报告在学校遇到麻烦的孩子说些什么”十分有效。此时大多家长可能会报告他们的自动反应，比如：“我会找出我儿子惹麻烦的原因！”作为一名指导师，你的回答可以为新的学习开辟道路：“这是一个非常正常的反应。让我们来想想它会如何产生作用。如果你问你的儿子他是如何惹上麻烦的，你认为他会有什么感觉？这会有效地传达你的同情和理解吗？这会让他尝试更好的行为吗？”答案是显而易见的。

随着学员出现的自动反应的无效性变得越来越明显，指导师就有机会让学员做出新的思考：“父母怎么做才能表现出更多的同情心？”对于学员的回答，指导师可以告诉他们这种答复对孩子的影响。这个过程可以展示学习新技能的难度，同时也让学员看到他们的这些行为是如何影响孩子的。

（四）应用新知识

梅里尔的第四条原则指出：当学习者需要使用新知识来解决问题时，学习就变得容易了。没有任何一种考试可以证明一个人是不是一个合格的家庭成员，知识的应用是家庭生活教育的最终目标。

在家庭生活教育课程中，通常会给学员布置作业。例如，在讲授了发现伴侣优点的重要性之后，学员可能会被要求说出最欣赏伴侣的品质或行为。一旦确定了某个品质，就可以鼓励学员想出一种方法，在未来的几小时或几天内提醒自己记住这个品质。有些人可能会选择在手指上系一根绳子，或者把纪念品放在衬衫口袋里。鼓励学员定期使用这些提示来记住该品质，特别是在压力大的时候。要求每个人做一个关于成功记住伴侣优秀品质的书面记录，以便在小组的下一次会议上与全班同学分享。

梅里尔指出，“适当的实践是有效教学中最被忽视的一个方面”。新的行为需要练习，戈特曼（Gottman）将广泛的实践称为过度学习[①]。他建议伴侣们过度学习新技能，这样当他们面临挑战时，就有了应用的机会；而如果练习不够多，学员可能会被习惯诱导陷入之前习得的没有成效的模式中。

实践既可以在教学环境中进行，也可以在现实环境中进行。指导师可

---

① Gottman, J. M. *Why marriages succeed or fail* [M]. New York: Fireside, 1994.

以通过为学员提供一个评判他们表现的标准来促进这种实践学习。例如，一位指导师可能会通过两部分测试，让家长课堂的学员判断某位学员对家长问题的反应：(1) 解决方案是否可能改善行为？(2) 解决方案是否体现出对孩子的尊重？当父母有一个标准来判断他们新的解决方案时，他们更有可能转向新行为，而不是回到旧习惯。梅里尔认为，大多数学习者从他们犯的错误中学习，尤其是当他们被告知如何识别错误，如何从错误中恢复，以及如何在将来避免错误时。

（五）将新知识融入学习者的世界

梅里尔的第五条原则指出：当新知识融入学习者的世界中时，学习就会变得容易。学员可以通过制订具体而实用的计划，将新知识融入家庭生活中。他们可以定期与共同学习者或支持小组进行讨论，以记录自己的表现。

他们还可以从向他人讲授新发现的知识中受益，教学可以迫使个体去理解一个原则及其工作的深层原理。指导师可以让学员在课堂中上一堂小课，在工作中或在他们的社区中教授一个学习小组。

梅里尔观察到，从学生成长为教师的过程是学员进行深度学习的最佳时机。

“能推动学习者去学习的真正动机是学习者有机会展示自己，这可以激励他们去表现得更好”，将这些技能融入日常生活并与他人分享可以有效地促进学习。

第二节　倾听与沟通的能力

一、理解受众

（一）满足受众需求

家庭生活教育与人的一生息息相关，包括让父母了解他们的新生婴儿、青少年性教育、大学生的职业选择、新婚夫妇练习沟通和解决冲突的技能以及老年人的退休准备等。家庭生活教育者需要了解参加课程的受众群体，这可能包括了解相关社区的人口统计学数据，以及学习者背景、需求、兴趣和目标，他们以前在这方面有过什么经验，他们想通过参加课程学到什么。换句话说，他们的需求是什么。

1. 识别需求类型——需求评估

由于家庭生活教育应以个人和家庭需求为基础，因此要进行需求评估来确定这些需要是什么。需求评估是一种帮助做出良好决策的工具，通过需求评估可以主动制订计划、持续改进计划，并对一些不良结果做出反应[①]。通过整合需求评估策略，可以规划课程优先级、课程体系和教学模式，从而更有效地针对参与者的需求、兴趣和目标[②]。

家庭实践领域（The Domains of Family Practice，DFP）模型中的“Who”维度关注了家庭生活教育的服务对象，其中包括两个主要因素——动机和

---

① Watkins R, Meiers M W, Visser Y. *A guide to assessing needs: Essential tools for collecting information, making decisions, and achieving development results* [M]. World Bank Publications, 2012.

② Chamberlain V M, Cummings M N. *Creative Instructional Methods For: Family & Consumer Sciences, Nutrition & Wellness Student Text* [M]. Glencoe/McGraw-Hill School Pub, 2002.

资格①。动机代表学员的一种主动的感知需求，认为自己应该接受家庭教育的指导。家长主动感知到的需求往往是标准化的，与年龄或重大事件有关，例如，成为父母、成为青少年的父母、结婚或退休。换言之，新手父母或青少年父母，以及订婚夫妇或新退休人员，可能需要一些知识来帮助他们实现正在或将要经历的角色转变。相比之下，资格由提供服务的专业人员决定，通常是基于社会需求。由于青少年犯罪、虐待、忽视或离婚引起的问题，一些家长可能被要求参加家庭生活教育课程。例如，当有人说“我想成为更好的父母”时，这种表达是一种感知需要；但如果有人被告知他们“应该”成为更优秀的父母，这就是一个社会需要的例子。家庭生活教育者也会考虑未来的需求，因为他们通常以预防性的方式教授学员未来可能面临的问题。因此，学员通常在学校期间参加家庭关系课程，为未来生活的改变做好准备，或在成为新父母、在最后一个孩子离家或在退休之前参加课程。

2. 执行评估

DFP 模型中的“How”维度强调使用需求评估的方法来确定参与者的特征与需求。了解这些需求有如下方式：(1) 检查目标人群的人口特征；(2) 与受众相关的研究结果；(3) 通过需求评估让学员参与规划过程。

例如，考虑为单身人士开设一门关于人际关系的课程。指导师需要首先调研单身人士的人口特征，例如，人口统计数据显示，美国 18 岁及以上的单身人数越来越多，有约 1.02 亿（占人口 41.1%）单身美国人（女性占 53%，男性占 47%）。2012 年独居的人数为 27%，高于 1970 年的 17%②。从未结婚的美国公民比例为 62%，另有 24% 离婚，14% 丧偶。18 岁及以上未婚男性的数量与未婚女性数量之比为 89 ∶ 100。

评估过程中的另一个关键步骤是查阅与学员（如单身人士）相关的研究结果。例如，研究表明，在美国的文化中，普遍存在着对单身人士的偏

---

① Myers-Walls J A, Ballard S M, Darling C A, et al. Reconceptualizing the Domain and Boundaries of Family Life Education [J]. *Family Relations*, 2011, 60(4):357-372.

② Vespa J, Lewis J M, Kreider R M. America's families and living arrangements: 2012[J]. *Current population reports*, 2013, 1-34.

见[①]。已婚人士的形象通常是正面的，而单身人士有时被认为是不成熟、适应不良和以自我为中心的。虽然已婚者和单身者之间的“感知”差异很大，但“实际”差异并不大。在一个人所处的环境中，与他人关系中的人际歧视可能在一定程度上解释了单身者自尊水平较低和抑郁水平较高的现象[②]。研究发现，随着单身人士年龄的增长，他们愿意与不同类型的人约会。处于中年、从未结婚、性欲放纵的男性更愿意与异性伴侣（来自不同种族、宗教和经济阶层）约会，这可能会导致他们与其他朋友和家庭成员的关系出现摩擦[③]。这些复杂具体的情况意味着针对单身人士的一般课程可能无法满足他们多样化的需求，因此通过搜索文献可以深入了解单身人士面临的问题，并为实践提供建议，从而了解学员的需求并设计需求评估措施。

此外，在第一节课上，最好询问学员来上课的原因、他们对该主题有哪些经验，以及他们想完成什么。分享课堂计划并确定课程内容能满足他们的需求非常重要；如果不能满足，请询问他们的修改建议。虽然不一定能完全接受他们的建议，但如果时间和资源允许，还是需要做出一些可能的调整。

3. 进行需求评估的步骤

（1）规划需求评估

在实际开始需求评估之前，最好制定目标。换言之，你想获得什么类型的信息？你想知道学员的年龄和兴趣、关注的问题，还是上课的最佳时间、地点和形式？谁是你的受众，你将如何选择你的目标群体？你将使用什么方法或工具，以及如何收集数据？你会使用在线调查或焦点小组吗？你将如何分析数据并将其用于决策[④]？

---

① McCawley P F. Methods for conducting an educational needs assessment[J]. *University of Idaho*, 2009, 23(6-14).

② Robin W. Simon. Revisiting the relationships among gender, marital status, and mental health [J]. *American Journal of Sociology*, 2002, 107(4):1065-1096.

③ Fitzpatrick J, Sharp E A, Reifman A. Midlife Singles' Willingness to Date Partners With Heterogeneous Characteristics [J]. *Family Relations*, 2009, 58(1):121-133.

④ Mccawley P F. *Methods for Conducting an Educational Needs Assessment* [M]. Moscow: University of Idaho Extension, 2009.

（2）获得批准

如果教育项目或研究项目是通过大学或外部基金资助的，可能需要相关机构批准。这可能需要通过大学人类学科审查、机构审查委员会、学校、教堂或相关家长的额外许可才能实现，因此需要留出足够时间来确保获得这些批准。

（3）数据收集

收集数据有多种方法，包括调查、访谈、焦点小组和其他创造性方法。以下是需求评估技术的简要概述，以及每种方法的优缺点。在设计好评估方案后，最好与一些选定的潜在参与者对工具和程序进行预试[①]。

①调查。调查可以通过邮件、电子邮件、聊天软件、电话或现场调研实现。由于印刷费和邮费的原因，一些定量数据收集方法需要花费成本，如邮件和现场调研，其他方法则成本较低。在电话调查中可以获得补充信息，而且不必依赖参与者的识字能力，但是许多人不会接听来自未知号码的电话；如果预计学员拥有计算机，并且会对未知的电子邮件进行回复，那么电子邮件和在线调查也会很有效；还可以参加有目标学员的小组活动，例如，可以在家长会上征求参与者的建议，但需要事先获得家长的许可。

②访谈。访谈涉及两人或两人以上的对话，用以收集需求评估数据。数据收集可以面对面进行，也可以通过电话、视频会议或其他在线技术进行。访谈的费用低廉，并且可以很好地处理开放式问题。此外，访谈者可以根据需要寻找非言语线索并提出澄清问题。访谈可以在受访者允许的情况下录制下来，然后转录和编码。在采访前可以制定一个访谈提纲，以保障和谐、清晰的访谈氛围。

③焦点小组。焦点小组需要 6 ～ 8 人参加，他们不仅表达自己的观点、看法、信念和态度，还听取别人的意见。这种形式增加了一种“群体互动”元素，可能比结构化个人访谈产生更多的信息[②]。虽然焦点小组很容易

---

① DA Dillman, JD Smyth, LM Christian. *Internet, Phone, Mail, and Mixed-Mode Surveys: The Tailored Design Method* [C] Hoboken, NJ: John Wiley & Sons, 2009.

② Polson, M., & Piercy, F. The impact of training stress on married family therapy traineesand their families: A focus group study [J]. *Journal of Family Psychotherapy*, 1993, 4, 69-92.

建立，但是由于多人表达意见，数据收集的节奏很快，数据收集过程的时间可能会很紧张。在条件允许的情况下，记录回答之后再转录会更方便。焦点小组中有一个称职的主持人很关键，他能够促进提问和处理现场的突发情况。

④其他创意技术。作为一名教育工作者，经常面临的挑战是设计创造性的方法来完成提问、学习和观察等评估任务。你可能在家、办公室或教室进行访谈或调研。如果要组织网络研讨会，可能还需要在参与者注册时向他们发送一份简短的调查，以确定他们的背景和兴趣。你也可以进行一些更有创意的提问，比如，向孩子们提出一个关于家庭生活的“三个愿望”问题，或者让一群怀孕的青少年表达她们对成为母亲的最大恐惧。创意技术的关键是要与学员建立温情的关系，这样你就可以成为一个见多识广的朋友，而不是“舞台上的圣人”。

⑤数据解释。完成数据收集和数据分析后，需要对数据结果进行解释。数据解释不只是进行简单的制表，它包括确定问题的优先顺序以及使用多种标准对各种方案进行比较[①]。最后，需要确定结果的含义，确定是否存在某种特定的模式，并确定哪些教学方式对学员最有帮助。还可以与他人分享并讨论这个结果。

（二）文化的作用

除了评估学员的需求外，我们还应该考虑到文化的影响。文化是人们的总体生活方式，即风俗、信仰、价值观、态度和沟通模式，这些都是一个群体的特征，并提供了一种共同的认同感。综合起来，这些组成部分形成了一种解释现实的方式，并在群体成员之间共享。家庭生活教育项目对文化群体的优势越敏感，项目就越有可能成功。虽然我们经常从民族的角度来思考文化，但文化往往超越了民族特性，它包括年龄、性别、社会经济地位、代际、家庭结构（单亲、重组）、性取向、一些特殊情况（健康问题、家庭危机、监禁）等一系列的特征。

---

① Watkins R, West Meiers M, Visser Y L. *A Guide to Assessing Needs: Essential Tools for Collecting Information, Making Decisions, and Achieving Development Results* [M]. The World Bank, 2012.

我们身处某种文化中，通常意识不到文化的影响。因此，介绍文化多面性的一种方法是问学员是否戴过太阳镜。如果有现成的太阳镜，可以让学员戴上，并让其他人找出他们太阳镜的不同之处。学员们通常会注意到镜框和镜片的不同形状、尺寸和颜色，还有人会发现当你戴着太阳镜看东西时，不同颜色的太阳镜会看到不同的色彩。同样，可以问学员，哪些因素会影响他们对个人和家庭的看法。回答可能包括种族、民族、性取向、性别、宗教、教育、社会阶层、政治派别、地理位置、年龄、婚姻状况、职业角色等。

虽然我们想避免对人的刻板印象，但我们也需要了解刻板印象与一般化（generalizations）有何区别。一般化能够洞察特定人群的趋势，这种认识通常来自文化专家或其他专业人士，往往基于一定的客观数据或者长期的经验（比如，很多美国人都喜欢踢足球）。相比之下，刻板印象是对一群人（例如种族、国籍、性取向、宗教、年龄、家庭类型）的过于简单化的描述，它夸大了实际差异，并且对这些差异的看法可能是不准确的（比如，玛丽一定会迟到，因为女性从来不守时）。刻板印象通常是消极的，但也有积极的。例如，你可能会说一个特定的文化群体擅长数学，来自这种文化的个体如果数学不好，可能会感到很大的压力。一般化与刻板印象很相似，但刻板印象往往被极端化，成为适用于特定群体中每个成员的夸大性信念。

无论我们在国内还是国外、工作中还是社区中，都需要与其他文化打交道。因此，增强文化意识很重要。如果我们对文化有了一些了解，同时对他人和我们自己的差异也有所认识，我们就可以在自己的文化环境背景下对其他人更具文化敏感性，也可以更好地理解和处理文化差异。冰山经常被用来比喻文化。有一部分在水平线以上被称为文化的可见部分，例如习俗和语言；但绝大多数在水平线以下，构成文化的无形部分，包括价值观、文化假设、非言语交流、思维模式和认知感知。习俗和语言往往保持不变，但是水面以下的价值观和思维模式等特征可能短期内就发生变化。作为家庭教育指导师很难了解自己文化当中的所有特征，但是通过尽可能多地学习其他文化，尤其是课堂上的文化，我们可以开始了解如何进行教学设计和课堂实施，以最大程度地满足特定文化或多元文化群体的需求。

（三）不同群体的特点和需求

作为家庭生活教育指导师，我们致力于促进学员的福祉。因此，我们需要尽可能地为学员提供个性化的教学。我们通常根据年龄、性别或种族来确定群体；然而，多种特征往往会相互组合，大大增加了目标人群的复杂性，如拉丁裔同性恋青少年、单身亚裔母亲、残疾儿童的黑人父母或被监禁的白人女性等。虽然人们无法了解所有文化群体的特征，但检查与各种文化群体相关的人口统计学信息、研究和理论是很重要的。如果我们能从生态系统的角度，利用现有的数据，批判性地思考任何文化群体，我们就能更好地理解，并提升我们的教学水平。

1. 发育的阶段和世代

作为家庭教育指导师，需要了解学生的发展阶段，因为不同发展阶段往往和特定需求密切相关。此外，出生于不同世代的人也会有不同的个人需求、态度和价值观，这些都会影响他们的学习风格。

（1）发育阶段

虽然有各种基于个体发展阶段的发展理论，但最经典的是埃里克森的理论[①]，他提出了八个阶段来阐明人们生活中不同时期面临的发展挑战。这些阶段以及每个阶段的大致年龄包括：基本信任与不信任（0 岁—1 岁）；自主与羞耻和怀疑（1 岁—3 岁）；主动与内疚（3 岁—6 岁）；勤奋与自卑（6 岁—11 岁）；自我同一性与角色混淆（青春期）；亲密与孤独（成年早期）；生育与停滞（中年）；自我认同与绝望（成年晚期）。虽然每个阶段都建立在成功完成前期阶段任务的基础上，但是不需要完全掌握前期阶段才可以进入下一阶段。每个阶段都有不同的组成部分需要协调，例如一个人的生理变化、社会文化力量和心理危机。在美国，虽然家庭教育指导师可以教授所有年龄段的人，但是最常接触的是青少年和成人学习者，这里的成年人可能是年轻人，也可能是老年人。

青春期是一个身体、认知、社会情感和道德发展发生剧烈变化的时期，在此期间，青少年正在做出关键的生活选择。这一时期的特点是明显的成长、体貌特征变化和激素变化，同时在认知上开始注重外表和寻求自

---

① Erikson, E. *Childhood and society* [M]. New York: W. W. Norton, 1950, 1963.

我认同。在青春期早期，同性友谊占主导地位，但随着个体的成熟与异性朋友交往会增多，同时想摆脱父母而独立的欲望也变得强烈。大脑发展和认知也发生了变化，从具体操作转向抽象操作；道德认知也进一步发展，开始从因为有回报而渴望做好事转变为因为维持积极关系而做好事。他们会依据自己的技能和职业潜力，开始选择未来将要专注的道路。为了促进这一年龄段学员的学习，可能需要了解不同个体的成长和发展速度，设计一些可以建立他们自尊的活动。同时让家庭参与进来，使用不同教学技巧来满足不同的学习风格，对学员的各种多样性做出反应，并为发展批判性思维技能的行动提供机会，尤其是那些涉及风险承担的行动。

年轻人身体强壮，身体状况良好，有耐力。他们的记忆力和认知能力处于最高水平，对成功、选择生活伴侣、组建家庭和承担责任抱有强烈的愿望。在成年中期，力量、视力、敏锐度、协调性和记忆力都开始减退；一些成年人可能还存在中年危机，导致他们需要重新评估自己的人生目标和成就，并做出一些积极的改变。成年后期的特点是进入更年期，出现骨质疏松症，头发灰白、皮肤弹性降低、肌肉减少，记忆力和活动能力也下降了。

成人学员参与家庭生活教育可能有不同的原因。他们可能渴望更多地了解某个主题（感觉需求），或者对自己的需求（社会需求）有强制要求。调查表明，50岁及以上成年人最感兴趣的话题是营养与健康、健身与锻炼以及老龄化[①]。由于成人学习者通常对自己的生活负责，并有自我指导的能力，因此指导师通常扮演促进者的角色。大多数情况下，成年人都有强烈的学习动机，因为他们认为信息可以帮助他们将家庭或工作变得更高效、更幸福。他们想要听到真实的生活情景，自己可以融入课堂进行案例研究或角色扮演。

老年学员可能希望参加到既可以促进学习又与他人互动的课程。随着年龄的增长，健康问题、财务规划以及家庭关系都变得越发重要。但是，他们的听觉、视觉和身体能力都不再像年轻时那样灵敏。因此，指导师需

---

① Ballard, S., & Morris, L. The Family Life Education Needs of Midlife and Older Adults [J]. *Family Relations,* 2003, 52, 129-136.

要关注他们的身体能力和局限性，以及他们关心的问题。为了便于理解老年学习者面临的局限性，请参阅方框中的活动。

老龄化模拟活动

老龄化模拟活动可以帮助学员增加他们对老年人身体变化的认识，这些变化与感觉运动功能有关，可以提高他们对老年感觉的敏感性。

在小组中，让志愿者成员体验限制条件下的一项或多项日常活动。这些限制可能包括以下内容：

- 戴上因在镜片上涂抹凡士林（模拟白内障）而导致视力模糊的眼镜，或覆盖镜片的部分外缘，以模拟周边视力的丧失（模拟青光眼）。
- 将耳塞或吸水棉球放入双耳（模拟听力损失）。
- 分一个棉球，放入一个鼻孔（模拟嗅觉和味觉减弱）。
- 将透明胶带贴在主手的拇指、食指和中指关节上（例如，关节炎导致的僵硬）。
- 将干豌豆或葵花籽放入每只鞋的鞋底（模拟脚痛、与拇趾囊肿和鸡眼相关的失去平衡）。
- 用绷带限制一个膝盖（模拟关节炎）。
- 上楼时用吸管呼吸（模拟呼吸问题）。

未受损的学员将被指定为照料者，并负责为有老年障碍的学员提供援助，同时观察他们的反应和其他人的反应。学员小组将在大约 30 ~ 60 分钟的时间内体验这些限制的影响，在此期间，他们可以四处走动，参与活动，例如，去图书馆，购物和吃点心，打电话或使用电脑、自动售货机和浴室等。

汇报讨论可以包括以下问题：他们经历了哪些困难和感受，这次经历是否激发了人们对老年人及其残疾的任何思考，对老年人的感觉和行为的变化可能会从这种经历中演变而来。

（2）代际关系

我们经常在美国的新闻媒体中看到诸如“最伟大的一代”、婴儿潮一代、千禧一代、X 代、Y 代和 Z 代等词，它们都用来描述不同年龄的人群或拥有不同价值体系的某代人。近年来，代际理论越来越流行，作为一种根据出生世代以广义方式对个体进行概念化的划分方法，它试图通过根据出生年代以及出生年代如何影响人们的价值观和世界观来描述人群，从而促进人们对这一代人的理解。一代是父母出生和子女出生之间的平均时间间隔，通常为 20 ～ 22 岁。代际往往没有正式的定义，而是由人口学家、媒体、大众文化、市场研究人员和每一代的成员自己来定义的[①]。一代又一代人都有自己明显的经历和可识别的文化假设、价值观、态度和生活方式，以及对他们所在社会中角色的共同愿景。在这些时期，有一些重大事件往往会影响个体发展和价值观形成，例如战争、恐怖主义、重大政治事件和技术进步。

因为“流行心理学家”和记者过度使用了代际标签，所以一些人并不重视代际理论，但很多研究者认为这个概念以良好的社会科学为基础，在科学上是可以接受的。研究两代人的相似性和差异性很有趣，但也有很多挑战。一般来说，在一组既定日期内出生的大多数人都有许多相似的特征[②]。表 5-2 给出了美国代际划分的常见标准。

表 5-2　美国国民的代际特征[③]

出生年份	代际名称	典型事件、特征和价值
1901—1924	迷失的（Lost） 最伟大的一代（出生） (Greatest Generation)	第一次世界大战；具有社会使命的技术实践；公民意识；公共卫生；有科学基础的管理和家庭；节俭的；第一波女权运动对男性和女性角色的界定
1925—1945	沉默的 (Silent) 最伟大的一代 （第二次世界大战期间服役）	第二次世界大战；由于战争和“大萧条”导致的世界经济衰退，注重管理和节俭；艰苦的工作；法律和秩序；自给自足；牺牲；集体主义；谦虚；耐心

① PendergastD. Generational dynamics-Y it matters 2 u & me [J]. *International Journal of Home Economics*, 2009, 2(2), 67-84.

② Rosen, L. Welcome to the igeneration[EB/OL][2010]. Retrieved from www.psychologytoday.com/blog/rewired-the-psychology-technology/201003/ welcome-the-igeneration

③ Darling C A, Cassidy D, Ballard S M. *Family life education: Working with families across the lifespan* [M]. Waveland Press, 2022.

续表

出生年份	代际名称	典型事件、特征和价值
1946—1964	婴儿潮一代 (Baby Boomers)（他们的父母是最伟大的一代）	民权运动；20 世纪 60 年代的社会革命；反越南集会；注重个人成长和自我表达；扩大消费主义；肯尼迪遇刺案；毒品、性、摇滚乐；登月
1965—1981	X 世代 (Generation X)	媒体和消费主义的兴起；冷战结束；女权运动；避孕药的广泛使用；MTV；未定义 / 异构身份；全球意识；成长为“钥匙扣孩子”
1982—2001	Y 世代 (Generation Y) 千禧一代 (Millennials)	全球化信息时代 / 互联网的诞生；使用通信、媒体、数字技术；增加同伴导向；文化自由主义；自食其果的孩子；炫耀的一代；学校暴力；9·11 标记结束
2002—	Z 代 (Generation Z) i 代 (i Generation) 家园 (Homeland) 网络 (Net)	终身使用通信和技术；扩大互联网的使用；即时消息、短信、手机、Facebook、Twitter；梦想家；没有耐心；多动症；有“直升机父母”

家庭生活教育项目中，如果三代人分别是婴儿潮一代、X 世代和千禧一代（也称为 Y 世代），为了更好地了解这三代人，他们的一些典型特征和价值观如下①：

婴儿潮一代（出生于 1946—1964 年）重视家庭、教育、个人主义、变革、质量、灵感和激励支持、遵守团队规范、成功、解决冲突、开放、自由和选择、个人成长和成就感，以及自主性和纪律性的混合。他们试图平衡唯利是图和慷慨大方；工作狂；乐观；喜欢亲自参与；喜欢不被约束、临时性、工作组和召开会议；拒绝权威，但重视敏感的权威人物；工作中努力上进。

X 世代（生于 1965—1981 年）重视独立性、乐趣、挑战、创造力、获取大量信息、具体且专注的反馈，以及以自己的方式做事。他们具有弹性、独立性和经济保守性，工作安全感低，欣赏直接和坦率，接受多样性，没有公民意识，拒绝规则，自我专注、冷漠、孤立，认为朋友不是家人，具有不同的人际交往技能，不会为了工作而牺牲生命。

① Pendergast D. *Sustaining the home economics profession in new times: A convergent moment* [M]. University of Joensuu, 2006.

千禧一代（Y 世代）（1982—2001 年出生）重视辅导、培养和指导，教育和技能建设，并将工作视为实现个人成就的手段。他们觉得自己很特别，为科技而活，崇拜有能力的人，喜欢正能量，以目标为导向，具有公民意识，欣赏多样性，视朋友为家人，喜欢创业和重塑规则，对工作场所的运作方式缺乏经验（不懂工作），需要有监督的环境和结构，以团队为导向，享受极致的乐趣。

过去 25 ~ 30 年是一个前所未有的时期，社会从工业化向信息化过渡。婴儿潮一代通常喜欢面对面交流或电话交流，许多人经常使用电子邮件；而 X 一代则相对模糊，他们已经接受了手机、电子邮件和即时消息；千禧一代与信息时代的结合对生活方式产生了巨大的影响，在千禧一代与前几代之间造成了比以往更大的代沟。前几代人被称为数字移民，而千禧一代人被视为数字原住民[①]。千禧一代的特点是以“瞬间速度”而非传统速度进行操作，因为他们使用随机访问，并行处理图形，通常花在屏幕上的时间（电视、计算机和电话）比空闲时间更多。他们熟悉大众传播技术，并与世界各地的其他人进行在线聊天。他们使用许多技术和社交媒体形式，如 Facebook、Myspace、Skype、即时消息、短信、Instagram 和 Twitter。

网络（net）一代进一步推动了这一趋势，每天都在产生大量媒体信息。人们醒着的大部分时间都花在媒体和技术上，并且在使用媒体时会同时处理多项任务。据尼尔森公司（Nielsen Company）称，典型的青少年每月发送和接收 3146 条短信，但只拨打和接听 191 个电话。他们将智能手机视为用于社交媒体和短信的便携式电脑。

了解不同世代的学员有助于规划课程。家庭教育指导师不仅需要了解不同代际人的特点和需求，还需要关注不同代际人使用技术的熟练程度。

2. 阶级、性别和种族

阶级、性别和种族通过不平等的资源和机会分配影响家庭生活。无论你属于哪个阶级、性别或种族，都有各自文化的特点。作为家庭教育指导师，不仅要能感知不同阶层的差异，还需要知道构成这些文化群体中的价

---

① Prensky M. Listen to the Natives [J]. *Educational leadership: journal of the Department of Supervision and Curriculum Development, N. E. A,* 2006, 63(4):8-13.

值观、文化假设、非言语沟通、思维模式和认知观念是什么样的。

（1）阶级

阶级关注的是经济资源的分配和个人或群体的相对社会地位，但在阶级的含义方面存在分歧。阶级指标包括个人的收入、职业、受教育水平、婚姻状况、配偶和其他家庭成员的收入以及家庭规模等。在贫困家庭中，贫困降低了结婚的可能性，使核心家庭难以维持，但社区的网络可以提供服务、援助和应对支持。在职业人士的家庭中，家庭生活往往从属于个人职业的需求，家庭经常随企业搬迁。富裕家庭通常有多个住所，拥有更庞大的社会网络关系。大多数美国人（53%）自认为是“中产阶级”，由于有双方的经济收入和帮助照顾孩子的社交网络的支持，他们通常可以保持这种地位①。但即使在中产阶级中，也有四个群体②：

● 一流中产——男性为主，受过良好教育，经济稳定（35%）

● 满意的中层——妇女和少数族裔（25%）

● 挣扎的中层——老年和青年，拥有很多物质，但是缺少金钱（17%）

● 焦虑的中层——最不满意和气馁的（23%）。享受着一流中产阶层的一些经济优势，但对挣扎中的中层有许多悲观的看法

（2）性别

虽然性别与生理有关，但性别也指向社会学习的态度、行为和期望，以及与阶级和种族相关的男性和女性的社会文化意义。看待性别有两种方法：社会角色方法将性别差异视为个人习得的角色，而性别制度方法则研究性别是如何嵌入我们的社会中，从而在我们的社会和工作领域的各个方面产生优势和劣势的。

（3）种族和民族

美国人口普查局通常使用种族和族裔这两个术语对人口进行分类。种族是一个社会定义的类别，基于一种假定的共同遗传，导致不同的身体特征；而族裔则是指更广泛的从属关系，即基于宗教、语言、历史、民族血统、衣着、食物和其他价值观的文化差异。未来 50 年，美国人口的种族

① Zinn M B, Eitzen D S, Wells B. *Diversity in Families* [M]. Boston: Allyn & Bacon. 2011.

② Morin R. *America's Four Middle Classes* [M]. Pew Research Center, 2008.

多样性将继续增加。事实上，2012—2060年的预测表明，美国将成为一个多元化的国家，其中非西班牙裔白人人口将继续是最大的单一群体。美国人口中的种族和种族结构在不断变化，这意味着美国的家庭教育指导人员需要关注不断变化的人口结构、优势和家庭需求。不同种族家庭在文化上有许多独有的特征，例如成员之间的关系、对家庭的看法、休闲时间和信仰，以及他们的娱乐形式、语言使用和习俗等。

家庭生活教育指导师需要发现家庭优势，同时注意家庭成员参与学习的障碍，包括时间、儿童保育、交通和天气。指导师与学员间建立起信任至关重要。学习模式包括讲故事、分享经验、观察、参与、讨论等。为了更好地理解跨文化意识，请参见方框中的活动。BARNGA是一款模拟游戏，描述了一个文化群体如何难以融入其他群体，尤其是当他们的沟通有语言障碍时，这一游戏在美国的家庭教育指导中被经常使用。

BARNGA 游戏

BARNGA是一款关于跨文化意识的模拟游戏，可用于促进人们认识到不同文化对事物的感知不同，并遵循不同的规则，要求家庭生活教育指导师理解并调和这些差异，以便在跨文化群体中有效发挥作用。

BARNGA涉及一项小组任务，即玩纸牌游戏。在各组了解游戏规则（每个组的规则各不相同）并参加过几轮游戏了解了如何玩游戏后，游戏规则说明将被删除。在这之后，唯一能说出的单词是“BARNGA”，允许他们在没有文字的情况下做手势或画画。每轮比赛结束后，每组的胜者和失败者都会转移到另一组，比赛重新开始(此时游戏规则已经发生改变)。

成功关键在于游戏结束后的讨论，在讨论中可以提出各种问题。例如，询问他们在玩游戏时的反应，以及规则更改前后的反应；当他们意识到事情不同时，他们是如何处理的；以及不能说话对他们的感觉有何影响，他们对与行为不同的其他群体的人一起工作有什么想法，为什么跨文化交流和理解很重要。

3. 家庭结构

在美国的文化中，有许多种家庭结构，包括未婚父母家庭、收养子女（包括跨种族或跨文化收养）家庭、跨国家庭、寄养家庭、隔代抚养家庭以及混合种族家庭等，每种家庭结构有着不同的需求。家庭结构的变化与贫困的变化密切相关[①]。这里我们简要介绍单亲家庭和继子女家庭，这些家庭一般都涉及经济问题。

（1）单亲家庭

单亲家庭约占有子女家庭的三分之一。84% 的单亲家庭由母亲作为抚养者，16% 的家庭由父亲作为抚养者。根据美国人口普查局 2012 年的调查数据显示：2000—2010 年，单亲母亲家庭增加了 11%，而单亲父亲家庭增加了 27%。2005—2011 年，单亲家庭的儿童比例从 32% 增加到 35%，增加了 300 万名儿童。单亲家庭可能由于多种原因造成，例如分居、虐待或忽视儿童、收养、伴侣死亡或未婚父母造成的。但大多数单亲家庭是因为离婚导致的。与结婚时相比，离婚时双方会暴露出许多的负面生活事件、更多的日常纠纷、更大的社会孤立、养育子女的困难以及更低的心理健康水平[②]。

离婚通常会给孩子的行为、心理和学业带来一定的影响。影响孩子发展的不仅仅是婚姻解体本身，还有过渡的次数（例如多次离婚、搬迁、父母同居和再婚）。如果监护方和非监护方父母可以在离婚后积极参与孩子的生活和教育，那么离婚导致的负面影响会得到一定的缓解。尤其是父母双方应该积极参与到孩子的关键性发展问题中来，例如，与孩子谈论他们的成长问题，提供情感支持，协助家庭作业，制定规则和监控行为[③]。共同养育子女对于离婚家庭是有挑战的，因为离婚后的父母可能生活在不同的家庭，这就要求父母有多种手段来共享信息。对处于和谐的共同抚养关系中的离婚父母来说，可以通过沟通来制订计划和做出关于孩子的共同

---

① CancianM, Reed D. Family structure, childbearing, and parental employment: Implications for the level and trend in poverty [J]. *Focus*, 2009(2):26.

② Amato P R. The Consequences of Divorce for Adults and Children [J]. *Journal of Marriage & Family*, 2010, 62(4):1269-1287.

③ Amato, P., Kane, J., & James, S. Reconsidering the “good divorce. ” [J]. *Family Relations*, 2011, 60, 511-524.

决定；但对有矛盾的离婚父母来说，则会找借口来减少与对方的沟通和冲突，或限制对方对子女抚养决策的参与。这些行为都会影响共同抚养效果，对儿童成长造成不利影响[①]。

虽然离婚夫妻已经协商过各自工作、照顾子女和处理家务的责任，但单亲父母还需要应对离婚所导致的工作和家庭的冲突情况。单身母亲要努力成为好母亲和好员工，但可能由于受教育程度低、工作经验有限，导致生活中产生许多意料之外的工作日程安排。许多单身母亲没有必要的专业资格来控制她们所能找到的工作类型和工作时间；没有可靠的交通方式和足够的儿童保育时间，她们也很难维持稳定的就业。而且，在研究单亲家庭中的亲子关系时，发现母亲和儿童经常将其关系描述为高度紧张、排他性和相互依存的状态。当然，此研究也提醒研究者应该给予单亲父子关系足够的关注，因为单亲父亲的比例正在持续上升。

虽然单亲家庭整体上往往处于不利地位，但单亲家庭存在不同的类型。例如，一些家庭中，夫妻双方是主动选择成为单亲家庭的；而另一些家庭可能是由于意外丧偶导致其成为单亲家庭。二者对于儿童的影响会存在巨大的差异。所以，仅使用家庭结构来定义单亲家庭的生活质量是不准确的。

虽然单亲父母很难抽出时间参加家庭生活或家长教育课程，但他们可以通过儿科医生或家庭医生的指导来获得信息，还可以通过父母、朋友和亲戚以及大众媒体（如电视、书籍、杂志和小册子）来获取信息。一项研究显示，单亲父母的前三大信息来源是书籍（94%）、互联网（84%）和家庭（81%）[②]。单亲父母通常更年轻、更擅长数字技术，他们比已婚夫妇更善于利用互联网为子女提供支持和信息，而已婚夫妇可能多会求助于配偶。因此，单亲父母需要不同的信息来源，并从网站和网络研讨会中受益。

（2）继子女家庭

由于在《灰姑娘》《白雪公主》等童话故事以及莎士比亚戏剧中，对

---

① Ganong, L., Coleman, M., Feistman, R., Jamison, J., & Markham, M. Communicationtechnology and post divorce coparenting [J]. *Family Relations*, 2012, 61, 397-409.

② M Radey, KA Randolph. Parenting Sources: How Do Parents Differ in Their Efforts to Learn About Parenting? [J]. *Family Relations*, 2009, 58, 536-548.

“邪恶的继母”的刻板印象，使得“继母”一词对一些人来说是个贬义词，所以有些人更喜欢“混合家庭”这个术语，但这种叫法营造了一个不切实际的期望，即新家庭将迅速“混合”并融合在一起，形成一个和谐的家庭群体。因此，这样的称呼可能会使家庭生活中某些方面的调整更加困难。另一种叫法是“重组家庭”。

继子女家庭中的孩子有多种复杂的分类：例如兄弟姐妹（生物学上相关的）、继兄弟姐妹（通过父母的婚姻关系）、同父异母兄弟姐妹（共享一个亲生父亲）、同母异父兄弟姐妹（共享一个亲生母亲）、共同子女（再婚夫妇所生子女）、寄宿继子女（有一半以上的时间与再婚夫妇住在一起）和非居民继子女（与再婚夫妇同住的时间不到一半）。

由于美国人口普查局停止提供婚姻、离婚和再婚的估计数，因此很难估计继子女家庭的数量。然而，根据《2009 年当前人口研究报告》中的信息估计，居住在双亲家庭的 18 岁以下美国儿童中，有 12.3% 是继子女，42% 的成年人至少有一个同父异母的兄弟姐妹，30% 的人表示他们有同母异父的兄弟姐妹；当对 30 岁以下的人群进行调查时，52% 的人报告有继亲属，44% 的人表示有继兄弟姐妹或同父异母兄弟姐妹。大多数有继亲属的成年人对其生物学家庭成员的责任感比对继亲属的责任感更强。

对于成年人来说，重新组建家庭是令人开心的，但如果有以前婚姻关系中的孩子存在，那么调整关系的难度就大幅度增加。继父母最大的一个挑战是处理与继子女之间的关系，这些孩子原来生活中有亲生父母，又经历了家庭生活的重大转变，往往对新的家庭生活存在适应问题。

继父母面临的挑战还包括父母教养、纪律和生活方式的差异，这个调整过程可能会让孩子们感到沮丧。继父母的共同差异包括：(1) 子女的年龄差异，其中继兄弟姐妹的年龄可能相近，导致家庭角色、责任和排行顺序的变化；(2) 如果继父 / 继母从未为人父母，则缺乏经验；(3) 家庭关系的变化，特别是父母双方分别与现有家庭再婚，使子女在每个家庭中扮演着不同的角色；(4) 难以接受新的父母，特别是如果再婚前，孩子在单亲家庭生活了很长时间；(5) 处理他人的要求，特别是在家庭重大事件、度假、聚会或旅行的监护考虑和安排时；(6) 家庭传统的变化，因为大多数家庭对如何庆祝节日和特殊活动有不同的想法；(7) 继父母自身的不安全感，他们可能担心自己被与亲生父母进行比较。重组家庭的成员之间需要明确和安全的界限。在亲生父母和继父母之间，让所有父母都参与进来，进行开放和频繁的沟通也是非常重要的。创造新的家庭惯例和仪式有助于团结家庭成员。

虽然关注继子女的需求很重要，但建立牢固的婚姻纽带也很重要。如果孩子们看到爱、尊重和开放的交流环境，他们会感到安全。

随着再婚家庭的日益增多，重组家庭的功能成为家庭生活教育研讨会的一个重要主题，这类研讨会面向处理家庭问题的专业人士（例如教师、学校和家庭服务人员、顾问、心理学家和律师）。研讨会计划的主题包括：同理心，再婚家庭的复杂性，再婚家庭与“第一家庭”运作方式的差异，适应不同的家庭历史，个体角色和规则的调整，儿童在引发或加剧家庭冲突方面的作用，引导婚姻伴侣和育儿转变等。在一项针对重组家庭的项目研究中，关键的话题包括了解重组家庭的独有特征、建立有效的继父母—继子女关系、维持共同养育关系以及夫妻关系的技巧。

二、吸引受众

（一）教学艺术

一名合格的家庭教育指导师一定是富有教学艺术的老师，可以真切地感知学员的需求，在教学中采用合理的组织形式，让教学变得充满趣味。

1. 吸引受众的公式

如果要提供一个有效教学的简单公式，它将包括三个要素：相关性、尊重和参与。家庭生活教育的课程设计同样可以从相关性、尊重性和参与性三个维度考虑。

家庭生活教育在相关性方面具有先天优势，因为每个人都与自己的家庭息息相关。尊重也是一个至关重要的因素。家庭生活教育与生活密切相关，家庭教育指导师的榜样作用比语言更有力量，只有指导师对学员表达充分的尊重，学员才会学会尊重。参与是家庭生活教育的基础。家庭生活不仅仅是书本知识的学习，最好的学习方式就是亲身的参与。

2. 鼓励成年学员参与家庭生活教育

家庭生活教育可以发生在各种各样的环境中，比如学校、教会、社区中的育儿班或监狱的育儿班等。传统上参加家庭生活教育的人通常是成年人，因此了解成年学员的独特考虑很重要。

诺尔斯（Knowles）总结了一些关于成年学员的经典观察结果[①]，"在传统教育中，学员需要调整自己以适应既定的课程；在成人教育中，课程是围绕学员的需求和兴趣而制定的。成人教育中最有价值的资源是学习者的经验。经验是成人学习者的活教材"。诺尔斯还观察到"成年人非常需要自我指导"。

学员的积极参与并不排斥主导者的存在，虽然小组组长或指导师可能比任何一个班级成员都更了解项目或课程，但参与者"作为一个群体，可能比指导师有更多的问题解决方案"。理想的学习环境是将指导师的知识和辅导技能以及学员的经验和问题解决的能力结合起来。

（二）基于人格理论的思考

什么改变了人们？这个问题没法简单地回答。不同的心理学流派会根据他们对人性和动机的假设，对改变人类行为的原因提出截然不同的建议。家庭生活教育的重要目标就是改变人们对于家庭和关系的态度与认知，因此作为家庭教育指导师有必要了解人格相关的理论。

1. 人格理论的分类

（1）冲突模型

麦迪（Maddi）的研究结果对于这一问题的理解很有帮助[②]。他把许多人格理论分为三大类。第一组理论称为冲突理论。弗洛伊德（Freud）是最著名的冲突理论家之一，对他来说，人类的核心倾向是"最大化本能满足，同时最小化惩罚和内疚"。这使人类与社会发生冲突，如果要维护共同利益，社会必须管理个人的动机。

除了弗洛伊德的冲突理论外，还有许多其他版本的冲突理论。赞同人

---

① Knowles, M. S. *The adult learner (5th ed.)* [M]. Houston, TX: Gulf Publishing Co, 1998.

② Maddi S R. *Personality theories: A comparative analysis* [M]. Chicago: Dorsey, 1989.

类行为冲突模型的指导师会根据家庭成员之间的利益冲突或家庭成员个人与整个家庭之间的固有冲突来制订任务。许多冲突理论家认为，心理防御会使学员和家庭成员无法了解他们的真实感受和动机，这可能成为家庭教育指导最大的障碍。

赞成人类行为冲突模型的指导师的任务是教育家庭成员满足自己的需要，同时尊重他人的需要。“家庭所能做的最好的事情是以合作和秩序为目标，以便最大程度地满足所有人。”让学员参与课堂的方法是提供减少紧张情绪的措施，同时尽量减少他们的内疚感和惩罚。

（2）一致性模型

与冲突模型相反，一致性模型假设所有人都希望减少期望和现实之间的差异。最著名的一致性模型可能是认知失调模型，它认为人类希望最小化期望和现存事物之间的巨大差异，同时最大化它们之间的微小差异。换言之，人们喜欢小惊喜，但不喜欢震惊。一致性理论认为，人类试图保持他们习惯的激活水平。当人们缺乏活力时，他们会寻求更多的刺激；当人们过度激活时，又会寻求减少刺激。

一致性模型可以通过几种方式应用于家庭生活教育。一致性模型提示可以通过挑战学员传统思维方式的情境来激发他们的兴趣。例如，在育儿班上，家长们可能会收到一些信息，这些信息会挑战他们熟悉的思维：“如果孩子们通常做的事情对他们来说是正确的，那么我们如何解释孩子们有时伤害兄弟姐妹的行为？”通过提出两个相互矛盾的“命题”，我们通常可以激励学员以更复合的方式思考。

一致性模型还可以考虑课堂上每个学习者的最佳激活水平。虽然最佳水平因人而异，但在课程过程中，可以进行各种活动来观察学习者的激活水平。学员是刺激不足还是刺激过度？一致性模型使我们意识到这样一个事实：当学员既不感到无聊，也不过度刺激时，他们的学习效果最佳。

（3）实现模型（Fulfillment models）

理解人类行为的第三种方式是实现模型。相比于将世界视为两股相互冲突的强大力量，实现模型更关注于一股强大的力量，实现一个人的能力，或努力实现一个理想。罗杰斯和亚伯拉罕·马斯洛（Abraham Maslow）是这一观点的代表人物。

实现模型对指导家庭生活教育具有重要意义。马斯洛建议，当较低的需求尚未满足时，我们不要转向更高的需求水平。在确保班级成员的安全、归属感和我们对他们的尊重的基础上，才会让他们更容易参与到课堂活动中来。如果学员把负担和忧虑从家里带到课堂中来，那么此时帮助他们处理这些问题才是最有用的。

实现模型在吸引观众方面的另一个实际应用是为参与者描绘个人可能性的画面。在家庭生活教育中，无论对于学员还是指导师，如果相信每个人都可以实现自我的价值，那么教育项目成功开展的概率将会大大提升。如果正在与一个气馁的学员打交道，并且他已经失去了成为“有价值的人”的信念，在这种情况下，指导师有必要坚持一种极端的人生观，这种人生观与学员的观点完全相反，从而能够作为一种纠正措施。

2. 人格理论的对比

实际上，每一种观点都有可供参考的价值。例如，冲突模型提醒我们，家庭内部和班级内部经常存在冲突，我们可以帮助学员满足他们的需求，同时尊重团队的需求；一致性模型鼓励我们注意不同学员的激活水平；实现模式为个人发展提供了乐观的愿景，可以给指导师和学员带来新的希望。

所有家庭生活教育者都将形成独特的个人哲学。许多家庭生活教育者赞同实现模式，因为它对人类具有内在的优势和无限的成长潜力进行了正面描述，这些教育工作者可能会将自己视为合作者或促进者。同样，家庭教育指导中的参与者也可能会对这一理念产生共鸣，认为它自身有很多优点。

（三）关系是有效教育的基础

1. 良好的关系比技术更重要

在家庭生活教育中通常只关注内容而忽略了过程。指导师和学员之间的关系可能比课程内容更重要。正如德波（DeBord）等人所观察到的那样，“如果指导师与参与者建立了联系，能够确定自己的优势和挑战，并且能够修改课程以适应受众的特定需求，那么他们将可以提供适当的内容和学习体验”[①]。

在家庭中，没有什么比关系的质量更重要。正如史密斯、佩鲁（Perou）和莱斯内（Lesesne）对亲子关系的观察，“孩子幸福的关键是与父母建立稳定的、充满爱的关系”[②]。家庭教育与家庭治疗明显不同，但借鉴了一些治疗中成功的方法。米勒、邓肯和哈勃（Hubble）在一项针对解决方案的治疗研究中发现，关系比技术更重要[③]：虽然家庭治疗师倾向于将家庭治疗的成功归因于使用以解决方案为中心的技术（例如专业的访谈技术），但客户始终报告说，强大的治疗关系是家庭治疗结果的关键因素（例如治疗师接受、非占有性温暖、积极关注、认可和自我表露）。

布拉默（Brammer）和麦克唐纳（MacDonald）报告说，“所有参与帮助过程的当事人都同意，关系的质量对有效帮助至关重要”[④]。在缺乏积极、稳定的关系的情况下，出现积极效果的可能性较小。在治疗中，这种关系是通过参与过程建立起来的。参与家庭生活更多的是一种态度，而不是一种技巧，它是所有治疗得以发挥作用的保护伞。参与是让家庭成员知道治疗师理解他们，并与他们一起工作。只有在这种保护下，家庭才能有安全感去探索可能的替代方案，尝试新的事物并做出改变。

汉纳（Hanna）和布朗（Brown）认为，“治疗师与他们试图帮助的人建立的个人关系或同理心是决定家庭治疗有效性的一个最关键的变量”[⑤]。

以下是汉纳和布朗提出的六个有利于建立关系的表述：

(1)“强调家庭成员报告的积极言论。”

当人们注意到并欣赏我们和我们家庭的美好时，我们都受到鼓舞：“我对你的韧性印象深刻。”

---

① DeBord K, Bower D, Goddard H W, et al. National extension parenting educators' framework[J]. *Accessed January*, 2002, 1-38.

② Smith, C., Perou, R., & Lesesne, C. *Parent education* [M]. Mahwah, NJ: Lawrence Erlbaum, 2002.

③ Miller S D, Duncan B L, Hubble M A. Escape from Babel: Toward a unifying language for psychotherapy practice[J]. *Adolescence*, 1997, 32 (125): 247.

④ Brammer, L. M., &MacDonald, G. *The helping relationship: process and skills* [M]. Boston: Allyn & Bacon, 1999.

⑤ Hanna S M. *The practice of family therapy* [M]. Belmont, CA: Brooks/Cole Thomson Learning., 2004.

（2）“鼓励家庭成员分享他们关于自己的故事。”

注意家庭适应或处理问题的方式可能特别有用。

举例：当困难出现时，你的家庭有很大的决心战胜它。

（3）“注意反映实力和能力的家庭互动。”

每个故事都讲述了家庭面临的困难，也讲述了他们用来应对困难的资源。

举例：我喜欢你让家人参与解决问题的方式。

（4）“强调家人在一起的时光。”

探索家庭成员描述的积极体验，帮助他们树立一个关于家庭生活中最美好事物的框架。

举例：听起来好像你的家人在一起欢笑。

（5）“以更积极的方式重新表述问题或负面陈述。”

帮助家人为他们的经历找到一个积极的解释。

举例：你的担心表明你真的关心你的孩子。

（6）“强调家庭做得好的方面。”

邀请他们谈谈他们的成功经验。

举例：请告诉我们更多关于你是如何克服挑战的。

2. 家庭治疗与家庭生活教育的界限

虽然家庭生活教育可能会借鉴一些家庭治疗技术和研究成果，但它与家庭治疗不同。事实上，教育伦理问题要求指导师必须明确教育方法和治疗方法之间的界限。多尔蒂（Doherty）这样描述这个困境①：

为了达到家庭教育的目的，家庭教育必须比其他形式的教育更具个人深度，但过大的强度可能会伤害学员，甚至吓跑他们。所以，在家庭教育课堂上要允许学员讲述自己的故事，表达自己的感受和价值观，并鼓励他们去尝试新的行为。但是，如果他们详细讲述他们最痛苦的记忆，宣泄他们最痛苦和未解决的感受，或者出现过激行为，那么这种情境是有危险的，需要及时制止。

---

① Doherty, W. J. Boundaries between parent and family education and familytherapy: The levels of family involvement model [J]. *Family Relations*, 1995, 44, 353-358.

多尔蒂描述了家庭生活教育参与模式的五个层次，参与程度由浅到深：

第一级：召开家长会，学校在家长会上传达政策或信息。

第二级：家庭教育指导师通过培训向学员传递信息和建议。

第三级：在第二级信息的基础上增加情感和支持，即情感的处理。这是许多家庭生活教育发挥作用的级别。

第四级：简短、有重点的干预"代表了少数专业人员在家庭教育方面的上限，他们选择与特殊人群的父母一起努力，开展基本家庭干预方面的特殊培训"。

第五级：家庭治疗超出了家庭教育的范围。

多尔蒂提醒家庭生活教育工作者不要进入第五级干预，并指出，"一个严格以内容为导向的培训计划（针对家庭教育指导师）并不能使家庭教育指导师为家庭情感工作做好充分准备"。

3. 家庭生活教育中情感资本化的具体方法

吉诺特（Ginott）以其经典著作《孩子，把你的手给我》（*Between Parent and Child*）而闻名[①]，他花了数年时间与儿童一起进行游戏治疗，并与他们的父母一起进行治疗。多年来，他得出结论，大多数父母需要教育而不是治疗；他们大多没有心理疾病，而是缺乏有用的信息。吉诺特在纽约市开展了多年的育儿小组活动，并制定了一个与父母合作的流程，将建立信任的原则与情感教育相结合。虽然吉诺特的工作重点是育儿教育，但这个原则也适用于夫妻教育或其他类型的家庭生活教育。吉诺特鼓励父母的过程有四个步骤。

（1）陈述是家庭生活教育的第一阶段

在这一阶段，鼓励家长陈述他们在家庭中的富有挑战性的经历，这可以让父母发现所有父母都有问题。家庭教育指导师这时要做好注意、理解和接受的榜样，许多父母以前从未有人细心倾听过他们，让父母们感受到被倾听和理解十分重要。

对于家庭教育指导师来说，这样敏感的倾听可能并不容易。指导师必

① Ginott, H. G. *Between parent and child* [M]. New York: Macmillan, 1965.

须仔细倾听，抑制住纠正或说教的冲动，并善于保持支持和鼓励的态度。这一阶段的目的不是向家长传授新知识和新技能，而是让他们在感到被理解、被接受和被重视的同时谈论自己遇到的挑战。当父母面临许多挑战或被要求参加育儿教育计划时，这项技能尤其重要。当一位家庭教育指导师给予家长支持和鼓励时，这些家长才有机会发现自己的独特优势，并感到足够安全。

有时，学员对自己的育儿技能缺乏信心，担心自己会犯很多错误。即使在他们的技能还有待提高的情况下，优秀的家庭教育指导师也会承认、重视并鼓励父母，去帮助他们发现他们的长处并在此基础上成长起来。心理学家塞利格曼（Seligman）认为，我们的成长可能更多地依赖于有效利用我们的优势，而不是弥补我们的劣势[①]。家庭生活教育第一步的中心任务是让学员体验到做真实的自己，并且可以受到重视。这是学习更好的育儿方式和建立更好的伙伴关系的基础。

（2）敏感化（Sensitization）是第二阶段

第二阶段的家长教育可以在学员感到被接受、被重视和安全之后开始，这个过程的时长不定，可能需要 30 分钟、一堂课甚至数周或数月。在第二阶段，指导师将学员的注意力转向了解孩子的感受。“你认为你的女儿在那种情况下感觉如何？”“为什么这对你儿子来说特别困难？”

指导师可以通过询问孩子在类似情况下的感受来帮助家长了解孩子的感受。让父母回想一个感到自己处在被理解的环境中的经历，将其与自己孩子的经历联系起来，这时他们可能会更好地理解孩子当时的感受。

每个人都有挣扎和失望的时候，养育子女的挑战之一就是运用我们自己的经验来努力理解我们的孩子和伴侣的感受。当家庭成员只是对彼此的行为做出反应而没有花时间去深入理解时，家庭生活往往变得更加困难。在这种情况下，当事人可能会变得愤怒和抵触。相反，当当事人感到被理解时，家庭成员间就可以更有效地合作了。

---

① Seligman M E P. *Authentic happiness: Using the new positive psychology to realize your potential for lasting fulfillment* [M]. Simon and Schuster, 2002.

(3) 概念学习是第三阶段

在第一阶段，让学员感到被理解和重视。在第二阶段，学员学习理解和重视家庭中的其他成员。在第三阶段，父母可以学习一些基本原则，这些原则将帮助他们的家庭教育变得更加有效。指导师可能会传授一系列的原则建议，可以要求学员将这些原则应用于自己家中的情况。指导师甚至可以让学员制定原则，并将其应用于家庭现实情况。

(4) 指导和实践技能

这是吉诺特方法的最后阶段。学员学习如何使用他们的新技能，并练习应用这些原则。他们可以通过回应指导师和其他家长提出的问题来进行练习，还可以基于自己孩子的现实问题开发新的方法来进行实践。

一个明智的指导师不会去回答所有问题，而是询问参与者的想法。由于对每种家庭情况都有多种应对方式，所以对于班级成员来说，听到处理某个问题的多种想法是非常有益的。如果说处理家庭情况的技能是工具箱中的工具，那么学员必须拥有许多不同的工具并知道如何很好地使用它们。我们每个人都有不同的工具和使用它们的技能，可以互相学习。此外，学员学习如何评估他们的各种技能也很重要，此时可以让学员考虑两个关键问题："这对我和我的家人有用吗？这是否能体现对我们所有人的尊重？"

吉诺特育儿教育的四步过程的主要目标是为父母提供一个温暖、关爱的环境，让他们能够学习有效、有尊严地处理家庭情况的策略。然后，他们回到家里，去创造一个温暖、有爱心的环境，让他们的孩子能够学习更强大、更人性化的行为方式。在某种程度上，指导师是父母的父母。在这个角色中，指导师可以成为好父母的榜样。

有时，参加家庭教育指导项目的家长非常愤怒或充满敌意（就像家里的孩子有时非常生气或怀有敌意一样）。愤怒的父母为指导师提供了一个很好的示范机会。有些极端情况下，家长感到愤怒或压力过大，无法有效地参与课堂活动，那么这些学员可能更适合个体治疗。在这种情况下，通常会建议指导师将案例转诊到训练有素的心理或家庭治疗师那里。

（四）实际应用

家庭教育目标是促进学员的成长和学习。变革性学习理论（Transformative learning theory）表明，在满足以下三个条件时，学习最有可能发生："(1) 有同情心、关心他人、真实、真诚并且表现出高度诚信的教师；(2) 促进安全感、开放性和信任感的学习环境；(3) 支持以学习者为中心，促进学生自主、参与、反思和协作的教学方法。"①

在家庭教育指导领域存在一种误区，认为指导师是解决问题的源泉，学员是问题的根源。在这种观点下，学员将他们的问题带给指导师，指导师将他们的知识、答案和建议带给学员。这种观念和方法存在如下问题：

- 指导师虽然具有专业知识，但是学员比指导师更了解自己的生活、挑战和资源。
- 如果学员没有解决问题的信念和动力，指导师强加的任何解决方案都不会有效。

有时，学员不愿意回答问题，因为他们不确定指导师将如何对待他们。指导师会让他们难堪吗？他们会被纠正或谴责吗？如果他们不能清楚地表达自己，他们会被指导师羞辱吗？学员会观察指导师对待每个学员的方式，在确定与指导师相处是安全的之前，学员不愿意发表评论。有经验的指导师将通过提问的方式让学员获得许多不同的答案，来帮助学员成功解决问题。比如：

- "你认为什么方法会奏效？"
- "你见过人们在这种情况下做什么？"
- "你知道如何应用这一原则吗？"

在问了一个问题后，指导师需要观察学员的反应，有时一些学员虽然有想法，却不愿意表达出来，这时指导师的鼓励尤其重要。

在第一次沉默中，如果指导师插手抢先回答，学员就会觉得指导师其实并不想听到他们的回答，这样他们在后续的课堂上也不太可能积极回答问题。如果指导师真心欢迎学员回答问题，他们很快就会积极起来，当学

---

① Christopher S, Dunnagan T, Paul D L. Education for Self-Support: Evaluating Outcomes Using Transformative Learning Theory [J]. *Family Relations*, 2010, 50(2):134-142.

员发表意见时，指导师需要通过尊重每个回答来鼓励学员继续努力。

教育工作者的一个职责是传递知识。但是，同样重要的是，指导师应该具备从参与者身上汲取最佳答案的能力和激发他们成长热情的能力。当以这种方式理解教学时，教育者应该做以下几件事，以激发出参与者最好的一面[①]：

（1）教育工作者应该对学员的努力、技能、经验和挑战都表示尊重，这一尊重可以通过认真而谦逊地倾听学员的意见来体现，也可以用如下的回应来体现：

- “你面临很多困难！”
- “我钦佩你继续努力的勇气。”
- “你已经尝试了很多事情来改善你的生活。”
- “我不知道我是否能承受你所面临的一切。”
- “你有很多好主意。”

（2）教育工作者应鼓励参与者用创造性的方式解决实际问题。当指导师教授重要的原则时，他们需要邀请学员找到将这些原则应用到他们生活中的好方法：

- “你认为什么对你的家人有用？”
- “你会如何运用这一原则来改善你的家庭氛围？”
- “你从自己的经历中学到了什么？”
- “你能想出其他你想尝试的事情吗？”

最佳的状态是指导师帮助学员找到自己的想法。

（3）有时学员会发表与指导师不一致的言论，这也是所有教育工作者都可能遇到的情况。一个优秀的指导师会尊重陈述中真实的部分，或者在让学员尝试其他可能性的同时尊重学员已经做出的努力。例如，如果班上的家长的建议是“现在的孩子需要好好教训！”，一位教育大师可能会分几个层次来回应：

- “我同意孩子们需要知道规则，那么你认为让孩子们尊重这些规则

---

① Duncan S F, Goddard H W. *Family life education: Principles and practices for effective outreach* [M]. Sage Publications, 2016.

的最佳方式是什么呢？”

- “让孩子们知道你对规则是认真的，这一点很重要。根据我的经验，当孩子们理解并相信规则很重要时，他们更有可能遵守规则。我们如何帮助孩子们做到这一点呢？”
- “尊重规则很重要。你能想到你曾有过哪些经验帮助你遵守规则吗？”
- “如果你真的希望你的孩子遵守规则，那你做什么会最有效？”

第三节　接纳多元的能力

多样性是人类社会的一个重要组成部分。当谈到多样性时，我们常常想到种族多样性。明德尔（Mindel）、哈本斯坦（Habenstein）和赖特（Wright）将种族群体定义为“那些拥有独特的社会和文化遗产的人，这种文化遗产往往是代代相传的，在美国，种族认同的核心类别是种族、宗教、民族血统，或这些类别的某种组合”[①]。

然而，种族多样性并不是家庭生活教育中唯一的多样性，也不是最重要的一种多样性。对一个人的家庭经历产生重大影响的因素可以包括虐待经历、家庭流动性、父母冲突、贫困、压力、家庭规模、社会支持、信仰体系——多样性的可能是无数的。

家庭生活教育中，除了考虑种族多样性和家庭经验外，西尔韦（Silver）、斯特朗（Strong）和佩里尼（Perini）还建议教育者考虑多元智能和不同的学习方式[②]。如果将应对多样性的过程视为以某种方式适应如此多的差异，那么应对多样性的挑战是非常巨大的。根本没有哪个公式可以处理无数的因素，然后给出教育建议，这也是我们必须让学习者为他们的学习承担首要责任的原因之一。

---

① Mindel, C. H., Habenstein, R. W., & Wright, R., Jr. *Ethnic families in America: Patterns and variations* [M]. Upper Saddle River, NJ: Prentice Hall, 1998.

② Silver H F, Strong R W, Perini M J. So each may learn: integrating learning styles and multiple intelligences [J]. *case studies,* 2000:134.

一、多样性的来源

（一）民族特征

家庭生活教育者需要了解学习者的文化倾向。与许多美国家庭相比，美国原住民家庭（尤其是传统家庭）更有可能是一个大家庭，家庭成员受教育程度偏低，并且家庭成员间有强烈的相互依赖性和忠诚度。非洲裔美国家庭更有可能以没有婚姻登记的状态存在，女性是家庭的户主，家庭成员以血缘关系为基础，通常经济条件比较贫困，受教育程度有限，就业率和薪水比较低。拉丁裔美国家庭有更强烈的宗教信仰，他们重视合作、相互依存、对家庭忠诚，并拥有强大的大家庭关系。然而，以上的概括具有很大的局限性，即使对于同一种族的家庭也可能存在着巨大差异。

（二）学习风格

为了帮助家庭生活教育指导师更有效地与不同种族群体合作，需要尽可能详细地描述不同种族的学习风格①。例如，非裔美国人往往更喜欢通过动作、幽默、情感、意象等方法来学习。相比之下，亚裔美国人的学习风格中成就动机更高，他们使用直觉来学习，学习状态自律而专注，会尊重或遵从规则，问题解决能力强。拉丁裔学习者的偏好包括合作学习、相互依存，重视情感，相信直觉和基于传统文化。美国原住民的学习偏好包括合作、整体导向、寻求和谐、形象化和象征以及讲故事。

以上对于不同种族学习风格的描述实际上都是一种一般化（generalizations），而这种一般化的描述可能掩盖了群体内巨大的个体差异，社会科学家喜欢观察群体内的差异超过群体间的差异。例如，虽然男性和女性在空间能力方面可能存在一些差异，但是即使在同性别内的差异也是非常巨大的。

人类往往是天真的心理学家，利用自己有限的经验推断出一般规律。虽然人类历史中充斥着我们思想的糟粕，但是在观察经验中学习还是有必

① Guion L, Chattaraj S, Lytle S S. Strengthening Programs to Reach Diverse Audiences: A Curriculum to Planning and Implementing Extension Programs for Ethnically Diverse Audiences [J]. *Journal of extension*, 2004(1).

要的。任何试图用几个形容词来描述一群人的尝试都肯定会让我们对这个群体内丰富的多样性缺少了解。当我们以带有偏见的态度描述一群人时，我们的描述往往会不准确。

（三）价值观

麦克德莫特（McDermott）描述了与家庭生活教育相关的几个价值观，这些价值观之间有很大的差异[①]。

1. 个体

在美国，占主导地位的北美文化高度重视个体作为社会的基本单位；而许多其他文化更多以社会为中心，将夫妻、家庭或社区视为社会的基本单位。

另一个相关的价值观是竞争。虽然许多美国文化都重视获胜，但从进化的角度看，合作仍然是人类社会的主旋律。经验丰富的指导师会发现，在教育项目中的一些参与者不仅不想看到别人受到羞辱，而且可能不想相互竞争。美国常见的强调竞争的教学技巧，如知识竞赛，可能会增加学员的焦虑和不适。

2. 交流标准（Communication Standards）

因为英语水平有限，一些学员可能不愿意交流；有些人可能对自我表露感到不舒服；有些人可能会认为直接的陈述和提问太强势了。敏锐的指导师将仔细观察学员常使用的交流模式，并努力以尊重学员偏好的方式进行沟通。

3. 时间导向（Time Orientation ）

时间导向也是一个重要的价值观。有些文化非常注重纪念过去，历史和祖先受到高度尊重。美国精神更倾向于展望未来。在一个群体中可能包含了所有这些观点，因此指导师可以通过选择故事和例子来说明每一种观点的优点和价值，从而尊重每个人。

4. 职业道德

美国主流文化具有强烈的职业道德感，努力工作的人就会受到尊重，

---

① McDermott, D. *Parenting and ethnicity* [M]. San Diego: Academic Press, 2001.

这其中最大的误区是认为只要努力工作就会取得成功。有许多人努力工作，但处境仍然非常不利。贫穷并不是懒惰的必然标志，成功也不是勤奋的确凿证据。

5. 家庭结构

家庭结构是另一个可能导致误解的价值观。美国人倾向于重视家庭的自主性，而其他许多文化更重视大家庭的相互依存关系。因此，家庭教育指导师应该抵制将自己的价值观强加给别人的冲动。

对不同价值观的认识可以使家庭教育指导师对所服务的人的偏好和价值观保持敏感，但是没有任何一种纸笔评估可以让我们对这些价值观进行归类。考虑到在一个看似同质的群体中可能存在的多样性，没有一种方法可以放之四海而皆准。

二、接纳多元的实践

（一）熟练的对话（Skilled Dialogue）

巴雷拉（Barrera）和科尔索（Corso）开发了一个他们称为熟练对话的程序[①]。虽然这是为幼儿教育和特殊教育而开发的，但这些原则也适用于家庭生活教育。

有时，我们的专业知识对我们理解对方的文化是不利的。在我们还没有完全理解我们所服务的人之前，我们对学术思维的社会化程度越高，我们就越愿意给出解决方案。我们可能会过早地将问题分类。

巴雷拉和科尔索给出了一个与指导师相关的案例[②]。贝琪（Betsy）是一位家庭生活教育指导师，她每周都会去拜访一位单身母亲凯伦（Karen）。贝琪抱怨道："当我让她告诉我她想为她的孩子玛雅（Maya）做什么，或者请她和玛雅一起活动时，她就说我是专家，我应该告诉她需要做什么。有时她甚至会把我单独留在玛雅身边。我知道凯伦很关心玛雅，对我也

① Barrera, I., Corso, R. M. *Skilled dialogue: Strategies for responding to cultural diversity in early childhood.* [M]. Baltimore: Brookes, 2003.

② 同①。

很尊重，但我如何才能让凯伦在我访问期间更多地参与到与玛雅的互动中呢？”

作为指导师，对凯伦的本能反应可能是向她解释参与的重要性，并要求她参与到与玛雅的互动中。由于贝琪来访的目的不仅是直接帮助玛雅，还包括培训凯伦更有效地与她合作。这个要求是完全合理的，也是一个进行熟练对话的绝佳机会。

熟练对话的首要品质是尊重。尊重意味着相信人们所做的事情都是有他自己的考虑的。我们可能还不了解凯伦与指导师保持距离的原因，但如果我们尊重凯伦，就要相信她不愿参与玛雅的教育活动并不是冷漠的表现。凯伦不愿参与互动，可能是因为她觉得在专家面前表现很不合适，或者她想利用贝琪来访的时间休息一下。

互惠是熟练对话的第二种品质，它承认每个人都有自己的经验和价值观。我们不需要证明谁是对的，谁是错的。如果我们善于倾听和理解，我们可以从凯伦身上学到很多。我们可以观察她与玛雅有效互动的模式，我们可以通过提问的方式来帮助我们理解。“当我和玛雅一起活动时，你会怎么想？你认为我正在做的哪些内容可能对她有帮助？”这样的请求表明我们承认凯伦比我们更了解玛雅。这可以增加凯伦的自信以及参与的积极性，从而促使她成为指导师的一个伙伴。

巴雷拉和科尔索提出了“第三空间”的概念。我们不是把父母拖到我们的视野中，也不是放弃父母的视野，而是寻找一个融合了我们双方共同经历的空间。第三空间让我们“从二元论、排他性的现实观念中进行根本性转变，将不同价值观、行为和信念的互补方面整合成一个新的整体”。

（二）多样性设计

除了以上讨论过的原则和策略外，下面是家庭生活教育多样性设计的几个具体指南[①]。

---

① Myers-Walls, J. A. M. *Family diversity and family life education* [M]. New York: Oxford University Press, 2000.

1. 了解受众

家庭生活教育的受众可能在几十个维度上都有所不同，一些典型的维度包括年龄、收入、婚姻或父母状况。有效的家庭生教育活动需要在受众身处的环境中理解受众。

根据受众的性别、种族、宗教信仰、收入和教育水平，受众分属于不同的群体。除了群体差异之外，个体间还有其他差异，如学习风格和沟通标准等。还可以根据文化背景划分群体，包括人口环境背景（社区环境如何？），对儿童的看法（儿童更多地被视为一种祝福还是一种负担？）和人际关系（谁的需求占主导地位？儿童、成人，还是整个家庭？）。

开始了解受众多样性的最佳时机是在需求评估过程中，在那里可以探索受众的态度、价值观和期望。需求评估期间收集的数据可以反映项目设计对象的多样性，有经验的指导师还将把目标受众的成员纳入评估团队，以确保对特定小组成员提出的问题的敏感性。然而，仅仅依靠需求评估不足以满足多样性需求。为了课堂教学的效果，指导师必须在教学情境中保持灵活性，并不断评估他们与学员的生活经验共享的可行性。

2. 了解自己

作为一名合格的家庭教育指导师，除了要了解受众特征，还需要了解自己。

迈尔斯 - 沃尔斯（Myers-Walls）建议了解我们是谁，我们知道什么，以及我们对多样性的感受①。了解我们是谁涉及识别我们的个人特征和我们所属的各种社会文化群体特性，这可以确定我们与受众的交集和差异。当自我评估显示指导师目前针对目标受众的知识储备不足时，那么就需要通过阅读相关研究来缩小知识差距。通过学习不同的文化观点，这种知识差距可能会缩小。

3. 探索你的极限

指导师可能接受某种程度的多样性，但当多样性超出某些个人、道德和经验的界限时，就会感到不舒服。作为指导师，了解我们是谁涉及了解

① Myers-Walls, J. A. M. *Family diversity and family life education* [M]. New York: Oxford University Press, 2000.

这些具体的界限在哪里。例如，家庭教育指导师可能永远不会建议父母以任何理由打孩子。尽管一些经验数据表明，对某一年龄段的儿童来说，打屁股可能是一种有用的行为控制策略，但是从专业角度来说，我们会认为推荐一种可能有害的策略是不道德的。作为指导师，专业的训练会告诉我们一些家庭中的某些价值观、态度和行为比其他家庭的更好、更健康，所以指导师往往不愿意推荐效果较差的策略。出于这个原因，指导师可能会告诉学员："打屁股可能永远不是最好的解决办法。"直接反对一个团体的文化价值观可能会引发团体的抵触情绪，相反，让团体成员考虑更好的、更符合其团体和个人价值观的技术可能会更加有效。

4. 评估项目材料的多样性

项目的目标是否适合受众中的个人和团体？指导师需要评估分享的材料是会平等地惠及所有群体，还是会倾向于惠及特定群体。项目内容和信息来源是否适用于受众？它对异质群体的包容性和适用性如何？如何适应不同目标受众的需求？家庭生活教育课程所基于的理念与其学术基础一样重要。许多在家庭科学中被普遍视为真理的观点大多基于白人中产阶级的研究，指导师应检查原始材料的广度和包容性（例如，育儿理念的研究总结是否包括来自不同受访者的数据）。对于目标受众，指导师应检查基础材料是否适用于目标人群。

教学方法和风格是否尊重受众并行之有效？如果受众的教育背景有限，我们可能会选择互动性较强的活动进行教学，不需过多依赖书面材料。例如，有经验的指导师可能会使用各种媒介来进行教学，包括录像和电影剪辑等视觉媒体，讲述与学员体验相关的故事、动手活动、小组活动、小组游戏以及角色扮演等。由于学员受教育程度的巨大差异，指导师将尽量使用简单但必要的材料。书面材料应针对较低的阅读水平编写，或足够简单，便于改编和解读。

5. 保持灵活性

有效的指导师需要灵活应对各种教育需求，避免"一刀切"的教学设计。尤其是在面对资源有限的家庭时应使用基于家庭需求的个性化方法，有些教学方法可能在工作小组中不方便使用，但又对满足学员的个性化需要很有效，这时可以根据需要设置一对一的课程，以便更个性化地关注学员，并使材料更有效地适应学员的个人需求。

（三）小组学习的案例

邓肯和戈达德（Goddard）在其著作中给出了一个他们自己的真实案例[①]：戈达德应邀为一群少年犯的家长讲授一系列育儿课程。但是家长们并不愿意来上课，他们对自己的孩子和要求他们参加培训的法官都感到愤怒。

关于多样性问题，课程组织者对一位拥有幸福家庭的大学教授能从愤怒的父母的角度来讲课持怀疑态度。因为这些家长在家里正经受着煎熬，所以他的担心不无道理。

戈达德用一个问题导入第一节课："养育孩子难还是容易？"。这个问题激发了家长的兴致，所有人都认为养育子女是一项艰巨的任务，一些人开始自愿讲述自己的故事。其中一位父亲是一个强硬、暴躁、直言不讳的男子，他说，每天晚上他都会把一把椅子靠在卧室门上，并在枕头下放一把武器，因为他担心女儿会在晚上闯进他的房间刺伤他。

对于这种说法可以有多种回应方式，其中一个自然的回应可能是："如果你不是一个如此粗野的人，你就不用担心现在的状况了！"虽然在某种程度上，这种说法可能是正确的，但是对于和学员建立良好关系并无益处。如果我们将巴雷拉和科尔索的尊重原则与吉诺特的敏感化过程结合起来，我们的回应会非常不同。戈达德试着想象那个人的感受，基于同理心，他发自内心地回答："哎哟！当你非常想成为一个好爸爸的时候，和你的女儿有如此糟糕的关系一定是非常痛苦的。"

事实上，这位父亲的表述中没有任何内容表达了他想成为好爸爸的愿望。但根据推测，他讲这个故事的原因以及让他如此痛苦的原因是，他想和女儿建立一种关爱的关系。通过一系列的课程学习，这位父亲最后从怨恨走向了希望。

另一名作者邓肯也给出了自己的一个案例：邓肯应邀前往蒙大拿州的

---

① Duncan S F, Goddard H W. *Family life education: Principles and practices for effective outreach* [M]. Sage Publications, 2016.

一个印第安人保留地，教授一个关于个人发展的半天讲习班。在课程中，他用苹果做比喻来引导学员进行一个练习，希望通过这个练习帮助学员识别自己真实或“核心”的特征。邓肯说：“我就像一个苹果，在我的核心你会发现……”然后他让学员通过列出他们的核心特征将这句话补充完整。有几个人一直没有开始写，只是尴尬地笑了笑；有些人甚至轻声笑了笑。邓肯便问他们在笑什么。学员回答道：“苹果外面是红色的，里面是白色的。所以，让他们想象自己是一个苹果，就像让他们假装自己只是外表上的美国印第安人，实际上内心是白人一样。”接下来，课堂上就什么样的自我隐喻展开了讨论，最终的课程效果自然是极佳的。

以上两个案例都提示指导师在进行家庭教育指导的过程中往往要应对各种突发的情境，在尊重的前提下，接纳不同个体的多元价值观是家庭教育项目取得成功的必要条件。

第四节 联结社群的能力

随着社会的变迁，当今的家庭面临的挑战越发复杂，有远见的家庭生活教育者会意识到，他们无法单独解决这些问题，需要多方的帮助。简而言之，社区组织、家庭生活教育者、有共同目标的其他机构可以通过合作、伙伴关系和网络扩大其影响力和效力。家庭的教育需求是相互关联且复杂的，由于没有任何一个系统能够单独有效地解决家庭的多种需求和问题，因此合作是一种公认的切实可行的方法。在这个过程中，新的联盟、伙伴关系和网络不断发展，并最终造福于广大家庭。

一、定义合作过程

如今，家庭面临的问题很少能用简单的方案来解决，没有一个团体或学科能够成功地解决家庭的多重需求和问题。当前的家庭问题有多种成因，其中的风险因素和保护因素都发生在社会生态的不同层面。由于家庭问题在范围上是多层次和多学科的，解决这些问题的最佳办法就是整合多方的资源，组成合作联盟。例如，一个以帮助父母平衡工作和家庭为目标的家庭服务组织，如果仅仅通过广播电台向父母提供相关指导建议，这种家庭服务将会收效甚微。因此，美国的家庭教育指导非常注重多部门的合作，形成强有力的解决问题的关系网，以提高儿童、青年、家庭和社区的利益[①]。

合作通常被定义为“一个过程，通过这个过程，有着不同视角的各方

---

① Borden L M, Perkins D F. Assessing Your Collaboration: A Self Evaluation Tool [J]. *Journal of Extension*, 1999, 37(2).

可以建设性地探索他们的差异，并寻求超越任何单方视野的解决方案”[①]。合作是一个过程，各方有着自己独特的知识、理解和经验，在这个过程中，这些优势与其他人融合在一起。有效的合作是全面的伙伴关系，各方都抛开体制和机构制度的障碍以及个人议程，以制定共同的愿景、目标和战略计划。如果家庭生活教育的最终目标是为家庭提供全面、综合的服务，那么充分合作就是最理想的情况。

二、合作的优势

当家庭生活教育者与志同道合的其他人合作解决家庭问题时，会产生许多好处。

（一）汇集多方的知识与经验

家庭问题是复杂的，参与合作的所有成员，凭借其独特的知识和经验，将对问题和解决方案产生不同的看法。多元的视角将团队从狭隘单一的视角中解放出来。理想状态下，合作还应该包括项目的受众，他们带来了自己的经验和专业知识，并且目标受众对自己家庭面临的问题最为了解，因此将受众的观点融入专业人士的观点中非常有必要。

（二）项目设计更全面

在课程设计的每一个层面上，都要对教学内容、教学过程等做出决定。多方合作可以让问题或关注点都能得到充分理解，不会遗漏细节，所以会获得更好的解决方案。

（三）利用并整合财务和人力资源

当以向家庭提供综合家庭生活教育服务为目标时，合作允许各机构分配一部分资金和一部分员工来共同解决问题。

---

① Gray, B. *Collaborating* [M]. San Francisco: Jossey-Bass, 1989.

（四）提高社区购买的可能性

美国的家庭教育指导项目很大一部分是市场化的，需要社会进行购买。当许多部门协同合作时，社区看到的是超越了一个人或一个团队的工作成果。随着越来越多社区部门的出现和参与，项目的公信力越来越大，社区的参与程度就提高了。

（五）增加项目传播的可能性

合作的成员带来了他们各自的客户群体，他们成为合作的即时客户。因此，成员的参与程度随着合作的增加而成倍增长。

（六）提高课程质量

风险儿童、青年和家庭评估合作组织（Children，Youth，and Families at Risk，CYFAR）于 1997 年年末和 1998 年年初对美国 45 个州和地区的推广服务专业人员进行了调查。调查对象被问及合作是否比单独工作更能提高工作效率，以及这种努力是否值得时，78% 的受访者表示同意或强烈同意；当被问及与其他社区、县、州和联邦组织的合作是否值得时，82% 的人同意或强烈同意这一点。

三、合作面临的挑战

合作也面临着许多挑战。如果希望合作伙伴关系可以发挥效力并随着时间推移而持续下去，就必须认识到并解决这些挑战。以下是需要注意的几个挑战[①]。

（一）利益分配问题

此处所指利益既包括经济上的利益，也包括一些组织的信誉和荣誉。正如美国流行的一句谚语所说：“当没有人在乎谁获得赞誉时，才能取得

---

① Meek, J. *How to build coalitions: Collaboration* [M]. Ames: Iowa State ExtensionService, 1992.

最大的成功。”为了取得最大成就，必须克服合作伙伴间的利益冲突。如果合作伙伴彼此不信任，他们将不愿意分享资源或接受彼此的想法，合作的大部分优势都会丧失，还可能产生负面影响。

有一个旨在帮助家庭从公共援助过渡到自给自足的成功项目，因之前的一个合作小组决定与合作机构竞争补助金，导致合作无法扩大和继续，这就是一个负面影响。结果是该地区成功的项目被关闭，随后该项目向贫困家庭提供的服务也受到限制。

当个人和团体加入合作时，他们通常在一开始会致力于一些道德规范，如和谐合作，共享权力、项目所有权和其他资源等。然而，当涉及合作中的实质性问题，例如目标、资源或方法时，分歧和冲突就有可能产生。一般来说，可以通过普通的问题解决策略处理这些分歧（例如，识别和澄清问题，提出解决方案，选择合作伙伴认为可行的方案，执行解决方案）[①]。充分合作需要所有合作组织的信任与配合，如果一个组织拒绝合作，就不能强迫。

（二）达成共识

合作伙伴间需要时间就路线和方向达成一致，然后是具体目标、目的、角色和其他相关决策。建立共识的关键是战略规划过程，该过程首先要创建一个真正融合各方观点的共同愿景。共同愿景为合作奠定了坚实的基础，一旦达成愿景共识，就可以推动责任和目标达成共识。

卡勒（Callor）等人给出了一个成功的案例：为了促进当地拉丁裔健康婚姻倡议，项目合作的倡导者首先定义了愿景，并给出示例。之后，请参与合作的成员回答四个问题，以探究他们的观点[②]：

愿景声明：一份书面声明，描述社区在未来某个时刻的可能状态。

示例：

致力于家庭至上的社区。

---

① Meek, J. *How to build coalitions: Turf issues* [M]. Ames: Iowa State ExtensionService, 1992.

② Callor, S., Betts, S. C., Carter, R., Marczak, M. S., Peterson, D. J., & Richmond, L. S. *Community-based project evaluation guide* [M]. Tucson: University of Arizona Extension Service, 2000.

已婚夫妇彼此相爱、支持和尊重。

所有儿童和青年都生活在促进他们积极发展的家庭中。

回答以下问题：

你希望五年后健康婚姻倡议会在哪里进行？

倡议的目的是什么？它解决了什么问题？

你希望该新方案能提供哪些超越其他项目所提供的？

写下你的愿景。

由此产生愿景宣言如下：夫妻生活在一起，彼此相爱，相互尊重，相互支持，并抚养子女；为夫妇提供成功婚姻所需的知识、态度、技能和资源的社区。

（三）有限的资源

很多情况下，合作伙伴都会因为缺乏资金而决定不再合作。这些潜在的合作伙伴都可能面临着是将资源用于合作，还是将资源保留在自己的组织内以执行自己项目的决定。如果合作是通过外部基金资助的，一定程度上可以避免上述问题。

否则，建议在合作伙伴之间建立一个更松散的联系，不涉及财政资源的共享。

（四）分歧的观点

即使合作双方已经在大方向上达成共识，但是在具体的环节仍然可能出现不一致的观点或立场，这可能导致合作伙伴的不配合甚至直接退出合作。为了预防这一点，可以在愿景制定过程中确立合作的核心价值观：“我们尊重并重视每个个人、团队和组织为合作带来的独特天赋、才能和视角。”以商讨的态度对待分歧。

（五）合作机构的组织变更

参与合作的组织在合作的过程中有可能发生人员组织的变更，例如，负责合作接洽的工作人员的岗位被取消。随着组织管理层的变化，参与组织对合作的态度也会发生变化，如果新的管理者不喜欢或不了解合作的性质，会给合作带来巨大压力。

合作要取得成功，就必须拥有持续、稳定的成员。有必要从个人、团体和组织中取得书面承诺，表明他们在合作过程中的稳定性。此外，合作伙伴可以制定成员准则，以管理成员的任期和更换①。

四、社区联系框架

虽然全面合作伙伴关系可以解决很多家庭中的问题，但如果认为每个项目都需要进行全面合作，则是不准确的。社区中的家庭有多种合作方式，一些问题可能会从更有限的伙伴关系中受益。合作的关系水平主要取决于项目的目的②。家庭生活教育者应该首先明确，项目成功需要什么程度的合作？

美国国家合作网络（National Network for Collaboration）开发的社区联系水平模型可以清晰地描述不同的合作水平，它显示了项目中可能的伙伴关系水平的连续性，以及这种联系的目的、结构和过程③。

（一）网络（Networking）

在伙伴关系的网络层面上，这种关系的目的是沟通，以实现相互理解，传递有助于彼此工作的信息。如果只想让一个合作方知道另一个合作方在做什么，那么这种级别的合作是完全合适的。例如，一个社区为拉丁裔家庭组织了一个服务网络，每周举行例会，网络中各组织向彼此提供各自提供的服务信息，安排即将举行的活动，并讨论需求。家庭生活教育者可能只需要建立网络，此时他们所要做的就是在网络会议期间向他人通报他们提供的服务并分享想法。

---

① Bergstrom, A., Clark, R., Hogue, T., Perkins, D., Slinski, M., Iyechad, T., et al. *Collaboration framework: Addressing community capacity* [M]. Washington, DC:National Network for Collaboration, Cooperative State Research, Education, and Extension Service, U. S. Department of Agriculture. 1995.

② Betts, S. C., Marczak, M. S., Marek, L. I., Peterson, D. J., Hoffman, K., & Mancini, J. A. *Collaboration and evaluation: Application of researchand evaluation for community-based programs* [M]. Tucson: University of ArizonaExtension Service, 1999.

③ 同①。

（二）协助（Cooperation）

当组织开始匹配需求并努力避免工作内容的重叠时，伙伴关系就从网络转变为协助。各方的联系进一步强化，帮助彼此实现目标，但不改变他们提供的基本服务或自身的组织规则。例如，虽然在网络层面中的两位家庭生活教育者都非常有能力提供育儿教育，但协助水平的家庭生活教育工作者可能会决定，一位应该专门为 0—6 岁学前儿童的父母制订计划，而另一位则可能侧重于服务青少年的父母。

（三）协调（Coordination）

从协助到协调，需要进一步增加伙伴之间相互依存的深度。除了做协助者所做的事情外，各方还需要分享资源（人力和财力），以解决共同关心的问题。通常，这些关联是临时的和有时间限制的。因此，如果家庭生活教育者的参与是短期的，那么协调可能是适当的伙伴关系。例如，一些原本处于网络水平的家庭教育指导师经过讨论，表示对某一地区的高风险青少年表示担忧，因此希望寻求家庭以及人类发展推广专家的帮助，对与这些高风险青少年的态度和行为进行调查。专家们根据调查结果出具报告，根据调查的结果，制定相应的家庭生活教育项目。

（四）联盟（Coalition）

联盟一般涉及长期协调。成员们在较长的时间内分享想法、领导力和资源。在上述例子中，如果这个合作机构一直保留，并在出现需求时及时提供援助，那么就可以称之为联盟。

（五）合作（Collaboration）

合作与其他层次最大的区别是集中精力共同构建一个项目，以实现共同的愿景。各方从概念化阶段、共同愿景和使命的创建、战略计划的制订，一直到项目的实施和评估，都聚集在一起。他们承认和表彰各方独特的贡献，分享成就和荣誉。当受众的需求需要全面的响应时，那么这种深度的合作就是最佳选择。例如，一个旨在防止虐待儿童的家庭教育项目，涉及育儿观念、育儿技能、营养知识、家庭资源管理等多方面的内容时，只有通过合作才能高效地收集数据、评估需求以及实施项目。

五、评估合作的有效性

有效的合作具有一般性的特征①。家庭生活教育从业人员可以采取标准化流程对合作的强度进行评估。以下 13 个因素中的每一个因素都可以用 1 到 5 的等级进行评分（1= 强烈不同意，5= 强烈同意），以评估合作的运作情况：

● 目标。合作要有明确的目标。它制定了共同的愿景和使命、战略计划和预期成果。战略计划要认真执行，并每年更新。

● 沟通。合作过程有开放和明确的沟通，各合作方之间有一个既定的沟通流程。

● 可持续性。拥有可以维持合作的机制，包括合作组织中的成员任期与人员变更。

● 研究和评估。在合作中进行了需求的评估，并且获得了确定目标所需的信息；合作过程中继续收集数据以评估目标实现的进度；合作中的各方以及利益相关者和资助机构共享这些评估数据。

● 政治氛围。决策过程的环境和氛围是积极的。

● 资源。合作可以调用所需的资源，资源是指四种类型的资本：环境资源、实物资源、金融资源和人力资源。

● 催化剂。由于存在需要解决的问题，或需要一种全面的方法，因此伙伴间开始了合作。

● 政策 / 法律 / 法规。合作已经改变了允许合作有效运行的相关政策、法律或法规。

● 历史。该社区有合作工作和解决问题的历史。

● 连接。参与合作的成员相互联系，并在各级建立了非正式和正式的通信网络。

---

① Borden L M, Perkins D F. Assessing Your Collaboration: A Self Evaluation Tool [J]. *Journal of Extension*, 1999, 37(2).

● 领导力。领导层促进和支持团队建设，并充分利用个人、团队和组织的优势。

● 社区发展。动员这个社区解决重要问题。有一个沟通系统和正式的信息渠道，允许探索问题和目标。

● 了解社区。在合作中了解社区，包括社区的人、文化、价值观和习惯。

六、建立有效合作伙伴关系的步骤

邓肯等提出了建立有效合作关系的八个关键步骤[①]。

（一）访问有共同目标和兴趣的组织

对社区中的组织进行盘点，找出那些有相似目标和兴趣的组织。安排一次机会与他们会面，讨论共同的工作。

（二）就预期结果达成一致

在与合作伙伴讨论和协调想法的过程中，就共同目标达成一致。

（三）为实现目标制定共同的愿景、使命和战略计划

达成共同愿景需要时间，这一过程关键是让所有的合作方都做出承诺。一旦实现了这一点，下一个关键步骤就是制定使命声明（定义组织是什么和做什么）和战略计划（根据项目愿景和使命，将采取哪些具体步骤来实现预期结果）。

（四）汇集资源，共同规划、实施和评估项目

参与合作的机构都投入大量的时间到合作中，在制定愿景、使命和战略计划的初步工作完成后，继续共同努力，为项目的框架增色，包括开发材料、实施和传播材料，并评估项目是否实现了预期结果。

---

① Duncan S F, Goddard H W. *Family life education: Principles and practices for effective outreach* [M]. Sage Publications, 2016.

（五）让学员参与协作

许多家庭生活教育工作的一个严重弱点是未能将目标受众纳入课程的前期开发阶段。因此，这些计划从一开始就注定要失败。除了评估学员的需求外，让他们参与合作也是至关重要的。

（六）关注学员的需求和结果

在项目预设计阶段进行的需求评估中，确定的需求成为项目关注的焦点。如果不能满足学员的需求并实现预期结果，该计划注定失败。

（七）建立各级所有权（地方、县、州等）

通过各方在愿景和战略规划阶段的充分参与，共享所有权，每个参与者都被授予对于项目成果的个人责任。

（八）承认并尊重合作成员的优势

合作的每个成员都将带来独特的优势、观点和技能，可以将其作为项目的一部分进行分享。

七、成功的家庭生活教育合作案例

成功的合作是有效、持续、社区化家庭生活教育计划的重要组成部分，需要许多社区合作伙伴参与其中。下面我们展示家庭生活教育成功合作的例子——蒙大拿州教育家庭实现独立计划（Educating Families to Achieve Independence in Montana，EDUFAIM）①，它使用了上面概述的许多原则和步骤。

EDUFAIM 旨在帮助家庭从公共援助过渡到能够自力更生的状态，帮助资源有限的家庭获得有效的家庭资源管理和迈向自给自足生活状态所需的知识、态度和技能。

---

① Duncan S F, Dunnagan T, Christopher S, et al. Helping families toward the goal of self-support: Montana's EDUFAIM program [J]. *Families in society*, 2003, 84(2):213-222.

这一合作首先在有兴趣改善蒙大拿州资源有限家庭困境的各方之间进行了简单讨论。1995 年年初，蒙大拿州立大学推广服务会议（Montana State University Extension Service met，MSUES）的专家会见了公共卫生和人类服务部（Department of Public Health and Human Services，DPHHS）的公共援助主任，讨论共同为资源有限家庭提供帮助。最初的会议侧重于营养教育和粮食资源管理，因为当时用于资源有限家庭教育的大部分国家资金都专门用于营养教育。然而，很明显，蒙大拿州摆脱公共援助的家庭需要的不仅仅是营养教育，还要成功地向自给自足过渡。MSUES 和 DPHHS 都得出结论，公共援助家庭从依赖福利过渡到自给自足，在许多领域需要教育援助。他们决定寻求拨款资助蒙大拿州的这一过渡计划。他们成功地从国家合作研究、教育和推广服务机构（CSREES）获得了国家拨款，建立了州级合作伙伴关系。

虽然州一级的伙伴关系很重要，但如果没有地方的合作和支持，项目就会步履维艰。下一步是选择当地社区网络。州合作伙伴联系了县推广机构及其县域福利机构，以评估其对 EDUFAIM 的兴趣和社区支持程度。被选中的地点必须表现出合作意愿，并且社区需要有支持多个机构合作开展工作的基础设施。此外，为了到达该州资源最贫乏的地区，在选定地点中生活贫困的儿童的百分比需要达到或超过 20%。最初选择了两个地点，服务于蒙大拿州的五个农村县。

EDUFAIM 的具体教育计划内容由家庭和社区共同决定。项目领域可能包括但不限于营养和健康（例如预防性健康教育、母婴营养、食品准备、健康和低成本食品购物和食品安全）、个人和家庭发展（例如家长教育、建立家庭优势、平衡工作和家庭、建立自我效能和积极期望、管理压力），资源管理（例如时间管理、资金管理、消费者技能）、社区发展（例如小企业发展）和住房（例如住房负担能力和可用性、住房投资保护、家庭内与健康相关的环境问题）。

在确定了课程内容后，根据需要，在小团体或一对一的环境中，由当地 EDUFAIM 项目组员工授课。家庭教育指导师和项目助理与当地社区咨询委员会进行合作，共同实施项目。国家层面的 EDUFAIM 团队为当地员工提供教材、培训、评估和计算机技术支持。该团队由常驻教师和推广教师组成，涵盖了10个学科：家庭科学、营养、成人发展、成人教育、儿童发展、家庭经济、社区发展、住房、青年发展和计算机技术。每个站点有两台计算机，一台用于办公，另一台公共使用。这些计算机提供互联网连接，允许客户访问许多基于网络的资源，并能够与当地和全国其他专业人员保持联系。专家通过向社区EDUFAIM工作人员提供资源来援助建立网点，帮助他们在资源有限的情况下开展工作。

EDUFAIM项目的愿景是“支持蒙大拿社区，使家庭能够获得管理家庭资源和实现自给自足生活方式所需的技能、知识和能力”。关于这一愿景，EDUFAIM使命声明如下：“EDUFAIM是蒙大拿州立大学推广服务部、公共卫生与公共服务部和社区咨询委员会的合作项目，提供教育项目，使FAIM家庭（Families to Achieve Independence in Montana）和其他有风险的家庭能够获得管理家庭资源和走向自给自足生活方式所需的知识和技能。”这一愿景和使命声明构成了实现这一目标的全面战略计划的基础。愿景、使命和战略计划每年都会进行审查和更新，并在需要时进行路线修正。

同时，当地EDUFAIM工作人员和社区咨询委员会也在总体方针指导下制定了自己的愿景、使命和战略计划。他们还定期举行会议，审查和更新计划。

EDUFAIM的成功得益于使用了集中特定的合作策略。

1. 共同愿景

从一开始，在参与社区中，EDUFAIM就被视为协调各种必要项目的催化剂，以帮助消除就业障碍，家庭自立。参与合作的各方都认为这一合作将产生更好的结果。

2. 关注学员的需求

合作之所以有效，部分原因是每个人都牢记合作的存在是为了以最有效的方式满足学员的需求。在EDUFAIM的设计阶段，目标受众接受了访谈，以了解他们需要什么才能自力更生。EDUFAIM的整个结构、提供服务方式和计划是根据学员的回应以及社区咨询委员会代表的建议共同形成的。

3. 使用每个合作方的最佳资源

地方一级的每个参与组织和机构都委派了其团队中的一名顶级成员，

以确保合作的平等性。由于这种平等安排，项目中的各个合作方可以充分尊重其他合作者的核心能力。

4. 事先讨论的薪酬安排

公开讨论所有权问题也是该项目成功的关键。在一个项目中，福利的分配会成为人们关注的焦点，在这个过程中可能存在机构间的竞争。然而，由于共同的愿景，社区机构得以共同商定补助金，所有补偿安排都得到了圆满解决。

5. 对客户的响应

项目负责人在整个项目开展过程中发现，快速回应客户的需求，并尽可能灵活地提供服务对于项目的成功至关重要。

第六章

不同类型的家庭教育指导：美国的多样化家庭

家庭教育指导的一个难点就在于家庭类型的多样化，不同类型的家庭往往拥有不同的优势，也面对着不同的问题。家庭教育指导师的一个重要素养就是应对多样性的能力，这不仅要求其具备与不同群体建立关系的能力，也要求其具有文化的包容性与接纳性。美国是一个多元文化与多种族的国家，在长期的家庭教育指导过程中，美国的各级机构与家庭教育指导师团体在应对不同类型家庭时积累了大量的经验，本章我们仅针对一些重要的家庭类型进行介绍。

第一节　农村家庭教育指导

想要了解什么是农村家庭，我们需要先了解什么是农村。一般可以从三个方面区别农村和城市，分别是行政区域、土地利用方式以及经济情况[①]。不同的划分方式各有侧重，但人口密度是较为通用的指标。所谓的美国农村指非城市地区，即人口低于2.5万人的地区[②]。根据美国农业部的官方网站显示，有近6000万美国人生活在农村地区[③]。

一、农村家庭的特征

（一）特殊性

农村家庭在发展中面临着许多独特的挑战，需要没有农村生活经历的家庭教育指导师及研究者格外关注。随着年轻人口离开农村地区，农村社区多由农业和非农业家庭组成，而且老龄化程度越来越高。有研究认为，农村地区的特征主要有：人口密度低、经济基础有限、文化多样性、贫困程度高、进入城市的机会少，以及精神和行为问题，如抑郁症、自杀、酗酒和滥用药物等情况的发生率也高于城市[④]。其中文化多样性体现在农村地区分布着不同的种族，他们有着不同的文化观念，这些现状充分体现了农

① Cromartie J, Bucholtz S. *Defining the "rural" in rural America* [R]. 2008.

② U. S. DEPARTMENT OF AGRICULTURE. REPORT ON THE DEFINITION OF "RURAL" [EB/OL]. [2022-10-5]. https://www. rd. usda. gov/files/RDRuralDefinitionReportFeb2013.pdf

③ U. S. DEPARTMENT OF AGRICULTURE [EB/OL]. [2022-10-5]. https://www. usda. gov/topics/rural.

④ Sawyer, D., Gale, J., Lambert, D. Rural and Frontier mental and behavioral health care: Barriers, effective policy strategies, best practices. National Association for Rural Mental Health (NARMH). [EB /OL].Retrieved online May 19, 2008

村地区家庭教育的复杂性。

（二）优势

尽管农村家庭面临着上述挑战，但挑战的另一个侧面就是机遇。事实上也有一些研究关注到了农村家庭的优势。如一项关于心理学博士对待农村工作的态度研究中发现，这些没有农村学习、成长经历的博士竟然认为在农村生活很安全并且压力较小①。正如有研究指出的那样，农村地区的人们过着真实的生活，身心能够得到放松②。也有研究表明，农村高中生毕业率高于城市③，这可能是因为美国农村的教师多、学生少，有更多一对一教育与引导的机会，但随着出生率降低，农村学校也面临着撤并的风险。

二、农村家庭生活教育实践

（一）农村家庭生活教育现状

家庭生活教育是指在体力、智力、情感、经济、身心诸方面促进家庭发展和福祉的教育，是社区社会文化和生活教育的一部分。内容包括识字、计划生育、防止性病和婚外孕、妇女作用和就业、卫生保健、农业发展、营养、住房和家庭人际关系等。例如，生活主题计划是让人们懂得生活的严肃性，认识作为家长、丈夫和妻子的责任和作用；生活转变计划是帮助人们度过结婚、做父母、离婚、再婚、做继父母、退休等生活转变的重要关头。家庭生活教育通过青年组织、妇女组织、教会、家庭教育中心以及广播、电视、报纸等宣传媒介实施。

---

① Jameson J P, Blank M B, Chambless D L. If we build it, they might come: An empirical investigation of supply and demand in the recruitment of rural psychologists [J]. *Journal of Clinical Psychology*, 2009, 65(7): 723-735.

② Danbom D B. Why Americans value rural life [J]. *Rural America/Rural Development Perspectives,* 1996, 12: 15-18.

③ Townsend W. Recovery services in rural settings: Strengths and challenges influencing behavioral healthcare service delivery [J]. *Journal of Rural Mental Health*, 2010, 34(1): 23.

在美国，家庭生活教育是一种专业实践，旨在通过教育、预防等方法，帮助家庭成员发展知识和技能，提高幸福感，加强人际关系。家庭生活教育指导师可以通过全国家庭关系委员会（NCFR）获得认证的家庭生活指导师（CFLE）证书。美国合作推广服务处（Coorperative Extension Service）是美国政府支持的全国性成人教育组织，根据1914年《史密斯－利佛法案》（Smith-Lever Act）由农业部与州赠地大学联合主办。赠地大学负责教学业务，当地政府、农民组织和当地选民共同制订计划，农业部对各州计划提供指导并监督执行。主要项目有：（1）农业和自然资源，着重农作物和牲畜生产、商业管理和市场经营、瘟疫处理和环境改善；（2）家庭经济，着重食物营养、经济情况、生活教育、卫生和安全、纺织品和衣着；（3）青年"四H运动"（Head，Hands，Heart，Health），着重培训志愿教师；（4）社区发展，着重关注农业区和人口少于5万的城镇人员就业、住房、卫生、教育、公民权利等问题，以提高农业区生活水平。其中仅家庭经济一项就配备约4000名校外家庭经济专家，7000名咨询人员和70万名自愿帮助他人的妇女，每年影响到大约1000万个家庭。

合作推广服务项目在农村家庭生活教育指导上起到了非常重要的作用。该服务旨在向人们传播有关农业、家庭和消费科学（以前叫家政学）的实用知识。这一服务也得到了地方、州和联邦政府的财政支持。合作推广服务并不总是一成不变的，因为合作推广服务及其地方、州和联邦合作伙伴都需要适应美国每个县不断变化的经济条件和农村人口日益多样化的需求。

比如，合作推广服务的家庭生活教育指导师也会与社区人员在家庭生活教育领域进行合作，从而更有效地满足农村民众的多重需求。例如，通过合作为家庭提供支持和服务，提升父母的养育技能，共享信息和资源，鼓励支持孩子的学习等[①]。这些社会工作者并不是独立工作的，地方卫生部门、农村心理卫生中心、公私立学校系统、社区发展组织、社会服务机构、宗教组织、课后托管与儿童照顾服务机构等越来越多的组织和机构也

---

① Rodman J, Sheppard C, Black J. Family and Consumer Sciences—A Valuable Resource to Public Schools in Parent and Community Engagement [J]. *The Journal of Extension*, 2008, 46(5): 21.

会参与到社区合作之中。

农村地区的家庭生活教育项目涵盖了儿童早期和中期、青少年期以及老年期等不同阶段。这些项目也具有多样性，家庭生活教育指导师逐渐认识到应该通过专门的计划来满足不同家庭的需求①。如有专门针对低收入和未婚父母的健康婚姻计划，在该项目中，夫妻能够获得形成和保持健康婚姻所必需的知识和技能。

在美国，越来越多的农村家庭生活指导师开始接受培训，不断提高自己的专业能力，为更好地服务农村家庭而努力②。2006年由俄亥俄州大学主办的一个综合培训项目，主要为来自乡村的家庭生活教育指导师开展有关情感和婚姻内容的培训。这个项目获得了联邦政府的资助。这一活动最终演变成一场全国性的活动，并发展出一套社区项目的指南。它不仅适用于关系教育，而且适用于亲职教育以及家庭生活领域其他内容。该指南强调以下方面的重要性：

第一，全面理解项目的内容，确保家庭生活指导师在实施项目时不会对参与者造成伤害。

第二，使用非程序性研究和理论，为实际和合乎道德的项目决策提供信息，并解释项目的结果。

第三，与社区合作，充分利用现有资源，了解社区，确保充分的需求评估，并发挥项目的积极影响，提高可持续性。

第四，了解目标群体（不同的家庭结构、文化多样性以及不同的年龄段等），为了更有效地满足目标家庭的需求，了解他们的学习风格，并尊重他们的文化价值观。

第五，了解成功的社区项目经验，如通过适当的沟通交流来明确项目的目标和使命，创建一个共享可行的实施计划，以及评估和记录计划

---

① Olsen C S, Skogrand L. Cultural implications and guidelines for extension and family life programming with Latino/Hispanic audiences [C]//The Forum for Family and Consumer Issues. 2009, 14(1).

② Higginbotham B, Henderson K, Adler-Baeder F. Using research in marriage and relationship education programming [C]//The Forum for Family and Consumer Issues. 2007, 12.

的影响[①②③]。

（二）农村人口的一般需要

大约20%的美国人生活在农村地区。农村有更广阔的空间、较少的人口和优美的风景。居民通常有着共同的社区意识。但生活在农村地区也会给健康带来挑战。研究发现，美国的农村人口更有可能过早地死于心脏病、癌症、肺病和中风等疾病，他们患肥胖症和糖尿病的概率更高。他们还面临着更大的自杀和吸毒过量的风险。贫穷、失业、教育程度低和交通不便都是导致健康状况恶化的因素。许多农村社区在地理上是孤立的，地广人稀意味着有更少的企业和服务，这可能会导致农村人口更难获得维持健康的资源。例如，许多农村居民只能在便利店中购买食物，这些商店往往较少出售新鲜食品，如水果和蔬菜，而出售更多的加工包装食品。加工食品通常具有高盐、高糖和高脂肪的特点。研究表明，吃太多坚果会导致心脏病、糖尿病和肥胖等健康问题。农村居民在进行体育锻炼方面也可能面临困难。农村地区缺少人行道及公园，人们的散步等娱乐健身活动难以实现。而缺乏足够的体育锻炼也会增加患癌症、肥胖和心脏病的风险[④]。

已有研究表明，农村家庭的压力来源主要有以下9个方面[⑤]，按照压力从大到小排列依次是：（1）经济状况，（2）个人疾病，（3）社会服务机构不足（例如学校、医院和娱乐场所），（4）世代/家庭压力（例如维持家庭农场或企业的压力或接受高等教育的压力），（5）职业不可预测性（经济和自然），（6）梅贝里综合征（Mayberry Syndrome），（7）缺乏健康保险，（8）缺乏医疗/社会支持系统，（9）来自职业的危害。最近，一项对农村低收入单身母亲抑郁症状的关系研究发现了6种非常相似的压力源，包括：（1）

---

① Futris T G. Building community collaborations to support healthy and stable marriages [C]//The Forum for Family and Consumer Issues. 2007, 12(1): 1-15.

② Higginbotham B, Henderson K, Adler-Baeder F. Using research in marriage and relationship education programming [C]//The Forum for Family and Consumer Issues. 2007, 12.

③ Olsen C S, Shirer K. Offering relationship and marriage education in your community [C]//The Forum for Family and Consumer Issues, (12). 2007, 1.

④ Enespañol. Health in Rural America Connecting to Care. NIH news in health march 2022[EB/OL]. [2022-10-18]. https://newsinhealth. nih. gov/sites/nihNIH/files/2022/March/NIHNiHMar2022.pdf

⑤ Lovelace O. Stress in rural America [J]. *Journal of Agromedicine*, 1995, 2(2): 71-78.

养育困难 / 担忧；(2) 经济问题；(3) 社区资源的可获得性；(4) 健康状况；(5) 与家人、朋友和其他人的互动；(6) 就业。这一研究表明，在过去 12 年的时间里，农村家庭压力来源的类型几乎没有什么变化[①]。

一项 1990 年的研究发现，当农村家庭面临经济困难时，夫妻离婚的想法也会增加，这在很大程度上也受到了抑郁情绪的影响[②]。也就是说，当经济问题加重时，男性很可能会出现抑郁症状，并开始考虑离婚。一项 2004 年的研究报告了农村女性患有抑郁症的概率也高于一般人群。这些人通常贫困且受教育水平低。也有研究发现，低收入农村妇女认为她们就业机会较少，能够获得的关于儿童保育、交通、医疗和心理健康等资源也比较少[③]。因为缺少这些资源，也会影响妇女的就业能力。

也有研究表明，农村男性也面临许多类似的问题，如结婚、离婚或分居、家庭损失、失业、疾病和老龄化以及照护责任等[④]。之所以会面临这些问题，主要是因为他们的工作性质，如农业、捕鱼和放牧等活动很容易受到天气、经济、政治等多方面不可控的因素的影响[⑤]。

农村男性经常有吸烟、饮酒等不良行为，当身体或心理出现问题时，他们可能不会寻求帮助[⑥]。其中一个原因是他们会认为寻求他人帮助会让别人觉得自己软弱。与农村女性一样，他们也容易出现抑郁症状，且发病率较高[⑦]。多项研究表明，美国农村地区还有一个普遍问题就是药物滥用。农村地区已经面临着多年的经济衰退，这似乎导致了酒精和药物滥用率的上

---

① Waldman J B. *Stressor events, resources, and depressive symptoms in rural, low-income mothers* [M]. University of Maryland, College Park, 2008.

② Johnson D R, Booth A. Rural economic decline and marital quality: A panel study of farm marriages [J]. *Family Relations*, 1990: 159-165.

③ Bauer J, Katras M J. Rural prosperity: A longitudinal study of rural communities and rural low-income families [J]. *NRICGP final report*. Retrieved April, 2007, 18: 2008.

④ Kosberg J I, Sun F. Meeting the mental health needs of rural men [J]. *Journal of Rural Mental Health*, 2010, 34(1): 5.

⑤ Garkovich L., Bokemeier, J., & Foote, B. (1995). *Harvest of hope* [M]. Lexington: University Press of Kentucky, 1995.

⑥ Kosberg J I. Meeting the needs of older men: Challenges for those in helping professions [J]. *J. Soc. & Soc. Welfare,* 2005, 32: 9.

⑦ Courtenay W H. Rural men's health: Situating risk in the negotiation of masculinity [J]. *Country boys: Masculinity and rural life*, 2006: 139-158.

升。而且这一问题不仅表现在成人身上，在年轻人身上也存在。贫穷也是研究农村家庭的人员所关心的一个重要问题。农村工作收入低，因此也更容易导致贫穷。还有一些持续性的贫困县。

农村家庭面临的另一个问题就是同时面对养育子女和照顾老人的双重挑战。农村家庭可能感到孤立，缺乏社会支持，难以获得卫生保健等方面的资源。在照顾儿童和老人以及就业三者之间很难达到平衡。

基于以上论述，我们可以发现农村家庭确实面临着来自很多方面的压力，农村家庭生活教育指导师在开展工作时需要了解农村家庭的人口、经济等具体信息，具备关于农村社区的人力、文化和社会动态等专业知识，这样才能在养育、照料、家庭财务管理、青少年发展、家庭沟通等多方面帮助到农村家庭，真实地帮助他们解决实际问题。农村家庭生活指导师应该在农村文化背景下去理解农村家庭的需要，帮助农村家庭发挥积极因素去克服挑战（诸如贫困、药物滥用、照料、家庭人际关系紧张、性别角色冲突等）。此外，家庭生活教育指导师在建立社区合作关系方面有很好的基础，能够将不同的人聚集在一起，解决共同关切的问题。

（三）宣传和招募

跟那些与农村家庭有信任关系的社区专业人员建立联系，将有利于项目的开展[①]。对于来自不同文化背景的群体来说，与学校、宗教机构、农村企业建立良好的伙伴关系对于家庭的发展来说至关重要[②]。与多个组织建立伙伴关系，一起为农村家庭服务，这样就可以汇集多种技能以及跨学科的知识，十分有利于服务的开展。通过协作的方式开展工作，能够更好地理解农村家庭的需求，也有利于促进农村家庭参与到服务项目中[③]。这种成功的伙伴关系能够实现的关键要素就是回应每个小组的需要、高度组织化以及开展专门的会议。

---

① Bailey S, Paul L. Meeting the needs of rural caregivers: The development and evaluation of an Alzheimer's caregiving series [J]. *Journal of Extension*, 2008, 46(1).

② Viramontez R, Kawamoto W. Serving rural Asian American and Latino families and their communities: A call for a rural paradigm shift [J]. *Journal of Extension*, 2003, 41(1).

③ Jones P, Field W. Caregiving in the heartland: Outreach through adaptation and collaboration [J]. *Journal of Extension*, 2005.

有研究发现，成功的项目具有同质性，也就是说项目的实施者和目标家庭之间具有相似性。也有研究发现，为残疾农民开展家庭生活教育项目是最有挑战的，指导师需要与当地社区进行合作，与当地新闻媒体进行联系，共同为残疾农民家庭服务[①]。家庭生活教育焦点小组的参与者分享了他们较为成功的招募方式：第一种选择是口耳相传或邀请，第二种选择是通过海报、报纸、广播等媒体进行宣传。参与者还希望在他们熟悉的地方见面，比如在家里或在工作场所。此外，适当的倾听可以使专业服务提供者更充分地了解社区的背景并为农村家庭生活提供所需的服务[②]。

（四）参与者的困难和阻碍

研究表明，对于农村家庭来说，特殊的职业（农业 / 牧场 / 狩猎 / 捕鱼作业）、恶劣的天气条件、与家庭分离、个人经济状况、网络技术水平低等都可能会成为他们参与项目的阻碍[③]。相互了解的社区成员可能不愿意在彼此面前分享具体的细节和个人面临的挑战。作为家庭生活教育指导师，要注意保护参与者的隐私，增强信息的安全性。

一般来说，农村地区缺乏城际的公共交通系统。人口较少的县，在县城举行的家庭生活教育活动很可能不会吸引该县偏远地区的居民前来参加，因此交通问题可能也是一个阻碍。为资源有限的家庭提供儿童保育服务时，需要保证家长在经济上能够参加该活动。从文化角度来看，研究表明，除非全家人都能参加，否则拉丁裔家庭不太可能参加此类教育活动[④]。一些少数群体在融入主流文化时存在困难，尽管家庭生活指导师努力让他们的项目得以普及，但历史上的不信任并不容易消除。此外，原住民和同种族的新移民之间的语言障碍和文化冲突在农村社区内也造成了更多的不

---

① Jones P, Field W. Caregiving in the heartland: Outreach through adaptation and collaboration[J]. *The Journal of Extension,* 2005, 43(3): 22.

② Boleman C T, Cummings S R. Listening to the people--A strategic planning model for Cooperative Extension [J]. *Journal of Extension*, 2005, 43(3):25.

③ Archuleta, K., & Olsen, C. . *Support systems for women in agriculture* [R]. Paper presented at the meeting of the National Women in Agriculture Educators Conference, Oklahoma City ,2008.

④ Olsen C S, Skogrand L. Cultural implications and guidelines for extension and family life programming with Latino/Hispanic audiences [C]//The Forum for Family and Consumer Issues. 2009, 14(1).

信任。研究表明，在为亚裔和拉丁裔的农村家庭提供服务时，应着重关注以下方面[①]：

1. 了解农村地理区域特征及其对目标群体的历史影响。

2. 了解这些群体演变的文化资源和特征。

3. 了解他们与地方、州和联邦政府之间的关系。

4. 理解时间概念在这些农村社区的重要性。

对于传统上生活在社区中的农村家庭来说，家庭生活教育指导师采用的这些方法是非常直观且容易理解的，但在为新搬到农村地区的家庭服务时，特别是当新群体遇到歧视性的社区氛围时，家庭生活教育指导师需要付出专门的努力。

（五）其他因素

家庭生活教育指导师还需要关注到工厂倒闭等情况对农民就业的影响。基于此，家庭生活教育指导师可以从压力管理、经济管理等方面对农村家庭进行家庭生活教育指导，提升家庭的教育能力。宣传和场地也是需要提前思考的问题，比如，人们可以在城镇周报或县级报纸上阅读到项目信息，或通过地区广播 / 电视台或互联网了解家庭生活教育项目。对于活动地点可以有多种选择，但是环境能否给参与者提供一种安全感和信任感最为重要，比如，教堂就是人们信任的地方，可以考虑在那里开展相应的教育活动。

（六）学习方式

农村家庭的学习方式具有多样性。有研究者调查了农村妇女喜欢的学习形式，受访者表示，她们不仅想了解更多关于农场的话题，还想了解育儿和家庭沟通方面的知识。她们最喜欢的学习形式排序依次是：研讨会 / 讲习班（85%）、在当地农场的演示活动（80%）、在家指导（74%）、书面材料（51%）、在线课程（48%）、电子材料（47%）和定期社区会议上的

---

① Viramontez R, Kawamoto W. Serving rural Asian American and Latino families and their communities: A call for a rural paradigm shift [J]. *Journal of Extension*, 2003, 41(1).

演示（45%）[①]。也有研究者发现农村受访者想要的是一种不需要占用太多时间的学习模式，简短的阅读材料往往更受欢迎[②]。

从多个成功的案例中，可以得出如下的经验：一是一个好的项目需要一定的时间长度，例如，在蒙大拿州，阿尔茨海默病护理教育干预项目从一次性活动转向一系列研讨会，从而达到了较好的效果[③]。二是在拉丁裔人口中，个人关系在人们如何学习方面很重要，应该允许有足够的时间在小组环境中进行交谈和讨论[④]。三是家庭生活教育指导师在开展工作中应该以人的发展为导向。

（七）家庭生活教育指导师的特征

一个真正致力于推动农村社区变革的家庭生活教育指导师在服务不同文化和社会经济背景的家庭时，更应该努力了解这类家庭的背景信息。有研究表明，当家庭生活教育指导师采用下面的做法时，他们更容易取得成功。

第一，与目标家庭的需求保持一致，而不是仅仅关注雇主的需求。

第二，随着时间的推移，与目标家庭进行直接接触。

第三，提供家庭所需的项目。

第四，对家庭要有同理心。

第五，取得家庭的信任。

第六，找到与目标家庭的相似之处；如果没有，那么可以找一些专业人士建立沟通的桥梁和纽带，缩小与家庭之间的差距。

第七，与家庭所在社区内的领导进行有效的合作。

第八，让参与的家庭来评估项目的有效性[⑤]。

---

① Barbercheck M, Brasier K, Kiernan N E, et al. Meeting the extension needs of women farmers: A perspective from Pennsylvania [J]. *Journal of Extension*, 2009, 47(3): 1-11.

② Duncan S, Marotz-Baden R. Using focus groups to identify rural participant needs in balancing work and family education [J]. *Journal of Extension*, 1999, 37(1): 4-19.

③ Bailey S, Paul L. Meeting the needs of rural caregivers: The development and evaluation of an Alzheimer's caregiving series [J]. *Journal of Extension*, 2008, 46(1).

④ Townsend W. Recovery services in rural settings: Strengths and challenges influencing behavioral healthcare service delivery [J]. *Journal of Rural Mental Health*, 2010, 34(1): 23.

⑤ Rogers E M, Singhal A, Quinlan M M. Diffusion of innovations [M]//An integrated approach to communication theory and research. Routledge, 2014.

（八）专业伦理

在专业伦理方面，最需要关注的就是保护参与家庭的隐私，而这一问题又常常被忽视，因此需要家庭生活教育指导师额外关注。例如，如果一个家庭生活教育指导师不假思索地提及参与者对社区内的朋友或家庭成员的看法和评价，这个信息很快就会传播到整个社区。这也体现了保密原则的重要性。比如，社区专业人士也许能做到与家庭建立一对一的关系并且保护参与者的信息，然而，专业人士的配偶则不一定能遵守保密原则。因此，家庭生活教育指导师无论是在正式的还是非正式的场所中，都必须坚持保密原则，不向任何人透露参与者个人信息。

小规模社区的性质可能导致家庭生活教育指导师扮演多重角色，且个人和专业角色之间的相互影响也不可避免。因此，家庭生活教育指导师一定要意识到个人和专业的边界，以及两者之间的潜在影响。

三、成功案例

家庭强化项目（Strengthening Families Program）最初是为农村家庭设计的家庭技能训练课程，学习对象是 10 ～ 14 岁的青少年及其父母，该项目旨在防止青少年药物滥用和其他行为问题，增强父母的育儿技能，并形成家庭凝聚力。这一项目的有效性主要体现在以下方面：

第一，帮助青少年减少药物滥用。

第二，降低青少年的攻击性水平。

第三，增强青少年对同辈压力的应对能力。

第四，提高父母对子女需求的敏感度以及心理支持的能力。

爱荷华州立大学社会及行为研究所采取多元化的测量程序对这一项目进行了科学的评估，通过前测、后测、前后测的多次测验来搜集数据，最终该项目通过了评估。项目获得了广泛的外部资助，并因其对家庭的积极影响而得到全国的认可。从这个项目中，我们可以得出一些适用于解决农村家庭需求的教育建议和启示，主要体现在以下方面：

第一，该项目有明确的目标群体，即 10 ～ 14 岁青少年及其家庭，并且在实际执行中也确实如此。

第二，该项目基于理论研究，分析了与个人、家庭、同伴、学校和社会有关的风险性因素以及保护性因素。

第三，家庭生活教育指导师经过严格的培训，他们必须有很强的沟通技巧，以及与青少年或家庭合作的经验。他们了解项目的目标和背景，具备招募项目成员和处理困难情况的技巧。（备注：该项目需要家庭生活教育指导师通过认证，确保项目的科学性及有效性。）

第四，通过纵向研究证明，这些活动是有效的。

第五，课程具有高度互动性，使用了角色扮演、有父母和青少年真实场景的视频片段、学习游戏和讨论等多种互动形式。

第六，干预策略分 7 周进行，每周 1 次，每次 2 小时，第一小时与家长和青少年分别交流，第二小时内与家长和青少年一起交流。

第七，该项目主要在晚上、参与者熟悉的社区环境中进行。

第八，在第一次会议之前，需要与社区合作者进行至少 2 个月的项目规划。

第九，参与该项目的家庭数量约 8 ～ 13 个较为合适。

第十，尽管需要考虑参与者的种族和文化背景，但事实证明，该项目对不同种族的家庭也是有效的。

第十一，招募程序包括确定一个目标群体，如学校班级、宗教团体或接受机构服务的家庭，邀请目标群体中的 4 ～ 6 位家长参加简短的会议，播放宣传视频并进行演示活动，通过邀请 1 ～ 2 个家庭参加项目，要求家长成为“推广人”，或由家庭服务组织或机构来推荐。

第十二，通过提供晚餐、儿童看护、必要的交通工具、商店优惠券等奖励措施，增强家庭的参与度。

第十三，简单的前后测对这个项目来说是恰当的，因为它已经通过更严格的测试证明了其有效性。

四、未来方向

如前所述，从事农村家庭生活教育的指导师将因为服务不同人群而朝着多样化的方向发展。家庭护理将是一个越来越困难的问题，成年子女或孙辈可能无法生活在附近，以满足他们在农村社区的年迈亲属的日常需要。而同一社区内的老年朋友和兄弟姐妹可能不是老年人照护的最佳选择，因为这些照顾者也有他们自己的困难。家庭生活教育指导师应该了解多种护理问题，包括远程护理，这将成为农村人口老龄化社区的宝贵财富。

农村社区也有不同文化的移民。这些人口往往更脆弱，应该获得家庭生活教育机会，当他们需要与家庭有关的服务时，应该告诉他们有什么项目可供选择，以及如何获得和支付这些服务[①]。这些家庭有着不同的种族、教育水平、宗教信仰和语言等，这就要求家庭生活教育指导师具备文化理解能力，能够开展具有文化适宜性的教育服务。

只有家庭生活教育指导师了解了农村社区的无形资本，如人类的社会行为模式，他们才有能力为许多农村家庭开展多样化的服务。例如，农业转型升级是一个很困难的问题，以往一直由农业经济学家、律师、银行家和会计师来解决。家庭生活教育指导师可以帮助家庭更好地与这些专业人士进行沟通合作，应对挑战[②]。另一个例子是，学区和社区领导会选择让青少年发展教育工作者来帮助青少年远离危险行为（帮派活动、滥用药物等）。

远程技术将包括在未来的大多数服务项目中，不仅用于宣传和招募，而且用于内容交付。面对面的项目永远不会完全消失，但基于互联网家庭指导项目会越来越多地在农村地区普及。此外，家庭生活教育指导师还需要基于实证研究了解农村家庭的需求。总之，为农村家庭提供的生活教育指导并不是一成不变的。与城市环境类似，在农村社区和更大社会的背景下，个人以及家庭问题和挑战也在发生着变化，因此农村家庭生活教育指导师应该理解变化的重要性。

---

① Townsend W. Recovery services in rural settings: Strengths and challenges influencing behavioral healthcare service delivery [J]. *Journal of Rural Mental Health*, 2010, 34(1): 23.

② Olsen C S, Jones R, Jost J, et al. Integrating economics, management, and human relationship issues into training for successful farm family businesses [J]. *Journal of Extension*, 2009, 47(5).

第二节　隔代家庭教育指导

对于隔代家庭，不同领域的学者从多角度进行了不同的界定，但是已有研究对隔代家庭的理解也呈现出一些共性的特征，比如，祖辈和孙辈一起居住，祖辈作为孙辈的照顾者和监护人，最常见的是祖父母抚养孙辈。根据美国人口普查局的数据显示，约有 250 万祖父母在照顾 18 岁以下的孙辈。

在隔代教养家庭中，38. 5% 的祖父母在 5 年或更长时间一直在照顾孙辈。多项研究表明，祖父母承担教养职责一般是由于父母因为存在服刑、死亡、有精神疾病、服兵役、家庭暴力、离婚等情况，无法承担教养子女的义务。

研究表明，在隔代教养家庭中，祖父母和孙辈都面临着经济困难的风险。与普通家庭相比，他们生活在贫困线以下的可能性是前者的 2 倍，获得公共援助的可能性更高，是前者的 3 倍，而且缺乏足够的医疗卫生服务的风险也更大[①]。

根据美国人口普查局 2009 年的数据显示，孙辈跟祖母一起生活的家庭占 48%，孙辈跟祖父母一起生活的家庭占 47%，孙辈跟祖父一起生活的家庭占 5%。研究发现，许多有监护权的祖父母在没有伴侣支持的情况下抚养孙辈[②]。无论婚姻状况如何，祖母往往会为孙辈提供大部分的照顾和护理，这也增加了她们的经济负担。单身祖母的经济状况较差，因为她们的受教育程度和就业率往往较低，而且更有可能是少数族裔[③]。

虽然隔代教养家庭中存在着很多相似之处，但是也有很大的区别。研

---

① Fields, J. *Children's Living Arrangements and Characteristics: Marine* [R]. Current Population Reports, . Washington, DC: US Census Bureau, 2003.

② Dolbin-MacNab M L. Just like raising your own? Grandmothers' perceptions of parenting a second time around [J]. *Family Relations*, 2006, 55(5): 564-575.

③ Park H. Grandmothers raising grandchildren: Family well-being and economic assistance [J]. *Focus*, 2005, 24(1): 19-27.

究表明，大多数照顾孙辈的祖父母的年龄都在65岁以下[①]，从年龄分布上看，祖父母年龄在50～59岁的占35%，年龄在30～39岁的占7%，年龄在80岁以上的占1%。其中，60～69岁的祖父母照顾孙辈在5年以上，是上述年龄段中照顾孙辈时间最长的群体[②]。根据美国退休协会2007年以及美国人口普查局2000年的数据显示：从种族来看，照顾孙辈的祖父母大多数是白种人（47%）、非裔美国人（29%）或拉丁裔（17%）。不太可能养育孙辈的是亚洲人（3%）、印第安人或阿拉斯加当地人（2%），以及其他种族的人（2%）。

尽管在照顾孙辈的祖父母中白种人占比很高，但仍有一定数量的非裔美国人和拉丁裔美国人正在照顾他们的孙辈[③]。照顾孙辈在非裔美国人社区里是很常见的现象，因为40%的祖父母有两个或两个以上的孙辈。超过一半的祖父母和孙辈住在一起并且照顾孙辈的生活。在非裔的隔代教养家庭中，祖母更有可能处于独居、失业、低收入的生活状态并且经济情况在贫困线以下[④]。研究发现非裔的隔代教养家庭中的韧性、文化理想和非正式资源（如大家庭、精神和社区）有助于通过支持每个家庭成员的需求来抵消贫困的影响[⑤]。

在拉丁裔人口中，照顾孙辈的情况也很普遍[⑥]。与非裔美国人的祖父母相比，拉丁裔祖父母更有可能与成年子女一起生活，但他们在经济上仍然处于劣势[⑦]。超过50%的拉丁裔祖父母生活在贫困线的150%以下，超过

---

① Gist Y J, Hetzel L. *We the people: Aging in the United States* [M]. US Department of Commerce, Economic and Statistics Administration, US Census Bureau, 2004.

② Simmons T, Dye J L. Grandparents Living with Grandchildren:2000[R]. *Census 2000 Brief*. 2003.

③ Fuller-Thomson E, Minkler M. African American grandparents raising grandchildren: A national profile of demographic and health characteristics [J]. *Health & Social Work*, 2000, 25(2): 109-118.

④ Minkler M, Fuller-Thomson E. African American grandparents raising grandchildren: A national study using the Census 2000 American Community Survey [J]. *The Journals of Gerontology Series B: Psychological Sciences and Social Sciences*, 2005, 60(2): S82-S92.

⑤ Stevenson M L, Henderson T L, Baugh E. Vital defenses: Social support appraisals of Black grandmothers parenting grandchildren [J]. *Journal of Family Issues*, 2007, 28(2): 182-211.

⑥ Thomas J L, Sperry L, Yarbrough M S. Grandparents as parents: Research findings and policy recommendations [J]. *Child Psychiatry and Human Development*, 2000, 31(1): 3-22.

⑦ Goodman C, Silverstein M. Grandmothers raising grandchildren: Family structure and well-being in culturally diverse families [J]. *The Gerontologist*, 2002, 42(5): 676-689.

20% 的人有身体缺陷，超过 65% 的人出生在国外。文化、语言障碍和移民身份也阻碍了这一群体获得和接受服务[①]。

一、隔代家庭的特征

（一）特殊性

为孙辈承担起照顾者的责任往往会与他们在生命周期中所处的位置发生冲突，这包括照料的责任与享受退休、重建关系和自我反思相矛盾。这种向父母角色的转变对祖父母同时有着积极和消极两方面的影响。因为相互之间的陪伴，孙辈往往成为祖父母的快乐源泉，并提供了参加新活动的机会。研究表明，祖母在长时间照顾孙辈的过程中获得了知识、放松了心态，有着较为积极的养育体验[②]。祖父母重视为孩子的发展作出的贡献，维持家庭和谐稳定，这些都增强了祖父母的养育信心和满意度。在对澳大利亚的一项研究中也发现，在稳定的家庭环境中成长的孩子们更容易获得成功并有积极的行为表现[③]，这也有助于抵消祖父母照顾孙辈的诸多压力。与之相反，诸如不稳定的家庭环境、不断增加的压力以及因衰老而导致的健康问题等挑战也成为隔代家庭关注的内容，而且多项研究证实了这一点[④⑤]。

对祖父母生活的许多方面产生影响的似乎是他们对作为主要照顾者的这一角色的认识和看法。研究发现，无论是对年轻还是对年长的祖父母而言，乐观是他们健康的一个显著预测因素，因此，乐观的祖父母出现失

---

① Kropf N P, Kolomer S. Grandparents raising grandchildren: A diverse population [J]. *Journal of Human Behavior in the Social Environment*, 2004, 9(4): 65-83.

② Dolbin-MacNab M L. Just like raising your own? Grandmothers' perceptions of parenting a second time around [J]. *Family Relations*, 2006, 55(5): 564-575.

③ Dunne E G, Kettler L J. Grandparents raising grandchildren in Australia: Exploring psychological health and grandparents' experience of providing kinship care [J]. *International Journal of Social Welfare*, 2008, 17(4): 333-345.

④ 同②。

⑤ Giarrusso R, Silverstein M, Feng D. Psychological costs and benefits of raising grandchildren: Evidence from a national survey of grandparents [J]. *To grandmother's house we go and stay: Perspectives on custodial grandparents*, 2000: 71-90.

眠、高血压和抑郁的情况较少[①]。其他研究报告也表明，健康的心理状态可以缓解祖辈的压力，并促进其对养育孙辈的积极看法[②]。

隔代教养家庭中的孩子与其他家庭中的孩子相比具有独特性。他们生活在贫困中的可能性是前者的2倍，缺乏医疗保险的风险及获得公共援助的可能性更大，因为他们所能依靠的祖父母的收入往往很有限。同时，他们还面临着身体和心理健康、行为和学业以及负面情绪等问题。这类孩子往往有更大的概率体验到被遗弃感，被同龄人孤立，以及与父母的负面关系[③]。由于父母酗酒和吸毒，孙辈可能会经历残疾、行为问题、对父母的愤怒以及内疚和羞耻感[④]。

（二）优势

祖父母作为照顾者，往往把孙辈的需要作为自己的主要关注点，尽自己最大的努力为孙辈提供一个安全的环境[⑤]。祖父母在照顾孙辈的过程中也会获得自豪感和成就感[⑥]。研究表明，对于黑人祖母而言，自尊是一个优势。自尊包括三个核心概念：(1) 从照顾孙辈的满足感中获得的适应性自尊；(2) 自主或自立，以及抚养孙辈的能力；(3) 个人资源，如个人的精神、找到资源的能力等。从照顾孙辈中获得的满足感能够增强隔代教养家庭的心理弹性[⑦]。也有研究指出，黑人祖母还通过7种方法维护家庭稳

---

① Conway F, Magai C, Springer C, et al. Optimism and pessimism as predictors of physical and psychological health among grandmothers raising their grandchildren [J]. *Journal of Research in Personality*, 2008, 42(5): 1352-1357.

② Giarrusso R, Silverstein M, Feng D. Psychological costs and benefits of raising grandchildren: Evidence from a national survey of grandparents [J]. *To grandmother's house we go and stay: Perspectives on custodial grandparents*, 2000: 71-90.

③ Dolbin-MacNab M L, Keiley M K. Navigating interdependence: How adolescents raised solely by grandparents experience their family relationships [J]. *Family Relations*, 2009, 58(2): 162-175.

④ Kropf N P, Kolomer S. Grandparents raising grandchildren: A diverse population [J]. *Journal of Human Behavior in the Social Environment*, 2004, 9(4): 65-83.

⑤ Smith A B, Dannsion L L. Educating educators: Programming to support grandparent-headed families [J]. *Contemporary Education*, 2001, 72(2): 47.

⑥ Dellmann-Jenkins M, Blankemeyer M, Olesh M. Adults in expanded grandparent roles: Considerations for practice, policy, and research [J]. *Educational Gerontology*, 2002, 28(3): 219-235.

⑦ Stevenson M L, Henderson T L, Baugh E. Vital defenses: Social support appraisals of Black grandmothers parenting grandchildren [J]. *Journal of Family Issues*, 2007, 28(2): 182-211.

定[①]：(1) 有效沟通，(2) 强调教育的作用，(3) 给予社会情感支持，(4) 让孙辈参与社区生活，(5) 意识到孙辈的脆弱性，(6) 利用大家庭的力量，(7) 直面父母的缺席。

除了对家庭的奉献精神，祖父母也会使用不同的方法来应对照顾孙辈时遇到的压力和危机。良好的精神状态、对角色的认知以及社会支持的增加是减轻祖父母养育压力和提高他们整体幸福感的有效方法。此外，拥有积极的心态，实现目标，讨论感受，努力工作，关注孙辈的需求等也能够帮助祖辈缓解照顾孙辈的压力。

祖父母承担主要照顾者的角色，有利于整个社会的发展。祖父母不仅让孩子免于流浪街头，还降低了儿童福利援助的成本，为纳税人节省了数十亿美元[②]。作为主要照顾者的祖父母往往并不脆弱，反而非常坚韧，能够保护孙辈不受儿童福利制度的影响[③]。

已有研究发现，41% 的人在照顾孙辈时更有耐心、更放松。具有养育经验的祖父母会关注孙辈的需求，花更多的时间参与活动[④]。祖父母担任主要照顾者的角色对他们自身也有益处，在照顾孙辈时扮演了一个重要的社会和家庭角色，会获得幸福和陪伴，这使得他们的生活更加有意义[⑤]。

二、隔代家庭生活教育实践

(一) 隔代家庭生活教育现状

隔代教养家庭数量不断增加，为了满足这一群体的需求，需要制定相应的家庭生活教育项目。以往这一类项目大多关注的是老龄化问题、营养

① Gibson P A. Intergenerational parenting from the perspective of African American grandmothers [J]. *Family Relations*, 2005, 54(2): 280-297.

② Silverstein M. Benefits of grandparents raising grandchildren [J]. *Journal of Intergenerational Relationships*, 2007, 5(3): 131-134.

③ Kropf N P, Burnette D. Grandparents as family caregivers: Lessons for intergenerational education [J]. *Educational Gerontology*, 2003, 29(4): 361-372.

④ McGowen M R, Ladd L, Strom R D. On-line assessment of grandmother experience in raising grandchildren [J]. *Educational Gerontology*, 2006, 32(8): 669-684.

⑤ 同②。

问题以及其他与健康相关的问题，对教养方面的关注较少。

合作推广服务（Cooperative Extension Services）一直致力于为养育孙辈的祖父母提供帮助和指导[①]，并受到不同社区的祖辈的认可和欢迎。推广机构会提供相应的社区项目，通过基于理论与实践的课程、简报和网络材料来帮助隔代教养家庭，并提供其他的社区资源。其他针对隔代教养家庭的家庭生活教育项目由多种组织，如小企业、医疗、教育、政府或军事等机构和来自不同背景的教育工作者提供。迄今为止，还没有对隔代教养家庭可获得的资源进行全面的评估，也没有对项目有效性进行广泛的审查。尽管缺乏研究，但在隔代教养家庭生活教育项目的实施和开展方面已经取得了一定的进展。从历史上看，多项研究表明，支持小组一直是一种普遍的干预方法[②③]。当前的隔代教养家庭项目以内容为导向，采用各种技术手段提供亲职教育等信息。

尽管家庭生活教育项目取得了进展，但很多祖父母报告，他们往往缺乏可用的服务或与服务提供者打交道时感到沮丧。参加服务的隔代教养家庭也发现有的服务是无效的、无趣的，无法满足其特定的需求[④]。

（二）隔代家庭的一般需求

了解中老年人的各种发展、社会和环境需求，并将这些需求纳入隔代教养家庭项目是至关重要的。一般性的家庭生活教育项目可能不能满足不同家庭的个性化需求或解决他们的困难。然而，有一些共同的挑战和需求，可能有助于指导隔代教养家庭的生活教育项目。

---

① Kaplan M, Forthun L F, Kostelecky K L, et al. *Rationale and recommendations for strengthening the intergenerational agenda within Cooperative Extension* [J]. 2008.

② Kolomer S R, McCallion P, Overeynder J. Why support groups help: Successful interventions for grandparent caregivers of children with developmental disabilities [J]. *Working with custodial grandparents*, 2003: 111-126.

③ Smith A B, Dannison L L. Grandparent-headed families in the United States: Programming to meet unique needs [J]. *Journal of Intergenerational Relationships*, 2003, 1(3): 35-47.

④ Duay D L, Bryan V C. Learning in later life: What seniors want in a learning experience [J]. *Educational Gerontology*, 2008, 34(12): 1070-1086.

研究表明，隔代教养家庭项目包含了多个领域的内容[①②]。有学者指出，当前的隔代家庭教育项目应该增加对如下内容的关注：（1）代际问题，如角色的转变和再次成为主要照顾者所产生的困惑以及这种转变是如何影响整个家庭的；（2）与儿童福利、卫生保健、经济和法律有关的政策问题，这可能会影响祖父母的决策[③]。此外，也有学者建议，隔代家庭教育项目应该重点关注特定的祖父母的健康需求、他们不断变化的家庭角色，以及有效处理社会因素对其教养孙辈产生的影响[④]。

当前隔代教养家庭教育项目中的参与者认为在以下方面存在挑战：（1）经济问题，（2）难以与成年子女和大家庭沟通，（3）社会孤立感，（4）健康和就业问题，以及（5）学校系统和其他系统之间的协作。一些祖父母还报告，他们很难与孙辈谈论敏感话题，如性行为、吸毒、暴力和参与帮派活动。提供有关性行为、怀孕、性传播疾病和避孕药的信息可以增加隔代教养家庭沟通和解决问题的机会[⑤]。

此外，也应该重视孙辈的需求。这些需求可能包括早期干预、教育资源、支助服务、社区参与、残疾援助、身心健康、发展规划和高质量的儿童照护等[⑥]。

（三）宣传和招募

宣传家庭生活教育项目和招募参与者是项目成功的关键，研究发现一些策略对隔代教养家庭是有效的。国家老龄化问题委员会（National

① Duay D L, Bryan V C. Learning in later life: What seniors want in a learning experience [J]. *Educational Gerontology*, 2008, 34(12): 1070-1086.

② Hayslip Jr B, Kaminski P L. Grandparents raising their grandchildren: A review of the literature and suggestions for practice [J]. *The gerontologist*, 2005, 45(2): 262-269.

③ Kropf N P, Burnette D. Grandparents as family caregivers: Lessons for intergenerational education [J]. *Educational Gerontology*, 2003, 29(4): 361-372.

④ Dolbin-MacNab M L. Just like raising your own? Grandmothers' perceptions of parenting a second time around [J]. *Family Relations*, 2006, 55(5): 564-575.

⑤ Cornelius J B, LeGrand S, Jemmott L S. African American grandfamilies' attitudes and feelings about sexual communication: Focus group results [J]. *Journal of the Association of Nurses in AIDS Care*, 2009, 20(2): 133-140.

⑥ Butts D M. Kinship care: Supporting those who raise our children [J]. *Baltimore, MD: Annie E. Casey Foundation*. Retrieved April, 2005, 26: 2011.

Council on Aging）在 2007 年建议使用奖励措施来鼓励老年人参与社区项目。有研究表明，参与者参与项目的动机大多是获得信息、联系社会和享受学习，因此这些内容可以作为有效的宣传手段[①]。

隔代教养家庭教育项目的宣传方法主要有：在网站上的广告、报纸、教堂、学校、社区机构、老年中心、图书馆和诊所以及人们的口耳相传[②]。而口耳相传似乎是最有效的方法。

（四）参与的阻碍

一项关于中年和老年人参与家庭生活教育项目的研究发现，课程费用和夜间驾驶是影响课程出席率的两大因素。其中，个人因素如健康状况不佳和精力不足，会阻碍老年人参与项目[③]。另一项研究发现，指导师的年龄和经验、信任水平和组织策略也会影响祖父母参与儿童福利服务的积极性。参与社会服务项目的已有经验可能也会显著影响祖父母的参与。那些不信任社会体系的家庭往往不太可能寻求或利用相关资源[④]。

尽管考虑到健康状况、项目地点、时间、成本和年龄限制等问题，但是影响教育项目参与程度的最主要因素还是先前的参与经验和受教育水平[⑤]。祖父母更有可能从事他们所熟悉的活动。因此，将家庭生活教育项目与更熟悉的活动（如教会或社区活动）相结合可能是一种有效的宣传策略。

参与项目的其他阻碍包括与祖父母年龄相关的健康状况、托育服务、交通、上课时间、财务状况和文化等问题。年长的祖父母可能会因为他们的地理位置和行程方面遇到困难。较为年轻的祖父母，可能会因为繁忙的

---

① Ballard S M, Lane Morris M. Factors influencing midlife and older adults' attendance in family life education programs [J]. *Family Relations*, 2005, 54(3): 461-472.

② Duay D L, Bryan V C. Learning in later life: What seniors want in a learning experience [J]. *Educational Gerontology*, 2008, 34(12): 1070-1086.

③ 同①。

④ Gladstone J W, Brown R A, Fitzgerald K A J. Grandparents raising their grandchildren: Tensions, service needs and involvement with child welfare agencies [J]. *The International Journal of Aging and Human Development*, 2009, 69(1): 55-78.

⑤ E. Truluck, Bradley C. Courtenay J. Learning style preferences among older adults [J]. *Educational gerontology*, 1999, 25(3): 221-236.

日程不方便参与项目。服务提供者应该确保服务的可行性，并在项目开始前后评估老年人的身体状况。项目还应该有灵活的时间安排[①]。

许多隔代教养家庭没有可靠和稳定的交通工具，或负担不起现有的交通工具，这使得他们无法参与项目。更多种类的交通和停车选择可以提高出席率，尤其是应该在每次会议前都提醒他们[②]。参与者还应获得代金券、接送或其他免费的交通资源。

由于隔代教养家庭中的少数族裔人口增加[③]，应根据不同文化的具体需求定制服务。向参与者提供特定文化的资源，增加参与的机会，并调整服务以适合每个人的需要，这些策略可以显著提高少数群体家庭的参与度[④]。

（五）环境因素

在实施以老年人为主的项目时，尤其需要考虑环境因素，如舒适的椅子、良好的照明、较小的噪声等。在老年人的生活中，听力下降较为常见，因此要降低背景噪声，同时提高音量[⑤]。对于中老年人来说，一天中的时间也是一个重要的考虑因素，通常不宜选择晚上的时间。环境熟悉性很重要，许多老年人喜欢在他们熟悉的环境中参与项目活动。因此，许多家庭生活教育项目已经选择在教堂和老年人活动中心进行。此外，越来越多的祖父母在孙子孙女的教室里做志愿者，因此小学已经成为一个越来越受欢迎的项目开展地点[⑥]。

---

① Kolomer S. Chapter 13; grandparent caregivers [J]. *Journal of Gerontological Social Work*, 2008, 50(S1): 321-344.

② Kolomer S R, McCallion P, Overeynder J. Why support groups help: Successful interventions for grandparent caregivers of children with developmental disabilities [J]. *Working with custodial grandparents*, 2003: 111-126.

③ Brubaker T H, Roberto K A. Family life education for the later years [J]. *Family Relations*, 1993: 212-221.

④ Wiley A R, Ebata A. Reaching American families: Making diversity real in family life education [J]. *Family Relations*, 2004, 53(3): 273-281.

⑤ Morris M L, Ballard S M. Instructional techniques and environmental considerations in family life education programming for midlife and older adults [J]. *Family Relations*, 2003, 52(2): 167-173.

⑥ Watson J A. Factors associated with African American grandparents' interest in grandparent education [J]. *Journal of Negro Education*, 1997: 73-82.

（六）学习方式

参加教育项目对整个隔代教养家庭来说都是有好处的。祖父母通过持续学习可以延缓阿尔茨海默病的发作，促进身心健康[①]。在教育干预后，孙辈在社交技能[②]、自尊、阅读行为和祖孙关系方面都有所改善[③]。

已有研究建议老年人进行更多的反思性学习。因此，在教育项目中加入各种学习活动和反思性学习是有必要的[④]。也有学者调查了老年人对学习的看法，活动的数量和类型、教师的个性以及所涵盖的主题都是老年人所关注的问题。他们会首选有互动的活动，例如，讨论、角色扮演、填字游戏、志愿活动和其他练习的项目[⑤]。

中年和老年人对他们可以独立使用的家庭生活教育材料比较感兴趣。因此，老年群体可能更希望通过新闻通讯、视频或家访等形式获取信息。需要开发更多与老年群体感兴趣的主题有关的纸版材料，并放置在诸如老年中心、退休中心、医生办公室、社区中心或地方企业等处，这样老年人可以方便查阅上述资料。此外，随着人口老龄化，技术的使用更加受到重视。祖父母通常会肯定电子材料的价值，因为它们很容易被复制和与他人分享。在与会者中，46% 的人计划与家人一起使用这些信息，37% 的人将与支持小组分享[⑥]。

（七）家庭生活教育指导师的特征

研究表明，老年人认为在一个项目中，最重要的因素是家庭生活教育

---

① Strom R, Strom S, Fournet L, et al. Cooperative learning in old age: Instruction and assessment [J]. *Educational Gerontology: An International Quarterly*, 1997, 23(6): 581-599.

② Edwards O W, Daire A P. School-age children raised by their grandparents: problems and solutions [J]. *Journal of Instructional Psychology*, 2006, 33(2).

③ Smith A B, Dannison L L. Grandparent-headed families in the United States: Programming to meet unique needs [J]. *Journal of Intergenerational Relationships*, 2003, 1(3): 35-47.

④ E. Truluck, Bradley C. Courtenay J. Learning style preferences among older adults [J]. *Educational gerontology*, 1999, 25(3): 221-236.

⑤ Duay D L, Bryan V C. Learning in later life: What seniors want in a learning experience [J]. *Educational Gerontology*, 2008, 34(12): 1070-1086.

⑥ Brintnall-Peterson M, Poehlmann J, Morgan K, et al. A web-based fact sheet series for grandparents raising grandchildren and the professionals who serve them [J]. *The Gerontologist*, 2009, 49(2): 276-282.

指导师。在有激励性、尊重性和开放性的指导师的课堂上，老年人会非常愿意继续参与项目和学习[①]。

家庭生活教育指导师的特征，如知识、态度、行为和权威可以影响他们教学的有效性[②]。在舒适度和学习态度方面，指导师的特征对老年人参与项目和学习至关重要。已有研究发现，家庭生活教育指导师使用一对一的体验式教学方法，能够鼓励老年人在学习新的计算机技能的态度上发生积极的转变。

在一项对老年学习者的研究中，研究者发现了隔代教养家庭中的祖父母喜欢的生活教育指导师具有以下特征：

（1）热情——让祖父母参与进来，家庭生活教育指导师必须活泼，享受教学。

（2）知识——家庭生活教育指导师能够处理好祖父母新旧知识之间的关系，并向他们提供资源。

（3）清晰度——随着年龄的增长，祖父母的身体和认知都在发生变化，这就需要家庭生活教育指导师能够考虑到他们的需要，使用适合其年龄特点的术语，并提供清晰且积极的信息。

（4）尊重——祖父母希望将自己的生活经历融入学习环境，他们更喜欢承认他们有掌握新信息能力的家庭生活教育指导师。

（5）灵活性——家庭生活教育指导师应该对变化持开放态度，并允许参与者根据自身的兴趣进行学习。祖父母报告说，他们更希望获得与自身相关的信息[③]。

（八）专业伦理

隔代教养家庭是一个独特的人群，因为他们是由老年人和儿童组成的——而两者都是弱势群体。此外，由于家庭不稳定因素或一些危机事

---

① Duay D L, Bryan V C. Learning in later life: What seniors want in a learning experience [J]. *Educational Gerontology*, 2008, 34(12): 1070-1086.

② Chitranshi J, Agarwal S. Knowledge Transfer: Do Instructor Characteristics Matter?[C]// International Conference on Business Administration and Information Processing. Springer, Berlin, Heidelberg, 2010: 648-655.

③ 同①。

件，大多数祖父母成为主要照顾者，因此参与者往往面临着复杂的家庭问题。家庭生活教育指导师应该善于处理许多可能出现的家庭伦理问题，如保密、双重关系、尊重和法律问题等。

家庭生活教育指导师在与参与者交流敏感信息时，应该做到尊重和保密。在支持小组中，参与者可以分享关于个人或孙辈的性行为、吸毒、犯罪或其他违法行为的故事。在其他情况下，参与者可能会寻求建议，而家庭生活教育指导师会担心教师和咨询师身份之间的界限会被打破。在营造尊重和交流的环境的同时，家庭生活教育指导师必须遵守保密原则，保护自己和参与者的安全。

隔代教养家庭所面临的监护、探视和其他法律权利和责任都是复杂的问题。尽管家庭教育指导师要具备相关的法律常识，但是作为教育工作者应该避免向祖父母家庭提供法律建议。如有必要，可以邀请法律专家（如律师、儿童福利工作者和儿童倡导者）提供信息并回答祖父母的问题。

有学者指出家庭生活教育指导师应该有处理各种问题的能力，即使是那些他们以前没有培训过的问题[①]。但是另一方面，家庭生活教育指导师也应该和其他领域的人加强合作，以解决专业领域之外的问题[②]。提供适当的转介也有助于减少伤害。

因为与隔代教养家庭合作时存在着伦理问题，因此家庭生活教育指导师必须在信任和尊重的基础上营造一个安全的环境。除了教育和引导之外，家庭生活教育指导师还应该做到：（1）敏感地处理个人信息，（2）在有疑问时寻求其他专业人士的帮助，（3）抵制形成双重身份关系的干扰和影响，（4）尽最大的努力减少伤害，（5）尊重隔代教养家庭的多样性，（6）利用理论框架来指导道德实践。

---

① Dolbin M L, Targ D B. Grandparents raising grandchildren: Guidelines for family life educators and other family professionals [J]. *Journal of Teaching in Marriage & Family*, 2001, 1(2): 52-64.

② Ballard S M, Lane Morris M. Factors influencing midlife and older adults' attendance in family life education programs [J]. *Family Relations*, 2005, 54(3): 461-472.

三、提升隔代家庭教育指导的建议

有学者建议针对隔代教养家庭的生活教育项目应遵循以下原则[①]：(1) 解决多重问题，(2) 与其他专业人士合作，(3) 消除障碍，(4) 营造相互尊重的环境，(5) 促进有效的群体互动，(6) 包括大家庭的成员，(7) 关注文化差异，(8) 确保安全，(9) 支持教养角色。

根据上述原则，通过文献梳理发现，有 3 种针对隔代教养家庭的生活教育指导的有效形式：(1) 支持小组，(2) 亲职教育，(3) 心理治疗。许多项目将这些形式结合起来，并与其他专业人员进行合作。我们将分别介绍这几种形式的优秀案例。

（一）支持小组

很多隔代教养家庭生活教育项目都采用支持小组的形式，并将其作为家庭的心理和教育资源[②③]。无论是由同伴领导还是由专业的支持小组推动，都能让祖父母在一个舒适的同伴环境中对抗孤独，分享减轻压力的方法，并表达他们的情绪[④]。支持小组中情感交流提高了参与活动的祖父母的心理健康水平和教养能力[⑤]。这些支持小组还为孙辈开展有关法律和医疗卫生等方面的教育[⑥]，孙辈也可以从支持小组中受益，因为他们可以与情况相似的同龄人建立联系[⑦]。为了最大程度地发挥支持小组的作用，家庭生活教育指导师和隔代教养家庭应：(1) 鼓励乐观，(2) 为所有参与者确定目标，(3)

---

① Dolbin M L, Targ D B. Grandparents raising grandchildren: Guidelines for family life educators and other family professionals [J]. *Journal of Teaching in Marriage & Family*, 2001, 1(2): 52-64.

② Jr J C G, Huneycutt T L. Grandparents parenting grandchildren: Extent of situation, issues involved, and educational implications [J]. *Educational Gerontology*, 2002, 28(2): 139-161.

③ Hayslip Jr B, Kaminski P L. Grandparents raising their grandchildren: A review of the literature and suggestions for practice [J]. *The gerontologist*, 2005, 45(2): 262-269.

④ Dellmann-Jenkins M, Blankemeyer M, Olesh M. Adults in expanded grandparent roles: Considerations for practice, policy, and research [J]. *Educational Gerontology*, 2002, 28(3): 219-235.

⑤ Butts D M. *Kinship care: Supporting those who raise our children* [J]. Baltimore, MD: Annie E. Casey Foundation. Retrieved April, 2005, 26: 2011.

⑥ Kropf N P, Kolomer S. Grandparents raising grandchildren: A diverse population [J]. *Journal of Human Behavior in the Social Environment*, 2004, 9(4): 65-83.

⑦ 同④。

学习和使用小组过程技能，（4）遵循教育优先原则。

（二）亲职教育

亲职教育或技能培训是大多数隔代教养家庭生活教育项目的一个组成部分。祖父母可以获得关于儿童发展、纪律、沟通、法律问题、获取资源、医疗卫生等多方面的基本知识和信息。

有学者在隔代教养家庭教育的经典著作中确定了课程的五个关键特征，分别是：（1）小组讨论，（2）问题解决，（3）实践原则，（4）自我评价，（5）代际交流与对话[①]。总的来说，研究者已经意识到了祖父母角色定位的重要性。帮助祖父母澄清祖父母角色和父母角色之间的模糊界限，对于他们发挥角色的作用至关重要。

（三）心理治疗

虽然大多数家庭生活教育项目不采用心理治疗，但多项研究都强调有必要增加隔代教养家庭获得心理治疗服务的机会[②]。当心理治疗与家庭生活教育结合时，心理治疗可以成为促进祖父母和孙辈的心理健康的有效方法。心理治疗（干预措施或转诊）可以减轻祖父母作为照顾者的压力[③]。通过心理治疗，孙辈可以重建信任，并缓解失去父母照顾后的负面情绪[④]。

---

① Strom R, Strom S. Curriculum and instruction for grandparents [J]. *International Review of Education / Internationale Zeitschrift für Erziehungswissenschaft/Revue Internationale de l'Education*, 1992, 38(4): 436-438.

② Bachman H J, Chase-Lansdale P L. Custodial grandmothers' physical, mental, and economic well-being: Comparisons of primary caregivers from low-income neighborhoods [J]. *Family Relations*, 2005, 54(4): 475-487.

③ Goodman C C, Silverstein M. Grandmothers raising grandchildren: Ethnic and racial differences in well-being among custodial and coparenting families [J]. *Journal of Family Issues*, 2006, 27(11): 1605-1626.

④ Edwards O W, Ray S L. Value of family and group counseling models where grandparents function as parents to their grandchildren [J]. *International Journal for the Advancement of Counselling*, 2010, 32(3): 178-190.

四、成功案例

在过去的几年里，美国出现了一些针对隔代教养家庭的教育课程。虽然评估数据有限，但以下项目显示了它们在与祖父母合作方面的有效性。

（一）为祖父母抚养孙辈赋权（Empowering Grandparents Raising Grandchildren）

这个有 14 个阶段的项目包括诸如帮助孙辈建立自尊；处理悲伤和失望；关于毒品、性和艾滋病病毒的沟通；行为和法律问题。家庭生活教育指导师在合作推广服务（Cooperative Extension）中使用，该课程包括对每个课程和整个培训的评估。祖父母报告说，从这个项目中学到了很多关于养育孙辈的知识，许多人在该项目中受益，成为隔代教养家庭教育项目的代言人，向他们的社区居民宣传项目信息。

（二）关怀的传统：为隔代教养家庭提供信息、资源和支持（A Tradition of Caring：Information, Resources, and Support for Kinship Families）

这个 9 年期的项目涉及亲属关系问题、儿童发展、资源、家庭动态、终身学习和儿童福利等方面。

（三）祖父母抚养孙辈：双重压力与三重祝福（Grandparents Raising Grandchildren: Doubly Stressed, Triply Blessed）

在 4 段 3 小时的课程中，这个项目解决了祖父母在抚养孙辈中所面临的共同问题。这个多样化的项目包含了对整个培训的评估。该课程最近已在线上更新，可以使更多的隔代教养家庭受益。

（四）第二次为人父母（Parenting a Second Time Around）

该项目包括 2 小时的课程，内容涵盖：儿童发展、自我照顾、如何重建家庭、如何与青少年一起生活、法律问题以及为隔代教养家庭辩护。该项目已在 24 个州推广使用，并受到参与者的好评。

（五）第二次祖父母抚养孙辈（Second Time Around...Grandparents Raising Grandchildren）

该项目采用 8 节课或 16 节课的形式，涉及再次成为父母时如何加强隔代教养家庭的福祉，使用育儿技能，与学校和社区合作，解决财务问题，处理法律问题，以及解决隔代教养家庭对未来的看法。

五、未来方向

以下是在隔代教养家庭生活教育中应解决的 6 个关键领域。

（一）探究提升社区项目参与度的方法

研究表明，低水平的参与可能因为对项目收益的认识较低[①]。如果抚养孙辈的祖父母没有意识到他们可以从教育项目或支持小组中获益，他们就不会优先考虑参加社区活动。此外，家庭生活教育指导师和支持小组协调员需要研究引导祖父母定期参加项目的方法。为了最大程度地提升隔代教养家庭的参与度，还需要对儿童护理方案、交通需求，以及项目的时间和地点进行更多的研究和评估。

（二）为项目找到坚实的理论基础

多年来，为隔代教养家庭开展的社区项目一直缺乏理论上的指导[②]。如果没有理论支持，项目目标和结果有可能处于零散状态。近年来，一些项目已经开始使用生命发展周期理论作为一种有效的理论基础，将理论概念、原则和假设与隔代教养家庭的生活实际联系起来。这个理论使家庭生活教育指导师能够理解家庭的特定生活阶段和发展特点。

（三）关注孙辈的身心健康

通常情况下，许多针对隔代教养家庭的项目都是为了满足祖父母的需

---

① Chandler D. The underutilization of health services in the Black community: An examination of causes and effects [J]. *Journal of Black Studies*, 2010, 40(5): 915-931.

② Thomas J L, Sperry L, Yarbrough M S. Grandparents as parents: Research findings and policy recommendations [J]. *Child Psychiatry and Human Development*, 2000, 31(1): 3-22.

求。另一个方向和重点应该是孙辈本身。由祖父母照顾的孙辈看到他们的父母被捕和监禁，吸毒和酗酒，虐待、忽视自己或其他家庭成员的情况，其身心可能受到这些不良事件的影响。他们可能从项目中获益，帮助他们从身心两方面适应由祖父母抚养长大这一事实。

（四）设计具有文化适宜性的项目，确保家庭生活教育指导师具有文化多样性的理解能力，能够满足所有隔代家庭教育项目参与者的需求

从历史上看，很多家庭教育项目都是为白人中产阶级制订的[①②]。目前这种情况已经发生了变化。近年来，许多家庭生活教育指导师的主要目标是接触在生活上最需要帮助的家庭。这一有价值的目标也需要扩展到课堂上。对于许多习惯于生活在大家庭中的非裔美国人来说，也许由祖父母抚养长大的孙辈的情况更常见。拉丁裔或美洲原住民也是如此。家庭生活教育指导师需要接受培训，了解文化差异并保持敏感性，以便他们能够成功地接触和联系不同的隔代教养家庭。

（五）研究祖父作为主要照顾者对孙辈成长的贡献

关于隔代教养家庭中祖父以及他们的照料方式是否与祖母相似或不同的研究很少。基于此，建议进行更多的研究，分析由祖父母双亲共同养育孙辈的隔代教养家庭的活动和做法与单亲祖父母家庭有何不同。

（六）祖父母抚养残疾孙辈

未来还建议邀请县卫生和社区服务部门的专业人员来对祖父母进行培训，使他们认识到特殊需要儿童的权利，也可以为有特殊需要的孙辈提供有针对性的社区服务项目。同样，利用学校系统中了解该地区特殊需要儿童的权利和项目的人，帮助祖父母了解情况，更好地对有特殊需要的儿童进行教育和引导。

---

① Hughes Jr R. A framework for developing family life education programs [J]. *Family relations*, 1994: 74-80.

② Wiley A R, Ebata A. Reaching American families: Making diversity real in family life education [J]. *Family Relations*, 2004, 53(3): 273-281.

第三节　强制性家庭教育指导

多数家庭生活教育采用诺尔斯的“成人教育学”原则。该原则主要有四个内容①：

第一，成人学习是自我主导的，所以他们必须清楚为何当前的教育主题是重要的。

第二，成人需要基于经验进行学习。

第三，成人希望带着特定的问题进入学习。

第四，成人希望学以致用，理论结合实际。

但是在实践中存在一些特殊的情况很难满足上述要求，如一些家庭生活教育的强制参与者没有进行自主的学习，项目也没有考虑参与者的意愿，违背了成人教育的关键性原则。但作为专业的家庭教育工作者，仍然可以克服困难对他们进行教育。

一、强制性家庭教育的界定

父母和家庭成员参与强制性家庭教育有三种常见的情况：

父母或家庭选择承担某一角色或某种责任，只有在完成相应的教育和培训后，才能继续行使他们作为新角色的监管权。

父母或家庭所处的情况被认为是将儿童或家庭置于负面后果的风险之中。

父母或家庭成员在承担的家庭角色过程中差强人意，参与家庭生活教育才能让他们继续担任家庭角色或避免惩罚。

---

① Knowles M S. Andragogy: Adult learning theory in perspective [J]. *Community College Review*, 1978, 5(3): 9-20.

所以针对不同类型家庭生活教育需要提供不同的教育内容，不同类别的强制性家庭应该分别界定。

（一）自愿家庭的强制性教育

此类项目主要针对领养家庭的父母，有三种常见的情况：第一，对领养儿童感兴趣，他们需要参加教育培训才能取得合法照顾权；第二，亲属收养儿童；第三，不涉及法院的收养行为。例如，家庭接受外国交换生或夫妇参加婚前教育研讨会。这两类行为都有一个共同点：他们将承担一个新的角色，所以需要一个机构来参加培训课程。为这类人制定的强制性项目可以说是一种职业培训，因此参与者接受度较高。

（二）危机家庭的强制性教育

一种常见情况是法院对离婚夫妇进行强制性教育。例如，司法管辖区规定在特定的市、县或州申请离婚且有孩子的夫妇都必须参加强制性教育；有羁押或探视案件争议的离婚夫妇需要参加强制性教育；法官向有家庭冲突或多次被法庭传唤的夫妇发出个人命令，要求他们参加强制性教育（也有的观点认为，法官强制性命令属于下一类教育）[①]。为了使法律程序更好地推进，夫妇需要共同出席。还有一种情况是针对经过医疗程序后将孩子带回家的家庭。这种不是法院强制执行的，但医院可能要求家庭成员在将孩子带回家之前参加相关教育。

（三）不称职父母或家庭的强制性教育

司法部门要求，有虐待或疏忽孩子行为的父母需要参与家庭生活教育项目，其中包括参与家庭暴力案件的父母或少年司法系统中儿童的父母。这类家庭需要针对性的教育和培训，完成教育项目，才能维持或重新获得孩子的监护权。教育其实是罚款或监禁的一种替代选择。

---

① Pollet S L, LombregliaM. A nationwide survey of mandatory parent education [J]. *Family Court Review*, 2008, 46 (2):375-394.

二、参与强制性家庭教育的人口特征

（一）特殊性

1. 自愿家庭的强制性教育

2008 年，美国有 46.3 万名寄养儿童，其中有 12.3 万名寄养儿童被收养[①]。2003 年，155355 个寄养家庭被批准照顾无血缘关系的儿童[②]。但儿童安置地却长期短缺，寄养提供者的相关信息相比寄养儿童少很多。各州要求养父母至少满 21 岁，且必须通过儿童保护服务机构（CPS）的背景调查，有固定的收入来源[③]。除了两个州外，其他州还必须参加养父母讲习班及基本的急救和心肺复苏术培训[④]。

从一些对养父母和寄养培训的评价中，我们可以获得这类人群的相关特征。帕迪（Puddy）和杰克逊的报告称[⑤]，他们团队中 62 个养父母的平均年龄为 34.7 岁，63% 是女性，83% 已婚，77% 的人没有受过大学教育，近三分之一的人没有当父母的经验。张伯伦（Chamberlain）等人在一个教育项目中招募了 700 名寄养照顾者（34% 为亲属，66% 为非亲属）[⑥]，参与者平均年龄为 48. 6 岁，年龄范围为 19 ～ 81 岁。样本中 93% 是女性，55% 目前有工作，38% 受过高中或以下教育，49% 受过大学教育，他们平均家里有 3 ～ 4 个孩子，寄养孩子占比最大。

首先，和大多数亲子项目一样，接受培训的多为女性。但男性照顾者

---

① U. S. Department of Health and Human Services. Adoption and foster care analysis and reporting system (AFCARS) FY 2008 data (October 1, 2007 through September 30, 2008)[J/OL]. http://www. afterschool. ed. gov/programs/cb/stats_research/afcars/tar/report16.htm, 2009.

② Van Camp C M. *Behavior analysis in child welfare: A preliminary program evaluation* [M]. Louisiana State University and Agricultural & Mechanical College, 2004.

③ Bigner J J. *Parent-Child relations: An introduction to parenting* [M]. Columbus, OH: Merrill, 2010.

④ Chamberlain P, Price J, Reid J, Landsverk J. Cascading implementation of a foster and kinship parent intervention [J]. *Child Welfare*, 2008, 87 (5):27-48.

⑤ Puddy R W, Jackson Y. The development of parenting skills in foster parent training [J]. *Children and Youth Services Review*, 2003, 25 (12):987-1013.

⑥ Chamberlain P, Price J, Reid J, et al. Cascading implementation of a foster and kinship parent intervention [J]. *Child Welfare*, 2008, 87(5): 27.

也可能参与照顾寄养儿童，并通过宣传和招募的方法参与培训。其次，在寄养提供者进入培训之前，已经采用其他方法照顾和他们之间没有法律关系的孩子，或者在亲戚不方便照顾孩子的时候帮忙。总之，他们都愿意照顾处境不利的孩子。

琼斯（Jones）的数据显示，1973 ～ 2002 年，美国女性收养孩子的比例为1.3% ～ 2.2%。2002年，男性收养孩子是之前的2.5倍多（即3.8%）[①]。超过四分之一没有分娩并接受过生育治疗的妇女收养一名儿童。未婚女性收养孩子的可能性比已婚女性少，但在 2002 年美国仍有 10 万名单身女性收养孩子。收入较高的家庭更容易收养孩子，但有相当一部分低于贫困线 150% 以下的家庭也收养了儿童。1992 年，约 42% 的收养是由继父母或其他亲属进行的[②]。一些父母从抚养孩子转向收养孩子；在寄养后被收养的儿童中，54% 是被曾经的寄养父母收养的[③]。

2. 危机家庭的强制性教育

目前强制性家庭生活教育项目中，最多的就是针对离婚父母。2009 年，美国约有 1100401 名 18 岁以下的儿童和离婚的父母住在一起[④]。比例最多的（29% 的男性和 30% 的女性）年龄在 35 ～ 44 岁，64% 是非西班牙裔的白人。在离婚的人群中贫困水平线之下的男性占比 11%，女性占比 22%。

经历父母离婚的孩子有许多不适应性结果[⑤]。几乎所有离婚的夫妇都要面对以下问题：经济压力；至少一个家庭成员的搬迁以及双方的不良情绪。如前所述，各州市对家长参加教育项目的要求各不相同，家长群体之

---

① Jones J. Adoption experiences of women and men and demand for children to adopt by women 18-44 years of age in the United States, 2002.National Center for Health Statistics. Vital and Health Statistics 23(27)[EB/OL]. http://www. cdc. gov/nchs/data/series/sr_23/sr23_027. pdf, 2008.

② Kreider R. Adopted children and stepchildren: 2000: U. S. Census Bureau Special Reports[EB/OL]. http://www. census. gov/prod/2003pubs/censr-6.pdf, 2003.

③ U. S. Department of Health and Human Services. Adoption and foster care analysis and reporting system (AFCARS) FY 2008 data (October 1, 2007 through September 30, 2008)[EB/OL]. http://www. afterschool. ed. gov/programs/cb/stats_research/afcars/tar/report16.htm, 2009.

④ U. S. Census Bureau. Marital events of American: 2009: American community survey reports[EB/OL]. http://www. census. gov/prod/2011pubs/acs-13.pdf, 2011.

⑤ Amato P R. The consequences of divorce for adults and children [J]. *Journal of Marriage and Family*, 2000, 62 (4):1269-1287.

间也会有较大差别。大部分情况下只有存在监护权争议的父母，或者是法院判定的有冲突和暴力史的夫妇才需要参加项目。

3. 不称职父母或家庭的强制性教育

美国虐待和忽视儿童数据系统（National Child Abuse and Neglect Data System）显示，2008 年，美国各地的儿童保护服务机构工作人员调查了 200 万份涉及 370 万名儿童的虐待和忽视报告，近四分之一（23.7%）的报告发现，至少有一名儿童受到虐待或被忽视。2008 年，约有 1740 名儿童死于虐待，最常见的受害者是 1 岁以下的儿童；60% 的儿童被忽视；约 80% 的行凶者是孩子的父母，其中 90% 是亲生父母；略高于 75% 的人年龄在 40 岁以下；超过 20% 的儿童被寄养。儿童福利服务系统中每年至少有 40 万名家长参加自愿或强制性的家长培训项目①。

虐待和忽视儿童的父母常见特征如下：对孩子的不端行为反应过度；对孩子有不切实际的发展期望；感到被社会孤立，有很高的压力和外部控制水平（他们觉得别人或命运控制他们的行为和结果）；把体罚作为养育孩子的主要方法；低水平的自尊。其中一个比较特殊的个体是性虐待儿童的父母，这类父母通常不会被纳入强制家庭生活教育项目，因为他们的需求不太可能通过教育干预得到满足。

当虐待和疏忽儿童的父母被要求参加育儿项目时，可能出现抵抗以及愤怒的反应。许多虐待孩子的父母并不理解父母教养方式与孩子行为之间的因果关系，也不理解教育的目的。在以上三类父母和家庭成员中，一些参与者认为接受家庭生活教育可以解决家庭问题；一些人会认为参加此类项目侵犯了他们的基本权利；其他人认为培训是为他们的新角色做准备；还有一些人期待通过这一必要的培训更好地进行下一步——不管是收养孩子还是最终离婚。

（二）优势

参与项目的家庭往往都存在一些问题，所以期望在这些家庭中寻找优

---

① U. S. Department of Health and Human Services, Administration for Children and Families,Administration on Children, Youth and Families, Children's Bureau. Child maltreatment 2008[EB/OL]. http://www. acf. hhs. gov/programs/cb/pubs/cm08/index.htm, 2010.

势很具挑战。但是为了实现最终的教育效果，我们有必要知道这些家庭的优势所在①。例如，一些养父母经历了筛查，满足基本标准和基本的教育功能；一些养父母为有特殊需要、困难、行为问题的孩子提供照顾，反映出高水平的自我效能感、契约精神和乐观情绪；其他一些养父母的优势可能更为独特，需要进一步了解。不同家庭具有多样性，探索参与者的个人优势可能需要时间，但将大大提高项目的效力。

在这些家庭中存在着一些共同的特征。首先，前面提到的所有群体可能都处于家庭生活的转折点。例如，为一个新到来的孩子承担责任、失去一个孩子的监护权、在离婚后建立新的家庭，或者被告知有虐待或疏忽孩子的行为。这些重大事件让家长们感到压力、愤怒或沮丧，但在他们相关情绪消失后，就可以开始接受教育。家庭遇到变故后可能会发展出一种新的状态，为教育干预提供契机和力量。

另一项优势来自命令本身。法院的命令或者强制性法规，可以为家庭提供推动力。参与者在初期可能会愤怒地参加项目，但当项目被证明有效时，他们很快就会忘记愤怒，而积极参与到项目中②③。强制性项目的另一个优势是，为了使该项目得以运作，需要在法院、机构和教育者之间建立社区联系。这些工作可以为有需要的家庭带来巨大的好处④。

三、强制性家庭教育的实践

（一）强制性家庭教育现状

到 20 世纪 80 年代和 90 年代，强制家庭成员参与家庭生活教育项目的做法才开始在文献中出现。近年来，随着司法部门的介入，许多强制性

---

① Shannon L C. (n. d.). Best practices for parent education programs seeking to prevent child abuse[EB/OL]. http://www. npen. org/pdfs/BestPra. Pdf, 2003.

② Pollet S L, Lombreglia M. A nationwide survey of mandatory parent education [J]. *Family Court Review*, 2008, 46 (2):375-394.

③ Van Camp C M. *Behavior analysis in child welfare: A preliminary program evaluation* [M]. Louisiana State University and Agricultural & Mechanical College, 2004.

④ Shannon L C. (n. d.). Best practices for parent education programs seeking to prevent child abuse[J/OL]. http://www. npen. org/pdfs/BestPra. pdf.

项目逐渐发展起来。值得注意的是，多数强制性项目的重点是儿童的福祉，少数项目提到了家庭功能或父母的权益。此外，大多数项目都是植根于各种学科中，例如社会工作或治疗，与家庭生活教育领域没有直接联系。项目由法院工作人员、社会工作者执行，由大学中的专业人员、医疗专业人员和合作推广人员管理。每一类强制性项目都有一个独特的发展模式，下文会分别描述每种项目的状况。

1. 收养和寄养培训

联邦指南要求养父母参加培训项目，规定养父母在开始养育前必须进行准备，每年参加继续教育。除两个州外，该规定在所有州立法中都得到了支持[①②]。相比数量和组织形式，指南和立法更关注教育内容。

其中两个项目在这一领域中具有重要的影响力：MAPP/GPS 项目（Model Approach to Partnerships in Parenting/Group Selection）以及 PRIDE 项目（Foster Parent Resources for Information，Development and Education）。MAPP/GPS 在 20 世纪 80 年代中期发展起来，90 年代初由儿童福利研究所（Child Welfare Institute）修订。PRIDE 旨在填补 MAPP 的一些空白而发展起来，由美国儿童福利联盟（Child Welfare League of America）在 10 年后进行修订。MAPP 关注寄养对养父母和家庭成员的影响，PRIDE 更注重满足儿童需求。

2. 针对离婚父母的教育

在 20 世纪 90 年代早期，人们就尝试将育儿书籍分发给离婚后的父母。结果显示，这一方式可以在一定程度改善父母的情绪，但因为不能传授相关的育儿技能，正式的离婚教育项目因此开启。针对离婚的教育项目往往由 1 ~ 2 小时到 15 小时的系列课程组成，大多数是 2 小时或 4 小时。加斯勒（Geasler）和布莱苏尔（Blaisure）的报告说明，20 世纪 90 年代末的项目集中于减少儿童和父母之间的冲突（64%）、提高育儿技能（55%）、

---

① Chamberlain P, Price J, Reid J, Landsverk J. Cascading implementation of a foster and kinship parent intervention [J]. *Child Welfare*, 2008, 87 (5):27-48.

② Dorsey S, Farmer E M, Barth R P, et al. Current status and evidence base of training for foster and treatment foster parents [J]. *Children and youth services review*, 2008, 30(12): 1403-1416.

减少法律投诉的数量（32%）[①]。例如,《夹在中间的孩子》是一档视频节目，创作于20世纪90年代初，作为一个共同养育项目，专注于在两个家庭中抚养孩子。《父母教养分离：共同养育的有效策略》是一个6小时的项目，由康涅狄格大学的合作推广人员和其他教师创建，旨在帮助父母就离婚的改变进行协商。《合作育儿和离婚项目》是一个八期，16～20小时的项目，它提供培训项目以及相关的视频或DVD指南。

一些调查显示，只有当家长们觉得这个项目很有帮助时，才会把它推荐给其他人。在进行项目评价时，一些家长表示自己的行为发生了改变，比如，没有通过孩子向另一方家长发短信，没有在孩子面前争吵，或者在项目结束之后更好地适应了离婚。

3. 对虐待／忽视儿童的父母进行强制性培训

美国卫生与公众服务部（U. S. Department of Health and Human Sevices）2010年的数据显示，2008年有300多万名儿童接受了“预防性服务”。这些服务通常侧重于教授家长有关儿童发展阶段的知识以及提高其育儿能力。有文献综述显示，每年至少有40万名家长参加自愿或强制性的教育养育项目[②]。全国各地有很多育儿教育项目，卡特（Carter）和卡恩（Kahn）几年前预估每天有超过5万个项目惠及数百万父母和照顾者[③]。大部分项目与儿童有关，旨在防止或减少儿童虐待现象的发生，但是关于强制性项目数量的信息很少。

儿童福利机构开展的父母培训项目的最终目标是提高家庭的功能[④]。在某些情况下，强制性父母项目是教父母管理或改变孩子的不当行为，从而减少孩子负面发展结果出现的概率；一些项目帮助父母与儿童福利系统加强联系，还有其他许多针对强制父母的项目旨在提高养育技能，预防和治

---

① Geasler M J, Blaisure K R. 1998 nationwide survey of court-connected divorce education programs [J]. *Family Court Review*, 1999, 37(1): 36-63.

② BarthR P, Landsverk J, Chamberlain P, Reid J B, Rolls J A, Hurlburt M S. Parent-training programs in child welfare services: Planning for a more evidence-based approach to serving biological parents [J]. *Research on Social Work Practice*, 2005, 15 (5):353-371.

③ Carter N, Kahn L. *See how we grow: A report on the status of parenting education in the US* [M]. Philadelphia: Pew Charitable Trusts, 1996.

④ 同②。

疗儿童虐待和忽视；提供有效的沟通技术；减少或消除儿童虐待的情况[①]；减少问题行为，增加沟通和促进家庭团结；或者教孩子和他们的父母必要的技能来减少虐待和忽视。

巴恩（Barth）等人概述了儿童福利系统中的父母项目的四个主要组成部分：（1）评估父母的问题；（2）教授育儿技能；（3）将技能应用到他们的孩子身上；（4）父母接收到使用新技能后的效果反馈[②]。卡特和卡恩认为，这类项目的设计将包括密集的服务、专门培训、更高层次的监督以及与服务机构的合作。对于项目负责人来说，重要的是把控好什么时候让一般的亲职教育转为强度更大的项目，以及明确家庭生活教育与家庭事务管理之间的界限[③]。

很少有项目是专门为虐待和忽视儿童的父母设计的。一些虐待儿童和忽视儿童的父母被要求参加“爱与逻辑的养育”（Parenting with Love and Logic）[④]和智慧育儿（Parenting Wisely）等项目[⑤]。但是这些项目要么是为“一般性养育”开发的，要么就是可以同时用于强制和自愿性的参与者。目前有一部分育儿项目满足了虐待或忽视父母的独特需求。虽然这些项目也不是专门为该群体设计的，但是确实已经被广泛应用在包括强制参与者的各类家长中。养育子女 12 种方式（Parenting 12 ways）是一种育儿和治疗教育项目，“不可思议的年份”（Incredible Years）是为孩子有严重行为问题的父母设计的。但是尚没有明确结果表明这些项目是否解决了强制性参与者的问题。

---

① Myers-Walls J A, Newcom T, Berkope S. Parenting piece by piece. West Lafayette, IN: Purdue Cooperative Extension[EB/OL]. http://www. cfs. purdue. edu/extension/children_families/parenting_piecebypiece.html, 2009.

② Barth R P, Landsverk J, Chamberlain P, et al. Parent-training programs in child welfare services: Planning for a more evidence-based approach to serving biological parents [J]. *Research on Social Work Practice*, 2005, 15(5): 353-371.

③ Myers-Walls J A, Ballard S M, Darling C A, Myers-Bowman KS. Reconceptualizing the domain and boundaries of family life education [J]. *Family Relations*, 2011, (60):357-372.

④ Love and Logic Institute. Love and Logic[J/OL]. http://www. loveandlogic. com/what-is-for-parents. html, 2011.

⑤ Family Works. Parenting wisely[EB/OL]. http://www. familyworksinc. com/about/index. html, 2003.

（二）接受强制性家庭教育的群体需求

强制参与者首先需要接受必须参与的事实。家长对这项强制命令的反应可能是多种多样的，但最有可能产生愤怒和敌意情绪的参与者是那些被认为是不称职父母的人。被要求参与强制项目的家长往往都是被认定为缺乏养育子女和维系家庭关系的基本能力，但是在项目中却很少进行相应的需求评估来调查这些家庭的具体需求。

养父母项目通常是通过立法来定义用户的需求，养父母需要知道严格的收养规定和相关要求。一些研究者还指出，这个群体需要额外的援助来应对困难儿童的问题行为，因为约 70% 的寄养儿童具有困难儿童特征。这些父母也需要了解与困难儿童有关的法律制度。对寄养培训项目的评估表明，儿童的行为管理是最令寄养父母感到头疼的问题[①]。

离婚父母需要了解离婚对孩子的影响，避免让孩子置于父母的冲突之中，以及建立适当的沟通策略，减少孩子对另一个家长的敌意[②③]。这些家长也可能需要了解法律体系中的相关信息。更重要的是，这些项目中的许多家长很可能正在应对重大的生活变化，这些变化可能会导致较高的压力，所以在项目中还需增加一些解压的方法。

虐待和忽视孩子的父母需要参与亲职教育项目，家庭教育指导师需要牢记虐待和忽视的类型，孩子的数量和年龄，孩子是否已经从家里搬出去，以及父母所具有的独有特征[④]。项目领导者应该调查参与者是否受过教育，他们在项目期间是否需要照顾孩子，以及他们以前是否参加过亲职教育项目。

---

① Puddy R W, Jackson Y. The development of parenting skills in foster parent training [J]. *Children and Youth Services Review*, 2003, 25 (12):987-1013.

② Brandon D J. Can four hours make a difference? Evaluation of a parent education program for divorcing parents [J]. *Journal of Divorce & Remarriage*, 2006, 45 (1):171-185.

③ Pollet S L, Lombreglia M. A nationwide survey of mandatory parent education [J]. *Family Court Review*, 2008, 46 (2):375-394.

④ Barth R P, Landsverk J, Chamberlain P, Reid J B, Rolls J A, Hurlburt M S. Parent-training programs in child welfare services: Planning for a more evidence-based approach to serving biological parents [J]. *Research on Social Work Practice*, 2005, 15 (5):353-371.

（三）参与者的困难和障碍

虽然被要求强制参加，但参与者并不会悉数参加，有的家庭会在项目开始后陆续加入。项目领导者对出席行为的反应也不尽相同。在一些项目中，工作人员会在其他的环节中补上缺席者错过的一些问题[①]。这也反映了养父母培训中的权力的相对平衡。因为寄养系统需要更多自愿的父母，如果参与者没有完成项目，工作人员也会在一定程度上被问责，所以他们会主动采取额外的措施来帮助参与者完成培训。在一些较低包容性的环境里，研究人员发现，不遵守强制性家庭项目规则的父母普遍存在一些问题：收入较低，单身或离异，和一个家暴男性有一定生活经历或者有一段短暂的家庭生活；他们在药物使用和酒精摄入方面的频率更高，伴侣暴力行为更严重，有着更高的发病率和犯罪行为等[②]。这表明，领导者需要对那些面临重大生活障碍的参与者保持敏感，并努力减少这些障碍，让这些处于困境的家庭更积极地参与到项目中来。

为了探究出勤率是否会影响项目结果，尼克斯（Nix）等人收集了一个名为“快速跟踪”（Fast Track）的非强制性家长管理培训项目参与者的数据[③]。他们测量了项目的出勤率和参与质量，以及家庭作业的完成情况，结果发现参与的质量比出席的频率更加重要。人口统计学特征、儿童问题的严重程度和家庭的压力源比出席率更能达到预测目的。因此，仅仅让家长参与是不够的，积极参与到教育环境中，高质量地完成项目内容是至关重要的。

波林（Polcin）研究了强制药物滥用者接受药物治疗与自愿治疗的影响[④]。研究发现，是否强制对结果没太多影响。他得出结论，强迫是一个连

① Chamberlain P, Price J, Reid J, Landsverk J. Cascading implementation of a foster and kinship parent intervention [J]. *Child Welfare*, 2008, 87 (5):27-48.

② Butler S M, Radia N, Magnatta M. Maternal compliance to court-ordered assessment in cases of child maltreatment [J]. *Child Abuse & Neglect*, 1994, 18 (2):203-211.

③ Nix R L, Bierman K L, McMahon R J. How attendance and quality of participation affect treatment response to parent management training [J]. *Journal of Consulting and Clinical Psychology*, 2009, 77 (3):429-438.

④ Polcin D L. Drug and alcohol offenders coerced into treatment: A review of modalities and suggestions for research on social model programs [J]. *Substance Use & Misuse*, 2001, 36 (5): 589-608.

续变量而不是二分变量。许多药物治疗的参与者受到来自家人、朋友、自身和专业人士的压力。当他人感到强迫存在时，被强迫者可能并不会感觉到。作者引用了一项研究，该研究发现 35% 的强制药物治疗参与者报告说他们没有感到强迫。这表明，父母和家庭成员的看法相比一些客观测量同样重要。

以上研究表明，强制参加家庭生活教育项目很可能会增加出勤率，但出勤并不能保证项目的积极影响。一些参与者明显消极怠工，以便完成任务。沙夫纳（Schaffner）谈到一些父母“进入强制性班级后表现得非常愤怒，挑衅地坐着，双臂交叉在胸前”[①]。然而，有几项研究发现，参与者在刚开始参加时会非常愤怒，但是后续都会说希望项目提前开始或持续更长的时间[②]。因此，真正关键的问题是如何营造健康的群体氛围，并以此促进参与者高质量地完成任务。

（四）环境因素

库尔顿（Cookston）等人指出，离婚教育项目可以在中小学、高校、社区服务机构和家事法庭等不同的环境开展[③]。塞伦（Salem）等人指出，这些项目的领导人可以是“法官、律师、大学教授、社区志愿者、研究人员、心理健康专业人员、研究生、家事法庭调解人和家长”[④]。一些人认为最好的项目环境是法庭，但是迈尔斯－沃尔斯等人认为，项目负责人将自己与强制机构和行政人员区分开是很重要的[⑤]。一方面，如果父母和家庭成员感到愤怒和不满，处于强制性法案之外的个人可以帮忙调解，参与者也

---

① Schaffner L. Families on probation: court-ordered parenting skills classes for parents of juvenile delinquents [J]. *Crime & Delinquency*, 1997, 43 (4): 412-437.

② Brandon D J. Can four hours make a difference? Evaluation of a parent education program for divorcing parents [J]. *Journal of Divorce & Remarriage*, 2006, 45 (1):171-185.

③ Cookston J T, Sandler I N, Braver S L, Genalo M T. Predicting readiness to adopt evidence-based programs for divorcing families: Champions, attitudes, and access to funding [J]. *American Journal of Orthopsychiatry*, 2007, 77(4):573-581.

④ Salem P, Schepard A, Schlissel S W. Parent education as a distinct field of practice: The agenda for the future [J]. *Family and Conciliation Courts Review*, 1996, 34 (1):9-22.

⑤ Myers-Walls J A, Newcom T, Berkope S. Parenting piece by piece. West Lafayette, IN: Purdue Cooperative Extension[EB/OL]. http://www. cfs. purdue. edu/extension/children_families/parenting_piecebypiece.html, 2009.

能更快地减少负面情绪。这样的设置可以帮助参与者更诚实和更公开地参与讨论和活动，促进项目的有效性。另一方面，由行政人员举办的项目可以强制增加当局对出席率的监督，参与者可能会更认真地对待强制项目。

项目领导者—参与者关系中的权力分配是一个重要因素。一些研究者指出，在参与人群中涉及大量少数族裔，而大多数项目负责人是白人和中产阶级。如果领导者以专家的身份展示了所有的答案，参与者就会产生抵触情绪甚至感觉到愤怒。领导者应该遵循良好的家庭生活教育项目原则，创造出舒适、安全、没有干扰的环境。惩罚对于促进学习和项目的成功作用非常有限。

另一个重要因素是参与者的构成。此类项目团体应该由单独的强制性参与者组成，还是由强制性和自愿的群体混合组成存在争议。巴恩等人提出了一种群体异质性理论，他们指出，“将不同的家庭结合在一起，在动机和期望上就会产生巨大的异质性”①。“逐步育儿”项目（Parenting Piece by Piece）已经认同了这样的观点，即强制性的育儿项目应该只由强制性的父母组成②，这一观点是基于以下问题提出的。

首先，如果是混合型团队，则很难处理由于强制导致的愤怒和怨恨情绪。

其次，高风险群体和低风险群体的教育需求差异很大，很难同时满足两个群体的需求。

最后，强制性可能带来耻辱感。如果只有部分参与者被强制性参加，他们可能感到紧张及自我意识降低，并拒绝参与。如果整个群体都被强制执行，这种恐惧就不会出现。另外一个重要的影响因素是混合群体中主体是谁，如果群体中大多数是自愿参与，强制性父母很可能也会继续参与，但是因为他们只是被动的参与者，项目和主体及解决方案不太可能满足他们的需求。如果群体中大多数是强制性参与，自愿参与者可能会很快退

---

① Barth R P, Landsverk J, Chamberlain P, Reid J B, Rolls J A, Hurlburt M S. Parent-training programs in child welfare services: Planning for a more evidence-based approach to serving biological parents [J]. *Research on Social Work Practice*, 2005, 15 (5):353-371.

② Myers-Walls J A, Newcom T, Berkope S. Parenting piece by piece. West Lafayette, IN: Purdue Cooperative Extension[EB/OL]. http://www. cfs. purdue. edu/extension/children_families/parenting_piecebypiece.html, 2009.

出，或者会采取准领导者的角度，试图“拯救”高风险的父母。

又有人主张将有风险的父母和家庭成员纳入其他主流群体。他们相信，这种混合群体为处于困境的父母提供了很好的榜样，并可以帮助他们顺利过渡到社区的其他项目中。持这些观点的研究者认为父母和家庭成员需求是标准化的和可预测的，这意味着基础课程将满足所有家长和家庭的需要。考虑到这些观点，项目领导者要综合考虑项目性质，熟悉参与者特征，并且根据他们的需求定制相关项目。

（五）学习方式

由于强制性项目中存在的控制问题，导致领导者很容易陷入一种局限于特定内容和僵化课程大纲的教学模式。但是，一些研究者已经注意到主动学习和合作学习的重要性。这些研究者尝试使用评估结果来研究更积极的学习方式，基于此提供练习特定技能的最佳时机。

了解家庭生活教育项目中参与者的学习方式是至关重要的。一些离婚教育项目向参与者提供书面材料，但如果参与者是文盲则无法适用这种方法。其他项目使用电子媒介和网络材料进行远程合作学习[①]，让参与者分组模仿行为。这类项目的优点是它们在时间和地点方面是灵活的，对急于带孩子回家、继续进行离婚诉讼、或完成收养程序的家庭极为重要。但远程教育也存在缺点，远程学习的参与者与别人讨论问题和进行行为干预的机会大大减少，家庭成员的需求和项目的参与度难以达到标准，此外参与者还可能没有电脑。

（六）家庭生活教育指导师的特征

迈尔斯－沃尔斯等人建议，家庭生活教育项目的领导人最好有家庭生活教育的经验或与强制参与者合作的经验[②]，在儿童发展、家庭研究、家庭生活教育、社会工作、咨询或相关领域拥有学位和相关工作经验。塞伦等

---

① Cooperative Parenting Institute. Cooperative parenting institute: Recognizing the unique needs of separating families[EB/OL]. http://www. cooperativeparenting. com/index. html, 2009.

② Myers-Walls J A, Newcom T, Berkope S. Parenting piece by piece. West Lafayette, IN: Purdue Cooperative Extension[EB/OL]. http://www. cfs. purdue. edu/extension/children_families/parenting_piecebypiece.html, 2009.

人在以往研究中发现，离婚教育项目领导人的心理健康至关重要①，一些项目要求他们至少拥有心理健康领域的硕士学位。塞伦认为对项目领导人的选择，最重要的是关注他们的团队工作能力，此外需要扎实的知识基础、成人教育理论背景、群体促进技能和公共演讲能力，他对过分强调学术背景的情况表示担忧。邦迪－法齐奥利（Bundy-Fazioli）等人对儿童福利工作者和参与强制性项目的父母进行了定性研究②，发现父母对工作者积极性格、同情心和真诚这三个特征比较重视。

国家推广育儿教育者框架（NEPEF）提出了育儿教育的必要技能③。在此框架下，专业人士需要进行专业发展和社会化来不断成长；学习理解和应用育儿教育的理论和哲学体系框架；利用需求评估、行为目标、创造性活动以及适当的评估来制定项目；学习如何有效地实施项目，并使用教学和学习策略教育父母和家庭成员；涉及各种父母和家庭成员背景、形式和文化；在社区、地区、国家和国际层面了解父母和家庭成员的需要等。

NEPEF 中概述的专业技能可以适用于所有的家庭强制性项目，但是在使用时需要根据情境对技能进行完善。比如，成长的部分需要增加对法律体系的培训。在多学科的背景下，各类专业人士密切合作，儿童发展和养育专家提供儿童发展需求和亲子关系的相关材料，而律师和法院官员提供他们对法律和合理使用权力的见解，这样更容易解决处境不利家庭的复杂情况。

（七）伦理思考

对强制性项目的伦理思考与能否正确使用权力关系紧密。强制性往往意味着权力分配的不平等。这种情况下的强制性项目领导人更倾向于关注参与者的劣势，基于负面评价做出判断，而不是共同努力提升育儿技能、

---

① Salem P, Schepard A, Schlissel S W. Parent education as a distinct field of practice: The agenda for the future [J]. *Family and Conciliation Courts Review*, 1996, 34 (1):9-22.

② Bundy-Fazioli K, Briar-Lawson K, Hardiman E R. A qualitative examination of power between child welfare workers and parents [J]. *British Journal of Social Work*, 2008, 39(8): 1-18.

③ DeBord K, Bower D, Goddard H W, Kirby J, Kobbe A M, Myers-Walls J A. National extension parenting educators' framework[EB/OL]. http://www1.cyfernet. org/ ncsu_fcs/NEPEF/index. htm, 2002.

最终找到解决问题的办法。在他们实施项目时，需要重点检查自己的态度和观点，了解偏见，避免自身的态度影响参与者。

沙夫纳对司法系统中的强制性教育项目进行了非结构化观察，并确定了三种观点①。第一种观点，大多数司法部门代表认为，该部门可以比违法的亲生父母更好地“做父母”。第二种观点和第一种观点不同，他们认为如果父母没有答案，那么从司法部门也得不到答案。第三种观点是由父母双方和司法部门工作人员共同持有的，将儿童（主要是年龄较大的儿童）妖魔化，指责儿童的消极行为或不合作行为。以上观点都没有任何帮助，我们需要尊重家长并让专业人员与参与者合作，才有可能取得积极的结果。

另一个需要避免的是利益冲突。沙夫纳发现，司法官员会建议父母在法庭诉讼中指证他们的孩子②，因为从司法的角度这种方式是有用的，但从父母教育的角度是无益的。塞伦等人认为③，成为项目法律实践负责人的父母都具有利益冲突的风险，他们也反对让来自司法部门、法院或儿童保护机构系统的工作人员领导教育项目。

邦迪－法齐奥利等人通过研究父母和儿童福利工作者之间的权力关系发现④，儿童福利工作者和父母互动的方式可能会影响服务结果。虽然鼓励公平，但是儿童福利工作者往往很少学习如何与家长平衡权力来避免等级制度。家长被要求强制性参加项目，他们往往会受到来自法院与儿童保护机构的控制和评判；而儿童福利工作者监督参与者的活动，让法庭知道家庭的情况，这就造成了利益冲突。因此，强制性领导项目独特的伦理挑战是，试图在法院权力、强制和判决的系统中，维持强制性教育方法。教育工作者需要尽可能从教育者、监督者和裁判的角色中分离出来。

---

① Schaffner L. Families on probation: court-ordered parenting skills classes for parents of juvenile delinquents [J]. *Crime & Delinquency*, 1997, 43 (4): 412-437.

② 同①。

③ Salem P, Schepard A, Schlissel S W. Parent education as a distinct field of practice: The agenda for the future [J]. *Family and Conciliation Courts Review*, 1996, 34 (1):9-22.

④ Bundy-Fazioli K, Briar-Lawson K, Hardiman E R. A qualitative examination of power between child welfare workers and parents [J]. *British Journal of Social Work*, 2008, 39(8): 1-18.

（八）家庭生活教育项目的指导意见

家庭生活教育材料质量评价工具（Family Life Educaion Materials Quality Assessment Tool）是一种评价家庭生活教育课程质量的重要方法[①]。该工具同时适用于强制或非强制性的家庭。课程的标准如下：设计者资格；研究基础与项目之间的联系；项目预期影响的明确指标；明确和可测量的目标；明确价值观取向；明确信息对于参与者的重要性；活动和主题是否适合目标受众；清晰和易于遵循的指导；有吸引力且有用的讲义；多样的活动；为参与者提供额外材料和资源；项目提供了理论或观点；包含了以往评估研究的结果；包含了项目所需的所有材料；对项目技能和建议的应用，及对儿童和家庭的背景认可。这些标准可以用来评估材料和创建新的课程。

寄养家庭治疗协会（The Foster Family-Based Treatment Association）针对寄养教育项目提出更具体的指导方针：以优势为基础，对儿童自然家庭及寄养家庭需求的肯定，以及尊重文化的多样性[②]。这些原则与前面的一般标准，为评估和开发新项目提供了一个新思路。

香农（Shannon）列举了几个预防儿童虐待的方法[③]：

1. 聚焦更多的风险因素。
2. 尝试影响参与者的知识、态度、技能和教育愿景。
3. 与父母共同工作，并工作很长一段时间。
4. 项目领导人和家庭教育者的素质至关重要。
5. 与其他机构和组织合作。
6. 适当调整服务以满足个别参与者的特殊需求。
7. 制订详细和有意义的计划。

---

① Myers-Walls J A. Family life education materials quality assessment tool (FLEMatQAT).West Lafayette, IN: Purdue University Extension[EB/OL]. http://www. extension. purdueedu/purplewagon/FLEMat-QAT/FLEMat-QAT. htm, 2010.

② Dorsey S, Farmer E M, Barth R P, et al. Current status and evidence base of training for foster and treatment foster parents [J]. *Children and youth services review*, 2008, 30(12): 1403-1416.

③ Shannon L C. (n. d.). Best practices for parent education programs seeking to prevent child abuse[EB/OL]. http://www. npen. org/pdfs/BestPra. pdf ,2003.

四、未来方向

家庭强制性教育项目的未来发展存在如下问题：

1. 当个人参加强制性家庭生活教育项目时，选择权和控制感将从何获得？

2. 强制性和非强制性项目的参与者是否应该在同一个项目组？

3. 离婚夫妇是否应该参加同一个离婚教育项目？

4. 来自不同学科的专业人员应如何合作，才能满足家庭的需求？

第四节　弱势族群家庭教育指导

美国是一个多种族和多文化的国家，截止到2021年，美国人口约3.33亿，非拉美裔白人占60. 1%，拉美裔占18. 5%，非洲裔占13.4%，亚裔占5.9%，混血占2.8%，印第安人和阿拉斯加原住民占1.3%。拉丁裔和非洲裔黑人是美国占比最大的两个少数族群。在为这类弱势族群提供家庭教育指导时，家庭教育指导师需要考虑到该群体的具体特征，卸下刻板印象和传统观念，用足够多的时间去充分理解该群体的文化样态。

一、拉丁裔家庭的家庭教育指导

（一）人口特征

大多数拉丁裔为美国本土出生（61.9%），剩余五分之二在国外出生[①]。居住在美国的拉丁裔的主要原籍国是墨西哥（63%）、波多黎各（9. 2%）、古巴（3.5%）、萨尔瓦多（3.3%）、多米尼加共和国（2.8%）和危地马拉（2.1%）[②]。因此，在美国的拉丁裔人种族中有许多文化差异。当与拉丁裔人打交道时，家庭教育工作者必须了解他们的原籍或他们所认同的国家，以控制个人偏见。此外，虽然大多数的拉丁裔家庭都说英语和西班牙语，但只有20. 1%的人在家里把英语作为主要语言。超过72%的国外出生的拉

---

① U. S. Census Bureau. U. S. Census Bureau 2005-2009 American Community Survey.[EB/OL]. Retrieved from http://factfinder. census. gov/servlet/DTTable?_ bm=y&-geoid=01000US&-ds_name=ACS_2009_5YR_G00_&-mt_name=ACS_2009_5YR_ G2000_B03001, 2009.

② U. S. Census Bureau. The Hispanic population:2010. [EB/OL]. [2022-11-7]. https://www. hacu.net/images/hacu/OPAI/2012_Virtual_Binder/2010%20census%20brief%20-%20hispanic%20population.pdf

丁裔人称他们的英语说得不是很好，而本土出生的拉丁裔人中这一比例仅占 12.7%[①]。

1. 拉丁裔家庭的特点

为提高拉丁裔人口的家庭福祉，受教育程度和收入是需要考虑的重要因素。在受教育程度方面，拉丁裔的辍学率非常高，近 40% 的人在获得高中学位前就辍学了，只有近 13% 的拉丁裔获得了大学学位[②]。在收入方面，据报告显示，拉丁裔的年收入中位数为 3.8 万美元，而亚裔为 6.6 万美元，白人为 5.6 万美元[③]。值得注意的是，拉丁裔人面临的许多挑战和"缺陷"往往被错误地归因于文化缺陷，然而这些挑战其实可以直接归因于有限的受教育程度和收入。家庭教育工作者应谨慎避免这种错误归因，并设法为他们所服务的家庭创造获得教育和提升收入的机会。

虽然大多数拉丁裔人是土生土长的美国公民，但大多数家庭都至少有一个非美国国籍的移民成员，并且他们通常居住在同一屋檐下[④]。此外，在接受家庭教育指导的拉丁裔人口中，很少有人拥有自己的房子或医疗保险。政府评估显示，只有 48. 9% 的拉丁裔拥有住房，而白人拥有住房的比例为 74.9%[⑤]。

研究者将美国种族群体对文化的适应分为四个主要类别。同化（Assimilated）指的是那些接受了主流文化价值观，几乎不保留其原有文化传统的人。分离（Separated）指的是那些拒绝主流文化，保留大部分甚至全部原有文化传统的人。边缘化（Marginalized）指的是那些难以认同自己

---

① Pew Hispanic Center. Statistical portrait of the foreign born population in the United States, 2008 [EB/OL]. Washington, DC: Author. Retrieved from http://pewhispanic. org/factsheets/factsheet. php?-FactsheetID=59, 2011.

② U. S. Census Bureau. U. S. Census Bureau 2005-2009 American Community Survey.[EB/OL]. Retrieved from http://factfinder. census. gov/servlet/DTTable?_ bm=y&-geoid=01000US&-ds_name=ACS_2009_5YR_G00_&-mt_name=ACS_2009_5YR_ G2000_B03001，2009.

③ U. S. Census Bureau. (2009). U. S. Census Bureau 2005-2009 American Community Survey. Washington, DC: Author. Retrieved from http://factfinder. census. gov/servlet/DTTable?_ bm=y&-geo_id=01000US&-ds_name=ACS_2009_5YR_G00_&-mt_name=ACS_2009_5YR_ G2000_B03001

④ Vidal de Haymes M, Kitty K. Latino population, growth, characteristics, and settlement trends: Implications for social work education in a dynamic political climate [J]. *Journal of Social Work Education*, 2007, 43 (1):101-116.

⑤ Kochhlar R, Gonzalez-Barrera A, Dockterman D. Through boom and bust: Minorities, immigrants, and home ownership [EB/OL]. . http://pewhispanic. org/files/reports/109. pdf, 2009.

的传统文化或主流文化的人。适应（Acculturated）指的是那些在自己的传统文化和主流文化之间取得平衡的人[①]。并非所有拉丁裔人都处于文化适应状态。其中许多人都被同化了，他们世世代代都接受着美国主流文化。其他人则处于分离状态，几乎没有接触主流文化。还有一些人可能会被边缘化，难以与主流文化或他们原有的拉丁文化产生认同感。另外，同一个人可能在生活的某些领域（如教育和职业）更适应或融入主流文化，但在其他领域（如音乐、食物和家庭语言）则更多地保留传统文化。总之，家庭教育工作者要明白他们所指导的家庭往往处于不同的文化适应状态，因此要为他们量身定制课程，以满足其不同需要。

2. 拉丁裔家庭的优势

了解拉丁裔家庭的独特优势，可以帮助家庭教育工作者在此基础上进一步发掘其潜能：

（1）家庭主义

家庭主义强调将家庭成员视为一个整体，并将家庭成员的需求置于个人需求之上[②]。拉丁文化不仅重视夫妻关系，而且重视家庭义务、子女养育等方面。据研究报告，在美国所有种族群体中，拉丁裔最有可能生活在大家庭中，并且很少会独居生活[③]。

（2）和善主义

和善主义强调愉快和礼貌的社会互动，避免直接冲突或分歧。这种文化价值观可能会使说西班牙语的家庭不太愿意在群体中公开发表不同意见。因此，涉及直接、开放的沟通和冲突会被视为一种粗鲁和挑衅的行为。孩子们经常被教导要彬彬有礼，顺从大人，他们也可能不愿意与家庭以外的成年人产生直接互动，也不会大声喧哗[④]。

---

① Phinney J, Devich-Navarro M. Variation in bicultural identification among African American and Mexican American adolescents [J]. *Journal of Research on Adolescence*, 1997, 7:3-32.

② FalicovmC. Working with transnational immigrants: Expanding meanings of family, community, and culture [J]. *Family Process*, 2007:46 (2), 157-171.

③ U. S. Census Bureau. U. S. 2005-2009 American Community Survey. [EB/OL].https://catalog.data. gov/dataset/2005-2009-american-community-survey-5-year-estimates, 2009.

④ Rodriguez G. *Raising nuestrosniños: Bringing up Latino children in a bicultural world* [M]. New York: Fireside, 1999.

（3）亲密主义

亲密主义指的是通过握手、拥抱或触摸来表达对个人的赞赏与喜爱。大多数拉丁裔群体都有使用“飞吻”或“小吻”的传统（little kiss），当使用飞吻时，人们会用脸颊接触脸颊，并用嘴唇发出“吻”的声音，以表示赞赏或亲密。需要注意的是，这只会发生在一个男人和一个女人之间，或者两个女人之间，而不会发生在两个男人之间。

（4）男子主义和女子主义

男子主义指的是男性作为家庭中的父权人物和主要决策者①，其经常被误解为男性对女性的支配。然而，在传统历史上，大男子主义指的是供养和保护家庭成员的骑士精神。当代对“大男子”的看法则是身体力量、性能力、克制情绪、忍受痛苦、用“足够的男人气魄”以克服挑战等，他们负责努力供养和保护家庭。

女子主义指的是在性方面比较保守、关注孩子和家庭的女性。女子主义有时被视为女性缺乏权力，并服从于男性，然而，妇女这一角色会对家庭产生很大影响，尽管这种影响可能是间接的。在外人看来，拉丁裔群体中的男女平等似乎并不明显，但在实际生活中这种平等是存在的。在家庭中，男人要做出让女人信服的决定，而女人则要忠于家庭②。

（5）宗教

宗教是拉丁文化的重要组成部分③。由于大多数拉丁裔是天主教徒，因此，与这一群体合作的家庭教育工作者都需要对天主教神学和教义有所了解。此外，罗马天主教会的传统习俗会对家庭的运转和决策产生很大影响。离婚便是一个例子。据报告显示，拉丁裔人口的离婚率比美国普通人口低30%左右④。由于宗教的影响，许多拉丁裔女性不太可能离开她们的丈

① FalicovC. Working with transnational immigrants: Expanding meanings of family, community, and culture [J]. *Family Process*, 2007, 46 (2): 157-171.

② Gil R, Vazquez C. *The Maria paradox: How Latinas can merge old world traditions with new world self-esteem* [M]. New York: Perigee Books, 1996.

③ Garzon F, Tan S. Counseling Hispanics: Cross-cultural and Christian perspectives [J]. *Journal of Psychology and Christianity*, 1992, 11 (4): 378-390.

④ National Healthy Marriage Resource Center. Hispanics and Latinos [EB/OL]. [2022-11-7]. http://www. healthymarriageinfo. org/marriage-and-culture/hispanics-and-latinos#Hispanic%20 Marriage

夫。正如研究者指出的那样，“从传统文化观念和天主教禁止离婚的角度来看，人们会更好地理解为什么拉丁裔妇女会与严重虐待她的丈夫一起生活很长一段时间”[①]。

（二）拉丁裔家庭教育的现状

相对来说，拉丁裔人口的家庭教育还处于萌芽期。然而，美国的教育工作者已经以多种身份与拉丁裔家庭合作了几十年之久。在 20 世纪 40 年代至 50 年代，Bracero 项目雇用了 400 多万名墨西哥农场工人来到美国工作，从这时起，社区健康工作者就开始与美国拉丁裔移民一起工作[②]。

目前，家庭教育作为一个特殊领域，应该更加关注文化教育和资源提供的必要性。例如，拉丁裔家庭全国联盟倡导为拉丁裔家庭提供与文化相关的社区服务[③]。随着人们对文化节目的认识有所提高，许多专门针对西班牙语观众的家庭教育节目也应运而生。这使得家庭教育工作者能更有效地服务于更广泛的西班牙语受众。此外，这种趋势也导致更多双语 / 双文化的培训人员和教育工作者出现在家庭教育领域。

（三）拉丁裔家庭的一般需求

了解拉丁裔家庭的需求，是家庭教育工作者成功介入的基础。研究显示，在美国的拉丁裔移民家庭主要有五个方面的困难[④]：

1. 适应美国的法律和社会系统（医疗保健、移民、驾照、学校、法院等）。对新移民的拉丁裔人来说，了解现有的公共服务以及与服务者沟通是普遍难题。

2. 孩子的教育。对许多家庭来说，改善子女教育机会是他们选择移

---

① Garzon F, Tan S. Counseling Hispanics: Cross-cultural and Christian perspectives [J]. *Journal of Psychology and Christianity*, 1992, 11 (4): 384.

② May M, Contreras R. Promotor(a)s, the organizations in which they work and an emerging paradox: How organizational structure impacts promotor(a)s' work [J]. *Health Policy*, 2007, 82: 153-166.

③ National Alliance for Hispanic Families [EB/OL]. [2022-11-7]. http://www. hispanicfamily. org/

④ Aguinago A, Aragon S, Bellmar C, Chabo J, Conrad E, Diaz J, et al. Hispanic needs assessment field study [EB/OL]. [2022-10-5]. http://www. sph. sc. edu/cli/documents/Hispanic%20Needs%20Assessment%20Field%20Study-DMSB_june01.pdf

民美国的首要原因。这些家庭经常担心孩子的学业，他们不知道如何帮助孩子取得学业上的成功。

3. 语言障碍。语言障碍也是许多拉丁裔移民需要面对的问题。因此许多家庭希望参加英语课程，以满足他们的现实生活需求。这种教育机会有助于改善父母和青少年之间的沟通，增加他们获得社区资源的机会，并改善其就业前景。

4. 交通问题。在大多数州，某些拉丁裔移民由于缺乏政府要求的特定证件，因而很难获得驾照。大多数郊区和农村地区也缺乏公共交通，这也造成了他们日常的交通问题。

5. 经济。在经济萧条期，由于语言或证件问题，他们往往是最先被解雇的人。另外，许多拉丁裔没有资格获得大多数的公共服务，如食品券、医疗补助、失业补助等[①]。

（四）拉丁裔家庭教育指导的策略

1. 市场营销／招募

在招募拉丁裔家庭参与项目前应该对目标家庭进行需求评估，例如，可以借用社区现有的数据或直接从社区成员那里收集数据进行评估[②]。家庭教育工作者可以借此最大程度地利用资源，从而满足拉丁裔群体的具体需要。

研究表明，引导用户群体注意到你提供的服务具有重要意义[③]。例如，当拉丁裔人需要服务时，他们应该首先想到你或你的机构。为此，有必要给目标群体提供适宜的材料，并通过拉丁裔社区组织和教堂建立关系。在提供教育指导时，也有必要考虑文化敏感性。据全国“拉丁裔消除家庭暴力联盟”称，如果服务者对家庭的文化动态缺乏相关了解，则有可能产生对家庭的歧视，从而疏远和再次伤害那些他们打算帮助的对象。

---

① Cohen, M. Commentary: Undocumented women: Pushed from poverty and conflict, pulled into unjust disparity [J]. *Journal of Public Health Policy*, 2009, 30:423-426.

② Batsche C, Hernandez M, Montenegro M. Community needs assessment with Hispanic, Spanish-monolingual residents [J]. *Evaluation and Program Planning*, 1999, 22:13-20.

③ Valdés M. *Marketing to American Latinos: A guide to an in-culture approach* [M]. New York: Paramount Market, 2002.

使用西班牙语广播宣传家庭教育项目也是一种重要策略。例如，北卡罗来纳州的一个节目已经与当地电台、电视台和西班牙媒体制作人建立了合作关系。目前，大多数州有 211 联合之路（United Way 211）或信息服务，能够提供相应资源的电话清单，社区成员可以借此找到有关服务项目的信息。

近年来，数字鸿沟正在迅速缩小。研究表明，拉丁裔（64%）经常使用互联网，这几乎与普通人群（72%）使用互联网一样普遍①。在本土出生的年轻拉丁裔人中，互联网的使用则更为普遍。根据调查结果显示，在拉丁裔中，47% 的人每天花一些时间在西班牙语网站上，例如，使用西班牙语的电子邮件、观看视频或听音乐。60% 的人听西班牙语广播，73% 的人听英语广播②。可见，为招募受众群体，利用多种类型和多种语言的媒介是非常行之有效的。

通常来说，鼓励家庭使用家庭教育服务有两种途径："激励"参与和要求参与。一些常用的有效激励措施包括：(1) 关注儿童（如儿童才艺之夜、青年节目）；(2) 提供食物；(3) 提供奖励（如上门奖品、抽奖、礼品卡）；(4) 提供你所教授主题的第二语言（ESL）课程；(5) 提供音乐、娱乐、新的学习机会以及与他人互动的机会。许多拉丁裔之所以选择移民到美国，是为了让孩子拥有更多获得教育和职业上成功的机会。因此，在设计项目时，把重点放在如何吸引孩子身上，会有效吸引整个家庭，并让他们更专注地参与进来。呼吁母亲和孩子邀请父亲参与进来，并要求父亲做一些与该项目相关的事情，也能有效提升项目的吸引力。另一种途径是"要求参与"，以帮助他们摆脱困境。其中包括：(1) 法院推荐的项目，(2) 学校或州政府实体要求的项目，(3) 依赖于项目参与的附加服务。家庭教育指导师的大量经验表明，强制参与的项目一开始可能更难吸引参与者。然而，随着时间的推移，参与项目的家庭的积极性往往会逐渐提升，并且

---

① Livingston, G. The Latino digital divide: The native born versus the foreign born [EB/OL]. [2022-11-7]. https://www. naquitline. org/news/52375/The-Latino-Digital-Divide-The-Native-Born-versus-The-Foreign-Born.

② Nielsen Company. A snapshot of Hispanic media usage in the U.S. [EB/OL]. [2022-11-7]. http:// www. nielsen. com/us/en/insights/reports-downloads/2010/snapshot-of-hispanic-media-usagein-us.html

自发地提供他们的经验和想法。

为了提高拉丁裔家庭教育项目的成功性，项目提供者和参与者之间的合作是必不可少的[①]。例如，亚利桑那州菲尼克斯市的联合成长组织（Creciendo Unidos organization）与当地天主教教堂建立了重要的合作关系，该组织为人员的招募提供便利，还提供了举办课程和会议的场地资源[②]。

根据大量家庭教育指导师的经验，在招募拉丁裔人时，通过拜访或电话发出的个人邀请是最有效的，这种"口口相传"的招募方式融入了拉丁裔种族的"亲密主义"理念，相比寄传单回家的方式要有效得多。此外，向宗教团体、学校团体等做简短的演讲也可以建立信任。在会场中增设一些符合文化的食物和音乐也有助于创造热情和欢迎的氛围。

建立温暖和信任的关系对项目的招募和执行也十分有帮助。为了在一个为期数周的项目中留住家庭，最好的办法是让整个家庭都参与进来，尤其是父亲的参与对项目的开展有很大帮助。招募拉丁裔作为倡导者、指导师、招聘人员和志愿者也是很有价值的，这将直接拉近家庭教育项目与拉丁裔家庭的距离，增加参与者的归属感。

2. 参与障碍

拉丁裔家庭经常需要带着孩子参加活动，因此在参与者中存在一个从婴儿到青少年跨度很大的年龄范围。显然，这将导致他们需要不同类型的照顾和娱乐方式。此外，如果父母预期他们的孩子会喜欢这个活动，那么这个家庭会更有可能参加[③]。

交通可能是影响低收入家庭参与进来的一个显著因素[④]。项目组织者可以在便利的地点和靠近公共交通的地方安排活动。提供交通服务也可以减少家庭参与的一些障碍。

---

① Behnke, A. Expanding the Latino market niche: Developing capacity and meeting critical needs [J]. *Journal of Extension*, 2008, 46 (5).

② CreciendoUnidos. Creciendo Unidos program overview [EB/OL]. [2022-11-7]https://www.causeiq. com/organizations/creciendo-unidos-growing-together, 860943924/

③ Olsen C, Skogrand L. Cultural implications and guidelines for extension and family life programming with Latino/Hispanic audiences [J]. *Forum for Family and Consumer Issues*, 2009, 14 (1).

④ Fidalgo G, Chapman-Novakofski, K. Teaching nutrition to Hispanics at an English as a second language (ESL) center: Overcoming barriers [J]. *Journal of Extension*, 2001, 39 (6).

在翻译材料时要保持谨慎态度，并考虑到文化差异。要小心使用俚语，并尝试学习西班牙语中不同方言的习语和其他特点。了解什么是可以接受的，什么是不可接受的，以避免冒犯他人。

3. 环境的注意事项

在受众熟悉和舒适的环境中举办家庭教育活动是最有效的。对于拉丁裔来说，这样的地方可以是一个值得信赖的机构，比如学校。此外，家访也非常有效①。如果项目是由受人尊敬的社区成员或机构介绍时，合作的关系可以发展得更快②。为方便参与者，课程的地点也应该优先设置在参与者居住的社区。其他一些需要考虑的地点还包括教堂或社区中心。例如，在听众不熟悉的社区举办课程或研讨会，他们很可能不会有什么参与感。考虑到家庭成员的工作时间会有所不同，项目应该具有一定的灵活性。对于工薪家庭来说，晚上和周末的时间可能是最好的，对于新妈妈或家长等人来说，上午可能是最好的时间。

4. 指导方式

在对拉丁裔进行家庭指导时，采用小组形式和非正式的教学手段往往是最为有效的③。课堂可以使用角色扮演、音乐、视频、与文化相关的材料等来增加互动性和趣味性。面对面的会议也能帮助家庭教育工作者与家庭成员建立融洽的关系。另一种有效的家庭教育模式包括以语言课程为基础，进行更深层次的"潜在教育"——家庭教育工作者在教授英语词汇的同时，也与其讨论诸如关系教育、金钱管理或育儿等话题。这样既能吸引学习者，同时也为他们提供了成长的资源和机会，并有助于家庭教育工作者与社区成员建立个人关系。家庭教育工作者还需要根据受众的不同需求创建项目或将他们的项目进行文化上的改编和翻译，以适应这些受众。此外，了解拉丁文化中常见的交流模式也很重要。通常，在拉丁裔文化中强调倾听长辈说话并听从他们的建议以表尊重。日常的情感表达通常采用拥

---

① Delgado Gaitan C. *Involving Latino families in schools: Raising student achievement through home-school partnerships* [M]. Thousand Oaks, CA: Sage, 1994.

② Escott R, Mincemoyer C, Nauman D, Rodgers M, Sigman-Grant, M. Developing skills and expertise to program in Latino communities using satellite technology [J]. *Journal of Extension*, 1996, 34 (5).

③ 同①。

抱、亲吻脸颊或轻拍肩膀的方式来进行。了解这些文化动态有助于家庭教育进行个性化的指导。

5. 家庭教育工作者的特点

首先，考虑到拉丁裔的语言问题，在提供有效的家庭教育指导前需要确定好具有经验的双语/双重文化的工作人员①。然而，在一些社区，似乎很难找到合格的双语/双重文化教育工作者。弥补这一问题的一个策略就是帮助一些拉丁裔家长成为领导者，并与其他家长群体分享经验。无数的经验表明，帮助西班牙语的人成为富有能力的家庭教育工作者，比帮助单语教育工作者学会说西班牙语更容易。其次，拉丁裔群体通常对教育工作者的某些特点具有特定偏好。有研究发现，与种族不同的顾问相比，同一种族的顾问更受青睐，但其他特征，如较大的年龄、受教育程度较高比相同种族这一特征更受青睐②。了解这些信息在安排项目人员时很有意义。最后，教育工作者应该花时间反省自己的价值观和可能存在的偏见。了解自己的文化适应程度也有助于教育工作者与目标群体产生共鸣。

6. 道德伦理的考虑

在向拉丁裔人口提供家庭教育指导时，需要考虑的一个主要伦理问题是，一些参与者可能缺乏在美国居住的合法文件。据估计，有 1110 万名非法移民居住在美国③。报告无证移民身份一直是美国主要的政治和法律问题。各州和地方司法管辖区的法律各不相同，因而对于是否应该报告无证移民问题可能有不同要求。家庭教育工作者在计划和实施项目时，应该仔细研究有关这一问题的指导方针。如果参与者认为项目管理员会向当局报告移民身份，那么项目的招募和开展就会受到影响。通常情况下，孩子虽然是作为合法未成年人被父母带到美国，但他们的移民身份仍然无法改

---

① Uttal L. Organizational cultural competency: Shifting programs for Latino immigrants from a client-centered to a community-based orientation [J]. *American Journal of Community Psychology*, 2006, 38: 251-262.

② Lopez S, Lopez A, Fong K. Mexican Americans' initial preferences for counselors: The role of ethnic factors [J]. *Journal of Counseling Psychology*, 1991:38 (4), 487-496.

③ Pew Hispanic Research Center. Undocumented Immigrants in the United States: Demographics and Socioeconomic Status [EB/OL]. [2022-11-7]. https://undocumented. thehastingscenter. org/issuebrief/demographics-and-socioeconomic-status/

变。因此，他们可能缺乏参与某些活动的合法证件，例如，上大学、在美国服役或从事其他需要合法居民身份的活动。针对这一问题，美国国会讨论了《外国未成年人发展、救济和教育法案》（即 DREAM 法案）。该法案旨在帮助那些符合特定条件的人获得这些权利。为了符合这项法律条文，孩子必须在 16 岁之前进入美国，在美国连续居住 5 年，并从美国的高中毕业，被美国高等教育机构录取，且必须具有“良好的”道德品质[①]。

（五）拉丁裔家庭教育项目的成功案例

家庭扫盲项目（family literacy program，FLAME）旨在服务芝加哥的拉丁裔家庭。该项目成功的一个关键因素是，通过定期家访指导父母，以培养一个支持性的家庭环境。结果表明，父母确实对孩子的学习有着积极影响。韦伯州立大学家庭扫盲计划主要服务于参加“开端计划”的低收入拉丁裔家庭。受过培训的家庭教育指导师首先针对家庭的需求制订个性化的教学计划，并大约每 3 周进行一次家访。结果发现，父母在与孩子的日常识字活动中有着明显的进步，儿童的读写能力也得到了显著提高。

“共同促进更好的教育”项目（Together for a Better Education）旨在将 8 年级至 12 年级的青少年、他们的父母、大学教师和学校工作人员聚集在一起，帮助青少年获取相关知识和技能，以弥合高中和大学之间的缝隙[②]。这个项目用西班牙语授课，进行为期 6 周，每周 2.5 小时一次的晚上会议，并为学生提供每周的课后社团活动。项目评估显示，这对拉丁裔青年的生活产生了积极影响[③]。

也有一些专门为拉丁裔群体设计的育儿教育课程。例如，为期 12 周的“受过良好教育的孩子”（LNBE）的育儿课程（儿童护理改善中心 CICC，北达科他州）为 2 ～ 12 岁孩子的拉丁裔父母提供服务。评估发现，该项目能够有效帮助拉丁裔人使用更科学、更积极的育儿方式[④]。其他优秀

① DREAMActinfo. The DREAM Act [EB/OL]. [2022-11-7]. http://dreamact. info

② Behnke A, Kelly C. Creating programs to help Latino youth thrive at school: The influence of Latino parent involvement programs [J]. *Journal of Extension*, 2011, 49 (1).

③ 同②。

④ Center for Improvement of Child Caring (n. d.). CICC’s Los Niños Bien Educados Program [EB/OL]. [2022-11-7]. http://www. ciccparenting. org/LosNinosBienEdDesc. aspx#3

的家长教育类节目根据文化进行了修订，以适应西班牙语受众的需要，包括《父母即老师》《不可思议的岁月》《培养父母》《父母圈》和《明智育儿》等。

美国卫生与公众服务部（DHHS）下属的儿童和家庭管理局（HHMI）于 2005 年发起了拉丁裔健康婚姻倡议。该倡议的宗旨是，建立更健康的家庭制度，提供具有文化意义上的婚姻关系的教育资料，并最终提高儿童的福祉。HHMI 编制了一套补充性的婚姻教育课程，其中的主题包括性别角色、文化适应、双重文化主义等①。

"保重"项目是一个针对拉丁裔青年健康的项目②。它旨在传授年轻人有关性传播疾病的知识，减少其感染艾滋病毒的风险。该项目的评估显示，参加该项目的年轻人性交频率降低，性伴侣数量减少，避孕套使用增加，无保护措施的性行为发生率降低③。

"共同成长"项目为大型拉丁裔社区提供家庭教育指导。其使命是使人们能够相互关心，并创建一个适宜居住的健康社区。实现这一愿景的方法是注重以家庭为单位，以及通过广泛的研讨会、课堂和其他学习活动向拉丁裔社区提供家庭教育指导④。课程在附近的天主教学校和教堂实施，所有授课材料都用西班牙语。该项目在很大程度上依赖于社区志愿者的招募和运营。所有的演讲者和主持人都是能说流利西班牙语的拉丁裔人。每年"共同成长"项目都会为凤凰城地区数以千计的拉丁裔家庭提供服务。

最后，FACE 课程聚焦于解决西班牙裔家庭接受收养和寄养的障碍问题。该项目通过与教堂、学校和其他社区资源建立合作关系，以此帮助拉丁裔家庭解决收养和寄养问题⑤。

---

① Hispanic Healthy Marriage Initiative. Curricula for Hispanics/Latinos [EB/OL]. [2022-11-7]. http://www. healthymarriageinfo. org/marriage-curricula/curricula-for-hispanics-/-latinos1

② Villarruel A, Jemmott J, Jemmott L. A randomized controlled trial testing an HIV prevention intervention for Latino youth [J]. *Archives of Pediatrics & Adolescent Medicine*, 2006, 160:772-777.

③ 同②。

④ Creciendo Unidos. Creciendo Unidos program overview [EB/OL]. [2022-11-7]. http://www. creciendounidosaz. org/New_main. php

⑤ 同④。

二、黑人家庭的家庭教育指导

（一）定义人口

“黑人”和“非洲裔美国人”一词往往可以互换使用，一般指来自非洲黑人种族群体的人。目前美国有3890万黑人，占总人口的13%，是继拉丁裔人口之后的第二大少数群体①。调查显示，25.8%的黑人家庭处于或低于贫困水平，而非拉丁裔白人家庭处于或低于贫困水平的比例仅为8.2%②。此外，大约有130万黑人祖父母和18岁以下的孙辈生活在一起，其中50%是这些孩子的主要照顾者③。

1. 黑人家庭的特点

黑人家庭有许多不同于其他种族的特征。历史上，主流观点一直是从病态的角度来看待黑人家庭的独特性④。病态视角不承认黑人家庭的优势，而是以白人家庭的经历作为标准，并将其独特性视为一种缺陷。然而，目前越来越多的研究反驳了这一说法，开始用优势的角度来看待黑人家庭的独特性。

（1）非洲文化遗产

非洲文化遗产至今对黑人家庭产生很大影响。黑人家庭普遍存在着一种集体主义文化倾向，他们较为依赖大家庭网络来获得支持和资源⑤。而且，非洲文化也关注精神和希望的重要性。因此，许多黑人家庭对宗教信仰十分重视。

---

① Humes K R, Jones N A, Ramirez R R [EB/OL]. [2022-11-7]. https://digitalcommons. unomaha. edu/cgi/viewcontent. cgi?article=1000&context=datausers_reference_2016

② DeNavas-Walt C, Proctor B D, Smith J C. Income, poverty and health insurance coverage in the United States: 2009 [EB/OL]. [2022-11-7]. https://dispatch. irp. wisc. edu/income-poverty-and-health-insurance-coverage-in-the-united-states-2009-2/

③ U. S. Census Bureau. The American community—Blacks: 2004 [EB/OL]. [2022-11-7]. https://permanent. fdlp. gov/lps82077/acs-04.pdf

④ Bell-Tolliver L, Burgess R, Brock L J. African American therapists working with African American families: An exploration of the strengths perspective in treatment [J]. *Journal of Marital and Family Therapy*, 2007, 35: 293-307.

⑤ Waites C. Building on strengths: Intergenerational practice with African American families [J]. *Social Work*, 2009, 54:278-287.

（2）奴隶制的残留

奴隶制在黑人家族的历史中有着重要影响，这也是当今影响黑人家庭运转的最大因素。当奴隶第一次被强行带到美国时，他们与原生家庭的分离便迫使奴隶们形成包括血亲和非血亲的家庭替代结构①。黑奴解放后，黑人家庭在家庭结构上经历了新的变化。他们开始试图重新联系分离出去的家庭成员，也开始向北迁移来寻找工作。这种迁移导致黑人家庭十分依赖大家庭和非血缘亲属，并借此获得经济支持、情感支持和照料方面的支持②。

（3）家庭结构

奴隶制使黑人在数百年的时间里适应了具有挑战性的境遇，并继续影响着当代的黑人家庭结构。首先，黑人从大家庭网络中获取资源，这种获取途径同时包括血缘和非血缘亲属网络。大家庭网络不仅能提供经济援助、食物、衣服和交通等，还能提供鼓励和建议③。其次，黑人家庭结构的特征还包括对老一辈人的尊重。最后，在黑人家庭中加入非血缘亲属是很常见的，例如一些来自社区、邻居和教会家庭的外来成员。

（4）宗教

教会为个人和家庭提供了一个可以自由表达自我的安全场所。此外，教会可能会向家庭提供类似于扩展亲属网络的资源，并在家庭需要帮助时给予支持。宗教信仰作为家庭的一种应对机制，可以追溯到非洲奴隶制时期。直至今日，它仍然支持着黑人家庭的运转④。

（5）韧性

上述黑人家庭的所有方面都促成了其丰富的独特性，并提供了韧性机

---

① Scannapieco M, Jackson S. Kinship care: The African American response to family preservation [J]. *Social Work*, 1996, 41: 190-196.

② Goodman C C, Silverstein M. Grandmothers raising grandchildren: Ethnic and racial differences in well-being among custodial and coparenting families [J]. *Journal of Family Issues*, 2006, 27:1605-1626.

③ Barnes S L. Stressors and strengths: A theoretical and practical examination of nuclear, single-parent, and augmented African American families [J]. *Families in Society: The Journal of Contemporary Human Services*, 2001, 82:449-460.

④ Armstrong T D, Crowther M R. Spirituality among older African Americans [J]. *Journal of Adult Development*, 2002, 9:3-12.

制。尽管有着受压迫的历史，黑人家庭也通过利用亲属网络、宗教和教会社区等资源生存下来，并借此获得力量①。

2. 黑人家庭的优势

扩展性支持网络、宗教团体等都被视为增强和促进黑人家庭力量的因素。

（1）扩展性支持网络

对扩展性支持网络的使用一直被视为黑人家庭最重要的财富之一②。亲属网络或扩展性的支持网络能够提供照顾、联结和资源，帮助成员免受饥饿、疾病、孤独和困苦的影响。这个扩展性的支持网络提醒家庭，他们并不孤单，还有其他人能够在他们需要帮助的时候提供帮助。

（2）宗教团体

宗教团体为个人和家庭提供了一个安全的地方，让他们可以自由地表达自己的想法，这也是为什么教会一直是黑人家庭的力量源泉。教会社区以充满希望的信息、低成本的日托，以及祈祷、音乐和联谊会等方式为黑人家庭提供情感上的支持，黑人家庭可以在需要的时候借此获得力量③。

（3）工作与教育成就

黑人社区非常重视工作和教育成就。与白人家长相比，黑人家长将高等教育视为走向成功的必要因素④。2009 年，25 岁及以上的黑人中，84%至少拥有高中文凭，19% 拥有学士学位或更高水平的教育⑤。此外，黑人在2007 年拥有的企业收入约为 1374 亿美元，比 2002 年增长了 55%⑥。

---

① Riina E M, McHale S M. Parents' experiences of discrimination and family relationship qualities: The role of gender [J]. *Family Relations*, 2010, 59: 283-296.

② McCrae J S, Fusco R A. A racial comparison of family group decision making in the USA [J]. *Child and Family Social Work*, 2010, 15:41-55.

③ Perkins-Dock R E. The application of Adlerian Family Therapy with African American families [J]. *Journal of Individual Psychology*, 2005, 61: 233-249.

④ Immerwahr J, Foleno T. Great expectations: How the public and parents—White, African American and Hispanic—view higher education [EB/OL]. [2022-11-7]. http://www. highereducation. org/reports/expectations/expectations. pdf

⑤ U. S. Census Bureau. The American community—Blacks: 2004 [EB/OL]. [2022-11-7]. https://permanent. fdlp. gov/lps82077/acs-04.pdf

⑥ 同⑤。

（4）韧性、应对技巧和种族认同

黑人家庭也往往依靠韧性、应对技巧和种族认同来应对生活的许多挑战。研究者在回顾文献时发现，黑人女性通过内部策略（宗教和精神资源）、外部策略（利用扩展性的支持网络）和角色的灵活变通（改变外表、避开某些人或情况、直面问题）来应对困难[①]。此外，还有研究提出，倡导积极的种族认同和种族自豪感的黑人父母可以为他们的孩子提供所需的资源，并以可控的方式处理问题，从而提高孩子和整个家庭的韧性[②]。

（二）黑人家庭教育指导实践

1. 黑人家庭教育的现状

许多针对黑人家庭的教育项目都是在宗教组织中进行，或与宗教组织联合进行。黑人教堂在黑人的精神、教育、社会、经济和政治生活中发挥着重要影响[③]。然而，在一项对黑人教堂文化的研究中，只有 10% ~ 20% 提供社会性项目，如教育项目、咨询和康复服务[④]。这致使家庭教育的缺乏成为黑人社区的头等大事。在宗教社区之外，也出现了以政府牵头的针对黑人群体需求的项目。例如，处于危险中的儿童、青年和家庭（CYFAR）项目隶属于美国国家粮食和农业研究所（NIFA），旨在提供有关黑人社区问题的服务[⑤]。非裔美国人健康婚姻倡议（AAHMI）也致力于鼓励和加强黑人社区内健康的婚姻关系和家庭关系[⑥]。

---

① Hamilton-Mason J, Hall J C, Everett J E. And some of us are braver: Stress and coping among African American women [J]. *Journal of Human Behavior in the Social Environment*, 2009, 19:463-482.

② Harvey A R, McCullough-Chavis A, Littlefield M B, Phillips A D, Cooper J D. A culturally competent family enhancement and empowerment model for African American parents [J]. *Smith College Studies in Social Work*, 2007, 80: 70-87.

③ Woodson J M, Braxton-Calhoun M. Techniques for establishing educational programs through the African American faith community [J]. *Journal of Extension*, 2006, 44.

④ Myers V L. Black church culture, social programs and faith-based policy: Using organization theory to reconcile rhetoric and reality [J]. *African American Research Perspectives*, 2005, 10:116-138.

⑤ U. S. Department of Agriculture. Youth and Families at Risk (CYFAR) [EB/OL]. [2022-11-7]. https://www. nifa. usda. gov/grants/programs/4-h-positive-youth-development/4-h-access-equity-opportunity/children-youth-families-risk-cyfar

⑥ African American Healthy Marriage Initiative. Supporting an African American Healthy Marriage Initiative [EB/OL]. [2022-11-7]. https://www. fatherhood. gov/sites/default/files/resource_files/e000001652.pdf

2. 黑人家庭的一般需求

根据研究报告，黑人家庭目前面临的许多挑战包括但不限于以下几点[①]：

- 经济困难和高失业率。
- 种族不公正和不平衡的法律体系。
- 暴力、药物滥用等相关问题。
- 媒体中的负面形象及其影响。
- 教育不足。
- 家庭和社区内部破裂的关系。

3. 市场营销 / 招募

针对黑人参与者的教育项目必须与宗教组织、黑人媒体、传统黑人大学等建立牢固的合作关系[②]。有研究者概述了针对黑人社区的营销策略[③]：

- 在营销材料的设计和传播中使用黑人的正面例子。
- 营销技巧的个性化（例如，使用电话和面对面的方式）。
- 认识到包括大家庭成员在内的家庭价值观的重要性。
- 论证该项目将如何通过参加和支持其他社区活动来强化社区。
- 不要给人留下该项目会拯救参与者或解决他们的问题的印象。
- 承认参与该项目的人员的种族特点及其对参与者的影响。
- 鼓励参与者就项目提出问题。

营销策略必须对黑人所处的文化和历史背景具有高度敏感度。针对这一群体的广告渠道包括：（1）广播和公共电视，（2）社区报纸，（3）公共汽车上的广告，（4）分发信息的街头团队，（5）美容院和理发店，（6）购物中心的售货亭，（7）学校，（8）传统黑人姐妹会和兄弟会，（9）保健诊

---

① Children's Defense Fund. The state of black children and families: Black perspectives on what black children face and what the future holds [EB/OL]. [2022-11-7]. https://nationaldec. org/wp-content/uploads/211-Article. pdf

② National Healthy Marriage Resource Center. Supporting an African American healthy marriage initiative [EB/OL]. [2022-11-7]. https://www. fatherhood. gov/sites/default/files/resource_files/e000001652.pdf

③ Guion L A, Chattaraj S, Lytle S S, Broadwater G, Goddard H W. *Culturally Relevant Resources List: Developing Programs to Effectively Work with Multi-Need, Diverse Audiences (Diversity Project)* [M]. Gainesville: Florida Cooperative Extension, University of Florida, 2003.

所等[①]。

4. 参与障碍

黑人拒绝参与家庭教育指导项目的原因可以分为三大类[②]。

（1）社会文化

由于历史原因，黑人对教育、社会和医疗机构存在不信任感[③]。不道德的医疗实践、歧视和缺乏平等待遇的故事代代相传[④]，导致黑人对黑人社区之外的人们产生悲观和怀疑的看法。

（2）经济

阻碍黑人参与的其他因素还包括获取服务方面的问题，如交通和经济成本[⑤]。那些不在步行距离内或无法提供交通工具的项目可能会出现低出勤率的问题。当低收入或农村居民为了获取服务而不得不放弃工作时，他们会面临更多的经济压力。

（3）个人原因

由于获取信息渠道的匮乏，他们不知道许多项目的存在，也不知道如何获得这些项目[⑥]。年龄和教育水平也会阻碍他们的参与。

5. 环境的注意事项

对于黑人家庭来说，为了创造一个舒适的环境，项目可以在参与者熟悉的地点开展[⑦]。项目还应该提供激励措施、交通、儿童保育，以及尽可能多的膳食等。课程时间也要灵活安排（例如晚上和周末）。此外，还应从

---

① National Healthy Marriage Resource Center. Effective marketing messages for African American couples [EB/OL]. [2022-11-7]. https://www. fatherhood. gov/sites/default/files/resource_files/e000001681.pdf

② Swanson G, Ward A. Recruiting minorities into clinical trials: Toward a participant friendly system [J]. *Journal of the National Cancer Institute*, 1995, 87: 1747-1759.

③ Chandler D. The underutilization of health services in the Black community. An examination of causes and effects [J]. *Journal of Black Studies*, 2010: 40, 915-931.

④ Dancy B L, Wilbur J, Talashek M, Bonner G, Barnes-Boyd C. Community-based research: Barriers to recruitment of African Americans [J]. *Nursing Outlook*, 2004, 52:234-240.

⑤ Livingston J N, Eaton S, Singleton D, Farrell P, Wells V, Brown C, et al. Early childhood education and services for all children: A call to action for social science and human service professionals [J]. *African American Research Perspectives*, 2010, 11:127-137.

⑥ 同⑤。

⑦ Vesey G A. A successful strategy for recruitment and retention of Black elders in applied research [J]. *African American Research Perspectives*, 2002, 8 (2):41-56.

黑人教堂借鉴有关祈祷和使用音乐的方法。创造舒适环境的建议还包括：(1) 使用非洲中心和欧洲中心的世界观；(2) 鼓励对信息进行批判性分析，以发展自主权；(3) 强调材料的实际应用[①]。最重要的是，教育工作者必须与黑人参与者建立信任，并传达家庭教育项目的价值和目的。

6. 指导策略

贫困和不达标的生活条件，加上心理上的自卑感和学习环境的不适感，影响了许多黑人的教育经历[②]。为了解决这些差异，研究者确定了有助于黑人学习的四个主要领域：(1) 社会互动和社会学习，(2) 关注和尊重团体，(3) 创造性表达，(4) 非语言交流[③]。此外，在为黑人进行家庭教育指导时也可以使用以下方法[④]：

- 想象力和幽默。
- 独立活动以证明自给自足。
- 肢体动作。
- 亲身体验。
- 关注人而不是事。
- 口头和动觉信息。

7. 教育工作者的特点

在与黑人家庭合作中取得成功的家庭教育指导师更重视体验式学习活动。参与者往往更喜欢知识渊博、专业、精力充沛、灵活，并且鼓励团队互动的导师。更具体的课堂策略还包括[⑤]：

- 使用苏格拉底式的方法和视觉线索。
- 保持风度和宽容。

---

① Shaw C. Multicultural teacher education: A call for conceptual change [J]. *Multicultural Education*, 1993, 22-26.

② Neely A. Teaching African American students: A look at instructional methods and cultural differences [EB/OL]. [2022-11-7]. https://doczz. net/doc/8683242/teaching-african-american-students--a-look-at-instructional

③ Willis M G. Learning styles of African American children: A review of the literature and interventions [J]. *Journal of Black Psychology*, 1989, 16:47-65.

④ Guion L A. *Culturally Relevant Resources List: Developing Programs to Effectively Work with Multi-Need, Diverse Audiences (Diversity Project)* [R]. 2003.

⑤ 同②。

- 相信自己对学生的积极影响。
- 通过语言和肢体的形式（例如微笑、点头、拍背）来保持积极强化。
- 与学生保持联系并激励学生。
- 将课程内容与实际生活联系起来。

8. 道德伦理

在许多黑人家庭中，体罚一直是一种传统的管教方式。宗教和文化理念的代际传递和奴隶制的遗留问题都证实了体罚是黑人家庭中一种传统的管教方法[①②]，尤其对于居住在农村地区的贫困家庭，体罚现象更为常见。目前对于一些中产阶级、不那么传统的黑人父母已经开始放弃体罚，转而采用惩罚力度较小的管教方法[③]。由于许多背景因素造成了体罚观点的差异性[④]，教育工作者不仅要掌握体罚这种管教技巧，而且要具有识别体罚转变为虐待行为的能力，并为黑人家庭提供有效使用体罚的指导方针。

（三）黑人家庭教育项目的成功案例

宗教机构在黑人社区的生活中起着不可或缺的作用。因此，家庭教育工作者应该在计划、实施项目时与宗教团体合作。研究者为此提供了以下指导[⑤]：

- 丰富对当地宗教团体的相关知识。
- 学习教会运作的适当礼节。
- 经常参加礼拜活动。
- 与适当的教会人员讨论课程安排。

---

① Lassiter R E. *Child rearing in black families: Child-abusing discipline? In R. L. Hampton (Ed.), Violence in the black family: Correlates and consequences* [M]. Lexington, MA: Lexington Books, 1987:39-53.

② Berlin L J, Ispa J M, Fine M A, Malone P S, Brooks-Gunn J, Brady-Smith C, et al. Correlates and consequences of spanking and verbal punishment for low-income White, African American, and Mexican American toddlers [J]. *Child Development*, 2009, 80:1403-1420.

③ Dodge K A, McLoyd V C, Lansford J E. *African American family life. Ecological and cultural diversity* [M]. New York: Guilford, 2005.

④ Flynn C P,. Normative support for corporal punishment: Attitudes, correlates and implications [J]. *Aggression and Violent Behavior*, 1996, 1:47-55.

⑤ Woodson J M, Braxton-Calhoun M. Techniques for establishing educational programs through the African American faith community [J]. *Journal of Extension*, 2006, 44.

- 根据教会的程序宣传课程。
- 证明项目的有效性。
- 保持与重要联系人的关系。

研究者还强调了在项目实施过程中的有效行为和具有历史性特点的教学方式①：

行为 / 信息	用富有表现力的语言。 使用幽默。 使用音乐。 保持直接的眼神交流。 保持非正式和灵活。 重视群体努力。 使用黑人英语和俚语③。
历史性	欣赏历史遗产。 运用传统口语。 尊重长辈。 和其他黑人保持联系。 把教育作为通向美好生活的途径。 重视传统黑人学院和大学。 承认双重存在（大众文化与小众文化）。 与宗教组织合作。 利用大家庭网络。

为加强黑人家庭的力量，针对黑人团体的家庭教育项目应包括以下原则：(1) 团结，(2) 合作工作和责任，(3) 规范，(4) 创造力，(5) 自治，(6) 合作经济，(7) 承认历史斗争③。最为重要的是，项目必须与大家庭中的成员、教堂、传统黑人大学以及其他社区网络合作，为黑人家庭提供全面的支持机制④。教育工作者还应尊重宗教和黑人以往的歧视经历，并解决

---

① Guion L A. *Culturally Relevant Resources List: Developing Programs to Effectively Work with Multi-Need, Diverse Audiences (Diversity Project)* [R]. 2003.

② Ogbu J U. Beyond language: Ebonics, proper English, and identity in a Black-American speech community [J]. *American Educational Research Journal*,1999, 36: 147-184.

③ Logan S L M. *The black family: Strengths, self-help, and positive change* [M]. Boulder, CO: Westview Press, 1996.

④ Hildreth G J, Boglin M L, Mask K. Review of literature on resiliency in black families: Implications for the 21st century [J]. *African American Research Perspectives*, 2000, 6:13-21.

黑人社区对机构的不信任问题[①]。

三、未来发展方向

（一）尊重文化的多样性

在开展针对少数族裔的家庭教育指导时，首要的工作就是认识并尊重不同文化的多样性，反思并摒弃指导师自身的偏见。

（二）对项目进行修订，以适应多样化的少数族裔群体

大多数的家庭教育指导项目和家庭相关的研究都是基于中产阶级白人，这就导致这些项目在一定程度上很难直接应用于少数族裔群体，无论语言还是相关的文化因素都应该针对目标群体进行修订。

（三）充分利用家庭的优势

以往对待少数族裔的研究往往倾向于采用“缺陷”的视角，但目前已经有越来越多的研究者认识到这些家庭中存在独特的优势。家庭教育指导的一项基本原则就是基于优势视角，在针对少数族裔的家庭教育指导中，这一点尤其重要。

（四）提高项目规划、实施和评估的严谨性

项目必须使用以理论驱动的、以研究为基础的学习资料，并报告干预的结果。评估现有的项目以提高项目的实施效率，同时也能为未来项目的开发提供学术信息。

① Chandler D. The underutilization of health services in the Black community. An examination of causes and effects [J]. *Journal of Black Studies*, 2010, 40:915-931.

附录

附录1　家庭生活教育指导师考试内容大纲

在2007年和2014年，国家关系委员会（NCFR）和施罗德测量技术公司（SMT）[现在的施罗德测量技术公司（SMT）/计算机化教育和考试认证服务公司］对当前的CFLE进行了一项工作分析调查，这些教育者对内容大纲中的每种知识、技能和能力的重要性进行评估。该指南即是以此项调查为基础，不仅给出了每个领域在考试中的分数权重，还具体给出了每个领域内的内容要点和实践要点。

一、社会情境下的家庭和个人（占考试的12%）

内容：了解家庭及其与其他机构的关系，如社会中的教育、政府、宗教、卫生保健和职业性机构。

相关的研究和理论：结构和功能；文化差异（家庭遗产、社会阶层、地理、民族、种族和宗教）；约会、恋爱、求偶；血缘关系；跨文化与少数族裔（了解世界各地少数族裔家庭的生活方式和世界各地的家庭生活方式）；改变性别角色（合伙人、婚姻伴侣、父母和孩子、同胞和其他亲属的角色期望和行为）；人口统计学的趋势；历史问题；工作/休闲和家庭关系；社会关系（主要社会机构和家庭的相互影响，换言之，政府、宗教、教育、医疗保健和经济部门）。

实践——（CFLE）准备做的事：

■ 描述地方、国家和全球的社会制度对个人和家庭的特征、多样性和影响

■ 解释从现代和历史两个角度影响个体和家庭的因素（例如媒体、市

场营销、技术、经济、社会运动、战争、自然灾害、流行病、环境、可持续化）

■ 描述影响工作、个人和家庭生活之间关系的因素

■ 表达家庭生活各个方面的社会和文化影响（例如约会，求爱，伴侣/婚姻的选择和人际关系，家庭成员，离婚，垂死或死亡）

■ 举例说明个体、家庭和各种社会系统之间的相互作用（例如工作场所、健康、法律教育、宗教/信仰方面）

■ 评估人口老龄化（例如阶级、种族、民族、宗教、生育、性别、性取向）对当代家庭的影响

二、家庭的内部动力（占考试比例的12%）

内容：了解家庭的优势和劣势，以及家庭成员如何相互联系和互动。

相关的研究和理论：内部社会进程（包括合作和冲突）；沟通（夫妻关系和亲子关系的模式和问题，包括压力和冲突协调）；冲突协调；决策制定和目标设定；常规家庭压力（家庭生命周期的过渡阶段，三代家庭，照顾老人和双重职业）；家庭压力与危机（离婚、再婚、死亡、经济变动和困难、暴力、药物滥用）；家庭的特殊需要（包括收养、寄养、移民、低收入、军人和混合家庭以及不确定性损耗、慢性疾病和/或残疾人）。

实践——（CFLE）准备做的事：

- ■ 识别并描述以下有关方面的健康和亚健康特征：
  - ◆ 家庭关系
  - ◆ 家庭发展
- ■ 运用各种理论视角分析家庭功能
- ■ 从系统的角度分析家庭动力学
- ■ 比较和对比家庭动力学对常规和非常规压力源的反应
- ■ 评估家庭动力学对压力、危机和创伤的反应
- ■ 促进和加强沟通过程、冲突管理和解决问题的能力
- ■ 描述、发展和/或加强帮助家庭有效运作的策略

三、人类的成长和发育（占考试内容的 12%）

内容：对家庭中个体的一生发展变化（典型和非典型）的理解。基于对身体、情感、认知、社会、道德和人格等方面的知识。

相关的研究和理论：产前、婴儿期、儿童早期和中期、青春期，以及成年期（早期、中期和晚期）。

实践——（CFLE）准备做的事：

■ 解释整个生命中的发育阶段、过渡、要素和挑战

■ 说明交互影响：

◆ 在家庭中的个人发展

◆ 家庭的发展对于个体的影响

■ 描述和举例说明个人健康和养生对家庭的影响

■ 协助个人和家庭进行有效的发展过渡

■ 根据人类成长和发展理论将适当的实践应用于个人和家庭

■ 比较各种社会生态环境对人类发展的影响（例如性 / 性别认同、创伤等）

四、人类一生中的性行为（占考试的 8%）

内容：了解一生的生理、心理和社会方面，以实现健康的性调节。

相关的研究和理论：与生殖生理学相关的研究和理论，生物学决定因素，性参与的情感和心理方面，性行为，性价值观与决策，计划生育，生理和心理方面的性反应，性参与对人际关系的影响。

实践——（CFLE）准备做的事：

■ 描述人类性行为的生物学方面（例如性功能、生殖健康、计划生育、性传播疾病）

■ 解释人类性行为的心理—社会方面：

◆ 健康和不健康的性关系的特征

◆ 性亲密的人际动力

◆ 风险因素（例如药物滥用、社会压力、媒介）

■ 从尊重价值的角度来看待人类的性取向

■ 应用与性教育计划相关的最佳实践

五、人际关系（占考试比例的 9%）

内容：了解朋友、室友、同事、邻居以及家庭成员之间的人际关系发展、维持和瓦解。

相关的研究和理论：自我和他人；沟通技巧（倾听、同理心、自我暴露、决策、问题解决和冲突解决）；亲密、爱和浪漫的形式；以尊重、真诚和责任与他人建立联系。

实践——（CFLE）准备做的事：

■ 描述性格和沟通方式的影响

■ 解释人际关系的发展阶段

■ 运用各种理论视角分析人际关系

■ 制定、实施和评估策略来加强人际关系

■ 制定、实施和评估策略来处理沟通、问题解决、愤怒和冲突

■ 描述暴力和强制在人际关系中的影响

■ 举例说明不健康的应对策略（例如药物使用、饮食紊乱、回避）对人际关系的影响

六、家庭资源管理（占考试比例的 10%）

内容：了解个人和家庭关于开发和分配资源的决策，包括金钱、时间、能源、空间、材料和健康资产，以及支持网络。

相关的研究和理论：目标制定和决策，资源开发和分配，社会环境影响，生命周期和家庭结构的影响，消费者问题和决策。

实践——（CFLE）准备做的事：

- 解释家庭需要、获取和管理的多项资源（例如个人、家庭、职业、社区、环境等方面）
- 认识到并促进个人 / 家庭 / 社区选择和资源之间的相互关系
- 举例说明和促进有效的决策过程（例如，评估个人和家庭的需求，确定和评价备选办法和资源，决定的执行，评价结果）
- 解释价值观和目标在决策过程中的影响
- 将组织和资源管理策略应用于各种情况下
- 在各种环境中应用基本的管理工具和原则
- 传达个人和家庭消费者对于权利、责任和行动 / 宣传的选择
- 协助家庭应对资源的损失
- 将金融素养规划运用于实践

七、育儿教育和指导（占考试比例的 10%）

内容：了解父母如何教导、指导和影响儿童和青少年，以及亲子关系在整个一生中不断变化的性质、动态和需求。

相关的研究和理论：父母的权利和责任，育儿实践 / 过程，亲子关系，养育方案的变化，一生中父母角色的改变。

实践——（CFLE）准备做的事：

- 从系统和寿命的角度提出促进健康的养育方式
- 从孩子和父母的发展角度来促进健康的养育方式
- 根据儿童的年龄 / 发展阶段实施指导策略，促进儿童有效发展
- 解释不同的养育方式及其相关的心理、社会和行为结果
- 提出高质量的家长教育实践
- 分析和评估各种育儿计划、模式和原则
- 评估各种育儿策略的有效性和适宜性
- 举例说明各种育儿角色（父亲 / 母亲、祖父母和其他照顾者）及其

对个人和家庭的影响和贡献

■ 在不同的家庭结构中明确父母的优势和挑战（单身，非单身，同性）

■ 描述社会趋势对父母教养方式的影响（技术、药物滥用、媒体）

■ 例证文化差异和多样性对育儿实践的影响

◆ 比较和对比在不同环境下支持儿童的策略（学校、法律体系、医疗保健体系）

■ 说明为人父母的各种途径及其相关的问题和挑战（试管婴儿、收养、分娩、混合教养）

八、家庭法和公共政策（占考试比例的8%）

内容：了解影响家庭福祉的法律问题、政策和法律。

相关的研究和理论：家庭和法律（有关婚姻、同居、离婚、家庭抚养、子女监护、儿童保护和权利以及计划生育）；家庭和社会服务；家庭和教育；家庭和经济；家庭和宗教；政策和家庭（影响家庭的公共政策，包括税收、公民权利、社会保障、经济支持法律和法规）；以及家庭生活教育者的角色。

实践——（CFLE）准备做的事：

■ 了解以下策略流程（如政策形成、政策执行、政策评估和评价）

■ 确定当前和拟议的法律、公共政策和举措，规范和影响专业行为和服务

■ 确定当前和拟议的影响家庭的法律、公共政策和倡议（预期和意外的结果）

■ 区分游说、政策评估、分析、教育和倡导

■ 分析政策资源，寻找偏见的证据（无意的、内在的、政治上的、自利性）

■ 向家庭、社区和决策者告知影响地方、州和国家各级家庭的公共政策、倡议和立法

■ 为家庭和社区成员、专业人员和决策者提供讨论家庭问题和提出可

能的补救措施的机会。确定当前和拟议的法律、公共政策和举措，规范和影响专业行为和服务

九、职业道德和实践（占考试比例的 7%）

内容：对人类社交中性格和品质的理解，以及判断与专业实践相关的伦理问题的能力。

相关的研究和理论：社会态度和价值观的形成；认识和尊重多元社会中价值观的多样性和价值选择的复杂性；系统和客观地考察价值体系和意识形态；价值选择的社会后果；认识社会和技术变革的伦理影响，专业实践的伦理。

实践——（CFLE）准备做的事：

■ 向客户、同事和其他社区展示专业的态度、价值观、行为和责任，反映道德标准和实践：

- ◆ 描述家庭生活教育者的实践领域和范围，以及合作的作用
- ◆ 建立和保持适当的个人和专业界限
- ◆ 认识和解除个人偏见
- ◆ 制订并实施个人道德计划，来支持 / 反映该行业的职业标准
- ◆ 保持该领域现有的知识和技能

■ 评估、区分和应用不同的方法来解决伦理问题和困境

■ 确定并应用适当的策略来处理相互冲突的价值观

■ 选择尊重不同文化价值观的方法

十、家庭生活教育方法（占考试比例的 12%）

内容：理解家庭生活教育的一般哲学性和广泛性的原则，以及计划、实施、考核和评估此类教育项目的能力。

相关的研究和理论：规划和实施；质量检查考核（材料、项目输出、实施和有效性）；教学技术；对他人的敏感度（提高教育效率）；对社区

关注和对价值观的敏感性（对公共关系的理解）。

实践——（CFLE）准备做的事：

■ 采用多种策略来识别和满足不同受众的需求

■ 利用适当的技术来促进信息在学习者环境中的应用

■ 创建尊重个人性格、需求和学习风格的学习环境，并展示对多样性和社区需求、关注点和兴趣的敏感度在团体活动中用最佳办法、促进和辅导技能

■ 开发和实施符合文化能力的教育材料和学习经验

■ 确定并利用适当的信息来获取证据：

◆ 了解基础研究和评价方法（调查 / 问卷调查、访谈、焦点团体法、观察等）

◆ 识别并找到可靠的信息来源（学术期刊、政府机构等）

◆ 评估信息的来源

◆ 解释基本的人口统计学和其他数据来源

◆ 将基于研究的信息转化为适合公众使用的简单语言

■ 实施循证程序

■ 设计实习，包括以下内容：

◆ 需求评估

◆ 了解受众

◆ 目标、目的和 / 或学习成果

◆ 内容开发

◆ 实施方式 / 展现方式（活动、教学策略）

◆ 评估措施和对过程及结果的评价

■ 推广和市场化教育项目

■ 在与个人、父母和家庭合作时，坚持成人学习和教育的原则：

◆ 整个教育项目的开发和实施过程中，用项目评估实践（需求评估、变化理论 / 逻辑模型、过程评估、结果 / 影响评估、成本效率分析）

附录 2　家庭生活教育框架

该体系对家庭生活教育定义进行延伸，并说明家庭生活教育项目的主要内容。反映了每个领域当前的概念和相关经验，对知识、态度和技能进行阐述，作为项目开发、交付和评估的指南。实践者会选择最合适的组织方法，满足特定受众的需求。

儿童期、青春期、成年期和成年后期，CFLE 项目涉及的领域

社会中的家庭和个人
家庭内部动力
生命全程中的人类发展
人类的性
人际关系
家庭资源管理
亲职教育与指导
家庭法律与公共政策
职业道德与实践
家庭生活教育方法论

社会中的个体与家庭

童年期

描述工作、就业、住房、交通和家庭

了解家庭与经济、政治、技术、环境相互影响的关系
开发支持个人和家庭的项目
了解家庭、邻里和社区的重要性
鼓励家庭、学校和其他支持性组织共同工作
认识和理解不同的宗教信仰和相关实践
培养面对外界风险和机会的能力
了解媒体与个人和家庭的关系

青春期

考察家庭和工作场所
了解家庭与经济、政治、技术、环境相互影响的关系
支持教育，为未来发展做准备
推进终身教育
鼓励个人和家庭在社区中承担责任
认识和理解宗教对家庭的影响
支持有特殊需要和问题的家庭
了解家庭在社会中的角色
获取家庭、同龄人、宗教机构和社区的支持
面对风险和机遇
促进弹性发展
了解媒体与个人和家庭的关系

成年期

支持家庭参与儿童教育
运用教育系统
认识和理解宗教对家庭的影响
获取家庭、同龄人、宗教机构和社区的支持
了解并获得社区支持
促进终身学习
了解人口问题和资源分配情况

了解家庭与经济、政治、技术和环境相互影响的关系
处理经济波动及其对家庭的影响
了解家庭、工作和社会之间的相互关系
鼓励个人和家庭在社区中承担责任
了解家庭在社会中的角色
促进弹性发展
了解媒体与个人和家庭的关系

成年后期

促进终身学习
支持教育系统
认识和理解宗教对家庭的影响
促进终身健康发展
鼓励与成年子女、家庭和同龄人建立关系
了解并获得社区支持
了解家庭与经济、政治、技术和环境相互影响的关系
解决经济波动及对老龄化家庭的影响问题
了解人口问题和卫生保健、交通、住房的资源分配
解决年龄歧视、虐待老人、照顾老人等社会问题
了解家庭在社会中的角色
了解媒体与个人和家庭的关系

家庭内部动力

儿童期

认识家庭成员的个性和重要性
学习家庭和睦相处的方式（如问题解决）
表达在家庭中的感受
增进对家族史的了解

理解家庭之间的异同
认识内部和外部的变化对家庭的影响
了解家庭成员之间的责任、权利和相互依存关系
提高对家庭规则的认识
将家庭成员视为保护、指导、关爱和支持的来源
认识到家庭可能是愤怒和暴力的根源
承认家庭问题的存在和本质属性

青春期

引导过渡到成年期
提高对出生、婚姻、离婚、疾病、死亡等家庭变化的认识
表达在家庭中的感受
应对家庭内部变化和压力
描述朋友和家人之间的互动
展示家庭的交流
理解家庭成员之间的互动
明确对家庭成员的不同需求和期望
了解家庭成员之间的责任、权利及相互依存关系
制定公开和隐蔽的家族规则
提高对代际关系的认识
了解家庭背景的影响
注重家族史、传统和庆祝活动
将家庭视为保护、指导、关爱和支持的来源
认识到家庭可能是愤怒和暴力的根源
明确家庭成员身份、经济水平、角色表现、价值观等的差异

成年期

描述家庭中的个人发展
定义个人和家庭中的角色
注意家庭的亲密关系

确定压力的来源和应对压力方式
对生活方式的选择进行区分
适应家庭成员的需求和期望
调节代际动态发展
了解家庭成员之间的责任、权利和相互依赖性
学会应对出生、婚姻、再婚、离婚、疾病、死亡等家庭过渡期
思考家族史、传统和庆祝活动的价值
理解影响婚姻和家庭关系的因素
给予和接受爱
了解家庭中的权威
了解家庭对成员自我概念的影响
将家庭视为保护、指导、关爱和支持的来源
明确家庭成员身份、经济水平、角色表现、价值观的差异
认识到家庭可能是愤怒和暴力的根源
提高对种族、性别、社会、文化对家庭互动模式影响的认识
确定公开性和隐蔽性家族规则

成年后期

说明家庭中的个人发展
定义个人角色、改变家庭角色
适应家庭成员不断变化的需求和期望
引导家庭在婚姻、离婚、再婚、疾病、退休、死亡情况中的过渡
了解家庭成员之间的责任、权利、相互依存和生产力
培养家庭中的亲密关系
了解家庭对成员自我概念的影响
理解影响婚姻和家庭关系的因素
给予和接受爱
了解家庭中权力的变化
确定压力的来源，应对压力、疾病和残疾
确定公开性和隐蔽性家族规则

将家庭视为保护、指导、关爱和支持的来源
对生活方式的选择和改变进行区分，如退休计划和退休
考虑家族史、传统和庆祝活动的价值
调节代际动态发展
提高对种族、性别、社会、文化对家庭互动模式影响的认识
认识到家庭可能是愤怒和暴力的根源
明确家庭成员身份、经济水平、角色表现、价值观的差异

生命全程中的人类发展

儿童期

理解身体、认知、情感、道德、个性、社会和性的发展
保持营养、促进个人健康、增加锻炼及睡眠健康
认识到个体独特性
认识个体异同
理解有特殊需要的人
明确对老年人（青少年、成人）的看法
确定影响发展的社会和环境条件

青春期

接受个体差异
保持营养、促进个人健康、增加锻炼及睡眠健康
了解化学物质对身体健康和发育的影响
理解和区分发展类型，如身体、认知、情感、道德、个性、社会、性
区分不同类型之间的相互作用
认识从受孕到死亡一生的发展模式
评估关于成年期和衰老的刻板印象和现实描述发育障碍
确定影响增长和发展的社会和环境条件

成年期

了解向成年期的过渡
认识到影响个体发展差异的因素
理解和区分身体、认知、情感、道德、个性、社会和性的发展
区分不同类型之间的相互作用
负责个人和家庭的健康
促进自我和他人的发展
认识从受孕到死亡一生的发展模式
评估成年和衰老的理想与现实
适应发展障碍
确定影响发展的社会和环境条件

成年后期

认识影响个体发展差异的因素
理解和区分身体、认知、情感、道德、个性、社会和性的发展
区分不同类型之间的相互作用
适应发育障碍
认识从受孕到死亡一生的发展模式
适应和应对成年后期的身体变化
对个人健康和安全负责
适应悲伤和离去
评估成年和衰老的理想与现实
确定影响个人发展的社会和环境条件

人类的性

儿童期

回应孩子对自己身体的好奇

说明身体和性的发展
明确身体隐私与防范性侵害
对个体性发育的异同进行定义
定义产前发育、出生和青春期等人类生殖发育的各个方面
增进孩子对性行为的看法
了解影响性行为的社会和环境条件

青春期

标记身体和性发育（如性认同、性取向等）
解释不同类型之间的相互作用
明确身体隐私与防范性侵害
沟通关于个人价值观、信念、共同决策等性取向问题
传授健康和道德的性关系特征
理解性行为的选择、后果和责任
解释性传播疾病和预防感染
描述人类的繁殖和相关定义
认识正确的性感觉和性反应
了解人际关系动态的知识
了解人类性行为的刻板印象和现实
提高对不同家庭和社会信仰、理想化和性行为的认识

成年期

展示负责任的性行为（如选择、后果、共同决策）
确认正常的性感觉和性反应
沟通关于个人价值观、信念、共同决策等性取向问题
观察健康和合乎道德的性关系的特征
了解性亲密的人际关系动态知识
解释性传播疾病和预防感染
了解避孕、不孕症和遗传学生殖健康相关知识
预防性虐待

提高对不同家庭和社会信仰、理想化和性行为的认识

成年后期

了解人类的性反应和性衰老
确认正常的性感觉和性反应
明确身体隐私，防止性虐待
沟通关于个人价值观、信念、共同决策等性取向问题
观察健康和道德的性关系特征
重视成年后期的性教育表达和亲密关系
解释性传播疾病和感染的传播和预防
提高对成人生活环境中的性需求的认识
提高对不同家庭社会信仰、理想化和现实性行为的认识

人际关系

儿童期

尊重自我、他人和财产
分享感受
适当地发展、维护和结束人际关系
建立自尊和自信
识别并增强个人优势
与他人沟通
分享朋友、财产和时间
为自己和他人着想
培养解决问题和管理冲突的技能
准确评估言语和行为对他人的影响
了解不同个人、文化和社区

青春期

尊重自我、他人和财产
改变和发展个人的思想、态度和价值观
处理成功和失败
对自己行为承担责任
评估和发展个人的能力和才能
交流信息、想法和感受
管理和表达情绪
开始、维护和结束友谊
建立自尊和自信
评估人际关系中的相容性
为自己和他人着想
了解选择家庭生活方式的基础（如价值观、遗产、宗教信仰）
了解约会中的需求和动机
认识到影响配偶选择的因素（如社会、文化、个人）
理解爱和承诺的各个维度
探讨婚姻的责任
探寻个人与他人的关系（“我们”中的“我”）
理解不同个人、文化和社区

成年期

建立个人自主权
建立自尊和自信
实现个人改变
有效沟通
管理和表达情绪
发展、维护和结束人际关系
在人际关系中锻炼主动性
识别质量相关的因素

在人际关系中承担责任和承诺
评估人际关系中的选择和替代选择
按照个人想法行事，并考虑他人的利益
理解自我认知对人际关系的影响
认识到种族、性别、社会、文化对角色和关系的影响
了解亲密关系的类型
创建和维护属于自己的家庭
注意亲密关系随时间发生的变化
管理和应对危机
在与他人交往中探寻意义和目的
欣赏不同个人、文化和社区

成年后期

建立自尊和自信
理解自我认知对人际关系的影响
在人际关系中锻炼自己的主动性
继续保持亲密关系
识别质量相关的因素
在人际关系中承担责任和承诺
评估人际关系中的选择和替代选择
按照个人想法行事，并考虑到他人的利益
注意亲密关系随时间发生的变化
与自己的家庭保持人际关系
有效沟通
管理和表达情绪
认识到种族、性别、社会、文化对角色和关系的影响
管理和应对危机
与子孙后代分享人际交往中的智慧和经验
应对压力
欣赏不同的个人、文化和社区

家庭资源管理

儿童期

保管好财产
帮助完成家庭任务
了解时间和时间表
学会进行选择（培养决策技能）
了解如何赚钱、消费和省钱
提高对空间和隐私的意识
培养人才和能力
选择食物、衣服和游戏
使用、保存和管理人力资源和非人力资源
描述个人价值、成本、媒体、同行对消费者决策的影响

青春期

分配工作、学习和休闲的时间
协商隐私权和独立性
选择满足个人需求的资源（如食物、服装、娱乐）
使用个人资源
了解如何赚钱、消费和省钱
参与个人和家庭的决策
对决策负责
发展闲暇兴趣
明确价值观
选择长期和短期的目标
探索职业选择
对个人和家庭资源的变化进行评估
描述个人价值、成本、媒体、同行对消费者决策的影响

成年期

消耗精力
开发个人资源
通过职业选择开发个人资源
明确价值观
发展闲暇兴趣
认识到家庭成员对隐私和独立性的不同需求
利用资源满足家庭的基本需求（如食物、衣服、住所）
对有关家庭资源使用的不同观点进行分类
建立长期和短期的目标
制订财务计划
消耗和节约材料和非材料的实践资源
平衡家庭和工作中的角色
描述个人价值、成本、媒体、同行对消费者决策的影响
计划退休和长期护理

成年后期

明确价值观
生活意志和推进卫生保健指令能力不足时，建立资源分配和管理方案
使用个人资源
发展闲暇兴趣
平衡退休人员的生活模式与子女的工作角色
认识到家庭成员对隐私和独立的不同需求
消耗和节约材料和非材料的实践资源
利用资源满足家庭的基本需求（如食物、衣服、住所）
对有关家庭资源使用的不同观点进行分类
建立长期和短期的目标（如长期照料管理）
描述个人价值、成本、媒体、同行对消费者决策的影响

亲职教育与指导

儿童期

了解父母和照顾者的责任

确定为人父母的回报和要求

培养对单亲养育，同居，阶梯式养育，收养，同性恋、双性恋和变性人家庭，远程养育等各种养育情况的认识

比较不同的育儿方式和行为

满足儿童在不同发展阶段的需求

与婴幼儿进行适当的玩耍和互动

表达自己的关怀和同理心

提供适合幼儿个体发展的指导策略

培养护理技能

证明喂养儿童是健康安全的

教导孩子在亲子关系中的责任

鼓励孩子与家长进行沟通

传授解决问题和冲突的方法

确定育儿帮助的来源，如家庭、邻里、社区等

注意家庭暴力、虐待、忽视的问题

帮助父母应对养育孩子的压力

青春期

传授父母和照顾者的责任

确定为人父母的回报和要求

培养对单亲养育，同居，阶梯式养育，收养，同性恋、双性恋和变性人家庭，远程养育等各种养育情况的认识

了解婚姻、养育子女以及孩子 / 青少年在家庭中的角色

考虑何时或是否成为父母，并理解相关因素

比较不同的育儿方式和行为

了解种族、性别、社会、文化、社区对养育子女的影响

观察和满足儿童在不同发展阶段的需求

对儿童个体差异做出反应

促进适合儿童的发展和个人活动

培养与婴幼儿的玩耍和互动

表达对孩子的关心和同情

促进发展和适当的指导策略

指导和监督对媒体的访问

为儿童展示安全、健康和营养的养护

教授生活技能（如自给自足、安全、决策）

说明青少年在亲子关系中的责任

鼓励与家长进行沟通

教授家庭中的决策、解决问题和解决冲突的办法

确定育儿的帮助来源，如家庭、邻里、社区

注意家庭暴力、虐待、忽视的问题

成年期

鼓励关注自我和成人之间的关系

认识并建立家庭和个人的优势

确定为人父母的回报和要求

强调有意的养育模式（如目标、价值观和传统式）

理解成为父母时要考虑的因素

认识不断变化的亲子关系

观察和满足不同发展阶段的儿童和青少年的个人需求

为生育做好准备

改变父母的责任

支持青年过渡到成年

培养对各种养育情况的认识（如单亲养育，同居，阶梯式养育，收养，同性恋、双性恋和变性人家庭，远程教养）

了解婚姻、养育子女以及孩子 / 青少年在家庭中的角色

比较不同的育儿方式和行为

认识到父母、祖父母和其他照顾者之间关于育儿做法和决定的沟通的重要性

培养对育儿影响的意识（如种族、性别、社会、文化、社区）

为儿童和青少年提供和监测安全和健康的环境

表达关心和同情心

促进个人适当的发展指导策略

指导和监督对媒体的访问

教授儿童和青少年生活技能（如自给自足、安全、决策、解决问题和解决冲突）

促进适合儿童的发展和个人的活动

与婴幼儿适当地玩耍和互动

创造学习环境，参与对儿童和青少年的教育鼓励亲子交流

接受和给予育儿支持

确定育儿的帮助来源（如家庭、邻里、社区）

预防和应对家庭暴力、虐待和忽视

成年后期

鼓励维系自我和成人之间的关系

认识并建立家庭和个人的优势

重视家庭故事和传统的重要性

改变亲子之间的角色和关系

与成人协商关系

确定对祖父母的需求和奖励，包括抚养和照顾孙辈

了解代际和不同的家庭（如优势、角色和挑战）

适应复杂的养育环境（如混合家庭，单亲家庭，逐步养育，照顾残疾儿童，成年子女重返家庭，远离孩子的父母和祖父母，同性恋、双性恋和变性人家庭）

表达对孙辈和父母的关心和同情

鼓励祖父母与孙辈之间的交流

强调父母和祖父母之间关于养育方式、养育决定和价值观沟通的重要性

评估媒体在家庭关系中的作用

接受并给予养育和隔代教养支持

确定育儿的帮助来源（如家庭、邻里、社区）

教导家庭中的决策、解决问题和解决冲突方式

注意家庭暴力、虐待老人和忽视老人等问题

家庭法律与公共政策

儿童期

理解和尊重法律

制定、评估和实施影响家庭的法律和政策

规定儿童的合法权利

提供支持家长教育发展的资源

制定、评估和实施有关税收、公民权利、社会保障、经济支持法、法规的公共政策

青春期

尊重所有人的公民权利

了解法律定义和影响家庭的法律

理解个人和家庭的法律保护、权利和责任

评价和理解与婚姻、离婚、家庭抚养、儿童监护权、儿童保护和权利以及计划生育有关的法律

阐述家庭冲突和对家庭成员的法律保护

确定家庭与司法系统之间的互动

了解有监禁青少年史的家庭

确定法律和政策对家庭的影响

制定、评估和实施有关税收、公民权利、社会保障、经济支持法、法

规的公共政策

成年期

传播有关教育、正义和法律的价值观

理解及影响法律和政策

评估和理解与婚姻、离婚、家庭抚养、儿童监护权、儿童保护和权利以及计划生育有关的法律

描述家庭冲突和对家庭成员的法律保护

制定、评估和实施有关税收、公民权利、社会保障、经济支持法、法规的公共政策

成年后期

传播有关教育、正义和法律的价值观

理解并影响法律和政策

保护所有人的公民权利

评估和理解有关婚姻、离婚、家庭支持、弱势群体的保护和权利、财产、遗嘱、遗产计划和生前遗嘱的法律

描述家庭冲突和对家庭成员的法律保护

制定、评估和实施有关税收、公民权利、社会保障、经济支持法、法规的公共政策

职业道德与实践

儿童期

对自己的行为负责

理解行为对自己和他人的影响

尊崇精神理念和信仰

尊重与众不同的人

获得了新的权利和责任

明确权利属于所有人

青春期

制定个人道德准则
探索个人精神
将个人自主权和社会责任进行联系
理解权利和责任之间的关系
将伦理原则理解为一种价值
认知社会和技术变革对伦理的影响
理解道德困境和冲突

成年期

建立伦理哲学
按照个人信仰行事，同时考虑他人信仰
继续在精神层面上成长
平衡个人自主权和社会责任
理解权利和责任之间的相互关系
将伦理原则视为一种价值
用伦理价值观指导人类社会行为
协助他人形成伦理概念和行为
认知社会和技术变革对伦理的影响

成年后期

平衡个人自主权和社会责任
继续在精神层面上成长
按照个人信仰行事，同时考虑他人信仰
理解权利和责任之间的相互关系
将伦理原则视为一种价值
用伦理价值观作为指导人类社会行为的方法
回顾生活质量和生命终结的问题

培养免受剥削的保护意识

思考社会和技术变革的伦理影响

与子孙后代分享生活的智慧和伦理经验

附录 3　家庭生活教育课程纲要

社会中的个体与家庭

对家庭本身以及家庭与其他制度（institution）关系的理解，教育、政府、宗教和职业制度，基于以下知识：

1. 各种不同的家庭结构与功能。

2. 家庭中的文化差异（家庭传承），包括社会阶层、地理、种族、民族和宗教。

3. 约会、求爱与婚姻选择。

4. 亲属（代际）关系。

5. 对于少数族裔家庭（含黑人、西班牙裔、美国印第安人以及亚裔美国人）的生活形态与全球不同社会家庭生活形态的跨文化理解。

6. 改变中的性别角色，包含求爱伴侣（courtship partners）、婚姻伴侣、父母与子女、手足即远亲之角色期望与行为。

7. 现在与未来家庭人口趋势。

8. 经由历史发展而来的家庭。

9. 职业工作场所与家庭成员的相互影响。

10. 主要社会制度与家庭的相互影响，亦即政府、宗教、教育及经济。

生命全程中的人类发展

理解在生命全程发展中个人的发展（产前、婴儿期、儿童期、青少年期、成人与老年人期），以满足个体不断变化的需求，基于以下知识：

1. 生理的。
2. 情感的。
3. 认知的。
4. 社会的。
5. 道德的。

家庭内部动力

了解家庭的优势和劣势，以及家庭成员如何彼此产生关系，需要基于以下知识：

1 . 包括合作与冲突的内在社会过程。

2 . 夫妻关系与亲子关系的沟通模式及问题，包含压力与冲突管理。

3 . 冲突管理。

4 . 决策与目标设定。

5 . 家庭中的“正常压力”：如家庭生命周期的过渡时期、三代家庭、老年人的照护与双重生涯。

6 . 家庭压力 / 危机，如离婚、再婚、死亡、经济的不确定性与困难、暴力、物质滥用。

7 . 特殊需求家庭：含领养、寄养、移民、低收入、军队、混合家庭，以及身心障碍家庭。

生命全程中的人类发展

对整个家庭生命全程的个人发展性改变之理解（包括产前、婴儿期、儿童早期与中期、青少年、成人与老年）以满足其改变的需求，基于以下知识：

1. 生理的。
2. 情感的。
3. 认知的。
4. 社会的。

5. 道德的。

6. 个性的。

人类的性

认识整个生命周期有关性发展的生理、心理以及社会意义，以达到健康的性调节，基于以下知识：

1. 生殖生理学。
2. 生物学的决定因素。
3. 发生性行为的情绪与心理层面。
4. 性行为。
5. 性价值观与决策。
6. 家庭计划。
7. 性反应的生理与心理因素。
8. 性功能障碍。
9. 性在人际关系上的影响。

人际关系

理解人际关系的发展与维持，基于以下知识：

1. 认识自己与他人。
2. 人际沟通技巧。诸如倾听、同理心、自我揭露、做决定、问题解决与解决冲突。
3. 了解亲密、爱与恋爱。
4. 对他人表现关心、尊重、真挚与责任。

家庭资源管理

理解个体与家庭在开发与分配资源时所做的决定（例如时间、金钱、重大资产、精力、朋友、邻居与空间）以满足他们的目标，基于以下知识：

1. 认识诸如目标、资源、计划、做决定与执行的概念。

2. 理解改变家庭资源管理与家庭生命周期有关，而且因不同家庭结构而不同。

亲职教育与指导

理解父母如何教导、引导与影响儿童与青少年，基于以下知识：

1. 亲职是一个过程。

2. 亲职的权力与责任。

3. 生命周期的亲职角色。

4. 亲职实践中的变项（variations）。

家庭法律与公共政策

对于法律议题、政策与影响家庭福祉的法律的理解，基于以下知识：

1. 相关法律的历史发展。

2. 与婚姻、离婚、家庭支持、儿童监护、儿童保护及权利及计划生育相关法律。

3. 对家庭产生影响的公共政策，包含税赋、公民权、社会安全、经济支持法律与规则条例。

职业道德与实践

理解人类社会行为的特性及品质，当牵涉专业实践时检视伦理问题的能力。基于以下知识：

1. 了解社会态度与价值的形成。

2. 认识及尊重多元社会价值差异及价值选择的复杂性。

3. 有系统及客观的审查价值系统与意识形态。

4. 了解价值选择的社会影响。

5. 认识社会及科技的变迁与伦理意义。

家庭生活教育方法论

对有关规划、实施与评估家庭生活教育项目能力的家庭生活教育一般哲学及大原则的理解，基于以下知识：

1. 规划与执行家庭教育计划。
2. 评估家庭生活教育素材、学员进展及项目的效用。
3. 在呈现家庭生活教育计划时使用多样化的教育技能。
4. 对他人的敏感以强化教育功能。
5. 对社区关怀和价值的敏感度，以及对公共过程的了解。
6. 了解个人价值观 / 信念及家庭生活教育领域的关系。

后记

家长是孩子的养育者、责任人，对孩子的人生质量起到奠基性的作用，因而有“第一任教师”之称，而家庭教育指导师则是家长的教师。家庭教育指导师的培养在一定程度关乎着我国4亿多个家庭的福祉，最终关联国家稳定与和谐。家庭教育指导师的培养涉及家长教育学、家庭教育学、教师教育学、成人教育学、教育心理学以及课程与教学论等多个学科的内容，难度之大可想而知。美国在家庭教育指导师培养方面起步较早，已经形成了成熟的培养与认证体系，在一些基础性的领域对我国的家庭教育指导具有重要的借鉴价值。

笔者于2018年在北京师范大学心理学部获得发展与教育心理学博士学位，后在东北师范大学教育学博士后流动站开展研究工作，随后进入东北师范大学家庭教育研究院工作。东北师范大学家庭教育研究院是我国教育部直属教育机构中第一个家庭教育方向的专业性研究机构，先后承担了中国教育学会“十一五”重点课题“构建符合中国国情的家长教育体系研究”、国家社会科学基金“十三五”教育学重点课题“家校合作的国际经验与本土化实践研究”等一系列国家重点、重大课题。笔者也先后主持国家自然科学基金青年项目“整体互动观视域下中国小学生家庭环境类别模型构建及验证研究”、吉林省社会科学基金“父母参与劳动教育的评价与干预模型构建研究”等家庭教育相关重要项目，积累了大量的研究资料与数据资源。随着研究的深入，越发认识到我国家庭教育专业化发展的必要性和紧迫性。笔者入选 2021 年度“香江学者计划”，在香港教育大学开展为期两年的博士后合作研究，在此期间与多位国际知名专家交流合作，发现了目前我国家庭教育指导师培养在国际经验方面的短缺，遂萌生了动笔写作的念头。

在笔者的学术研究生涯以及本书的成书过程中，得到了多位老师、朋友的帮助和鼓励。我的博士生导师北京师范大学心理学部罗良教授、博士后合作导师东北师大教育学部吕立杰教授、博士后合作导师（“香江学者计划”）香港教育大学 Kerry Lee 教授、香港大学张晓副教授、澳门大学胡碧颖教授，对我的成长与事业，影响至深，令我难忘。东北师范大学家庭教育研究院名誉院长赵刚教授，在本书的撰写过程中给予了大量的指导和支持，并亲自为本书作序，向他致谢。本书能够问世，要感谢王以仁、周丽端、陈若琳、郑淑子、唐先梅几位台湾家庭教育专家以及吉首大学贾琼教授、北京师范大学陈建翔教授，他们的建议使我信心倍增，还要感谢山东师范大学袭祥荣老师、鞍山师范学院韩宠老师、锦州市锦州中学陈晓宇老师以及我的研究生团队在资料收集与整理过程中的工作与贡献。

家庭教育指导师的国家认证在我国即将起步，我们有幸见证它的发展。希望本书能为我国家庭教育事业的发展贡献绵薄之力，早日构建起中国特色的家庭教育指导师培养体系。也谨以此书献给我挚爱的家人。

吕 博
2022 年 12 月